古代仏教の中世的展開

村山修一著

法藏館

図１　慈恵大師画像　飯室不動堂蔵

図２　慈恵大師木像　曼珠院蔵（文永五年十月三日胎内銘）

図４　慈恵大師画像　仁和寺本聖僧図巻

図３　慈恵大師画像　坂本某氏蔵

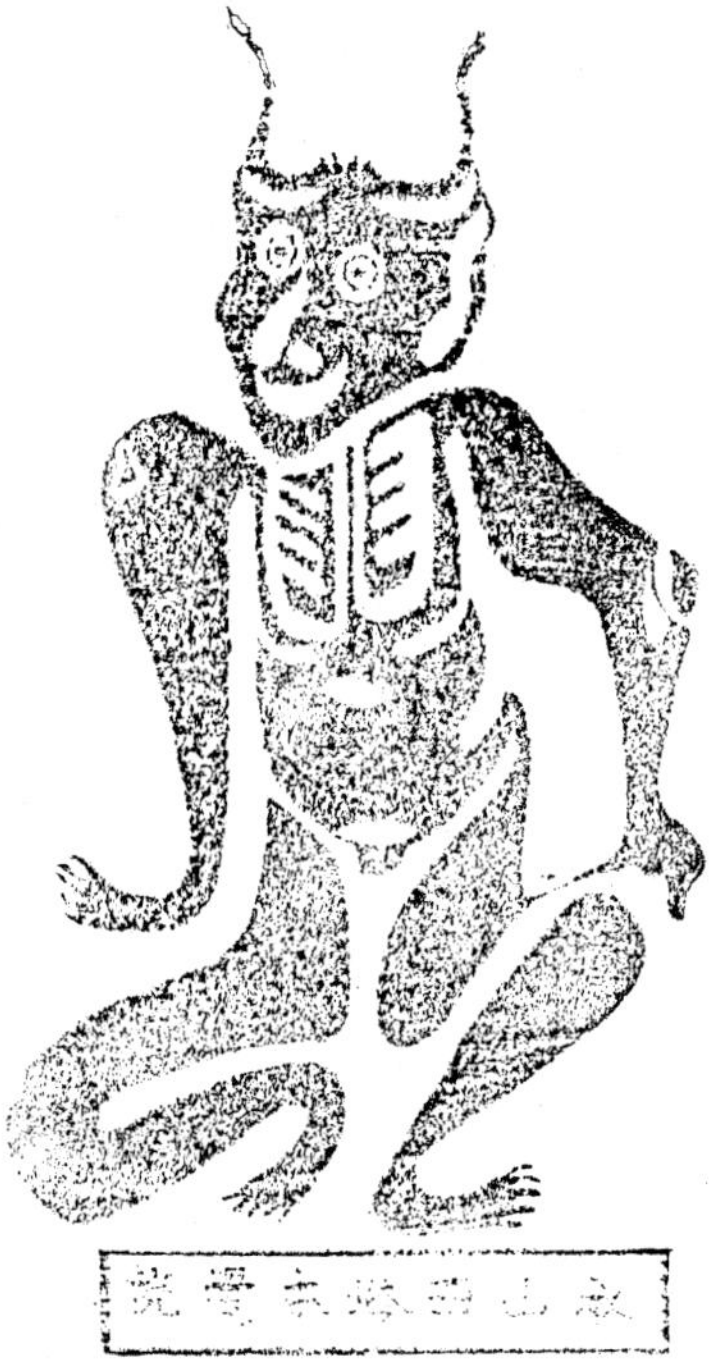

図6　慈恵大師（角大師）　護符
延暦寺本覚院蔵版

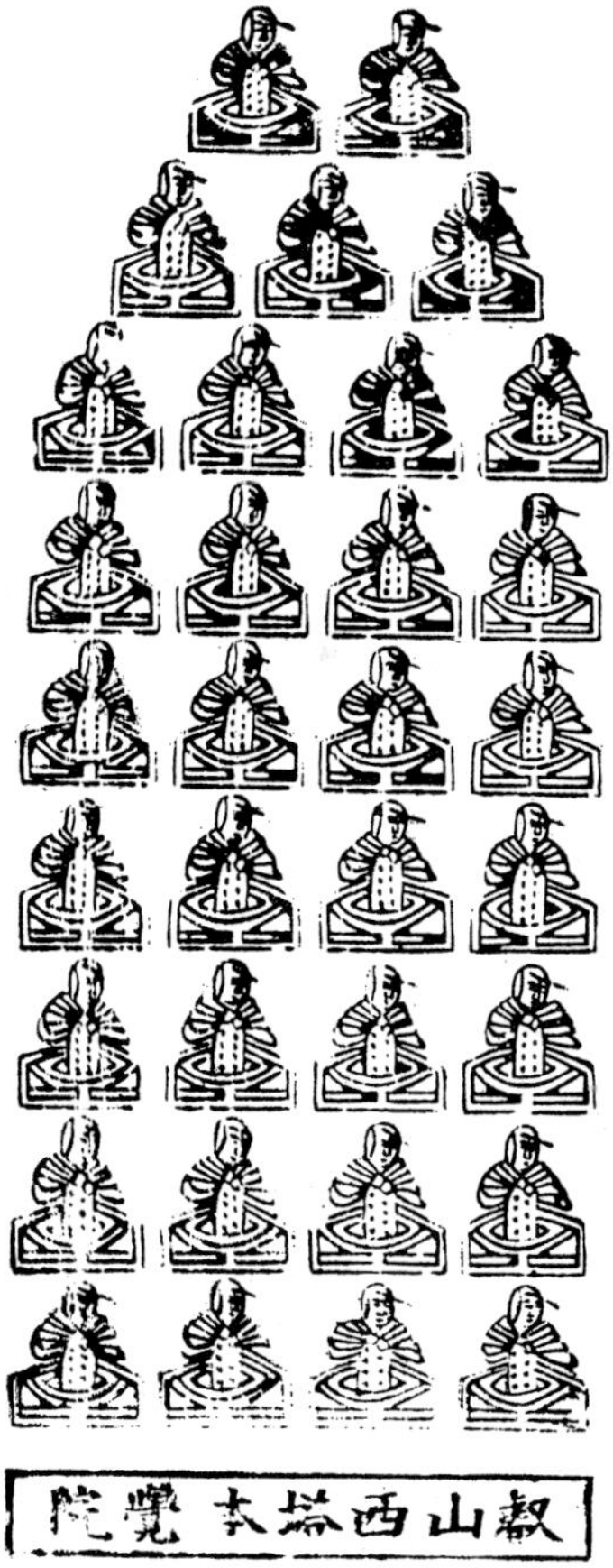

図5　慈恵大師（豆大師）　護符
延暦寺横川蔵版

図8　堯恕法親王筆　不動明王
（五大明中の一幅）妙法院蔵

図7　堯恕法親王筆　後水尾院宸影
妙法院蔵

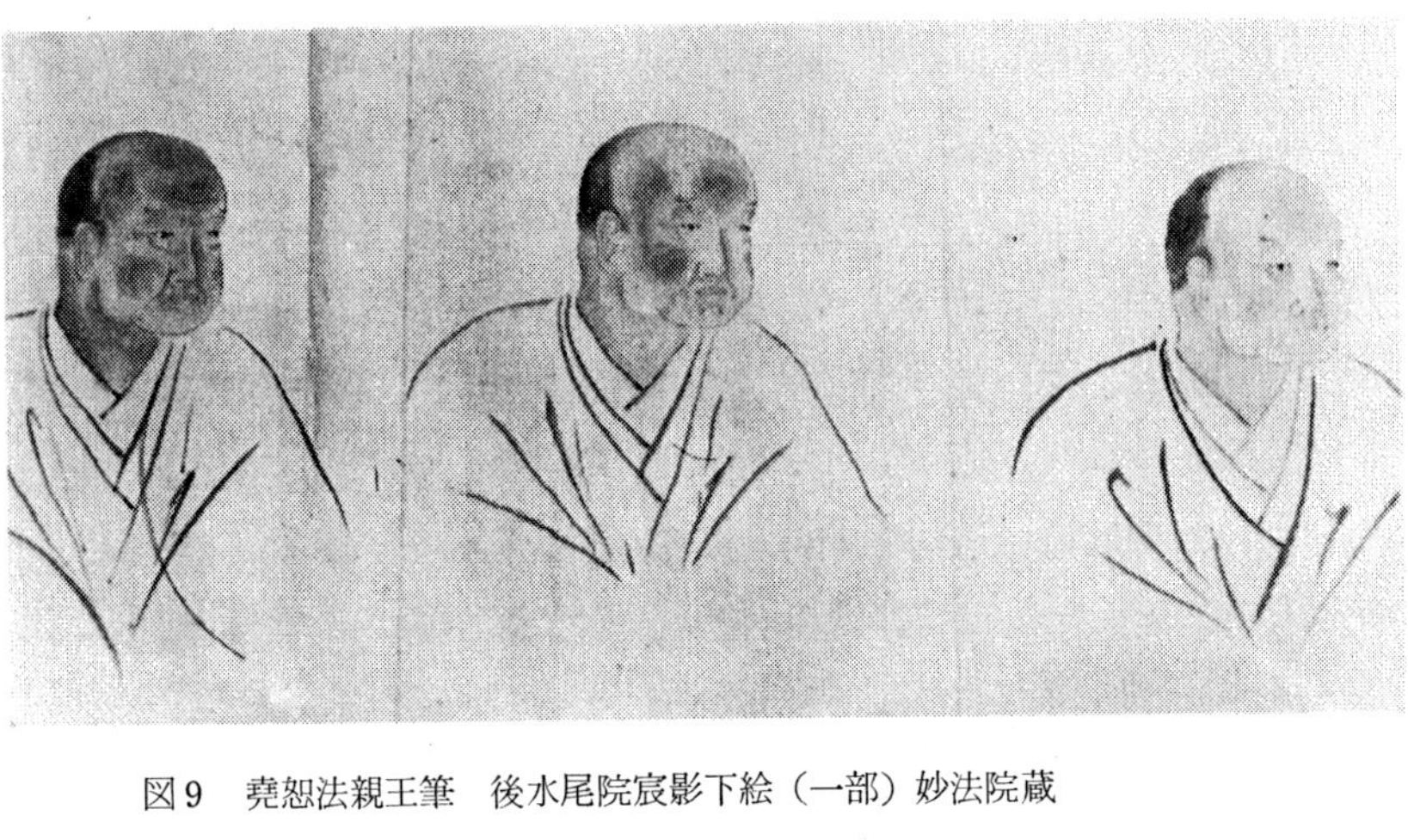

図9　堯恕法親王筆　後水尾院宸影下絵（一部）妙法院蔵

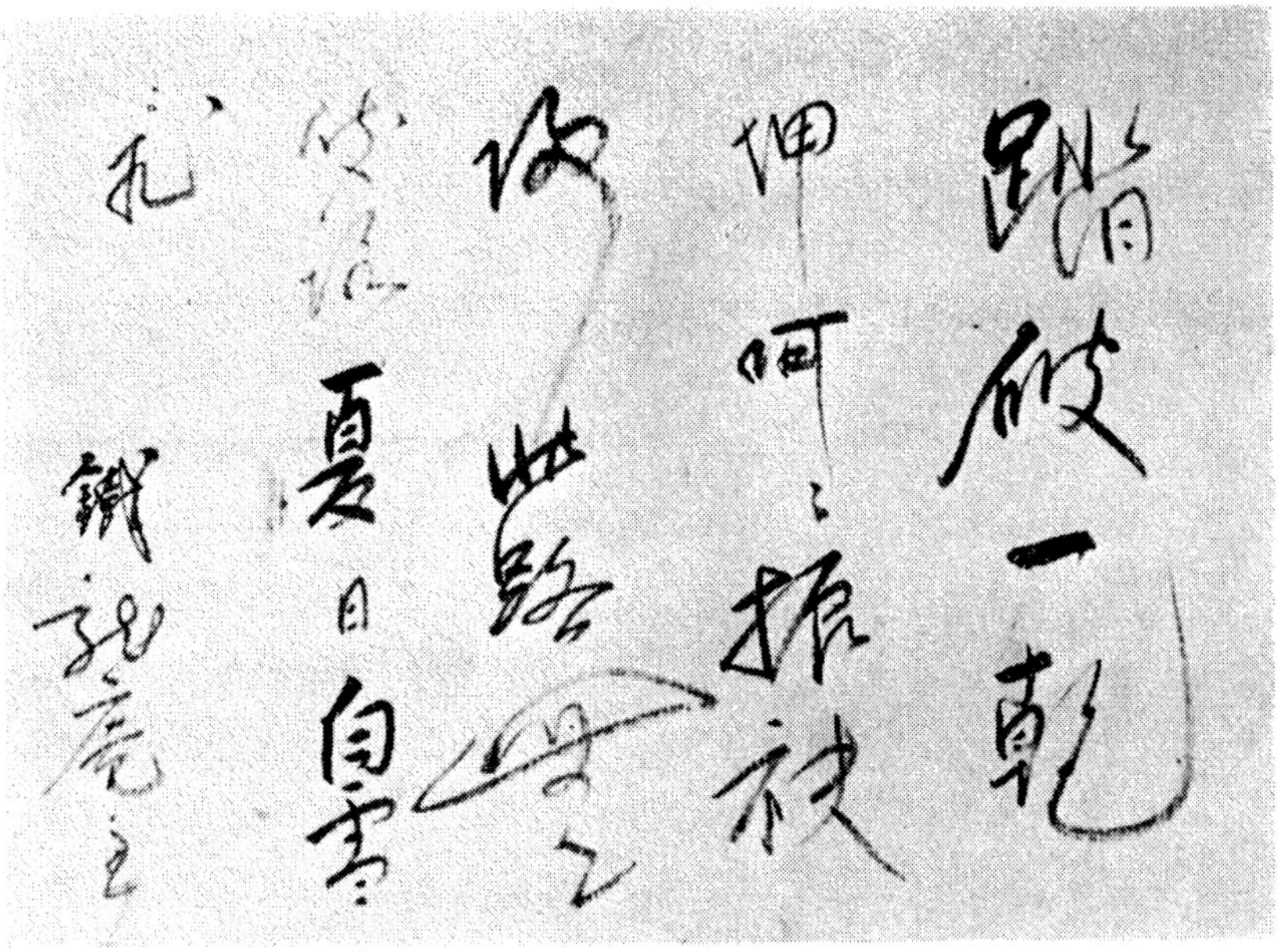

図10　堯恕法親王筆遺偈　妙法院蔵

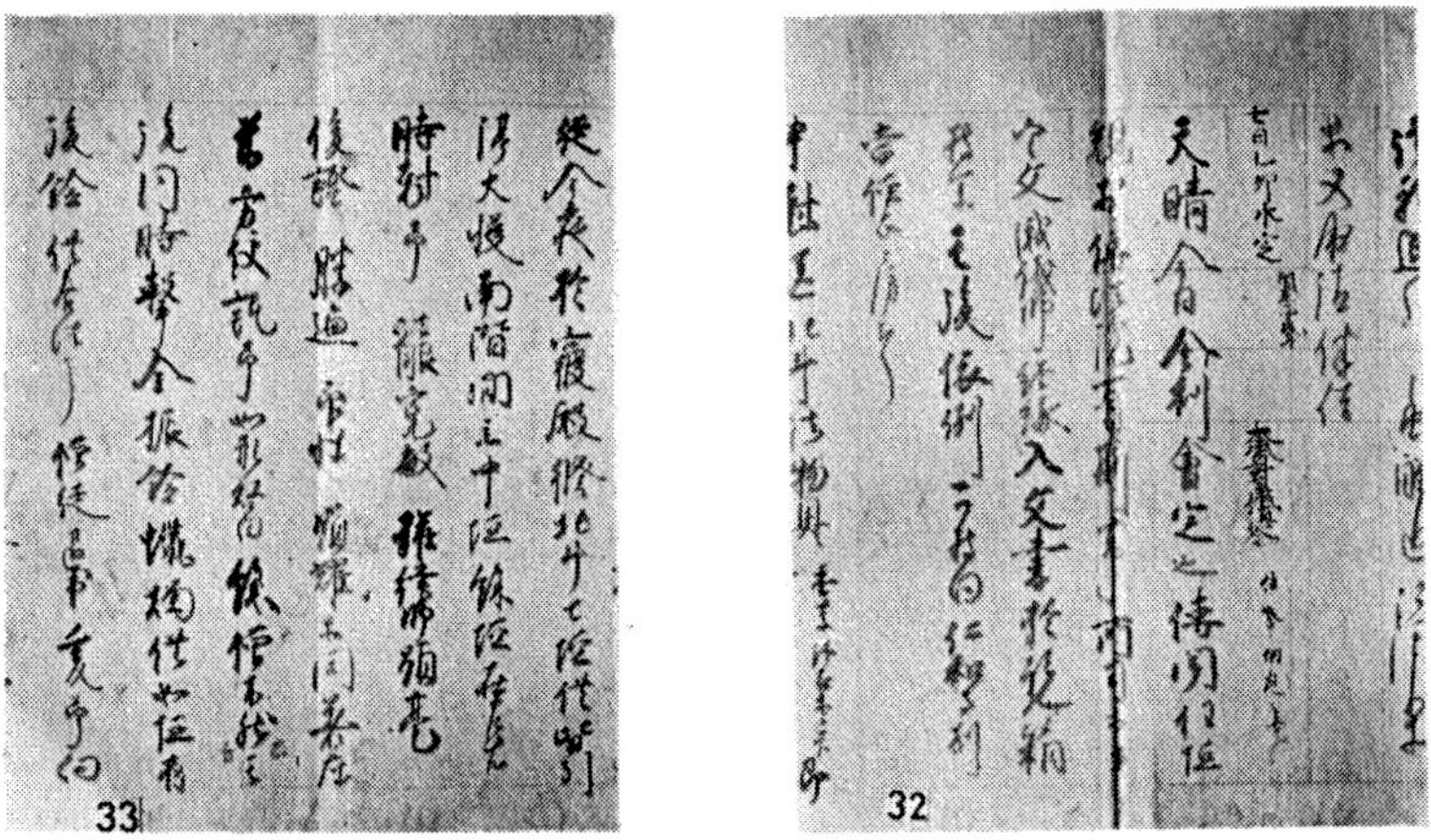

図11　守覚法親王自筆　北院御室日次記　仁和寺蔵

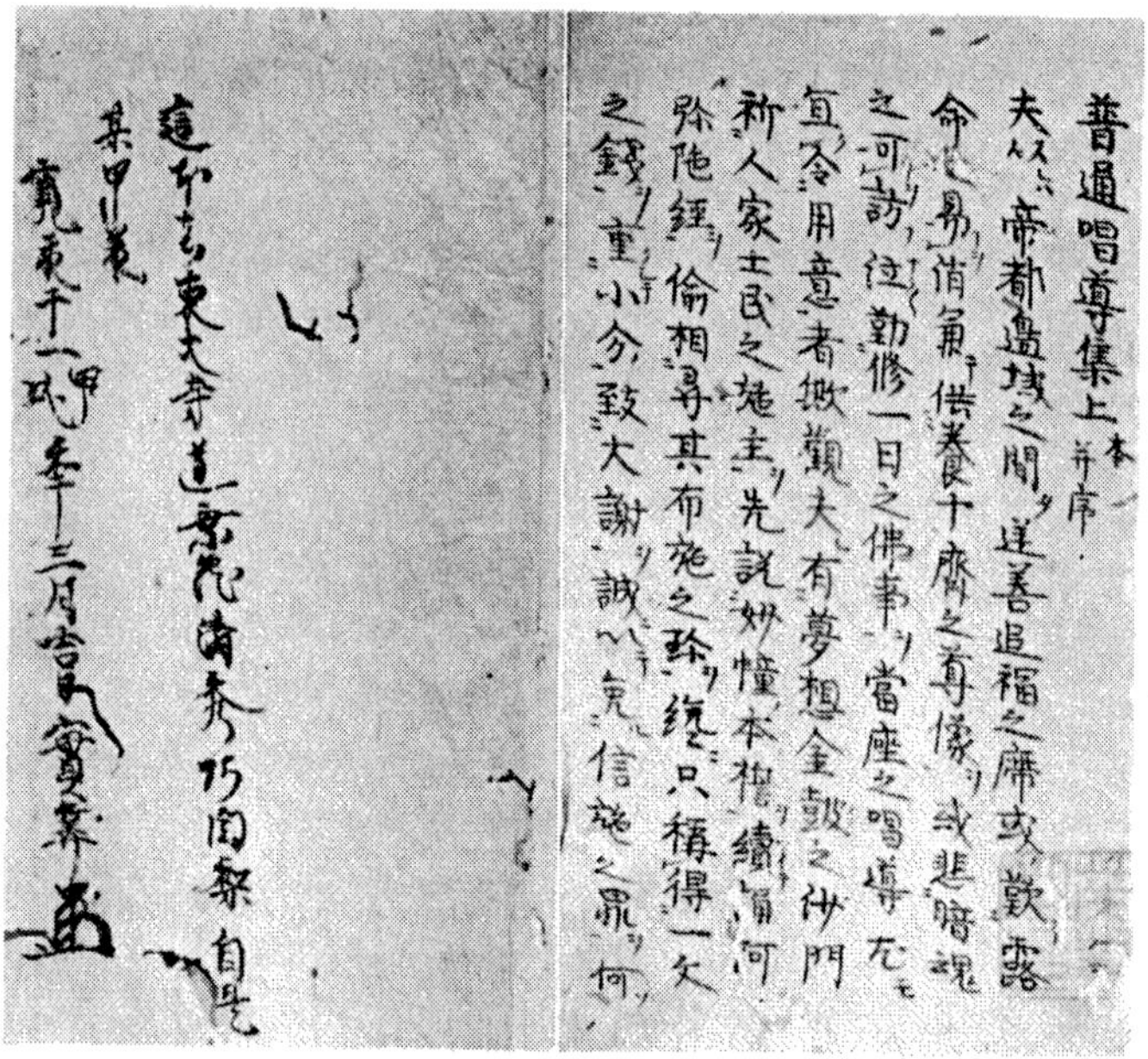

図12 普通唱道集 東大寺蔵

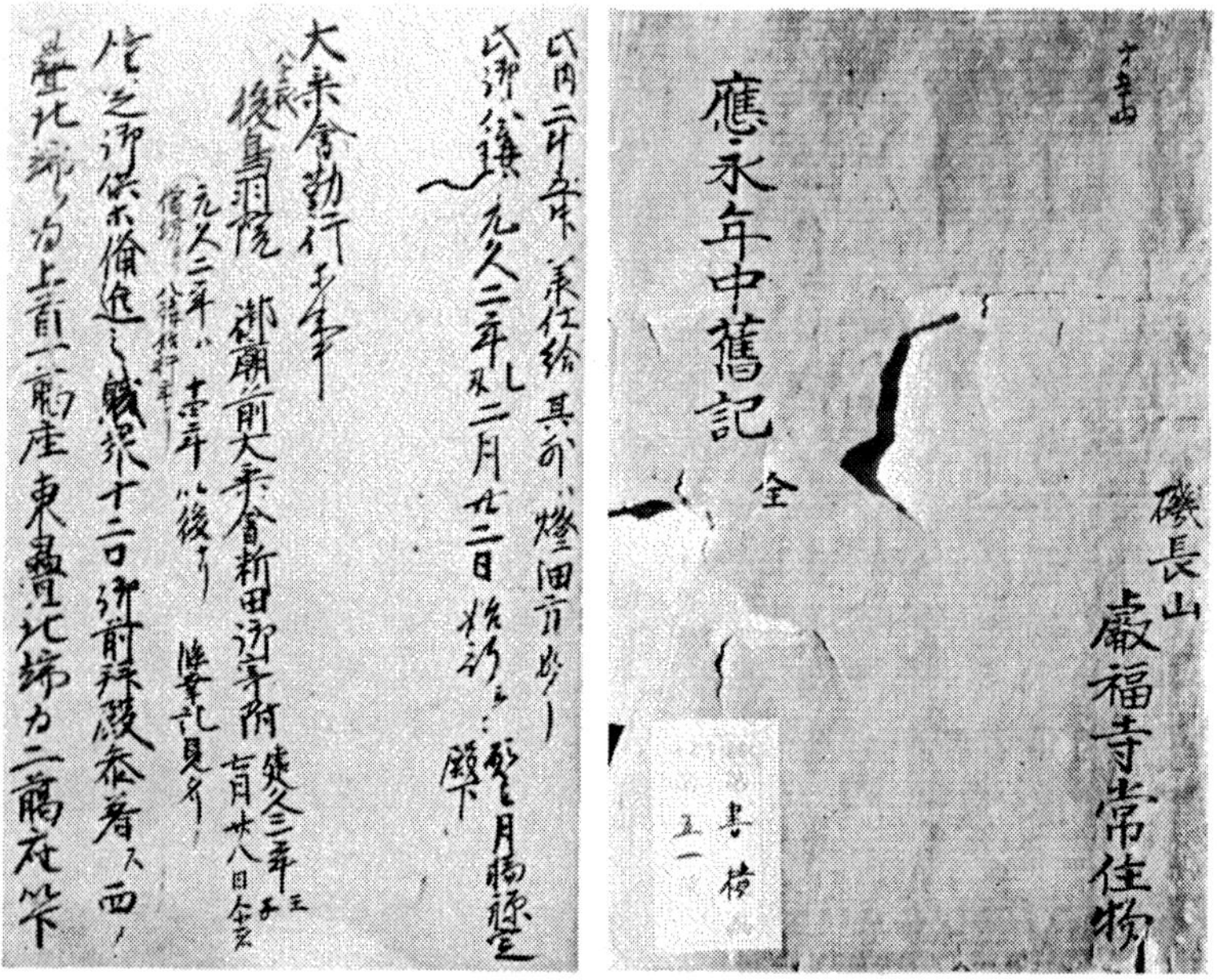

図13 応永年中旧記 叡福寺蔵

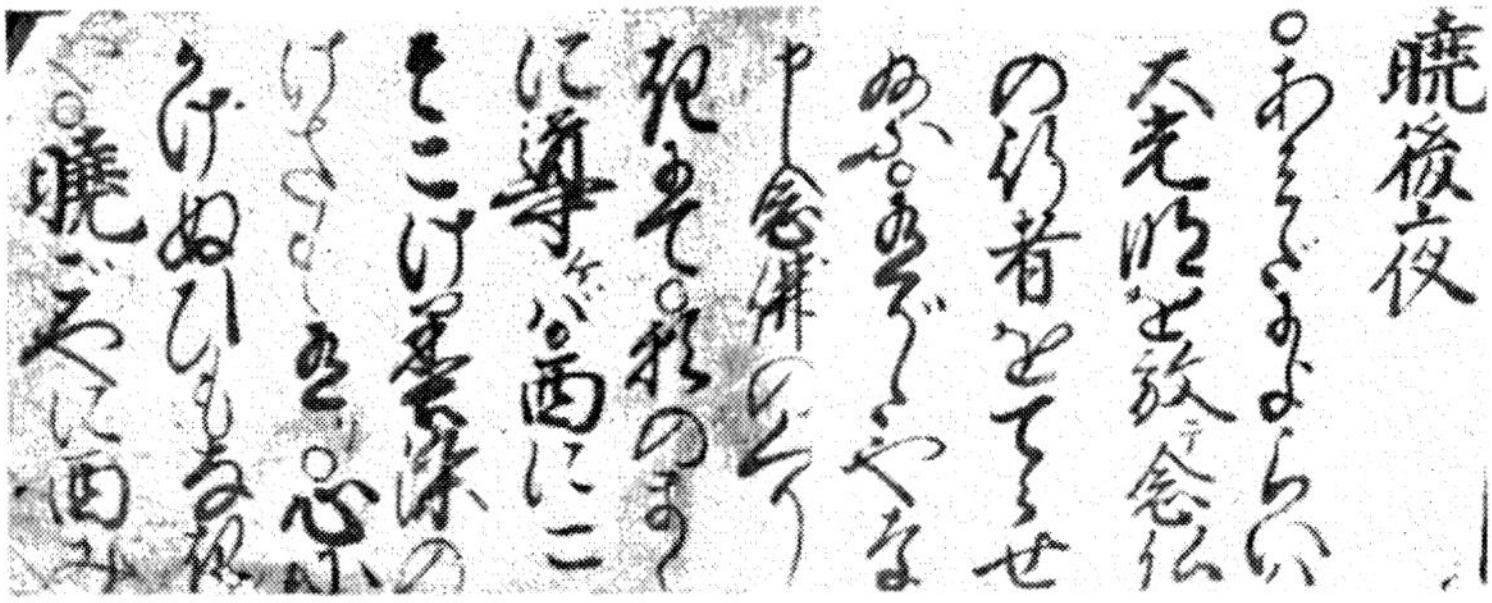

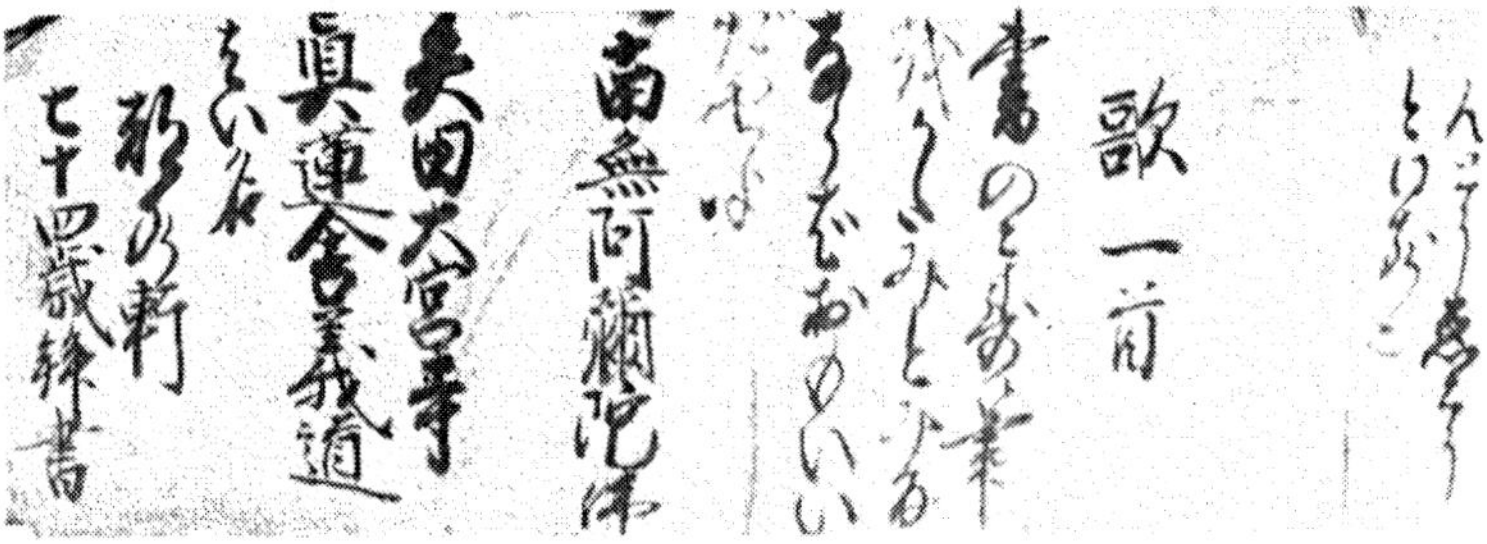

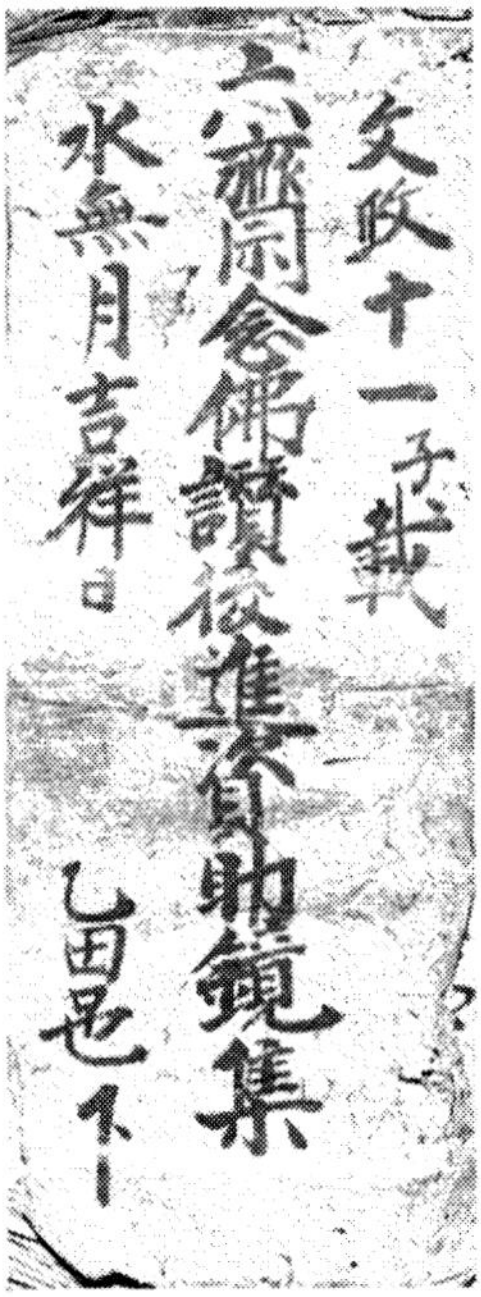

図14
図15　六斎念仏和讃帳　著者蔵↑

図16　六斎念仏和讃帳　表紙　著者蔵→

図17　光格天皇宸筆　慈恵大師名号　寛永寺蔵←

はしがき

古代仏教とはいうまでもなく飛鳥朝より平安朝にかけ展開した日本仏教をさすが、本書では平安仏教である天台・真言両宗を中心とし、それに一部飛鳥・奈良の仏教をも加えた意味において用いた。これらの仏教の中で大きな比重を占めるものは密教であり、それ以外の分野、とくに浄土教にあっても密教との関連を無視してはその日本的な特色の把握はむつかしいであろう。実に浄土教は中世仏教思潮の主流となった観があるが、つねにこれには古代的仏教の代表である密教が影響していたし、社会経済的にも密教寺院の特権存在は根強く残存し、近世封建時代に入っても古代的伝統はなお厳として公家社会に活きつづけた。

こうして古代仏教は日本仏教の貴族的性格をもっともよく具現するものであったが、門跡寺院の成立はこれを端的に物語る。中世の前半において朝廷公家貴族は武家との対決に敗れ、歴史的主導権を遂に失ったとはいえ、門跡寺院は公家勢力の橋頭堡として中世以来の権威と伝統を失わず、徳川政権下にあっては朝廷のもっとも有力な羽翼として輔弼の役割を果した。従って門跡寺院には今日、古記録・古文書をはじめとし、貴重な文化財が豊富に所蔵され、しかもそれらは寺の古いしきたりによって未公開であったり、ごく一部の人士にしか知られなかったりしているものが大部分を占める。著者が従来折にふれて拝見をゆるされたものも未だほんの一部にすぎないが、それでも中には仏教ばかりでなく他の思想・宗教や文学・芸能・風俗・経済・社会・政治等様々な分野にわたる興味深い史実が見出され、しかもそれらは特権的な公家階級に止らず、庶民社会に関するものも少なからず、今後の日本史研究には見逃しえない史料の宝庫となっている。かようにみてくると、古代仏教が日本歴史上占める意義はまことに大きいものといわなければならない。

教義教学の問題はもとより重要にちがいないが、同時にそのオーソドックスな発展以外、上下の社会や時代に応じ、日本的な独自の展開をとげた面を追求することもまたそれに劣らず注目すべき歴史的課題である。神道はじめ陰陽道・道教・儒教などとの思想的交流、土俗的民間信仰との接触、説教・唱導の庶民化による教化活動の普及、行事法会の民衆化等々多彩な発展は著者をして古代仏教への興味をかき立てる最大の理由であった。西田直二郎・中村直勝両先生御指導の下、京都大学の学窓を出て四十年に垂んとし、その間発表した論文や小篇はいたづらに数ばかりふえて学恩に報いる程のものは寥々たる中で、このたび上記の主旨の下に執筆した論文を中心に十二篇を選び、著者としてはじめての論文集をまとめることになった。省みて感慨無量なるものがあるが、これも昨年還暦を迎えたのを機に少しは過去の業績を反省整理して世に問うてはとの大阪大学教授黒田俊雄君の好意ある慫慂の賜に他ならぬ。

収録された論文は大むね既発表にかかるが、最初の「真言密教と陰陽道」は未発表のもの、「普通唱導集について」は著者の学窓を出でてからの処女作であるが、この記念すべき論文も今となってはその未熟さを恥づるばかりなので今回全く稿を新たにした次第である。『普通唱導集』の本文も既刊の複刻に若干の誤りがあったので、平岡定海・堀池春峰両氏の御援助により再び東大寺の原本について校合を行った。「妙法院門跡尭恕法親王とその時代」については妙法院執事三崎義泉氏の御協力を仰ぎ、新たに親王の遺品目録を追加し一部作品の写真を掲げることができた。あわせてこれらの方々に御礼申上げたい。

その他の論文も附載の史料の方が量的に多く、全体に本書が論文集よりも史料集といった方が適当だとする評は甘受するところであるが、これらの史料は著者が一部の雑誌に公刊したのみで、一般には利用の便宜にもめぐまれていないため、かつは採訪した当時の思い出もなつかしく、敢て収録に踏切ったものである。未熟な論文を史料でカバーしようなどといったずるい考えからではない。かえって読者が史料を参照されることにより拙文を批判して頂く足がかりになれば幸である。

はじめの三篇は密教と陰陽道の交渉に関するもので、この方面の研究は今後私のもっとも力をいれて勉強してゆきたい分野の一つである。もっとも陰陽道そのものの文化史的研究については既発表のものもあるが、本書ではすべて割愛し、別の形でまとめたいものと考えている。終りに本書刊行の労をとられた黒田教授、多数の史料を伴った地味な出版を引受けて下さった法蔵館の西村明氏に対し厚く謝意を表して私にとって最初の論文集を世に送る詞としたい。

昭和五十年四月

村山修一識

目次

第三篇　門跡寺院の古文書と古記録

第四篇　史料集

第一篇　密教と陰陽道の交渉

真言密教と陰陽道

一　平安朝以前の密教と陰陽道

欽明朝つまり六世紀の中葉は大陸からの宗教や文化が本格的に伝来した最初の時期として注目されるが、仏教は欽明十三年十月、百済の聖明王が国家の危機に際し、軍事的救援を求めるのと併行して釈迦仏の金銅像一躯・幡蓋若干・経論若干巻を献上し、その信仰をすすめ来った点まことに切実な時局との関連を想像せしめる。これに対してその翌十四年六月には日本側より援軍約束の旨をしらせるとともに、従来百済よりわが朝廷に派遣されている医博士・易博士・暦博士等は任期がきているから別の人物と交代させること、また卜占書・暦書、種々の薬物を送ることなどを先方に伝えた。その結果、十五年二月には新たに五経博士王柳貴、僧道深ら七人、易博士施徳王道良・暦博士固徳王保孫、医博士奈率王有㥄陀・採薬師施徳潘量豊・固徳丁有陀らを遣してきた。しかし請求した文献薬物等については『日本書紀』は何等記すところがなく不明である。以上のうち五経博士については継体天皇七年七月、百済より五経博士段揚尓が貢上されたと『日本書紀』にあり、その頃から百済の専門家学者らが交代制でわが朝廷に駐在することになったのであろうが、五経博士は『易経』のほか、『詩経』『書経』『春秋』『礼記』も含んでいるので陰陽道のみならず、シナの倫理・哲学・文学・芸術など広範囲にわたる知識をわが上層階級に伝えたものであろう。それが欽明十五年には易・暦・医など各専門分野にわたる大陸人の名前が明かにされるようになり、これら学問技術の輸入は本格化したことが考えられるのである。いづれにしても以上のべたところからも仏教と他の文化とは一応別個の意識をもって受容されたことが想像できよう。陰陽道のごときは宗教ないし信仰としての立場からは仏教と同列に見做すべきであろうが、当時はむしろ技術的なものとして暦道・医道と同様に取扱われた結果、これらは一括して伝えられ、また受入れる日本側でも技術的な分野の方が理解に早く、仏教のような高遠な宗教はこれと同列には摂取し難かったので別に「是の法は諸法の中に最も殊勝《すぐ》れています、解り難く入り難し、周公孔子も尚知りたまふこと能はず」云々の解説づきで百済の聖明王みづからの入信勧誘が行われる必要があった程である。

推古天皇十年十月に至り百済より僧観勒が来朝し暦本・天文地理書・遁甲方術書を貢った。以前よりわが朝廷が待望していた卜占書・暦書が遂にもたらされたのである。勧勒はもとより僧侶であり、推古天皇の時代に僧正に任じ蘇我氏の帰依をえて法興寺に住したので陰陽家ではないが、これらの書をたんにわが国に運んだ使でなく、相当に造詣の深かったことは朝廷が三、四人の書生を選んでこれらの書を観勒に学び習わしめたことからも明かである。こうして陰陽道に詳しい僧侶の来朝は仏教の現世利益と陰陽道の実利的方術の結合を示すものとして注目されるところとなったが、事実密教と陰陽道の接近を示す記事がこの頃早くも『書紀』に上るのである。敏達紀四年（五七五）宮殿を海部王家及び糸井王家の土地に建てようとして朝廷が卜者に土地の吉凶を卜わしめ、遂に吉の卜をえてここに幸玉宮を営んだ話がある。この卜者は一説に松尾社家系図によって十《と》握《つか》宿祢といわれるが、その文章から推して土地の吉凶を卜する易の知識を背景に書かれたのではあるまいかと思われる。さらに孝徳天皇白雉二年（六五一）十二月には難波味経宮において一切経読経と併行して夕刻より二千七百余の燈を朝廷の庭内にともし安宅神呪経・土側経等を読ませている。安宅神呪経は後漢の時代に撰せられた密部の経典で陰陽道の方位の思想を交えており、地鎮作法に効験あるものである。十二月であるから追儺大祓の意味を含め懺悔と邪気繫攘の呪術に際し、地鎮に関する経典が読まれたことは興味深い。

いっぽう旱天に雨を祈るについても密教経典の読経がはじめられた。皇極天皇元年（六四二）七月、百済大寺において仏菩薩や四天王像をまつって衆僧が大雲輪請雨経を転読し悔過行事を修した。このときは残念乍ら微雨に止ったので天皇はさらにみづから飛鳥の南淵の河上において四方を拝し天を仰いで雨を祈り漸くにして五日間の雨沢をみたという。天皇の原始的シャマン的呪術作法が密教作法よりすぐれていたわけであるが、四方を拝するとの記事についてこれが後世の宮廷における四方拝の行事のはじめか否かの議論がある。けだしこの時の旱天は相当深刻なものであったと見え、『書紀』には朝廷の上記の経典転読、天皇の四方拝のほか、民間では牛馬を殺して社にいのり、市を移し河伯をまつるなど日本固有の行事をはじめとしてシナ伝来の新しい呪術作法などすべてを動員した有様である。また客星月に入るとの天文変異も記されており、これが旱魃という凶事につながることがのべられている程であるから、陰陽道的な四方拝が固有なシャーマン的作法と併せて行われたとしても不思議ではない。天武天皇十二年（六八四）七月には百済の僧道蔵なるものをして祈雨の法を修せしめ験があり、持統天皇二年（六八八）七月にも同様の効果があった。養老五年（七二一）六月には八十歳に達したので絁《あしぎぬ》五疋・綿十屯・布四端を給い、同籍親族には終身僧侶の身分を保証している。同じく百済の僧法蔵は陰陽博士となり、持統天皇五年（六九一）二月銀二十両を賜っているが、恐らくこれら百済僧は密教的呪術を心得、おのづから陰陽道も会得していたものと思われる。また新羅僧行心は天文・卜筮に詳しく、大津皇子に天位に上る骨法ありと進言して皇子に叛逆を決意せしめたと『懐風藻』に見える。和銅七年（七一四）三月には沙門義法が占術巧みなるをもって還俗させ、大津首と称させていることがあり、呪術活動を通じて雑密と陰陽道を兼ねていた僧侶が少くなかったものと思われる。

周知のごとく天武天皇は陰陽道に深く関心をもたれ、律令官制中に陰陽寮を設け占星台を興すいっぽう、みづからも天文遁甲をよくし、式《ちよく》占を行われた程であったが、他方薬師や観音をも厚く信仰せられ、とくに観音信仰の隆盛は十一面をはじめ様々の観音を派生せしめ、これが当時の仏像彫刻に反映してきたことは佐和博士の説明からも理解せられる。そうしてかかる様々の観音信仰成立の背景にはたんに観音に関する経典のみならず、直接呪術的な作法を示す陀羅尼集経や陀羅尼雑集の影響があることもすでに同博士の指摘せられた通りである（『日本の密教美術』一九頁、『密教美術論』一五三頁）。同時に陀羅尼雑集のごときには観音のみならず北辰菩薩妙見呪・太白仙人呪熒惑仙人呪など陰陽道の影響をうけた呪文が収められており、国土安穏・攘災招福をはじめとする数々の利益は律令制の完成に非常な熱意を示された天皇にとって雑密信仰を陰陽道とともに国家運営上のもっとも重要な手段とされたのであった。

奈良朝に入ると雑密すなわち古密教といわれるもののほかに金剛智・不空等の訳にかかるいわゆる新密の経典も少数ながらもたらされるようになった。しかし大勢は依然として呪術作法を中心とした雑密的なものが多かったので、つぎにその中から陰陽道に関係の深いものを石田茂作博士の「写経より見たる奈良朝仏教の研究」により抜出してみるとつぎの通りである。

北辰菩薩経（北斗七星延命経？）　安宅神呪経
大雲請雨経　陀羅尼雑集
大雲輪請雨経　雑呪集
孔雀王呪経　種々雑呪

このうち請雨経や安宅経の類は既述のようにすでに飛鳥白鳳期に入っていたのであるから奈良朝期としては大して取立てていう程のことはないようにみえる。しかし雑密的呪術がいよいよ盛んとなったことは右の石田氏のリスト以外に『大日本古文書』から舎頭経、二十八宿経（正式には舎頭諌太子二十八宿経といわれるもの）の書写がしられることからもうかがわれる。これは二十八宿を中心に星の運行による吉凶卜占禁忌などを説いた宿曜道の重要な経典とされるものであるが、弓削道鏡は宿曜道の秘法を利用することにより時代の脚光をあびたのである。これについては堀池春峰氏の「道鏡私考」に詳しいのでそれによってのべよう。高山寺所蔵「宿曜占文抄」によると、道鏡は孝謙天皇が近江国保良宮にて御養生中、宿曜秘法を天皇に伝受勤修し奉り、その結果御悩平癒して天皇は忽ち大菩提心を発し出家された。恵美押勝叛するや道鏡またこの秘法を修し、験あって乱平定した。彼が累進して法王にまで出世したのもひとえにこの法力によるものであるというのである。さらに宝字七年（七六三）七月二日、道鏡が命じて写させた経典四十巻は「大金色孔雀王呪経」一巻「仏説大金色孔雀王呪経」一巻「孔雀王呪経」二巻「大孔雀呪王経」三巻「十一面観世音神呪経」一巻「十一面神呪心経」三十巻「陀羅尼集経」第四、第九及び「三十巻経」で、これらは道鏡が恐らく修法に必要あって書写させたものにちがいなく密部経典としてとくに呪術性の強烈なものばかりであるところに道鏡の仏教の特色が察知せられよう。すなわち孔雀王経の類はあらゆる災厄を払う効能を有する中でも祈雨・止雨・安産・疾病にその験著聞し、十一面観音の呪また広く障難撃攘に利用せられ、とくに疾病・悪夢等の退散にすぐれているといわれる。「陀羅尼集経は前述の通り各種々呪をあつめたもので、陰陽道の色彩強く、あらゆる現世利益に対応する呪法が用意されている。そうしてこれら様々の密教呪法の運用を方法的にまとめたものが宿曜の経典といえるであろう。従ってこれら諸経の総合的活用こそ宿曜秘法の奥儀を極めることになるのであるが、道鏡の特意とするところはなかんずく疾病治療のための呪法であった。けだしわが律令は唐制にならい医療令において典薬寮に呪禁博士や呪禁生をおくが、これはシナ固有の道教からきた方術士の道禁と密教の禁呪の結合によるといわれ、呪禁師として韓国連広足・余仁軍・末使主望足らがしられていた。同時に養老元年（七一七）四月の詔にあるように、僧尼は仏道により神呪を持して病人を救い湯薬を施して疾病を治療することがゆるされていたので、聖武・孝謙両天皇みづからも不予に際しては多数の禅師を招いて看病せしめられ、天平勝宝八年（七五六）、聖武上皇の看病には百二十六人の禅師がいたということである。奈良朝末にはとくに有名な看病の禅師として十人の僧侶の名（『続日本紀』）が挙げられているが、その中の一人永興は、『日本霊異記』によれば、興福寺の僧で紀州熊野に修行し、その験力により住民の病気を愈して菩薩と仰がれたという。また広達なる僧が吉野金峯で修行したことも同書によってしられており、これらの「禅師」とは山跡まれな山奥あるいは辺境の地を求めてそこで苦行を積み、法験をえた浄行の呪術的行者を意味したものであった。後世の修験山伏の先駆もそこにみられるが、「七大寺年表」によれば、道鏡もまたはじめ葛木山に籠り如意輪法を修し、苦行極りなかったと伝え、いわゆる「禅師」の一人であったことがしられるのである。この葛木山は役小角の修行地として古くからしられ、呪言神である一言主神の司祭者賀茂氏の本拠であった。この小角が平安朝には孔雀王の呪を誦し難行苦行して自在の法験を得、鬼神をあつめ駈使したと伝えられるようになった。「孔雀王呪経」は小角より以前に漢訳されたものであるから、時代的には当然小角がこの経を読んだとしても不思議ではないが、小角がどの程度仏教と接触があったかは疑問で、後世密教色のつよい修験道が発展してから付会されたところが多く、修験道中興の祖としてしられる醍醐寺の聖宝が孔雀明王経法勤修にすぐれていたところから、さらにこれを開祖と称する小角にまで遡及したことは考えられよう。上述の呪禁師である韓国連広足が小角に師事したことも間接にこれを証しうるかもしれない。広足は物部大連の子孫でその先祖が武烈天皇のとき三韓に使した縁で韓国連と称したという家柄であるだけに、充分舶載の宗教や信仰にも浴していたと考えられる。その広足が小角に師事したのは固有の原始的呪術の伝統を負う小角に接することによってその呪術の本質を知り、神祇的呪法をもみづからの支配下に収めようとしたのであろう。それがうまくゆかなかったために小角の叛謀を捏造するに至ったのである。むろん道鏡が葛木山に入って苦行をはじめた頃には小角は世になく、葛木山の固有原始呪術信仰圏にも次第に「禅師」なる雑密呪術行者が相ついで入りこむようになっていたと思われる。ただ一言主神を奉ずる呪術信仰の伝統地であったことが禅師達の修行地として一層の魅力をそそったにちがいない。小角の鬼神も動かす自由自在の呪的行動があらゆる所願を満たし自在に意の如く法力を駆使しうる如意輪法へと発展せしめられたことは充分想像がつく。広足は小角に師事しながらついにその呪道に反撥したが、道鏡は小角亡き後といえどもその一族や社会の人々との接触を通じてよくその呪道を体得し、はげしい苦行を通じてこれを巧みに密教的呪法へ習合させたものである。さらに宿曜経秘法を加えることによって疾病は勿論、人間個人の運命を占い、心情を洞察し精神的にこれを自在に操縦することさえ心得るようになった。これが孝謙上皇の看病にあたり美事に功を奏したゆえんである。当時政治社会における陰陽道の利用はまことに盛んなものがあった。それは白鳳期よりみられたことではあったが、奈良朝に入ってからは権力争奪の具に供せられる傾向いよいよ強く、国家としての正常な運営は失われつつあった。道鏡が陰陽道と密接な関係にある宿曜道をもって自己の野心をとげようとしたのも不思議ではなかったであろう。

いうまでもなく朝廷は飛鳥時代以来、陰陽道を政治上極めて重視し、あらゆる出来事に対し、つとめて吉凶の判断を行い、祥瑞災異を報告せしめてこれを政策的に利用した。その結果こうした報告は逐年正史にその数を増したが、件数において災異が祥瑞を上廻るのはつねであった。それにしてもある程度両者件数の増減は併行する場合多く、たとえば皇極・天武・元明の各朝は災異件数が急激にふえている反面祥瑞の記録もその前後の朝に比し目立って盛んである。ところが淳仁、称徳両朝のみはこれと事情を異にし、淳仁朝では祥瑞皆無なのに対し、災異は飛躍的に増大し、称徳朝では祥瑞はふえたものの災異の方は依然として比較にならぬ程頻繁である。これについては拙稿「陰陽道と万葉集」(有精堂『万葉集講座』所収)に詳論しておいた。これはもとより孝謙上皇と恵美押勝の政治的対立以来の異常現象であろうが、淳仁朝の災異件数のみの激増は当時実権を握っていた孝謙上皇への政治批判が反映したもので押勝が背後にあって陰陽師に災異上奏を繁くさせたと考えられる。ところが押勝失脚し称徳朝になるや、俄に道鏡の進出となり、道鏡は天皇の寵をえたところから恐らく帝徳礼讃のための祥瑞上奏を活潑に促進せしめはじめた。隅寺毘沙門像より舎利があらわれた類の前例なき仏教的奇瑞はそのあらわれの一つであった。しかし他方災異の報告も前期に劣らぬはげしさを加えたのは何故であろうか。宿曜道の奥儀を極めた道鏡が陰陽道にも並々ならぬ関心を寄せたことは当然考えられ、それに応じて陰陽寮は彼の野心に協力を余儀なくさせられたのであろうが、それだけに陰陽師の中には道鏡に批判的な空気が流れていたものと思われ、これをひそかにバックしたのは藤原貴族を中心とする勢力であったろう。そうしたことから祥瑞に対抗し災異上奏の方もぬけめなく、むしろ些少な事象も細大洩らさず、努めて摘発されたにちがいない。天平神護元年（七六五）八月、和気王の事件に坐して日向守に左降せられた陰陽師大津大浦のごとき、道鏡の宿曜道に反撥した一人であろうが、彼の所有した天文・陰陽関係の文献はすべて没収せられている。宿曜道の隆盛はたしかに当時の陰陽師達にとっては一つの脅威であったとみられるのである。

二　空海と陰陽道

以上平安朝までの密教と陰陽道の関係をたどってきた。道鏡の失脚によって宿曜道盛行の時期は去ったが、陰陽道もまた人材乏しく低調とならざるをえなかった。このときにあたり空海は延暦二十三年（八〇四）三十一歳で入唐し、恵果阿闍梨より両部大法をうけ、大部の真言密教経典をもたらし帰ったが、これには未だわが国にしられなかった新訳の経典多数が含まれており、その中に次のようなものがあった。

大孔雀明王経　三巻　五十紙
大雲輪請雨経（不空訳）一巻　二十四紙
雨宝陀羅尼経　一巻　五紙

文殊師利菩薩及諸仙所説吉凶時日善悪宿曜経　二巻　四十紙

右のうち最後の長名の経がすなわち後世「宿曜経」として一般にしられているもので、唐の不空（七〇五―七七四）訳出にかかる。この経について元永頃（一一一八―一九）聖賢の作った『高野大師御広伝』（下）および弘法大師御伝（下）には、

陰陽工巧画図等共能達之、大同以往暦家無知密日是故日辰吉凶雑乱人多犯之、大師帰朝之後、伝此事、見安胡新撰宿曜経

とある。ただ終りの安胡が『弘法大師伝』では安暇とあるほかは両伝記とも同文である。つまり空海がこの宿曜経をもたらしたことにより、始めて密日がしられ、吉凶判断が正確になったというのである。けだし空海は多芸多能の高僧であって、とくに陰陽道・宿曜道に深い関心をよせ、この注目すべき経典を舶載したことは、たんに空海の余技的行為とみるべきでなく、真言密教の新しい宗派活動に深い関係をもつものだったのである。「宿曜経」の伝来によって新たにしられた密日とは一体何であるか。これは唐代の摩尼教徒の間に行われていた暦の中にあるもので、日（太陽）あるいは日曜日を意味するソグド語mir（密）の音訳であるといわれる。唐の中葉以後は摩尼教の七曜全部についてソグド語が漢人の信者にも知られるようになったが、とくに日曜を重要な聖日とし、宗教儀礼を行ったため、暦の上でもこの日だけ密の字を註記したようである。わが国では別に行事はないが、形式的にまねて日記に密字を入れるようになり『御堂関白記』に至って漸くこれがとりいれられるに至った。もっとも奈良朝すでに入っている「大孔雀呪王経」の中にも義浄が梵音を写した七曜名を入れ、日曜を阿婭底（アーディチヤ）としているが、これを吉凶に利用することは未だ行われなかったのである。「宿曜経」は七曜直日品第四および七曜直日暦品第八において七曜を説明し、漢名、ペルシヤ名、インド名を日曜から土曜まで挙列し、月が二十八宿と合う場合について太陽直日に軫と太陰直日に畢と火曜直日に尾と水曜直日に柳と木曜直日に鬼と金曜直日に房と土曜直日に与と合う日は甘露と名づけ大吉

とし、仏事一切によいとする。また太陽直日尾と太陰直日心と火曜直日壁と水曜直日昴と木曜直日井と金曜直日張と土曜直日穴と合う日は金剛峯日と称し一切の降伏法を修するによし、太陽直日冒と太陰直日鬼と火曜直日翼と水曜直日参と木曜直日底と金曜直日奎と土曜直日柳と合う日は羅刹日ですべての事をなすに必ず禍ある凶日であるとする。また七曜各日の吉凶卜占の基準を詳しく示しているが、個人の生誕について日曜に生れた人は智端正、身貌長大、功徳を好み、父母に孝順にして短命、月曜の人は多智美貌、福田を楽しみ布施・孝順を好む。火曜の人は醜く弓馬をよくし言語勇決、養い難い。水曜の人は病多く不孝にして財物を妨げ長じて財をなし、長命、言語よく人を畏敬せしむ。木曜の人は長命にして智あり、財を積む。金曜の人は短命にして善を好み、孝順にして人より欽慕される。土曜の人は善を楽しみ孝順にして、朋友に信望あり、といい、公的には五月五日、各曜日と合う場合の吉凶について、日曜ならばその歳万事豊熟、月曜ならば病疾多く秋、冷害、寒さきびし、火曜ならば兵乱多く疾病流行、畜生死損す、水曜ならば河水あふれ不作にして寒さきびし、木曜ならば万物豊作、四時順調、金曜ならば人畜驚失して狂賊の乱れあり、土曜ならば土木の功あり、といった具合、さらに日月の蝕および地震と各曜日の関係については大むね凶となっている。なぜ五月五日を出したのかは明かでないが、五行との関係からであるまいか。いづれにせよ、こうした七曜による吉凶卜占が密教の呪術活動に新味を加え、陰陽道・宿曜道にも大きな影響を支えることになった。もとより空海としてはあくまでも即身成仏が本義であり、呪術的加持祈禱のごときは第二義的のものであったけれども、鎮護国家を標榜し、公的奉仕を旨とする以上、世俗的利益から超然としているわけにゆかず、おのづから真言宗としては事相面に力をいれる結果となったのである。『高野大師御広伝』にはいくつか空海の呪術的奇蹟をのべているが、その主なものを拾うと、㈠行基菩薩の弟子である某女に空海が請ぜられて赴き、天地合の三字をその家屋の柱に書きつけられた。その墨が深くしみこんで柱を削れども失せず、柱を洗ってこれを飲む者は疫瘧必ず愈えたという。㈡空海が帰朝後その禅居に勅使が出向いたところ、空海は西に向って三度灑水を行った。勅使がその故をきくと、答えていうには、唐の青龍寺に失火があったのでこれを防ごうとしたのであると、のち唐より青龍寺経蔵が火事になったが、東方より雨が来てこれを消したと伝えてきた。㈢土佐国に朽木でつくられた梯があったが、空海はこれに対して呪を誦し授け、よって今に梯は折損しないでのこっている。㈣天皇が御膳にお嫌いなものがあって召されなかったので、空海は呪力によりかち栗を茹て差上げたが、その味殊に美なるものがあった。㈤禅僧に油を乞われたので空海は古い巌に加持し油を涌出せしめた。汲んで他所へもって行ったら淡水に変っていた。㈥不姙の女から子宝を求められたので唾に呪を加えたところ、子を生むことができた。㈦水輪想を凝せば室内碧潭となり、覧字観に入れ堂上満炎の有様であった。㈧唐においては龍を飛ばし鬼を使い鳥を留め菓を落すなど不思議のことが多かった。以上多くは空海の法験技能の卓絶を示すための伝説にすぎないのであろうが、それにしてもその面目をよく伝えているところがある。㈢㈣㈤㈦㈧などは山岳抖擻の修験行者にふさわしい活で空海の験者的側面を示すものである。㈠は能書家としての伝説でこの方面にはなお彼の筆蹟にからまる奇瑞譚があるが、疫病平愈の呪的作用にまで結びつけたのは空海が験者として医療にも造詣深く呪的治療にすぐれていたことを示唆しており、㈥の話も同じ部類に入れて考えられる。㈡の話は空海のすぐれた祈雨呪法や㈦の水輪想とともに水に関する呪術の優秀さを物語るものであろう。とくに祈雨の法験については天長元年（八二四）神泉苑にこれを修したことが有名である。『大師御行状集記』によれば、空海勅を奉じ神泉苑に請雨経法を修することになったところ、西寺の守敏これに対抗し、自分は空海より上臈で同じくこの法を学んでいるから仰せつけられたいと申出た。よって両名競って修法したが、守敏は結願の朝より雷鳴り甚雨となり人々は感歎した。ただし朝廷が調べたところ、雨は京中のみで郊外に及ばないことがわかった。いっぽう空海はなお七日を修するも雨降らず、入定して考うるに守敏が龍神をとりこめて水瓶に呪縛しているのをしり、さらに二七ヵ日延修し、インド阿耨達池の善如龍王を勧請したから龍王は金色の小龍に化し、丈余の大蛇にのって神泉苑に入った。その結果結願の日より雨降り、以後三ヵ日の間天下普く雨沢に浴した。『参天台五臺山記』によれば、守敏が修円となっており、善如龍王が苑池に入るところを空海はじめ実恵・真済・真雅・真然ら十人の弟子もみたが、他の人々には見えなかった。このとき以後真言宗でこの秘法を修するときは必ず雨降るが、空海の門徒以外には請雨経法を学ばせず、この法を伝うるものわづかに三人で、深く口伝を秘しているとある。以上のような話はこのほか『江談抄』『本朝神仙伝』『今昔物語集』等諸書に散見するが、正史には記載なく、『日本紀略』には内裏にて祈雨のことがみえるにすぎない。従って空海の神泉苑における祈雨の事実は公的なものとしてでなかったかもしれないが、真言宗の秘伝としての祈雨作法の道場に早くから神泉苑が選ばれていたことを示すものであろう。また同時にすぐれた祈雨法験には陰陽五行思想による天文気象観候の知識の裏付が必要となるので、真言宗における請雨法の秘伝性とは宿曜道と密接な関係にあるものと判断したいのである。

すなわち空海以後、平安朝を通じ真言の秘伝によりここで祈雨修法を行った人々には貞観十七年(八七五)六月十五日の真雅僧正、延喜年中(九〇一―九二三)の観賢僧正、延長二年(九二四)六月廿八日の観宿僧都、天暦二年(九四八)六月十四日の寛空僧正、応和三年(九六三)七月九日の救世律師、寛和元年(九八五)七月五日の元杲僧都、永延元年(九八七)および正暦二年(九九一)の元真僧都、寛仁(一〇一七)より寛徳(一〇四五)にかけての仁海僧正、康平八年(一〇六五)六月十五日の成尊僧都、永保二年(一〇七五)七月十六日の範俊僧正、寛治元年(一〇八七)八月十日の義範僧都、永久五年(一一一七)八月十四日の勝覚僧正等が数えられる。なかんずく仁海は数回にわたる修法にその都度降雨著しく世に雨僧正と呼ばれた。『覚禅抄』『雨言雑秘記』は祈雨に用いられる経典として那連提耶舎訳の「大雲輪請雨経」二巻、闍那耶舎訳「大方等大雲請雨経」一巻、不空訳「大雲請雨経」一巻、曇無讖訳「大方等大雲経」六巻、不空訳「大雲経祈雨壇法」一巻、

「陀羅尼集経」の祈雨壇法一巻、不空訳「宝楼閣経」上巻、善無畏訳「尊勝儀軌」下巻、菩提流応訳「不空羂索経」第二十九、般若三蔵訳「守護国界経」第九をあげており、うち空海の招来したものは不空訳「大雲請雨経」般若三蔵訳「守護国界経」第九で、とくに不空訳の経典は重んぜられたらしい。空海はこのほか祈雨に関係あるものとして「大孔雀明王経」三巻、「仏説大孔雀明王画像壇場儀軌」一巻や「梵字大宝楼閣経真言」一巻なども持ち帰ったが、『覚禅抄』には挙げられていない。また同書には宿曜にも心掛けるべきこととして畢宿は雨を好み、月がこの宿に入るときは雨降るとの「大日経」の文をあげているが、祈雨修法に宿曜道的配慮が必要であることを暗示している。

祈雨修法と併行してみられる五龍祭も空海の時より始まったと『覚禅抄』にあるが、『日本紀略』等によれば延喜二年六月始めて記録に上る。これは真言の御修法、第五日目より陰陽寮に仰せて祭らしめられる。陰陽道の口伝では茅をもって五龍の形を作り、その中に阿闍梨が龍の梵字を書くのである。この五龍王とは「大灌頂経」所説の五龍王で東方青龍神王、南方赤龍神王、西方白龍神王、北方黒龍神王、中央黄龍神王をさし、明かに陰陽五行の思想が纒緬している。茅をもって龍の形をつくることは密教の方でも秘伝として行われる。すなわち神泉苑では九尺ばかりの龍形をつくって中島の石の上におき、紙をまとい薄墨をもって綵色して眼を入れ、その上にまた茅で長さ八寸ばかりの蛇をつくっておき、これは金箔で綵られた紙をまとい、眼を描き、梵字を頭に籠め、中島の石の穴に極秘に埋めるのである。

祭壇に用うる道具類についても五行に結びつけて説明する考えがいつしか発生した。「陀羅尼集経」によれば、壇の四角に赤銅の水罐をおき、中に一升の浄水を満たし、その口に柳栢の枝を挿すとあるが、古くはこの水罐は青瓷の器であった。「尊勝儀軌」には青瓷に毎日、新水に青黛の五宝五穀を和したものを入れることが記されている。水を乞う作法であるから器具のみならず幡・綵帛などに盛んに青色を用いることが規定されている。しかしいっぽう「陀羅尼集経」にとくように赤銅の水罐を用いる流儀もあり、この方は五行思想により金には水の精ありとして金銅の道具がよいとする考えもあった。かような流儀の相違は広沢・小野など諸流分れた平安後期の現象とみられる。

空海が五行に深い造詣のあったことは、『十住心論』(二)にも五戒の説明に関連して、

曰二五常一在レ天為二五緯一在レ地、為二五嶽一在テハ處為二五方一在レ人為二五藏一在物　為二五行一持レ之為二五戒一

といい、さらに、

五常謂二仁義礼智信一也、就二五行一而謂則木為レ仁、火為レ礼、金為レ義、水為レ信、土為レ智……尚書洪範云、五行一曰水、二曰火、三曰木、四曰金、五曰土、水曰二潤下一火曰二炎上一木曰二曲直一金曰二刅《ショウ》革一土爰《ヲイテス》二稼穡一

云々と説明しているところからもしられるが、どれ程五行思想を呪術活動にあたって利用したかを具体的に確かめることはむつかしい。ただ呪術の上に七曜や方位の吉凶を参酌したであろうことは充分想像されよう。彼の将来した「大毗盧遮那経疏」にも七曜九執を説き人と星の不可分の関係をのべているところからも同じく将来の「如意輪念誦法」「観自在菩薩如意輪瑜伽如意輪観門義注秘訣」「訶梨帝母経」等の経典は北辰北斗の信仰との関係において考えられそうである。ことに如意輪の呪法は長寿延命、悪星悪賊水火の難を除き祈雨止雨にも利益あり、非常に効用の広いもので、七星如意輪法に至っては七星精霊とこれを守る訶利帝母をまつって行う秘法である。

以上空海の時代の真言密教は新しい宿曜道をとりいれることによって事相面における呪術活動を一層組織的かつ効果的ならしめた反面、陰陽道的判断に引づられた道鏡のごとき邪道的方向を戒しめ、あくまでも密教の根本義に立ち、宿曜道・陰陽道は第二義以下のものとして表面的には余り利用した印象を与えぬよう努力したものとみられる。しかしやがて藤原氏の進出に伴う平安仏教の貴族化・卑俗化傾向は漸次呪術的迷信的要素を明確ならしめざるをえなくなったのである。

三　真言密教における陰陽道的要素の展開

空海のあと入唐して陰陽・宿曜関係の将来品をたづさえたものに常暁と恵運がある。前者は承和五年（八三八）六月、菅原善主の遣唐使第四船にのって渡唐し、長安栖霞寺の文瑠（不空弟子）につき太元秘法をうけ、多数の同法の経典と彫像図像を携え帰ったのでしられるが、同時に三光天子像一体、二十八宿像一体をも伝えた。これらの形像は未だわが国にしられなかったもので、唐でも余り多くはないものらしく、従来陰陽師は経典から推測して像をつくっていたにすぎないが、常暁の将来したのは儀軌に合った正式の作という。後者は承和九年八月入唐、会昌の排仏にあい、二百余巻の経軌を将来したが、その中に「玄鏡宿曜経」一巻、「七曜星辰別行法」一巻があった。常暁は法琳寺、恵運は安祥寺を本拠とし、のち真言小野流が形成されるにおよんでこれらの寺院はその支配下に属したから以上の渡来した彫像・典籍類は小野流における陰陽的要素の発展に少なからず寄与したものと思われる。仁海の撰にかかる『小野僧正抄』や『小野宿曜抄』さらには『恵什抄』『証師記』『常喜院抄』など数々の秘伝的な書物がつくられたのはそのあらわれである。また仁和寺を開かれた宇多法皇は『周易』を学ばれた程で、深く陰陽道にも御造詣があり、その御子真寂も密教学者として聞え、なかんずく『九曜攘災雑要』『宿曜略鈔』『宿曜経音義』等宿曜道に関する著作をのこされ、これらはのち広沢流の伝統確立に大なる寄与をなしたのである。

いま北辰北斗を中心とする星の作法、河臨法、安鎮法等二三の呪法について陰陽思想とのふれ合いを一瞥してみたい。まづ北辰（これを水星と同体とみる説もある）すなわち尊尊王をまつるために成立した尊星曼荼羅は中央大月輪中に尊星王をおき、その周囲に小月輪中に夜叉形をした北斗七星をめぐらし、これを内院衆とする。さらにその外側に外院衆として甲寅将軍・丁卯従神・甲辰将軍・丁巳従神・甲午将軍・丁未従神・甲申将軍・丁酉従神・甲戌将軍・

丁亥従神・甲子将軍・丁丑従神の十二神を配し、その図像は十二支の動物にかたどっている。将軍は六甲の説からきたものであるが、六甲については文徳・清和両朝に活躍した陰陽博士滋岳川人の著に『六甲六帖』『新術遁甲書』『指掌宿曜経』があり、これらがこの曼荼羅など密教の星宿信仰に及ぼした影響はけだし少なからざるものがあったであろう。

つぎに北斗七星の曼荼羅は頂輪王を中心に九曜二十八宿を周囲に配するもので輪廓の方形と円形の二種あり、後者は天台の慶円座主が始めて図絵し、前者は仁和寺の寛空が村上天皇のため宮中で北斗法を修した際、始めて図絵したと称せられる。いづれも陰陽道が隆盛期に入った頃に図が出来たことは興味深い。小野流に出た醍醐寺の勝覚権僧正は炎魔王は星であって泰山府君に同じだと陰陽師安倍泰親に語ったことが『覚禅抄』にみえる。本命の干支曜宿については村上天皇の御本命供を修するにあたり天皇の本命につき生れ年の干支をとるか、生れ日のそれをとるかで議論が分れ、天文博士賀茂保憲は前者を、宿曜家の東大寺僧法蔵は後者をとって争ったが、結局法蔵の説は根拠がはっきりしないとて保憲の勘文に従うことになり、以後これが通説とされた。法蔵が如何なる流儀に属する宿曜師であったかはっきりしないが、この頃から宿曜道の進出が明確化してくる。また天台の円仁・円珍入唐によって新しい密教の呪術的典籍や作法がしられてき、これが逆に東密へも影響し、陰陽的ムードを盛上らせた。六字河臨法のごときはその一例である。仁和寺の濟樵内供が皇慶阿闍梨よりの伝授により真言密教にも拡がり広沢・小野両流に伝った。六字とは六観音または所変の六字明王であるが、ひとつには平安朝宮廷社会の権力争奪を反映し、呪咀怨家調伏の利益をもって公家の間に盛んに利用せられた。これに関速して六字経曼茶羅なるものがつくられている。醍醐寺の明仙僧都の曼茶羅がその代表作で釈迦金輪仏頂を中心に六観音をめぐらし、その前に鏡をおき、呪咀神の像をあらわす。この呪咀神は貴船・須比賀津良・山尾・河尾・奥深等の神々である。行法にあたっては輪印と称する手印を結ぶが、これは摧破の義で六字天の結印に等しく、陰陽家はこれを反閇《へんぱい》の際に用いるのである。陰陽道でも呪咀祭を行うが、これらは相並んで公家の間に流行した結果、互にその作法に似た形をとりいれるようになったことが考えられる。六字河臨法に至っては七瀬祓など神道に類似の陰陽道行事と通ずるところ多く、六字経法結願の夜に修するものである。まづ六字経法の大壇を船に移し阿闍梨・承仕・檀越・雑役人等も同乗、本尊は下流に向ってすえ、流れが南より北に向う場合は最も都合がよい。怨家呪咀調伏の法であるからその河は必ず檀越の家の下の所を用いる。木津川は北流するので調伏法には好都合だが王城の方に向うので適当でない。行法は七時に必ず下より上へ向って修し七瀬を指して上る。決して流れを下ってはいけない。船は壇所のための大船一艘、厨船一または二艘で、鉄および藁の人形各々四十九枚（各の瀬各七色、長さ二、四寸ばかり）、解縄七束ばかり、菅抜七枚を用意するが、これらは陰陽家が七瀬祓の際用いるものと同じである。船上での護摩のあと、中臣の祓をよむが、これには陰陽師を請ずることあり、解縄をも行わしめる。この中臣祓の内容は唐から伝った薫仲舒祭文にあり、これを吉備真備が日本風に書改めたという類の俗説が平安末に行われていた。天台の承澄は「河臨法他門更に之無し、六字法許、之を修す……弘法・智証等門葉不知之也」云々といっており、たしかに台密で主として行われる法であったとしても密教と陰陽道の接近は秘伝的に僅かの差異を生み出しつつ、似た方向に呪的活動を発展せしめて行ったのである。

平安朝は公家貴族が競って仏寺第宅を建築した時代だけに地鎮の作法は盛んに行われた。小野流では鎮壇を築く前に地鎮を修するが、この際、小野流は五色玉を、広沢流は五色石を埋めるのである。ただし土用はこの作法を避けるといい、一説には地天供つまり陰陽道の土公祭にあたるものを行えば支障なしといわれる。『覚禅抄』によれば、保元の頃（一一五六）勧修寺法印雅宝が眼病により陰陽家に占わせたところ、土公の祟とわかり、地天供を行ったことがある。その折の都状なるものがのせられているが、まさに陰陽家の泰山府君祭の祭文を思わせるものがある。善無畏の

『堅牢地天儀軌』に、有福人の宅の竈の額の上の土をとり、十二月八日に持来って自宅に安置せよ、土をとるとき地神の名号二十一返をとなえる云々とあり、地天供に陰陽道的要素のあることを示唆している。地鎮のあと鎮壇の儀あり、壇の中心に穴を掘るが、艮《うしとら》より掘り始めるのである。穴が掘られると底に輪を敷き上に壺を安置、四角に橛をたて五色の糸を引くが、これも艮より始める。紙または板に八卦を書いて八方に安置する。これらは寺門も小野流も作法に大差がなく、いづれにしても陰陽道との交渉があることを看取しえよう。つぎにこれも王朝宮廷で盛んとなった愛染明王の信仰は空海将来の「金剛峯楼閣一切瑜伽瑜祇経」を所依の経典とするが、この尊をまつって檀越の名を記した紙を獅子冠の獅子口におき、三九秘要法を修すれば曜宿の祟りを避けうるとの信仰が平安末にあらわれている。九は九曜、三は命業胎三宿で、三宿は「宿曜経」により個人的に相当の曜宿をきめ、これを供養するもので、十二宮の内の獅子宮である愛染明王に九曜宿るときは一切の障難も解消するという、広沢流でとくに重んぜられた行法である。

最後にかなり俗説的なものながら玉女法なるものにつき一言したい。中世に成立した『簠簋内伝』には玉女とは日月星三光あるいは弥陀・釈迦・薬師三尊、あるいは吒枳尼・聖天・弁才天を三玉女というとし、太歳神が玉女神に合うとき、春三月は甲戌日と乙酉日よりそれぞれ六日間、夏三月は丙午日と丁巳日より六日間、秋三月は甲子日より十日間、庚辰日より五日間、冬三月は辛卯日より十五日間、壬子日より五日間を太歳対といい、嫁取・結婚・出仕・対面等をよしとする。『覚禅抄』では聖天の陀羅尼を玉女菩薩の言とし、一切のことすべて成就すると説いている。『阿娑縛抄』では陰陽家の盛んに用いるものだが、真言教でもこれを修するとてその表白をかかげており、いま始めの部分だけ引用すると次のごとくである。

敬テ地蔵菩薩・大聖文殊・大悲観音・梵天・帝釈・四大天王・日月五星・諸宿曜等三十六禽・南斗七斗・三台玉女・左青龍・右白虎・前朱雀・後玄武、総テハ三世十方ノ仏菩薩ノ境界、普天率土ノ一切冥道、信心ノ女大施主藤原

氏驚シ令レ啓給フ意趣ハ男ハ憑レ女、女憑レ男、是世間ノ定法ナリ、愛ニ藤甲ム朝臣夫妻ノ契有テ二数年一互相憑テ弥無二他心一、共ニ寿尽ノ期ニ為ト令レ啓給処也、仰キ願ハ上件ノ仏神殊ニ垂二慈悲一給テ女弟子所念決定シテ令二円満一給ヘ。

実際に夫婦円満の作法に用いられたものらしいが、「玉女ト者冥道ノ中ニ其形美ナルカ故ニ諸冥衆愛楽也、仍テ彼ノ玉女ヲ依テ二愛楽一スルニ円ニ満シ施主ノ所願ヲ一給ト云々、委ク何ナル神ト云事不レ知レ之、陰陽ノ家ニ可レ尋二問之一」と頗るその正体は曖昧なところがあり、在家では新調の衣服を着用のときは玉女の方を向くといい、その方向は例えば寅の日は逆に計れば第五番目の戌の方、順に計れば第九番目の同じく戌の方とするとある。陰陽家の俗説から出て密教に入り、東密のみならず台密（寺門）でも用いられたのであろう。

平安末は台密・東密・陰陽道ともにかつてのようにすぐれた人材少く、専門家は徒らに秘伝をつくり流派をたてた結果、国家的公共的な立場は全く失われ、個人の現世利益的ないしは利害得失にもとづく呪術を求める俗社会の風潮に応じ、様々の俗説を生み出しつつ、密教・宿曜道・陰陽道の複雑な習合信仰をつくり上げて行った。そうしてこれがまた密教の民間へ流布しゆく一面の姿でもあった。陰陽道的宿曜道的な要素についてみる限り、台密では山門寺門の間に作法・儀軌等で互に対立したところが多かったが、寺門と東密の間には案外交流があって共通のものが多かったようである。ことに中世は修験道の発展によってこの現象が著しくなるが、それらについてはまた稿を改めてのべることにしたい。

台密と陰陽道

一　台密の形成と発展

平安時代における天台・真言両宗の発展はすぐれた人材を出すことにより、教相の面にわが国独自の展開をみせる一方、事相面では公家貴族を中心とする世俗社会の要求にうながされて、密教の呪術的作法を盛んならしめ、摂関全盛期に入る頃よりは、むしろこの方が宗派活動の本体であるかの観を呈してきた。両宗のかかる祈禱仏教化は、教学の上にもやがてその因習化と停滞化の様相を濃くせしめていったが、これを側面から助長したものは陰陽道であり、これと密接な関係によって形成された宿曜道であった。

もとより平安朝以前にあっても、密教と陰陽道の交渉は深かったが、いわば古密教である雑密と宿曜道の結びつきによる断片的な技法（例えば医療・運命判断など）といった感をまぬがれなかった。ところが東密・台密の発足によって新しいシナの経典類が舶載され、陰陽道でも専門の名人が出て、新たに典籍を将来し、あるいは独自の卜占禁忌を生み出すにおよび、密教の陰陽道的色彩は広範となり、両宗派互に秘伝をつくり新説を加え、加持祈禱を通じての貴族接近に、より有利な条件となるようこれつとめた。こうして密教と陰陽道の習合による思想は、中世に入ると急速に民間へ流布しゆき、それが民衆の日常生活に入りこんで慣習的なものとなるが、これには様々な民間宗教家の活躍が考えられるであろう。本稿では民間流布の問題はしばらく措き、平安朝の密教でも、東密については、すでに『真言密教と陰陽道』で考察しておいたから、ここでは天台密教を中心としてのべてみたいと思う。

東密では早く空海が渡唐して、『文殊師利菩薩及諸仙所説吉凶時日善悪宿曜経』（二巻）、後世一般に宿曜経といわれる典籍をもたらし、新しい宿曜道を伝えることになったが、天台では最澄が空海よりこれを借覧したのみならず、円仁の入唐により、『宝星経略述二十八宿佉盧瑟吒仙人経』一巻がもたらされ、円珍また彼地において『七曜暦』一巻、『三元九官』一巻などを求め帰った。円仁・円珍両者は台密興隆のため、多数新たな密教経典を伝えたので、その中には陰陽・宿曜に関係深いものが含まれており、その結果、空海将来の典籍によって先を越されたかにみえたこの分野において、天台宗も漸く真言宗に雁行することができるようになった。ことに円珍はみづからも『宿曜疑義』『宿曜経問答』等の著作があってその関心の深さを思わせる。やや降って三善清行の子浄蔵は修験者として法力きこえ、藤原時平のため菅公の霊を調伏させたので有名だが、天文易筮にも詳しく、朱雀上皇の不予に際し、易をもってその凶を適中せしめた。けだし浄蔵が在世した頃は、良源が座主として延暦寺興隆に竦腕を振い、藤原氏への接近を深めてその強い支持をうけた結果、事相面での加持祈禱的活動はいよいよ頻繁となり、これに伴う陰陽道的配慮も逐次加味され、これが教学の秘伝化を助長する一端ともなる。他方この頃には陰陽道も賀茂忠行・保憲の名人が出で、やがて光栄と安倍晴明に引きつがれて賀茂・安倍両家の地位が確立すると、因習化と停滞を生じ、陰陽専門家以外からも様々な異説があらわれて技葉末節的な煩雑さを増す。

山門では皇慶阿闍梨が密教を極めていわゆる谷流の教学の祖となり、良源の川流と拮抗することになるが、やがて山門寺門の分裂により、天台教学は益々流派対立の様相を深めた。それとともに陰陽道的宿曜道的分野もこれらの諸流派によって多様な伝承を生じ、相互にその独自性と権威づけを競い誇った。これらの内容の多くは口伝秘伝と称せられ、文献的に把握することは容易でないが、それでも山門にあっては、大原の長宴僧都が皇慶阿闍梨よりの聞書を集めた『四十帖決』、皇慶の弟子頼昭の説を行厳が書留めた『口秘聞』三帖、その行厳の説を聖昭の書き記した『穴太決』二十帖があり、寺門でも秘書を伝えて内容の一部は『阿娑縛抄』などに引用されて断片的にうかがいうる。よっていまこれらの文献からしられる限りにおいてのべてみよう。

二　熾盛光法

まづ山門の秘法として比較的古くから行われた熾盛光法をとりあげてみよう。これは諸天曜宿を折伏する功徳のある法で、㈠熾盛光仏頂威徳光明真言儀軌、㈡大妙金剛大甘露軍怒礼焔㡚熾盛仏頂経、㈢熾盛光念誦儀軌、㈣熾盛光経等を所依の経典とするが、㈠は円仁、㈡は恵運が将来し、㈣は不空訳で延喜七年（九〇七）唐より商人が持帰って時平に提出したものという。

また作法に用いる熾盛光曼荼羅は叡山惣持院にあるものが基本とされ、これを根本曼荼と称するが、それによると、中心に仏の毛孔より無数の光を放つ金輪仏頂尊を安置し、前に仏眼、右に文殊、左に金剛手、文殊の右に不思議童子、左に救護恵、金剛手の左に毗俱胝、右に観自在、四隅に四明王、東南に不動、西南に降三世、西北に無能勝、東北に烏瑟沙摩を配する。その外周には、上に熾盛光仏眼母、文殊、金剛手の真言をあらわし、その外側に、日天・月天・五星・羅睺星・彗星・大梵天王・浄居天・那羅延天・都史多天・帝釈天・大自在天の十二尊を配する。さらにその外を囲んで二十宮および二十八宿をめぐらす。十二宮は中心仏の前面より右側に向って師子宮・女宮・秤宮・蝎宮・弓宮・摩竭宮の六宮を、左の方に向って宝瓶宮・魚宮・羊宮・牛宮・男女宮・蟹《かい》宮の六宮を位置せしめ、中心仏の背後に安虚宿を、前面に七星宿をおく。これら十二宮二十八宿配置の順は右廻りになっているが、陰陽道・宿曜道では左廻りに数えるので反対になっている。なお曜宿があるのに北斗七星を加えないのは別にこれを本尊とするものがあるからである。いづれにしても七十七尊の多数を含む曼荼羅であるので、修法にあたっては七十余本の蠟燭を燃して供える。ただし平安末頃よりは北斗七星と山王行疫神の分も加えて八十五本を供するようになったので、事実上、宿星の曼荼羅供の性格をもっていることがしられる。

最初この法を行ったのは円仁で、唐では青龍寺に勅して天子本命の灌頂道場をおき、代々天子のために修するのにならい、帰朝後、叡山に惣持院をたて、当時文徳天皇御本命の道場として勤修を始めたものである。それ以後に修せられた例を『熾盛光法日記集』によって掲げると以下のようである。

時日	場所	導師	理由
延喜五年夏	惣持院		
延喜十一年秋	豊楽院		鷺怪
天慶七年七月十六日	惣持院	明達	
天慶八年十二月四日	惣持院	義海	天変
天暦三年七月二十九日	大日院	延昌	天変
天徳四年九月二十二日	仁寿殿		天変
天徳四年九月二十四日	左近衛府大将曹司		
承暦四年七月十二日	定林房	長宴	御悩
寛治六年十月二十四日	賀陽院	仁覚	
康和四年十月十九日	仁寿殿	賢暹	天変
康和五年正月十日	仁寿殿	賢暹	
長治二年三月五日	新大炊殿	教王房	天変
嘉承二年十一月一日	禁中	仁源	御慎
嘉承四年四月二十七日	禁中	仁源	御慎
天治二年八月五日	土御門内裏	仁実	天変
天承二年三月二十日	三条東殿西対	忠尋	待賢門院息災延寿
長承元年九月十三日	仁寿殿	忠尋	索星及地震
久安二年十二月六日	禁中	行玄	天変
仁平二年二月十六日	青蓮院御房壇所	行玄	公家御祈
長寛元年九月二十一日	押小路東洞院新内裏	重愉	
建久五年七月二十三日	閑院殿	慈円	天変及祈雨
建仁二年十一月八日	春日殿	慈円	
元久元年二月八日	平等院本堂	慈円	上皇御祈
元久二年二月	法勝寺	慈円	
建永元年七月十五日	熾盛光堂	慈円	
建永二年三月二十二日	熾盛光堂	慈円	（これより毎年の例事となる）
承元二年三月二十五日	熾盛光堂	慈円	
承元三年五月八日	熾盛光堂	慈円	
承元四年七月八日	熾盛光堂	慈円	

承元四年十月四日	熾盛光堂	慈円	彗星
建暦元年九月二日	熾盛光堂	慈円	
建暦二年正月十日	熾盛光堂	慈円	
建暦二年七月四日	熾盛光堂	慈円	
建暦二年十一月十六日	熾盛光堂	慈円	
建暦三年七月十二日	熾盛光堂	慈円	
建保二年	熾盛光堂	慈円	
建保三年十一月六日	熾盛光堂	慈円	
建保四年十一月三日	熾熾光堂	慈円	
建保五年八月五日	熾盛光堂	慈円	
承久元年閏二月十六日	水無瀬離宮	慈円	上皇御悩
承久元年九月十二日	熾盛光堂	慈円	
貞永元年閏九月	今出川殿	良快	彗星
延応元年二月	熾盛光堂	良快	公家御祈
延応元年六月	熾盛光堂	慈源	公家御祈
延応元年十二月	熾盛光堂	慈源	天変
仁治三年正月	熾盛光堂	慈源	公家御祈
寛元元年閏九月二十七日	隆親亭	慈源	公家御祈
寛元三年三月七日	閑院	慈源	天変

以上初度を除いて四十八例だが、建永元年（一二〇六）より承久元年（一二一九）までは慈円一代の間に行われ、大法十二度常法九度、計二十一度に上る頻繁さであった。（右の表には十七度しか上っていない。）そのため建永元年七月十五日、慈円は専門の熾盛光堂を造営したのである。（青蓮院境内であろうか。）理由を見渡してみると、大むね天変となっていて、とくにこの法が陰陽道と密接な関係にあることがしられよう。嘉承二年（一一〇七）十一月一日には日蝕があるとの占いで鳥羽天皇当時五歳になられ、日曜が御当年星のため御慎軽からずとの陰陽道の勘申に基いている。しかし実際には日蝕は起らなかったらしい。また天治二年（一一二五）八月五日、土御門内裏において修せられたときは、泰山府君・五道大神なども勧請されており、一層陰陽道的色彩が加わっていた。何分山門四大秘法の一といわれるだけに、座主あるいは高僧の勤修になるもの多く、多数の壇をたて、多数の祈禱僧を必要とするため、とくに貴族性の強い修法である。何でも数を多くするところに功徳が積まれるとする時代の信仰をもよく反映している。

しかし右の表で、行われた頻度を考えてみると、十世紀前半に多少の例があるあとは、摂関全盛期が全く空白であり、白河天皇以後、院政期に入って急に盛んとなり、白河・鳥羽院政期各々六件、後白河院政期二件、後鳥羽院政期二十件に達する。実際は右の表以外にも行われたらしいから、これらの件数は実際より少い数とみてよい。とくに後鳥羽院政期に多いのは、たんに天変というだけでなく、多分は鎌倉幕府に対する調伏の意味があったかもしれない。白河・鳥羽院政期は武家との対立のない時代ではあるが、矢張り院庁政権に対する各方面の風当りを感じた上皇が、自己の専政体制擁護の意味もあって（ロボット的天皇のためにも）しきりに行ったと考えられる。そのようにみてくると、この修法には院政期に入ってから急速に政治的色彩の加わったことが感ぜられよう。その背後には、一方では政治社会的不安に便乗する陰陽師の活動が併せ考えられなければならない。（これについては拙稿「院政期の陰陽道」史林、五十三巻二号、参照。）

三　安　鎮　法

これも山門四大秘法の一つ、安鎮法は息災の法ではあるが、建築施設物に関係の深いものであるだけに、その吉凶が宿曜方位にかかわること多く、従って陰陽道とも密接に結びついている。谷流では日曜を正鎮日とし、第五日木曜直日に終るをよしとする。修法に用いる曼荼羅は二臂の不動を中心に、八方に青色四臂の不動を配置し、その外側に帝釈天・火天・焔魔天・羅刹主・水天・風天・毘沙門天・伊舎那天の八天をめぐらすものであるが、行法終ればこの曼荼羅を天井、梁の上にのせ、釘で打ちつけることがある。この風は古くはなかったことで、経典にもみえず、いつしか師々口伝によって行われるようになったというから、あたかも陰陽道で宅鎮にあたり、七十二星・西嶽真人の護符を天井に収める風があるのに影響されたのではあるまいか。いま修法の例を『安鎮法日記集』からぬき出してみると次の通りである。

時日	場所	導師
応和元年十月二十四日	承香殿	喜慶
天禄三年六月二十四日	桃園殿	遍斅
長保二年九月二十一日	内裏	観修
長和四年五月二十五日	仁寿殿	慶円
寛仁二年三月九日	清涼殿	明救
長久二年十一月二十六日	内裏	明尊
天喜四年二月十五日	一条院	明快
康平三年七月十六日	清涼殿	慶範
延久二年六月十二日		長宴
延久三年七月十九日	仁寿殿	勝範
承保三年十一月十二日	六条内裏	覚尋
承暦三年十一月二十六日	堀川院	寛慶
永保三年十二月十五日	三条内裏	良真
嘉保二年六月九日	閑院	仁覚
康和二年五月二十四日	仁寿殿	仁覚
長治元年三月二十九日	堀川殿	賢暹
長治元年十二月三日	大炊殿	賢暹
保安四年五月二十六日	二条殿	寛慶
天治三年正月五日	三条内裏	仁実
大治五年八月七日	待賢門院御所	仁実
保延六年十月二十三日	土御門内裏	行玄
康治二年三月十六日	白河皇后新御所	行玄
保元二年九月二十三日	仁寿殿	最雲
応保二年三月四日	烏丸新内裏	重愉
文治四年十二月九日	六条殿	全玄
建久二年十二月八日	白河御所	顕真
建久九年四月十二日	二条内裏	弁雅
建仁二年十一月十一日	春日京極新御所	慈円
元久元年七月二十九日	五辻新御所	真性
元久二年十一月二十二日	賀陽院	慈円
承元三年七月二十七日	押小路烏丸御所	真性
建暦三年二月十二日	新造閑院殿	公円
建保二年十二月四日	大炊殿	承円
建保四年十二月二十九日	水無瀬殿	承円
建長三年六月十三日	閑院内裏	尊覚

以上三十五例をみるに、初例は十世紀中葉であるが、その後やや時期をおいて十一世紀摂関全盛期に入ってからは屢々修せられ、院政期になるといよいよ盛んとなる。けだし天徳の内裏炎上までは火事の経験なく、一般にも重要な建物に災厄が少なかったので、安鎮法の必要は未だ起らなかった。それが摂関時代になると摂関家をはじめとする堂

舎造営が盛んとなる一方、内裏を含む貴族の住宅の火事（放火が多かったが）に伴う再建がしきりと行われ、陰陽道の宅鎮呪法と併行して密教の安鎮法も漸次脚光をあびるに至った。とくに院政期となればさらに造営事業は競争の形となって修法は頻繁を加えた。実際はむろんこの表以外に多かったにちがいない。建保四年（一二一六）より建長三年（一二五一）まで長い空白があるのは記録が欠けているためであろう。

承保三年（一〇七六）の例では陰陽師の宅鎮祭が安倍国随《ときゆき》によりこれと同時に修せられ、灰鎮・五方鎮など密教側と似た作法がみられた。永保三年（一〇八三）のときのように、星宿水曜をもって始め、五日目は角宿日曜にあたるという例外的ケースもあった。嘉保二年（一〇九〇）の例では、鎮物を埋めるため、穴を掘ったところ、白瓷の小瓶が出た。これは以前に陰陽師が埋んだものとわかり、偶然の一致に居合わせたものが感心したという。またこの穴を掘る場合、陰陽師が反閇をふんだことは大治元年（一一二六）の記事からしられる。

四　仏眼法・集衣鎮法・大白衣観音法

つぎに仏眼法も本尊は七曜を使者とし、使用の曼荼羅は金剛吉祥仏母を中心に、右旋回して七曜を配置するので、やはり星宿の信仰につながるものである。『瑜祇経』には、万法出生の陰陽五行神を諸仏能生心王仏母徳といい、また心宿・柳宿・昴宿・牛宿の何れかの直日をもって修法をはじめるべきであるとしている。現当所求成就を求める法で、堀河天皇のとき東塔に仏眼院が建立された。七曜をまつるため熾盛光法のごとく蠟燭供を行う。七曜七坏、九執・二十八宿・十二宮・山王行疫神などに各一坏で計十二坏を供えることになっている。熾盛光法程大規模な壇を必要としないので、より容易に、かつ屢々行われたものであろう。

安鎮と同性格の秘法に葉衣鎮法がある。しかし不空訳の『葉衣観自在菩薩経』によれば、除疫病法、長寿無病法、護持国法、除宿曜法、除人病法、除畜疫法、除頭病法、除鬼魅法、除虐病法、除嬰魅法、除劫賊法、除苗稼虫法の十二種の法があるが、疫鬼追放の作法が中心のようで、治安二年（一〇二二）、治暦三年（一〇六五）、応徳三年（一〇八六）、康和三年（一一〇一）、保延五年（一一三九）、康治元年（一一四二）、久安四年（一一四八）などの例あり、大むね一般公家貴族の間で行われたものである。中世に入っては余り行われなくなった模様である。

前者に似たものに大白衣観音法がある。『九曜息災大白衣観音陀羅尼』を誦すれば、天変兵革はじめ、一切の災難、自然に消散するという。将門の乱に陰陽師賀茂忠行がこの法を修すべき旨、右大臣藤原師輔に進言した。当時山門でもこの法をしらぬ者多く、寛静が修して漸く一般に知られるようになった。スケールは小さいが五本（坏）の蠟燭を供え、熾盛光法に准じた行法である。白衣観音は曜宿を直し給う尊で、西天竺国婆羅門僧金倶吒撰の『七曜攘災決』にある真言の星句をとなうれば利益があるとされる。

五　冥道供

十一世紀後半より俄に注目されたものに冥道供がある。焔魔天供とほぼ同様のものであるが、冥道供曼荼羅を本尊とする。これは北斗七星を中央上に、一字金輪を中央に、下方には仏眼、右に三十九執、左に二十八宿六禽を配する。また、寛徳元年（一〇四四）より以降、大原勝林院では冥道無遮斎会が修せられてきた。これは諸神祇・宿曜・北斗七星、諸経中の鬼神・夜叉・善神・羅刹、陰陽道の神々など広範な尊位を、百ないし二百にわたって集め供養するもので、藤原頼通も平等院で治暦四年（一〇六八）三月二十日に行ったという。従って蠟燭供も尊位の数に応じて夥しく、供菓には必ず干棗を用いる。干棗は尊星王供にも用い、また陰陽道の泰山君祭にも供える。これは陰陽道の秘事となっており、式占に用いる式盤の天盤は棗の木、地盤は桂の木にて作るのと関係があるといわれる。行法の中に懺悔偈が入っているところからもわかるように、あらゆる冥土幽界の尊者・精霊に対し、懺悔をなし、身を浄めて一切の災殃をはらい、吉祥を受けようとするもので、当時における浄土信仰の高まりによる影響は否定出来ないであろう。また夥しい蠟燭供による点燈の美観は数によって功徳を積みうるとする当代信仰の傾向に最もよく合致し、同時に空也上人が六波羅密寺にもうけた万燈会に通ずるものがあった。以下修法の例を拾ってみると、

時日	場所	導師	理由
治暦四年三月二十日	平等院	長宴	
延久四年九月二十六日	閑院		天下疱瘡
承暦五年二月		長宴	
寛治七年	六条内裏	賢暹	
長治二年三月二十四日	内裏	賢暹	主上御薬
天承元年八月十四日	白河殿	相豪	
天承三年正月十一日			
長承元年一月十四日	蓮華蔵院	院昭	
長承二年	宝荘厳院御所	院昭	
永治元年七月廿三日	勝光明院	行玄	
永治元年八月二日	勝光明院	相実	
永治二年四月十四日			
建久十年正月六日	中将殿亭	仙雲	摂政腫物
貞応二年三月二十六日	岡崎御本房	円長	法皇御悩

の十四例がしられる。行法に伝教大師様と智証大師様があり、天承元年（一一三一）、永治元年（一一四一）（八月二日）の例は後者によったものである。

はじめにものべた閻魔天供は『盂蘭盆疏記』『薬師経疏』『閻魔王供行法次第』等の典籍によったもので、保延元年（一一三五）六月三十日、一条富小路母后御所にて五宮本仁親王のために、保延四年七月三日、藤原頼通北政所病気のため東一条第で、翌年五月十四日、美福門院御産安穏のため御所にて修せられた例がしられる。本尊として用いる曼荼羅には様々のものがあるが、山門の代表としては金剛寿院本（もと前唐院にあり）が中央に閻魔天、閻魔后、七母女鬼を上下に並べ、左右には荼吉尼天・黒暗后・七鬼・鷲・婆栖鳥（鵄に似る）等を配するのに対し、寺門では十九位

曼荼羅と称し、中央に上から地蔵菩薩・閻魔天・泰山府君をあらわし、両側に司善・司録・司善・司命・五道大神を配し、一層陰陽道的雰囲気を強めている。義浄の『帝釈天秘密記』には閻魔王とは大日如来のことであると説明している。この法は中世、冥道供によって殆んど代行されたようである。

いづれにせよ、陰陽道の天曹地府祭（一名六道冥官祭）・泰山府君祭に対抗するものであって、中世浄土信仰が弘く流布するに伴い、密教側の冥府冥官信仰も説経・絵解などを通じ民衆に親しまれてきた結果、この修法は次第に通俗化するに至った。

六　六字河臨法

以上の諸法に対し、オーソドックスな所依の経典なく、ただ師々口伝によって成立したものに六字河臨法というのがある。調伏法である六字経法につづいて行われる付属的なものであるが、六字経法は『六字呪王経』『六字陀羅尼呪経』等にもとづいている。さて河臨法はもと円仁が唐より伝え、長らく中絶していたところ、大原の阿弥陀房静真が木寺の喜勝内供より受法復興したという。山門の秘法とはいえ、喜勝は仁和寺の僧であったから、真言宗でも伝えていたのであろう。しかし実際には山門で盛んに勤められたもので、康平七年（一〇六四）三月六日、富家殿で静真の弟子長宴が修したのをはじめとする。その後、延久三年（一〇七一）十一月十四日、承暦二年（一〇七八）八月九日、いづれも同所で、承暦四年閏八月二十六日、但馬守俊綱の伏見別業で、康和五年（一一〇三）三月十四日および嘉承二年（一一〇七）九月二日、白河法皇のために鳥羽殿にて営まれている程度であることをみると、十一世紀のはじめ頃、つまり摂関全盛期を過ぎたあと、頽廃した宮廷社会に一時的流行をみせた独特の不思議な修法であったといえる。いまそのあらましをのべよう。

河臨というから河で行われるにちがいないが、陰陽道にも河臨祓あり、かなりその影響をうけて成立したものである。その目的は呪咀反逆・病気・産婦等のためで、とくに最初の場合が重要である。桂河や宇治河が選ばれ、時としては木津川の場合もある。壇所の船として二艘を側面でつなぎ合せ、上に板を敷いて壇をしつらえる。別に一艘厨船を用意し、また壇船の四方に小船四艘を浮べて篝を燃す。道具としては鉄・藁の人形各四十九枚・解縄七束ばかり、菅抜七枚を用意するが、施主（檀越）男ならば人形は男形、女ならば女形とする。これらの人形は陰陽師が七瀬祓に用いるのと同じものとする。本尊を艫《とも》の方（これを北に向ける）にかけ、その前に護摩壇をおく。別の調伏法である六字経法が行われて第六日目の初夜より修するのである。

船上で六字経の神呪を誦し、僧または陰陽師が中臣祓をよみ、法螺を吹き、錫杖・金剛鈴が振られ、太鼓・鉦鼓が打ちならされ、喧噪のうちに解縄をとき、人形を取合せて施主の身にすりつけ、次に人形に息を吹きかける。また茅の輪を施主の身にかけると、施主は輪からすりぬける。その上で散米を人形にかけ、菅抜とともに河中に人形を投ずる。これらは六月祓に近いやり方である。この中臣祓はもとシナの董仲舒祭法にあった文を吉備真備が日本流に訳したものだという伝えがある。陰陽頭安倍国随の説では、中臣祓をよむ間、紙で作った大奴佐を振るが、これには呪的作法があり、その呪は『南斗北斗三台玉女左青龍右白虎前朱雀後玄武前後翼輔急々如律令』ととなえる。この禊法は七瀬においてくりかえされる。全体としてみれば、陰陽道の作法に密教色を加えたように感ぜられる。

七　尊星王法

最後に寺門派の秘法といわれる尊星王法についてのべよう。別名妙見菩薩の法ともいい、その行儀は真言宗のと異り、陰陽道のそれに近いものである。例えば咒禁の五法である『禹歩』の作法などとりいれているのがその証拠といわれる。大属星供のごとく行うが、妙見は吉祥天に他ならず、吉祥天は十二名号を有するゆえ、蠟燭十二坏を供える。その図像は黄色二臂にして蓮葉に坐し、左手蓮葉を持ち、その上には七星をつくる、頭光の上に七星すなわち紫宮をあらわす。また円珍の創めた後唐院には、亀上に鏡をたて、その表裏にそれぞれ黄色四臂、龍に乗る像と、白色二臂にして蓮華に坐する像をあらわすものがあり、藤原頼通の希望で平等院宝蔵に収められたという。陰陽道でも崇敬するが、俗形束帯、あるいは童子形、童女形はあらわすこともある。また妙見曼荼羅は本尊を中心に七星、その外側に曜衆、さらにその外側に星宿をめぐらすもので、中尊妙見菩薩の左手蓮華上には北斗七星を描いている。

承暦四年（一〇八〇）、隆明は園城寺北院の地に羅惹院を復興、尊星王菩薩を安置して御願寺とし、寛治四年（一〇九〇）、供養を遂げており、平等院では鳥羽上皇が一堂をたてて尊星王をまつられ、後白河上皇のとき復興されるなど、寺門派がこの修法を専門的に行う道場も院政期に整備された。またこの頃には円珍勧請の新羅明神の本地は尊星王であるとの説が流布し、明神をまつれば疫気退散の利益ありと信ぜられるようになった。

むろん山門でも別に北斗七星の行法は盛んで、十六天・十二宮神・北斗七星・二十八宿、その他の諸尊を加えた七十天の大曼荼羅供が最もスケール大きく、その大体は一行撰の『北斗七星護摩秘要儀軌』により、真言と宿曜の要素が重きをなしている。そのほか、『北斗七星延命経』『北斗念誦儀軌』『北辰菩薩経』『葛山公礼北斗法』などが所依の経典であるが、上述のように寺門派ではこれらからさらに様々の諸説が秘伝として発生した。山門でも最澄建立の妙見堂があり、八部院と称した。承和年中（八三四～八四七）、良房により修築され、新たに梵天・帝釈・四天王を別置の新堂も増築されている。『北斗護』『北斗記』『北斗次第』『北斗私記』など、谷流皇慶阿闍梨系統の修法記が種々遺されているところからも、盛んに行われた様子を推察しえよう。

本命星供も同様で、阿弥陀房静真の『本命供私記』や『星供私記』などがつくられた。『阿娑縛抄』には長暦三年

(一〇三九)正月十八日に行われた某檀越の祭文が掲げられており、作法次第がのべられているが、正式な経軌があるわけでなく、ただ師弟相伝により行われているにすぎないとしている。従って作法にかなり融通性があるものとみられ、簡易化すれば庶民階級でも受け入れられる訳で、中世陰陽師とならび、宿曜師の民間活動の一つの緒口となるのであった。

八　結　び

以上、台密の中から平安朝に行われた主な行法を選び、そこにみられる陰陽道的宿曜道的要素をさぐったのであるが、重ねて上述の主旨を要約すると、延喜天暦の頃、つまり十世紀前半と、長暦より承暦の頃、すなわち十一世紀中葉の二つの時期がこの要素の一段と明確化する転機をなしているように思われる。十世紀前半は摂関常置体制に入る直前で、律令的国家体制が殆んど破綻し、藤原氏は天皇制擁護を抽象的な儒教の王道理念と陰陽道的密教的呪術作法によって切りぬけようとしていた。あたかも陰陽家や密教僧に呪術的作法にすぐれた人材が輩出した折でもあり、新規な行法が大陸将来の権威ある典籍に巧みに付会されてはじめられたのである。それによって、摂関家の御用的な宗教行事と奉仕者の家系ないし流派が次第に確立されてゆく。

十一世紀中葉はその傾向をうけてさらにこれが徹底化される時期である。摂関全盛期は下降の兆を示し、公家社会の停滞はその極に達し、長きにすぎた関白頼通の乱脈政治は末法入りの意識を一段と高める一方、密教界・陰陽道界では流派の細分化あるいは沈滞化と一般知識人の迷信的異説導入につれて思想内容の新たな呪術的展開へ拍車をかけられ、これがやがてつづく院政期の政治的社会的不安に便乗していよいよ世俗的方向を辿ることとなった。

陰陽道も密教も技葉末節的発展によって張合いながら、互に相手の活動に影響されつつ、部分的には種々の習合を行い、一般民衆の日常生活の諸方面に密着するようつとめたので、これが鎌倉の革新仏教進出の時代にも案外広範に地域社会へ受入れられる素地をなしたといえるのである。

源氏物語と陰陽道・宿曜道

一

六世紀前半、朝鮮半島との政治的接触により百済を通じて伝来した陰陽道は欽明朝、百済聖明王の仏像・経巻献上につづき、さらに盛んな流入をみて、いよいよわが支配者層に重視せられ、遂に聖徳太子の新政において飛躍的に重要な役割を演じたことは周知のところである。

かくて陰陽道は律令国家の理念を構成する主要素となり、官制化されて、その機能や効用は国家の公的な目的に限定せられ、個人的な利用は許されなかった。

然るに律令制の崩壊につれ、藤原貴族専制が進行すると、官僚的陰陽道も国家的な活動をはなれて次第に貴族の私的要求に奉仕する方向へと転じ、自然科学的・技術的な分野より迷信的・呪術的分野への偏重をいよいよ甚だしくしつつ、貴族社会に迎合していった。その結果、陰陽道は宮廷における儀礼的・日常的存在として宮廷貴族の教養に不可欠の知識とされ、いわゆる「有職《ゆうそく》」の形成に大きく寄与するところとなった。

この形勢は九世紀より十世紀の前半にかけてみられ、十世紀後半には完全に「有職」的存在として宮廷に定着した。律令官僚的な陰陽師は宮廷貴族に奉仕する呪術的儀礼官に変じ、その地位や家柄は固定しゆき、陰陽道の内容や運営自体も、摂関権力者の御都合主義によって、本来のシナ的なものに種々の改変が加えられ修正されて、ますます迷信化の度を深めていった。

『源氏物語』が書かれたのはそうした時期であった。従って宮廷物語としての源氏物語の思想的背景には当然日常化された陰陽道的ムードがあり、作者もこれを有職的な知識として執筆の根底に意識していたことであろうが、少なくも文章の上においては、長篇物語の割にはその記事が貧弱である。公家の日常生活にみられる陰陽道的な現象といえば、直ちに連想されるのが物忌であるが、それすら光源氏の生活で彼自身の必要上は六日間の物忌をしたことが目につく程度である（松風）。その他ではわずかに柏木君・女三宮・夕霧・浮舟・僧都の母尼の数人に少しずつのべられている位なのである。

また陰陽道と関係の深い宿曜道についても、のちにふれるように、光源氏に関連して二度ばかり宿曜師のことがみえるにすぎない。かように『源氏物語』全体を通じて案外両道の記述に乏しいことは、この文学作品の思想史的意義を考える場合、見逃しえない重要な点であるといえよう。これを私は二、三の点から説明してみたいと思う。

二

一つは上にのべたように、陰陽道は余りに当時は日常的・常識的な存在であって、一々それに関する所作・行事を記す必要がなく、もしそれを記事のあちこちに入れると、いたずらに繁雑な感を与え、文学的興味を殺ぐ恐れが出てくるであろう。

また宿曜道の方はまだ当時の宮廷社会ではそれほど重視されず、有職的なものになり切っていたとは思えず、自然、余りとり上げられなかったのである。関白藤原忠実の雑談を集録したといわれる『中外抄』の中には、

古人ハ宿曜ハ不用歟、御堂宇治殿ノ御宿曜ト云文家ニハ不見也、又四条宮ニ我申云、御宿曜ヤ候ひしと申上之時、

仰云、全不知、殿なとや御沙汰アリケム、我は不知と被仰しなり、又故一条殿も宿曜の沙汰せさせ給はざりきとあって、摂関全盛期にはまだ問題にならず、院政期に入ってから漸く宮廷人一般の注意に上るようになった事情を伝えている。

そもそも『宿曜経』詳しくは『文殊師利菩薩及諸仙所説吉凶時日善悪宿曜経』は唐の粛宗の乾元二年（七五九）、不空三蔵の訳するところで、空海が入唐請来してより、天台でも円仁・円珍がこれを伝え、承和六年（八三九）、真言宗の常暁は七曜二十八宿形像を同十四年、同じく真言宗の恵運は『七曜星辰別行法』一巻をもたらし、別に『宝星略経述二十八宿佉盧瑟吒仙人経』一巻を円仁が舶載している。これによって八世紀中葉には宿曜道の内容や様々の作法儀軌などがしられるようになっていたと思われるが、主として密教家の間でとり上げられたにすぎず、一般宮廷人の関心は低調であった。これ一つには陰陽道に名手が多く出で、宿曜道進出の余地がなかったことも考えられよう。

以上、陰陽道・宿曜道それぞれに当時の事情がかなり異なっていたことをしるが、陰陽道についてはさらに、直接作品に関連し考えてみなけばならない。

一体陰陽道は吉凶禍福両面にわたって卜占咒術・天文観候その他の活動を行なうものであるが、九世紀藤原氏の進出以来、殆んど凶事災厄に関心が集中せられ、その対策としての咒術活動が宮廷陰陽家の主な仕事となった結果、積極的に宮廷人が陰陽家と交渉をもつことは、単なる日常的・慣習的・行事的場合を除けば、余り好ましくない事態を連想させるのが普通となった。仏教の場合は咒術的活動そのものが美的・幻想的手段を伴い、浄土のユートピア的雰囲気をさえただよわせることによって宮廷生活を華やかにすることが出来たが、陰陽道に華やかさや明るさを期待することは無理であった。そこに光源氏の華やかな生涯の記述を基調とするこの作品に、陰陽道的記述を数多く登場させることの不適当なるゆえんがあろう。悲哀の場面は光源氏の華やかな環境を引き立たせるために、時折必要であっても、縁起のよくない事態を連想せしめ易い陰陽道的な記述の場面はなるべく避けるべきことが作者に意識されていたにちがいない。

三

こうして陰陽道的記述は、作者にとかく毛ぎらいされたように私は説明してきたが、決してそうではない。むしろ別の意味で陰陽道はこの作品に極めて重大な役割を演じているのである。それは劈頭「桐壺」の巻に出てくる以下の話によって充分理解されよう。帝が来朝の高麗人で観相の達人が鴻臚館にいるとき、内密で桐壺の更衣の生んだ皇子をそこにやって、右大弁の子だというふれこみで、その人相や運勢を観させたところ、その高麗人の易者は驚いて、この方は将来高貴の身分に上られる人物だが、もし帝位につけば天下に兵乱が起こるかもしれず、臣下として最高の地位におればそのような恐れはなくなろうと予言した。

すでに夙く帝は日本人の観相者にこの皇子を占わせておられ、それが高麗の易者のいうのとよく一致したので、高麗人のすぐれた技能に感ぜられ、多くの褒賞を彼に下賜される一方、なまじ皇子を親王などにせず、臣籍に下してむしろ朝廷の後見役にしたいと考えられ、様々の学問をさせられることになった。

さらにこの皇子を宿曜師に占わせても、同様に申し上げたので、帝はいよいよ皇子に源氏の姓を与え、臣籍降下をさせる決心をされた。「光る君」とは高麗人が愛称として上った名前であると伝える。

以上のような内容から、われわれは紫式部がこの物語を展開するにあたって、その主人公をどのように描いてゆこうとするのかを、三人の観相者（倭相・高麗人・宿曜師）の卜占に託して、あらかじめ読者に理解させようとしていることを看取するであろう。

桐壺帝は三人の卜占の一致によっていよいよ源氏の将来に対する信念を固め、それによって源氏の歩むべき道、従って作者の筆をすすめてゆくべき大よその方向がきまってくるという仕組みである。いまや陰陽道・宿曜道はこの物語を支える基本的な理念として利用されたことをしるので、この理念にもとづく運命観・宿命観はけだし宮廷の人事が停滞に陥った摂関華やかな時代にふさわしいものであった。この三人の卜者中、最も詳しく書かれているのは高麗の相人であるが、それは外国人でも源氏の君の将来を正しく占ったという点にとくに意味をもたせようとしたからであろう。

のちの史料ながら、『古事談』(第六)には醍醐天皇のとき禁中に召された相人が簾をへだてて天皇の御声をきき、それによって国主にふさわしい方だと占い申上げ、また皇太子保明親王・左大臣時平・右大臣道真をみて、それぞれ日本の国には過ぎた方で久しくはおられまいといい、末座におられた忠平をみて、これこそ久しく国に奉公出来る方だと占った話をのせている。この相人を「国史大系本」は、「延喜之御時、相人相者参来」としているが、『古事類苑』では相人相者のところを狛人相者としており、「史籍集覧本」では相人の相は「狛カ」と傍注している。どちらでも意味は通じるが、この話全体の内容からみて狛人相者とする方がふさわしいと思う。日本人の相者をわざわざ宮廷へ召される理由もわからないし、狛人にした方が珍しい外国の易者を招いたということで筋が通る。あるいはこうした伝えがあってこの物語の高麗の相人に桐壺帝が占いをさせるという構想を導き出したのかもしれない。

四

高麗の建国は醍醐天皇の時代(十世紀のはじめ)であるが、すでにわが国との公の交通なく、また外国使臣を賓客として朝廷が歓待する鴻臚館も九世紀後半には殆んど渤海使節のみに利用せられ、それも延長八年(九三〇)の来朝を最後として、事実上、廃滅に帰したから、たとえ醍醐朝に高麗人が来たとしても、私的な形で、私貿易に便乗来朝したのかもしれない。

いずれにせよ、陰陽道・宿曜道がそもそも朝鮮半島を経由してシナから日本へ渡来した思想であるだけに、相人を高麗よりの外国人とすることによって、それだけその占いに権威があるかの如く感ぜしめたのであろう。一体高勾麗にどの程度シナから占相の術が伝わっていたか明らかでないが、すでに新羅が朝鮮半島を統一していた時代から、讖《しん》緯・祥瑞・陰陽の思想が民間に広まっており、高麗が新羅に代わっても依然として盛んで、『宋史高麗伝』にも、高麗では陰陽鬼神を信じ、拘忌頗る多く、諸事渋滞するとのべているから、観相者も多かったにちがいない。

百済の方は『周書百済伝』にも、国人が医薬・卜筮・占相の術を解したとあって、おもにわが国へは百済を通じて観相の方は伝来したものとおもわれる。それが厳密にいつからであったかはっきりしないが、『日本書紀』によれば、継体天皇七年（五一三）七月、百済から五経博士段揚尓が貢上されており、同天皇十年九月、段揚尓は新たに来朝の五経博士、漢の高安茂と交代した。五経であるから、『易経』が含まれており、当時すでにこうした方面の外国学者の交代上番制が朝廷にあったのである。欽明天皇十五年（五五四）二月には、五経博士周徳馬丁安が同博士固貴と交代し、別に易博士施徳王道良・暦博士固徳王保孫らが来朝した。

一方、朝廷は百済に卜書・暦本の送付を督促しており、恐らく舶載されたものとみられる。ついで推古天皇十年（六〇二）十月、百済僧観勒が来朝して、暦本・天文・地理書・遁甲方術之書を伝えたが、敏達天皇四年（五七五）、宮殿を海部王家及び糸井王家の土地に建てようとして朝廷が土地の吉凶を占わしめ、遂に吉の卦をえてここに幸玉宮を営んだことは、陰陽道による卜筮の利用を思わしめるものである。

天武天皇崩後二ヵ月たった朱鳥元年（六八六）十月に大津皇子の謀叛あり、与党三十余名とともに処刑されたが、皇子は行心という天文・卜筮に明るい新羅の僧侶から、顔の骨法が人臣の相でないと占われて逆謀を決意するに至ったと伝えられる（『懐風藻』）。大友皇子（のちの弘文天皇）も唐使劉徳高より凡人の相でないといわれたが、それには終わりをよくしない運勢も占われていたようである。すでに貴族が面相判断から運勢を易筮によって予測することは行なわれており、しばしば政治問題と結びつく可能性をもっていたのである。

少しく降って奈良朝末の『日本国現報善悪霊異記』（中二四）には、奈良率《いさ》川社の付近に、「相八卦読」が住み、戊寅歳の人であることをのべており、民間でも相人が活躍したことをうかがわしめる。かくして平安朝に入ると観相のことは上下の階層にわたり、かなり普及した模様であるが、顕要の地位にある人がみだりに相人を近づけることは、禍をまねくとして警戒せられた。とくに宇多天皇はこれを誡められ、『寛平御遺誡』の中で、

外蕃之人、必可二召見一在二簾中一見レ之、不レ可二直対一耳

と仰せられたのも、外国の相人をとくに予想してのことであったかもしれない。しかし反面、天皇は易に深い関心をよせられ、即位後間もなく、大学博士善淵愛成より周易の奥義をうけられた。いま京都御所東山御文庫御物に天皇宸筆の『周易抄』一巻あり、御譲位後に書かれたものと推測され、六十四卦魏王弼注・繋辞以下晉韓康泊注本『周易』の経注から字句を摘記され、あるいは国訓を仮字でつけ、あるいは乎古止点をつけたりして、その御勉学の一端を察しうるものである。天皇御一代の間には阿衡の紛議あり、また菅原道真の登用によって藤原氏との間の溝を深め、御譲位間なくして道真の左遷事件が起こっており、必ずしも安泰な時代とはいえず、易学に心を寄せられたのも、天皇の政治と関係のあることであろう。

『今昔物語集』（巻二十四ノ二十一）には、京都一条辺に住む登照なる僧が人相をみ、声や音をきいてその人の命の長短を占い、あるいは身の富貴、官位の高下など、様々に将来を予言出来る名人であって、そのため京中の道俗男女集

まり、非常に繁昌した話をのせており、町の易者が人気を博したことがしられる。

藤原佐世の『日本国見在書目録』によれば、すでに九世紀には『仙相経』『新撰相人経』『相書』『許眉相男女経』などの典籍が存在しており、これらはシナでつくられ舶載されて当時識者に広くよまれていたことと思われる。

こうして観相は次第に広く行なわれるようになったが、源氏自身も宿曜師に占わせたところ、御子三人出来、それらは帝や后、さらには太政大臣になるだろうといわれ、他の何人かの相人に占わせても同様であった。これは最初の高麗人はじめ、桐壺帝がみさせられた倭相や宿曜師の占いの話に相呼応するもので、以後『源氏物語』を展開させてゆく方向を紫式部がさらに具体的に示したに他ならない。以上で陰陽道・宿曜道がこの物語に基本的な役割を演じていることをしるるであろう。

五

陰陽道で重要な仕事の一つは天文の観候によって前兆を判断し、勘文をつくって朝廷に進めることであるが、これについての記事が一ヵ所ある。「薄雲」の巻に、葵の上の父太政大臣が死んだ年、疫病流行して世相不穏を示し、様々の前兆があらわれたとのべて、

天つ空にも例に違へる月・日・星の光みえ、雲のたたずまひありとのみ世の驚く事おほくて、みち〳〵のかむがへ文どもたてまつれるにもあやしう世になべてならぬ事どももまじりたり

といい、天文異変で諸道の博士がそれぞれに勘文を上って凶事の前兆であることを進言している。尤も諸道とはいっても、陰陽道・天文道・暦道が主なるもので、その内容は明らかにされていないが、結局太政大臣と藤壺入道宮の死が最も関係の深い不幸事であったようである。

また陰陽師の祓いについては、「須磨」の巻に源氏が須磨の仮寓先で三月上巳の日、海岸に行った記事がある。軟障を引きめぐらし、都より播磨に通う陰陽師を召した。舟に大きな人形がのせられ、これに禍を負わせて流すのである。こうして源氏は再び京へ帰れることを祈ったのであるが、この直後、暴風雷雨が襲来し、散々な目にあう。陰陽師の祓はのちに源氏が朱雀院の召還の宣旨で帰京出来たから、効果があったわけであるが、暴風雷雨の襲来はやがて源氏が須磨を去って明石へ移る前兆のように取り扱われている。

なお都より播磨国に通う陰陽師が実際にあったかどうか。もしいたならばどんな事情によるものか明らかでないが、播磨国が陰陽師に縁の深いところであったらしいことは、貞観（八五九―七六）頃陰陽大属であった日下利貞が飾磨《しかま》郡出身であり、同じ頃陰陽道の達人とうたわれた弓削是雄も同郡の人であった。大同の頃（八〇六―一〇）陰陽頭であった賀陽豊年は播磨守であり、やはり陰陽道の名手であった滋岳川人も飾磨郡出身で播磨権介となった。降って安倍晴明も播磨守となったが、単なる偶然であったろうか。

『今昔物語集』（巻二十四）には、播磨国（おそらく飾磨郡）に智徳という陰陽の名人が住み、術をもって明石の沖の海賊を捕え訓戒をしたといい、この人が上京して晴明と術くらべをして負けた話や、別に播磨国からきた陰陽師の僧が晴明の術をためそうとして、かえって識神をかくされ、降参して弟子になった話がのせられており、帝都と播磨国の間には陰陽師の往来があり、播磨国の海岸地帯には陰陽師の集団があったのかと推測される。室町初期に著わされた『峰相記』という書物には、唐朝で陰陽の極意をえて帰った吉備真備が帰朝の途、広峯山の麓に一泊して牛頭《ごず》天王の夢をみ、ここに勧請してまつった。これがわが国祇園社のはじめであるといい、また一条天皇のとき、清明（晴明）と道満の二人のすぐれた陰陽師あり、道満は藤原伊周の命で道長を咒咀し、蠱物《まじもの》を彼の通る道へ埋めた。清明はこれを勘え出し、掘り起こしたところ、蠱物は白鷺となって飛び去った。この罪により道満は播磨国佐用の奥に流されて死んだ。そののち子孫は英賀《あか》・三宅のあたりに拡がり住んで陰陽師の業を継いだとある。後世の文献とはいえ、『峰相記』の伝承は播磨国のことに海岸に近い南部一帯には陰陽師を業とするものが多いこと、広峰における牛頭天王の祭祀に陰陽師が関係のあるらしいことなどを示唆している。広峰社の京都祇園社への発展には播磨国から都への陰陽師の進出がからんでいるかもしれない。

『古今著聞集』(巻七)は鎌倉時代に左大臣藤原公継が幼少時、母につれられて播磨の相人という名誉の者に運勢を占ってもらった話をのせている。身分を隠し、様をやつして占ってもらったが、極位にまで出世すると予言し、その通りになり、公継自身やがて易相をならって、自分の寿命も鏡に顔をうつして予知されたという。恐らく播磨出身で都へ出て、面相の易断で知られた人物がおったのであろう。

六

方忌についてみると、明石女御がお産で悩まれたとき(若菜上)、陰陽師達より方違して慎みなさいとすすめ、同じ屋敷内の別の殿舎に移られた。妊婦の方忌は『簠簋《ほき》内伝』(第二)に、天一神癸巳日より天に上り、十六日間、紫微宮を遊行するが、この間遊善神娑婆世界に下って人間の室宅中に居るので、産婦家を避くとある。天一神は中神ともいうことが源順の『倭名類聚抄』からも知られ、その方忌は『醍醐天皇御記』によれば、貞観以来のことであるという。「手習」の巻には僧都が初瀬寺参詣の帰り、病んだ母尼を小野の家へつれてもどすべきを、天一神の方が塞がっているとて、宇治院に移した話をのせており、「帚木」では源氏が内裏から中神の方塞がりになる左大臣邸へわざときて、女房達に方違せよとすすめられ、供人のはからいで、伊予守の家へ移った次第がのべられている。前者は僧都が病んだ母を自宅へつれて帰りたいのを方忌のため、止むなく別の場所へ移しているのに引きかえ、源氏は中神の方塞がりを左程気にしている様子もない。

『御堂関白記』によると、長和四年九月、藤原道長は娘の妍子中宮が参内すべき日を陰陽師賀茂吉平に勘えさせたところ、十月三日がよろしいと申した。然るに道長は暦をみると、この日は天一神西にあり、吉平を召してそれでもよいのかと問うと、吉平閉口し、改めて十一月二十八日を勘え申した。吉平のような陰陽道の大家でもこのような失敗があったが、当時まだ天一神の方忌は左程重視されていなかったことも一つの理由であろう。それがやかましくなったのは、むしろ院政期に入ってからであると思われる。その点かえって太白神への方忌が貞観頃より注目せられていたのであるが、『源氏物語』では取り上げられていない。

妊婦の方忌の如きも、まだ平安中期にはそれ程神経質にいわれておらず、明石女御の場合、同じ邸内での移動で事足りたので、密教的加持祈禱の方が重んぜられたのである。柏木の君が病に臥ったときも、陰陽師をよんで占わせると、女の霊とのみいったので、さては女三の宮かと致仕大臣も思ったが、一向に霊はあらわれそうになく、験者山伏らが多く召されて加持を行ない、陰陽師の方は病気平癒の咒法には参加していない。

方忌に関連して、厄年もまた宮廷人に恐れられたものであるが、藤壺中宮は三十七歳の厄でなくなられた。中宮自身、厄年であるから命の最後かもしれぬと思いながら、厄除の祈禱も行なわず、気分すぐれず悩んでおられたから、冷泉帝も源氏も心配して、加持祈禱などを行なわしめられた（薄雲の巻）。しかし結局その甲斐はなかった。紫上も三十七歳の厄を知らぬ顔でいたが、源氏の方から今年はお慎みなさい。仏事でもなさるならお世話しましょうとすすめたが、別段気にとめようとせず、そのうち病気になった（若菜下）。紫上は四十三歳まで生存したが、四十三歳の厄年については何等のべるところはない。それに対して八宮は厄年にあたり（多分四十九歳）、厄払いよりは、死期を予想して熱心に仏道のおつとめをされており、山寺に参籠してそこで果てられた（椎本）。

これらの例をみると、厄年にはこれを除去するための護身の宗教的作法をせず、むしろ死を覚悟し、厄に遭うのを運命と心得ているような風潮がみられる。しかし源氏自身について、物語の作者は厄年のことをいわず、その死も厄年と関係がなさそうである。これも紫式部がつくりあげた、かがやく日の宮としての「光る君」(桐壺)のイメージに暗い影がさすことを厭うたためであろうが、同時に権力者としての源氏には厄年の存在は左して恐るるに足らないものとされたのであろう。

藤原道長は厄年に死んだわけではないが、気にしたことは事実で、三十三歳のときには法華経を書き写し、これを金峯山へ詣って埋めるつもりであったが、病気のため果たさず、四十二歳なって漸く登山し、埋納の宿願を果たしたのである。また白河法皇は康和三年(一一〇一)四十九の厄年に北斗七星をまつられ、その御修法祭文が『朝野群載』(巻三)にのせられているし、堀河天皇は康和五年、二十五の厄年に尊星王供を行ない、その祭文も同書にみえる。さらに永承五年(一〇五〇)、後冷泉天皇は二十六歳のとき、泰山府君祭を修し、「人間之凶厄」を攘われており(同書、巻一五)、二十五、六歳の頃を厄年とみる考えが含められているように思われる。

以上の如く厄除けの呪法としては仏教によるものが主で、陰陽道によるものは従となっているが、人により呪術的行法は必ずしも一定せず、権力者ほど大袈裟にやったにすぎない。それも多少は気まぐれで、病気や天文の変、その他の不幸が身辺に起きなければ、無関心で過ごす場合も多かったであろうし、余りにも不幸が大きくなりすぎると、除厄の呪法をすてて成仏へのいとなみに奔ったことであろう。源氏物語では厄年に関するこの両極端の型のうち、無関心型は紫上くらいのもので、八宮は成仏祈念型の代表、三十二、三歳で他界した柏木も後者に入るかもしれぬ。夕顔は頓死であったが、十九歳というのは厄年の意識と関連がありそうである。葵上や大君は二十六歳の寿命であったが、厳密には二十五歳が厄年で、二十五、六歳頃は恐れられていたのであろう。二人とも加持祈禱をやったが、甲斐はなかった。

七

公家の最も日常的な陰陽道禁忌である物忌ははじめにものべたように、その例は比較的少ないが、有名な雨夜の品定めが、源氏の桐壺曹司での物忌中に行なわれたことは興味深い。これよりさきに長雨つづく頃禁中の長期の御物忌に源氏も参籠して退屈している様子が書かれており、どの程度の長期間であったかわからないが、円融天皇の頃から忌日の上に忌月が出来て御物忌は数日より一ヵ月に及ぶものさえあらわれた。摂関常置の体制の発足と併行する天皇の完全な孤立化を意味するが、無論形式的には内々政治を聞召されることになっており、『上卿故実』によれば「堅固物忌」すなわち非常に厳重な物忌というのはそう多くなかったようで、臣下より奏すべき文は宿紙を用うべきことが記されている。

物忌中の生活は忌の軽重により詩歌管絃や上記の談論より仏事法要など様々であるが、雨夜の品定めのような開放的なのは忌が軽いことを示すのであろう。物忌にあっては居間の御簾に物忌の札をつけておくことが浮舟の場合にしるされているが、『貞文雑記』には、物忌の間、柳の木を三分ばかり削って物忌と書いて糸をつけてしのぶという草の茎に結びつけ冠や簾にさしておくとあり、『南嶺遺稿』には赤紙を小さく切って斎と書いて頭髪にさすのが古風で、また桃の木の皮をはいでそれに書き付けて髪につけることもあったとのべている。後者は神事の場合のようだが、シナの影響があるように思われる。藤原忠実の『中外抄』によると院政期にはすでにしのぶ草を用いることがすたれていたのである。物忌の札に赤い紙を用いることは『大鏡』にも敦道親王が和泉式部と同車して賀茂祭から帰る途中、式部ののっている方のすだれを下げてその上から物忌の赤い紙札を長く地上へたらし人目をひいた話をのせており、赤い紙札は魔除けを意味したのであろう。いずれにせよ、物忌が日常化した摂関全盛期には反面これが様々の方便に利用せられ、単調な宮廷生活に変化を求める手段とさえなったようである。『源氏物語』では浮舟が左近少将に婚約を破られ母に伴われて二条院に移り、人目をさけ物忌と称して訪問者を避けたが、今度は匂宮に言いよられて逃げ、浮舟の母は彼女を三条のかねて方違などのために設けておいた新造の小家へつれこみ、ここで固き物忌をさせている。その後また匂宮の思わぬ訪問をうけ、当惑しつつも浮舟は夢見がわるいための物忌と称し、前記の如く札を簾につるして引き籠り、母がたずねてくるのをことわる口実にした。やがて匂宮は浮舟をつれて宇治の対岸の家に入り、京からこられた方の厳重な物忌とのふれこみで人目をさけ、浮舟との語らいを楽しんだ。このように男女関係でも密会したり、あるいは相手を避けたりする方便に物忌を利用することは当時珍しくはなかったであろう。

八

思うに『源氏物語』を生み出した世界は陰陽道の歴史の上からいえば平安朝の第三期ともいうべき時代にあたる。すなわち第一期は律令的な陰陽道の時代（平城朝―淳和朝）、第二期は律令的より宮廷貴族的陰陽道への変質の時代（仁明朝―宇多朝）とすれば紫式部の生きた第三期は最初にものべたように貴族的有職的知識として宮廷社会に定着した時代といえる。やがて摂関権力の後退につれ、院政期に入るが、陰陽道も第四期にすすむ。第三期と第四期とでは宮廷的有識的陰陽道たる性格においては変わりはないが、前者が摂関権力の下、貴族社会の安定と停滞の時期だったのに対し、後者は政局の動揺と社会的不安増大の時期にあたっていたことは、おのずから陰陽道の上にも異なった影響を与えた。禁忌の如き、第四期にはその数もふえたが、これは賀茂・安倍両家から名手が相ついで出た第三期とちがい、すでに両家の学問は伝統化し停滞に陥り、それぞれ多数の流派を出すことによって互いにせり合い、一般の学者や政治家にも専門的知識をもつものがあらわれて各自に勝手な新説をたて主導権を握ろうとしたからであり、さらに末法思想にかきたてられた時代の不安を反映して、人々が陰陽道に自己の未来の安全と繁栄を模索し、多くの咒術的よりどころを求めたからであろう。そのように考えてくると、『源氏物語』の時代は人々の陰陽道に対する態度もそれほど切迫したものはみられず、危機感にあおられて陰陽道的作法や禁忌を求めるといった空気はまた強くなかった。むしろ宿命的諦観的な静かさの中に、宮廷人は陰陽道思想を感じとっていたようにさえ見うけられる。また彼等の教養に欠かせぬ有職的知識として、日常的慣習的生活の中にこれを意識し、様々な形で方便的に利用していた。この点、陰陽道は宮廷人のローマン的な生活を高めるのに大きな役割を果したといいうるのであって、『源氏物語』における斯道の意義も所詮はそこに求められるべきものであろう。

第二篇　古代仏教の世俗的展開

慈恵大師の信仰

一

延暦寺第十八代座主慈恵大師良源が寂後種々な俗信仰を生み、まさにその宗祖最澄をしのぐ程の関心を後世の人々よりもたれるようになったことは周知の事実である。殊に大師の像を刷って護符とし、一般民家に配付せられるまでに親しみをもたれた点は他の高僧偉人にも類のないところである。そこにはもとより良源の個性や社会的環境による特殊な歴史的事情は認められるが、一方ではすぐれた個性に対する中世日本人の宗教的な思想の動向ともいうべきものを、少なからず看取するのである。よって私はこの後者の立場に重点をおきつつ、慈恵大師に対する信仰を歴史的に考察し、日本人の俗信仰についての研究に資したいと思う。

良源を権化の人として神秘視する考えは彼の寂後、左程遠からずして発生したようである。山口光円師の研究[1]によれば、伊勢国西来寺所蔵の『慈慧大僧正伝』は、良源の高足檀那院覚運が草し、これを同じく良源の高弟である尋禅僧正の猶子となった藤原斉信の長元四年（一〇三一）加筆したものであるといわれ、現在「続群書類従」に収めて刊行されている。文明元年（一四六九）、南禅寺僧景葩撰の『慈慧大師伝』は、さらにこれを元として作られたものであることがしられるのである。すなわち、右の西来寺本は良源の生誕及び幼年時代の奇蹟を説くのみならず、叡山再興をもって伝教大師の再来とし、義昭法蔵とともに三光天子之現身とのべ、三人共正月三日の入滅は偶然でないとする。また良源の弟子明普阿闍梨が天元三年（九八〇）病により死して冥土へゆき、蘇生して語ったところによれば、冥官は彼に良源が権化の人であることを教えたというのである。良源の入滅は寛和元年（九八五）であるから、明普の冥土へ行ったのは良源生前中のことになるが、この説が出たのは恐らく良源滅後のことに相違ない。とにかく良源寂して少くも五十年を出でざるに権化の人としての説があらわれたので、その喧伝には、あるいはこの明普阿闍梨などが相当活動したのではないかと思われる。かくて平安末、三善為康篇した『後拾遺往生伝』中には

干レ時依二長元四年九月十二日民部卿斉信記略一云、有レ人云、慈恵僧正為レ護二満山之三宝一為レ継二法門之遺跡一不レ往二浄土一猶留二吾山一

とのせ、そのあとに注して「今案留二護持於当山一遂往二生於西山一也」云々というようになった。これによると、斉信の撰した伝記は、良源を権化の人として取扱ったのみならず、延暦寺の護持者、さらにいえば護法神的性格をもつものとして讃仰したらしい。すなわち浄土へ赴かず、依然現世に止って一山を護るというので、ここに後世良源が悪魔的な信仰を発展せしめた素因がある。為康もこの点には些か困ったとみえ、上に掲げたように「今案」云々の私見を附加して、その往生者たる所以をのべなければならなかったのである。

二

然らば何故に良源についてかかる思想が発生するようになったか。これについては管見の及ぶところ直接解明すべき史料が残されていないが、兎に角、彼が叡山中興の功労者であること、弁舌をもって多くの人を慴伏せしめたこと、彼の時代より殊に僧兵の活動が劇しくなったこと、山門寺門の対立が激化したこと等は彼を権者とし、あるいは悪魔的護法的存在たらしめる条件となったであろう。辻博士[2]によれば、良源が僧兵を始めたように誤伝されたのは、彼の

弁論をもって敵を多数作ったに因をなすものであり、良源自身はむしろ悪僧の活動を抑えるのに努力したのであったが、とにかくこの僧兵の盛んになったことから良源についての護法思想が出たと考えることは大体首肯されるところである。良源が僧兵を始めたという説は、応永六年（一三九九）に作られた『山家要記浅略』に出ており、それは末法の時代では人々信に疎く、法をないがしろにするから、天台の正法を守り、邪宗を誡め、且は叡山の経済的地盤を安泰ならしむるため、武装した衆徒をもって良源は一山を擁護したのであるというので、少くも鎌倉末には、この考えは成立したらしく察せられる。だからといって私はこの浅略の説を平安時代まで溯らせようというのではない。矢張りそれは中世に発生したもので、良源没後、数十年にしてあらわれた護法思想はこれと別の理由をもっていたと考える。

これについては私自身多くの憶測を加えることになるわけであるが、一体良源は弁論によって人を威圧した事実から考えても、鋭気俊敏の性格をもち、従って一山の統治には果断の態度をもって臨んだと思われる。これは彼の伝記に、天元三年（九八〇）四月一日、地主三聖のため、金剛般若経転読を行ったところ、一山会するもの二千人、なお他の七百人は参加しなかったので、当日の不参者を住僧帳より除籍したとあることや、『今昔物語集』（巻二十一）にみえる祇園社を叡山末とした顚末などからみても、ほぼ推察せられるので思い切った強行策は僧兵に対する場合にも必ずや採られたところであろう。ただ今日では、天禄元年（九七〇）彼が草した二十六箇条制式中にみゆる悪僧取締の二つの条項から、その対策の内容だけをしるにすぎないが、この対策は恐らく後の歴代座主によっても継承されたことと思う。殊に彼の殁後、平安末より鎌倉初期にかけ、僧兵の横暴甚しく、座主はつねにその抑制策に苦しんだので、これが制御の一策として良源の遺戒をもち出し、あるいは果断の気象をもって人を畏れしめた良源の性格を利用して、彼が寂後も一山を監督し、破戒僧を懲らしめるという風に説くようになったのではないか。彼が不動明王の化身と考えられるに至ったのも、生前横川に不動明王像を安置したり、円融天皇のために不動法を勤修したという彼の伝記の記事が案外古くからしられていたに基づくのであろうが、悪僧調伏の必要上いい出されたことであろう。
以上の推論からして、私は良源対にする護法的信仰が対外的なものでなく、山内統御という対内事情に基づいてまづ起ったものと考えたいのである。当時一山を危機に陥れるものは実は外よりもむしろ僧兵の横暴という内的な原因にあるのであったから、良源の護法的威力は何よりも山内衆徒に向けられねばならなかったのである。建暦元年（一二一一）学生と堂衆の争いに際し、学生等が一万体の慈恵大師像を供養し、悪魔降伏の祈禱を行ったことは[3]、対内的に利用された一例である。この堂衆がすなわち僧兵の中心となるものであった。

『徒然草』（二百五段）に

　比叡山に大師勧請[4]の起請文という事は慈恵僧正書き始め給ひけるなり

とあるのは、『古今著聞集』（巻十六）に、賀縁阿闍梨[5]なる僧、何か意趣あって慈恵大師を濫行肉食の人といいふらしたのを、大師憤って

　若謂レ令三破戒無慙之僧住二持天台座主一者、恐貽二狐疑於先賢一、方致二狼藉於後輩一者歟、因レ茲今対二三宝一披二陳此事一

という起請文を書き、一山に披露せられた。これ起請文の起りであると記しているものに他ならないが、もとより伝説にすぎず元来は慈恵大師を勧請し、大師に対し、歴代座主が衆徒をして破戒濫行をなさぬよう起請せしめることを意味したのではなかろうか。そうしてこれは恐らく良源の草した二十六箇条制式、殊にその中の悪僧取締に関する二箇条が後世まで一山統御の遺訓として衆徒に示されたことに対する一つの誓約の形式であったと考えるのである。

三

僧兵を抑え、一山の統制保全を計るための良源に対する護法的信仰――いわゆる慈恵大師信仰――は、しかしなが

ら山門寺門の対立を始め一般俗社会との間に起る経済的利害関係の衝突などによって益々激化される武装衆徒の跳梁の下では殆んどその効果をあげることが出来なかったが、さりとてこの叡山中興の祖が軽んぜられたわけでは決してなかった。それどころか中世に入って幾多の新興宗派が起り、従来の宗派勢力の上に屢々危機が感ぜられるようになっては、かつての叡山の黄金時代を追懐して、その功労者たる良源の徳を追慕する念いよいよ高まり、一山を護持すべき良源の宗教的威力は一転して対外的に利用され始めた。

すなわち慈恵信仰は僧兵達が自己の行動を擁護するためのものとなり、その結果は一般俗社会にもこの信仰が漸く広く認識せられるようになったのである。これについて虎関師錬は、『元亨釈書』（巻第四）に、

源（良源）道貞雄毅自把レ鏡写照白、置二我像一之所必辟二邪魅一従レ茲模印、天下争伝方今人屋間架戸扉之間黏貼殆徧

とのべており、鎌倉末すでに民間の家々にまで良源の像が護符的なものとして配られ、俗間周知のものとなっていたのである。『明月記』（寛喜二、正、三条）によれば、吉水に「慈恵大師講」なるものがあり、恐らく延暦寺でもこうしたものがあったのであろう。このような講が行われたとすれば、その本尊となる影像があったと考えてよく、現在延暦寺東塔北谷教王院及び観明院所蔵の降魔大師影はともに甚しく汚損して図様明かでないが、鎌倉期に遡るものとみられ、大師講の本尊として長年月用いられ来った結果、護摩の煙で媒けたものであろう。降魔大師の名称は果してこの影像の製作年代と同じ古さを有するか否かは分らないが、不鮮明な図様のうちにも、なお降魔の相として眉の毛の異常に長く描かれたことが窺われるから、その名称はとにかくこの図が単なる肖像でなく、降魔調伏の作法の本尊として描かれたことは疑えない。彫像については『山門堂舎記』に、

首楞厳院観音中堂慈恵大師像者、去建仁三年冬、三塔中堂衆等追罰、其後時々有二襲来之告一仍為レ鎮二其難一元久

年慈恵大師像三塔各一躰造立之時、当院分所二造立安置一也、当時長吏法印公円造二立之一

とあって、建仁三年（一二〇三）造立のものが現在我々の知りうる最古の作品である。もとよりこのときの像は一体も見当らない。前述、学生が一万体の像を供養し、悪魔降伏の祈禱を行ったり、数年前で、之も同様良源を悪魔的なものとして取扱っているのである。

現存の遺物としては建保六年（一二一八）の銘ある神戸現光寺の木像を最古として、南北朝頃に至るまでの作例約十体を数えるが、鎌倉期以前に遡る遺物のしられぬところからみれば、良源を対象とする祈禱行事の作法は平安時代には一定の形式があったわけでなく、また一山全体が行う程の普遍的なものでもなかったのであろう。さて約十体に上る大師像は大むね胎内に詳細な造立事情が記されているので、殊に叡山曼殊院の像は（第二図）文永五年（一二六八）栄盛の造立にかかり、彼は一生の間に大師の本地三十三身之済度に因み三十三体造立の願を起しており、同じ人による文永十一年造立の愛知県真福寺の墨書銘によれば、彼はこの願によってすでに十一体を造り上げたという。また時重なるものも同じくこの願を発し、六十六体を造顕し、六十六の諸国に安置せんと誓っている。正応元年（一二八八）の銘ある滋賀県金剛輪寺の像の銘には蓮妙なるもの、六十六体造立を祈念し、その一体である旨を記している。かくて叡山のみならず各地の天台系寺院で大師像を中心とする祈禱行事が始められたとみることが出来よう。一方良源の像を摺仏の如くし、多数を印刷して供養することも盛んとなった。既述建暦元年聖覚により、学生が一万体供養を行ったのを古い例とし、正元元年（一二五九）には、聖憲導師となって執行し[6]、文永元年（一二六四）にも供養があったことがしられる[7]。その目的は建暦の場合の如く、対内的に用いられるほか、対外的には叡山衆徒の要求を朝廷に強請するにあり、一般には五穀豊穣や疫病終熄の祈念のためであった。

今日叡山で広くしられている慈恵大師の木板護符には二種あり。一つは西塔本覚院で発行されている角大師（挿図

第一図）、他は横川で発行されている豆大師（挿図第二図）で、後者は眉を異常に長くした降魔相の大師像を多数並べたものである。横川にはこの降魔相で両脇に二童子を従えた単独像の護符もある。

四

慈恵大師信仰には、化身説が鎌倉時代より纏綿していた。摂津国清澄寺の尊恵は冥土へ行ったとき、閻魔王から平清盛は良源の化身である旨教えられたといい、(8) これは恐らく清盛の悪魔的性格が『平家物語』等によって強調されたからであろう。室町期に入っても『臥雲日件録』（宝徳四、四、十八条）は、この説を伝えて人々の間に信ぜられたのであろう。同時にこの化身説は慈悲相としても発展した。慈円は『愚管抄』（第三）の中に「観音ノ化身ノ叡山ノ慈恵大僧正」あるいは「日本国観音ノ利生方便ハ聖徳太子ヨリハジメテ大織冠菅承相慈恵大僧正カクノゴトクノミ侍」云云といっており、鎌倉時代、観音の化身としても信ぜられていた。既述三十三体像造立の願を起した人のあったのはそのためである。当時偉大な個性を観音の化身と観ずる思想は、広く行われ、ここにいう聖徳太子や菅公のほか、弘法大師、行基菩薩等についても考えられたのであった。これは恐らく平安末期よりの観音信仰普及につれ、各地の寺の観音について、その霊験が競って語られるようになり、その土地の貴人英傑についての伝説を巧みに結びつけることによって民衆の信仰を集めんとした結果の風潮であった。殊に観音は三十三体に身を変ずるということが化身の思想を最も附会せしめ易かったのである。それにしても良源の場合のように慈悲及び悪魔の両相を同時に兼ね備えたものとみる信仰はそれがかつては在世した人間である限り、他に類のないことで、これは当時一般に悪魔的なものが神祇的なものの表現形式と考えられ、従ってそれは当然本地垂迹の理によって何等か特定の仏と関係をもつものでなければならなかったからであろう。すなわち悪魔的な相をもつ良源は本地として観世音菩薩につながり、所詮本誓とするところは慈悲相であったとするのである。

現在慈恵大師に関する講式が数種しられ、恵心僧都作という沓冠式・表白式（共に一段）、覚超作という五段式、宝地房証真作という三段式・咲式《えみ》（五段）、後宇多天皇御製と称する御製式（三段）等があるが、筑土鈴寛氏の研究[9]に従えば、恵心作と伝えるものの如きは、古くとも鎌倉時代あるいはそれ以後の製作と考うべく、況んや他の諸式も鎌倉以後のものと解すべきであろう。試みに恵心作沓冠式（昭和版恵心全集所収）をみるに、最初に「大師自讃文云　本体如意輪　出首楞厳定　破生死魔怨　現作魔王身」とあり、慈恵は魔王にして本地如意輪観音であるとのべているところ、私が上にのべた中世的思想からうなづけるわけで、これを平安時代まで遡らせることは、思想的にもいささか不自然なように思われる。また式文は十八字を一行として、十四行をもって成立しているが、行毎の頭字のみを左へ読んでゆくと「敬礼慈恵大僧正　天台仏法擁護者」、行毎の末字のみを左へよんでゆくと、「示現最勝将軍身　悪業衆生同利益」となる。これ冠と沓を着けた講式の所以で、沓冠式と名づけるという。如何にも技巧はすぐれているが、そのため形式的となった嫌があり、感情的な表現に生彩を欠いているところからも恵心よりは余程後代の作と推すべきであろう。宝地房の講式には「南無帰命頂礼慈恵大師本地観世音」の句あり、こうした唱文も中世に入って行われたところと思われる。

五

何れにしても前記大師の講式が成立した頃には、大師信仰は叡山乃至その周辺に止らず、広く遠隔の地方にも流布したので、講式には、それに伴って既述の大師講が併せ考えられねばならず、また影像や彫像も講の普及につれてその数を増加していったのである。鎌倉後期より南北朝にかけての作ではないかと思われる『撰集抄』（第二）に、「慈恵大師白骨、首女人授法花事」という一項がある。これは西行が陸奥国平泉郡坂芝山の一石塔について、土地の人からきいた伝承をのべたものであるが、ある武士の娘が法華経を日頃読みたく思っていたところ、天井に声あって教うるものあり、それによって幸い習得したが、如何なる者が教うるのかと天井を探したところ、白骨あり、みづから慈恵大師の頭なりと名のった。その舌のみは朽ちず残っており、大師のいうに従って坂芝山に葬ったとある。蓋し良源の能弁であったこと、叡山に登れぬ人のために貞元二年（九七七）神楽岡の西に仏堂を設け、仏舎利を礼拝せしめるなど[10]、女性の成仏にも心を遣ったことをのべたものであろうが、白骨をいうところに稍悪魔的な信仰の性格が窺われぬこともない。恐らくこの地に慈恵大師の信仰を説くものがあったことを示すのであろう。

良源に対する信仰は室町時代に入って普及し、応仁乱後は益々盛んとなった。祈禱的信仰による諸種の利益が時代心理に投じたからであろう。朝廷で熱心に信仰せられたことは『御湯殿の上の日記』からよく窺われる。文明十六年（一四八四）五月三日には、大師の法楽に歌会が行われた[11]。法楽には大師影像が用いられるが、現在横川の大師堂に所蔵する大師影一幅に添付された副状によると、これは文明九年閏正月、天台座主尊応親王により、一たん禁裏へ献上されたもので、恐らく法楽などに用いられたのであろう。摺供養についてもあるいは五百体[12]、一万体[13]、三万体等[14]の印刷が禁中で行われている。斯種版木の古いものは、毛利久氏の御教示によれば奈良市太田古朴氏所蔵せられる一枚で現在下半分欠けているが、残りの部分竪七寸八分横九寸三分をはかり、裏に建武二年二月十四日の銘がある。滋賀県虎姫の玉泉寺にある版木は、これより時代は降るが、一面には大師像、他面には如意輪観世音を刻したもので、大師供養にこの両像を刷ったものであろう。永禄の頃には、正月元三会が行われたらしい[15]。公家社会でも盛んに信仰せられ、三条西実隆は大師の命日たる正月三日、大師法楽のため普門品百巻を読誦したり[16]、大師の廟に参詣しており[17]、叡山東塔南谷定乗坊からは歳暮に摺写大師を送られている[18]。また禁中から大師の五鈷と称するものを借り、拝見しているが、大師供等の行事に用いられたのであろう。民間でも今日大師所持と称する鈷を所蔵している寺院若干がしられている。中御門宣胤は毎月自邸で大師影像をかけ、観音経三十三巻を読誦、三十三度の礼拝をしている。[19] 文明十三年近江国浅井郡三河村の慈恵大師堂造立の勧進帳揮毫を頼まれ清書してやった。[20] 山科言継は矢張り自宅で毎月三日「不動慈恵大師供荒米看経」[21]を行っており、不動供と同じ作法であったらしい。元応寺の住持が禁中へ御受戒のため参内した節、寺の宝物を持参した中に、大師の如意というものを言継は拝見している。[22] 永禄十年（一五六七）、大師影の表装を申付けているのは、[23]常々の作法に用うる本尊の表装替えなのであろう。広橋兼顕も毎月三日、大師の縁日に所作怠りなかったが、「心中祈願成就之条勿論」云々といっており、[24]大師の信仰が所願成就を一つの利益としたことを知る。武士でも信仰した者があるとみえ、秋庭修理亮元重は、父の重病平愈祈願のため、文明七年夏、百貫文を供養に寄進し、慈恵大師廟に願書を捧げている。その願書中に、

　惟元三古仏者三界大医王也、凡産二于日域一者、無レ貴無レ賤祈レ福攘レ灾、霊応如レ響威徳神異不レ可二得而測一也

とあり、[25]医薬延命の功徳を与えるものとしても信ぜられたのである。大師の超人的な事蹟をのべた絵巻の類は、『看聞御記』（永享九、八、十八条）に、

　法輪院慈恵大師御経三巻持参青蓮院御絵也、自二第四詞一紛失不レ被レ出

云々とみえ、すでに一部分が失われているところから推して、当時にしても相当古いものではなかったかと思う。鎌倉末期頃には作られたのであろう。現在叡山にある『降魔大師縁起』は一巻本で、最順巳講等が発起し、堯恵大僧正等を動かし、宝永三年（一七〇六）十月作成し、翌四年二月三日、座主二品堯延親王が揮毫せられたものであるから、これとは系統を異にする絵巻である。

六

以上のべたように、室町期に入って慈恵信仰が盛んとなった結果、供養作法の本尊として、多くの図像が作られたと考えられるが、今日管見の及ぶ限りでも五十余幅の作品が遺されている。但し鎌倉期以前と考えられるものは一幅もない。その共通点は台座上に左手鈷（独鈷多く三鈷は少い）をとり、両手で珠数をたぐる坐像ですべて稍左向き（向って右向き）に描かれている。独り長寛元年九月四日図写の奥書ある『仁和寺所蔵聖僧図巻』（第四図）のみは、右向きの坐像をあらわすが、矢張り三鈷珠数はもっており、眉はかなり長い。左肩に「御廟ノ大僧正也」とあり、これは勿論礼拝用の絵ではないけれども、後代の影像は多くこの姿を基として描かれたのであろう。鎌倉時代の作と覚しきものは、さきに教王院、観明院のを挙げたが、このほか飯室谷不動堂にも当代末期の作かと思われる古色をおびた一幅がある（第一図）。これは左右膝のあたりから下へかけて二人の僧を脇侍の如く配しているところが珍しく、右は恵心を左は檀那（覚運）をあらわしたものである。伝えて阿闍梨公の筆といい、

此尊像雖レ有二谷講一非常依二衆議一宝蔵納レ之者也、以写二平常一谷講為二本尊一別有レ箱　明和六龍集巳丑八月執行代
円乗院実道

と記され、修理銘として長享三、天正十八、寛永十、元禄十二、昭和七年の各年次月日まで明記されているから、古くより飯室谷の慈恵講の本尊であったことがしられる。なお同標な図様の一幅を坂本村某氏所蔵品についても一見したが、鎌倉時代より単身の像とともに、こうした眷属像を伴う影像も礼拝に用いられたのであろう。

ここで私は序でをもって前述観明院の影像の軸木に書かれた修理の記録につき一言しなければならない。最も古いところは文安四年四月八日の表装修理に始まるが、この際用いられた金襴の布は京都の正実房内の野田なるものの寄

進にかかることが記されている。そうしてもしこの正実房が室町時代に著名な京都の正実土蔵であるとするならば、こうした富裕な金融業者の力で修理が助けられたことになり興味深い。またたとえそうでなくとも、京都の一庶民らしい人の手で行われたことは、降魔的效用よりも所願成就、医薬延命の利益を冀った都会人の信仰を示唆するものとして貴重な史料となるであろう。さてそれ以後に記録せられた年次は、明応七、大永二、天文二十一、永禄七、天正二、同十九、慶長五、元和七、寛文九、昭和二十三年の十回に及んでいる。殊に天正二年（一五七四）の条に、降魔大師尊像云々の文字があり、室町時代には明かに降魔大師といわれたことが確認されるのである。何れにしても観明院のような単身坐像の系統と飯室谷不動堂の三尊形式の系統の二つが鎌倉時代より室町時代にかけ流布したものと思われるが、室町時代よりはこのほか種々な形式のものが生じてきた。

まづ図の上方に戸帳を懸け、足下には左右に童子を配するものが多くあらわれ、戸帳には中央及び左右に星と日月をあらわし、大師が三光天子の化身たることを示している（第三図）。こうした図様は主として神仏習合思想に基づく垂迹画から来たものとすべく、大師の法衣にも絢爛たる紋様を描き、その反面、悪魔的な大師の相貌のするどさは稀薄になってきている。すなわち、信仰自体とともに影像もまた次第に形式化しつつあったのである。あるものは戸帳のさらに上部に色紙形を（稀に図の最下方にも）おき、単にこれに草木を画く場合と讃を入れる場合とある。讃文は大むね既述の講式にみゆる文の一部をとったもので、「本躰如意輪出首楞厳」云々の句か、「敬礼慈恵大僧正天台仏法擁護者示現最勝将軍身」とするのが多い。江戸時代に入ると一層形式は自由となり、播州鶴林寺のは足下に三僧を配し、戸帳上には各瓣及び蕚に僧形を入れた六葉の蓮花三個を描く。勢田某氏のものでは、二童子の他に二つの天狗が出てきており、叡山東塔北谷華蔵院のものには、上方に不動をあらわし、悪魔的なものの本地を示している。同じく東塔北谷の旧智院所蔵でいま横川に保管される秘密大師といわれるものは、三幅対の大作で、各幅とも大師の両肩の上に左観音、右不動を描き、図上雲座中に、円中「ア」字をあらわし、さらにその上には各幅により金鶏鳥、観音、九頭龍をそれぞれあらわすものである。これは江戸時代、元三（慈恵）大師三尊秘密供を修せられる際の本尊となるもので、中央には上部に観音のあるものを、向って右には九頭龍、左には金鶏鳥の幅を掛けるという。なお横川には対幅の山王垂迹曼荼羅と如意輪観音像があり、これは大師影像の幅を中心にして大師供を行われるもので、これ大師の悪魔的（垂迹的）形相が神祇的なものと考えられた左証であり、それは遠く中世以来の思想の伝統をうけついだものと思われる。この際用いられる大師影は横川にて一見したことがあるが、室町期の作と覚しく、戸帳を掲げ、二童子を伴い、上に敬礼慈恵大師云々の讃文ある色紙形を配した形式の影像である。またこの図のさらに元となったと考えられる汚損甚しい一幅があり、時代も溯るものとみられるが、現在のところ、この図様が鎌倉時代に作られたと信ずべき史料はえられない。影像では江戸時代に入れば作例枚挙に暇あらず、大林院所蔵の厨子入の鈴振大師、さては鬼形裸形の角大師（西教寺所蔵）などがあらわれてくる（挿図第一図）。角大師は横川で、御鏡大師は西塔で、木葉・降魔・鈴振の各大師は東塔のそれぞれ東谷・北谷・南谷で呼んでいる慈恵大師の別称といわれるが、既述降魔大師を除き、他は江戸期に入ってから出来た名称と考えられる。御廟《みみょう》大師の称は上述仁和寺蔵聖憎図巻に見えるから別称としてはこれが最も古いかもしれない。大師像の図像学的研究は決してこれで充分とはいいえないが、大師信仰の理解を助ける意味からのべたまでである。

七

慈恵大師の彫像を安置する寺院は、京都市内でも相当あるが、江戸時代の何時頃よりか特にそのうちの十八ケ所を選ぶいわゆる十八大師と称してこれを巡拝することが行われた。その順位は盧山寺・遣迎院・革堂・真如堂・粟田御院・祇園社・養源院・門出八幡社・菅大臣社（仏光寺辺）・神明社（綾小路東洞院東）・御池八幡社・布袋薬師・三宝寺・和光寺・光林寺・金山天王寺・上善寺・般舟院で、いまも延暦寺の修験道廻峯行者は巡拝する由である。祇園社の慈恵大師像はもと境内に大師堂があって、ここに祀られていたもの、『八坂神社文書』所収、元禄四年五月の社務執行宝寿院祐円願書案に、

当社内ニ慈恵大師之木像御座候、是ハ当社僧天台にて御座候故、従往古崇敬仕来、古ハ大師之堂御座候、其後退転仕リ、只今ハ御殿之内之一間ニ安置仕候、是ヲ御殿之内東表ニ格子之間と甲所御座候、此所へ出シ申度奉願候、此格子之間ハ参詣人之便宜所ニ而御座候仍少々散銭米可有之事ニ候間、彼間江遷シ申度奉願候事

とみえるから、すでに元禄の頃（一六八八―一七〇三）には、大師堂はなかったものである。いままで顧みられなかった木像を、目にふれ易いところに出して賽銭かせぎをさせようという社務の願い、これも昔日の勢力を失った祇園社にとって止むをえぬところであったろう。

とにかくこのような巡拝は平安末期観音巡礼が始まって以来、種々の信仰対象、あるいは聖地について行われたものであり、現在でも著名な社寺や特殊な信仰地域にあっては、一定のコースをもつ、いわゆる巡礼信仰が残存している。これらはむしろ民俗学的課題として研究さるべきものであろうから、いまはそこまで立入ってのべることをさけたい。

註

（1）山口円氏「西来寺本慈慧大僧正伝考」（叡山学報第九輯、昭和十年）

（2）辻善之助博士、『日本仏教史』、上世篇四二八頁　同博士、『日本仏教史の研究』、続篇、二八頁

（3）『天台座主記』

（4）良源に対する大師号の追諡は中世行われていないが、鎌倉時代及びそれ以降、大師として呼びならわされていたことは『親長卿記』の記事からも明かである。すなわち同書、文明十五年十二月十八日条に「大師号無二宣下一或時（時代可レ勘）有二

(5)　勅書「慈恵大師御房へとありき」とあるところからみれば、何か根拠があったのであろう。
(6)　賀縁阿闍梨は寺門に属する人であったため、そのようにいわれたのであろう。『十訓抄』(第四)には雅縁とある。
(7)　『外記日記』　文永元、三、二十九条
(8)　『華頂要略』　正元元、五、二十六条
(9)　『古今著聞集』、巻二
(10)　筑士鈴寛氏、「講式の歴史的考察」(「現代仏教」、第三巻、第二十七号)
(11)　『日本紀略』、貞元二、四、二十条　『天台座主記』
(12)　『御湯殿上の日記』、文明十六、五、三条
(13)　同　　文明十六、十二、三条
(14)　同　　文明十七、十、三　明応六、五、十六等各条
(15)　同　　明応五、五、三　明応九、五、三等各条
(16)　同　　永禄六、閏十二、二十九条
(17)　『実隆公記』、文明七、正、三条
(18)　同　　延徳元、十、十八条
(19)　同　　文明七、十二、十七条
(20)　『宣胤卿記』、文明十二、二、十八条
(21)　同　　文明十三、五、十六条
(22)　『言継卿記』、天文十八、九、三条等　其他多数散見する
(23)　同　　永禄八、四、七条
(24)　同　　永禄十、十一、三十条
(25)　『兼顕卿記』、文明十、二、三条
　　　『補庵京華集』

東大寺所蔵の普通唱導集

一

普通唱導集はその序文により永仁五年（一二九七）正月三日、良季が筆を執ったことが明かであるが、巻上に清水寺の菅原為長作の鐘銘をのせ、この鐘の鋳造された建長三年（一二五一）閏九月二十日は良季の誕生日にあたり、従って今年は四十九歳であると永仁七年（＝正安元）四月十一日の年紀を注しており、巻下には良季が勤めた涅槃講の表白を掲げてその中に今年正安四年壬寅（＝乾元元）とのべているところからみて永仁五年は執筆をはじめたときであり、稿成ったのは正安四年よりやや後と推測される。いずれ暇々に書きつづけたもので、自然、数年を費すことになったのであろう。彼は高野辰之博士が明かにせられた通り、京都東山観勝寺の僧で塔中、池坊不断光院に住していた。この観勝寺については天文元年（一五三二）編せられた『塵添壒囊抄』巻十九に詳しくのべられているところで、文安三年（一四四六）五月二十五日、この寺の僧行誉があらわした『壒囊抄』を増補した『塵添壒囊抄』も恐らく同じ寺の住侶の手に成ったものである。前書巻十四にのせられた観勝寺の由来は後書巻十九では著しく増補されてその数倍に上る詳細な記事となっている。よっていまこの詳しい方の史料にもとづいて寺の沿革を追求してみよう。大まかにいえば行基の草創後、平安朝に三井寺唐坊の行円法橋が中興し鎌倉期に入って行有阿闍梨のとき復興し、さらに退転して良季の師大円が住するにおよび、また栄えるといった具合に隆替をくりかえした寺院で、それだけに寺の宗派色も度々変ったが、本尊は行基一刀三礼の作と称する千手千眼の観自在菩薩で伝聖徳太子作正観音が胎内に納められており、境内鎮守には古くより白山がまつられ、大円のときさらに清滝・熊野が勧請され、三所権現となった事情から察しても大体は寺門流の天台寺院としての歴史が長く、そこへ後述するように大円が入って真言密教化したとみてよいのであろう。

上記行有が住した頃、建長七年（一二五五）十二月二十三日後嵯峨上皇が法勝寺へ幸した際、立ちよって勅願寺とし、行有は権律師に任ぜられた。然るに間もなく院主職を行有からとり上げて範誉に与えられたので行有は怨んで本尊を持出し逐電した。その理由は明かでないが、がんらい寺門流であった当寺に他派の行有が入ったため、寺門流の範誉が当時平等院執行として上皇の信任をえていたところから行有を追い出して自ら乗取りを企てたのではあるまいか。しかし本尊紛失によって寺はまた荒廃し、大円の入寺を俟って漸く復興しえたのであった。彼は良胤といい、源頼政の後裔、丹波三重郷の出身で嘉禎三年（一二三七）二十六歳で上洛、清水寺に参籠し陀羅尼を誦し良師に遇わんことを祈った。その場に居合せて熱心な祈念をみた盛景なる武士が同情し、あたかも子息盛朝阿闍梨が醍醐金剛王院の実賢法印の弟子であった因縁から大円に実賢へ師事すべきことをすすめ、その結果、実賢の門に入った。彼は大円の器量を見込んで金剛王院・三宝院両流の奥儀を残るところなく伝授し、これより次第に有名になったらしい。宝治元年（一二四七）六月十九日の請雨経法修法は師より神供を依頼され、また盛景は大檀越として荒廃した観勝寺を買取り大円に奇進した。大円はその後も修行をつづけ、文永五年（一二六八）九月、五十七歳のとき住職となり、松葉を食として行業にはげんだ。亀山天皇は当寺を勅願寺とし、後宇多天皇のときには天皇のため祈禱を抽んで帰依さらに深く、進んでは天皇御等身の愛染明王像を造立し長日の護摩がはじめられた。元冦に際しては院宣により秘法を修し験があった。さらに五大尊を造立し長日の護摩を営み朝廷より料所下賜の沙汰があったが、固辞し、ひそかに寺をぬけ出し、石山の奥の龍穴で千日護摩をつとめ、結願後寺に戻った。亀山上皇御落飾のとき大円に受戒され、その後もしきりに寺領寄進の仰がありながら受けなかった。左女牛若宮の別当実深僧正は大円に深く帰依し、臨終に際し青銅三千緡を寄せて追福をたのんだ。これで出雲路辺にあった定肇作の弥陀三尊像を買取り寺に迎え堂を建てて作善をしたが、千貫文も要せず、余りの金は地頭に所領を押領せられて困っている公家や京白川の乞食などに施与された。大円の宝篋印陀羅尼による加持は効験ありとて著聞し、また護符も有難がられて諸方より希望者があった。そのため符をつくるに忙しく老体の師を案じた良季が私共にも申付けて下さいというと、人々が大切にするものだから、一日中かかっても自分が書く、これが化他の行であると笑って答えたという。

以上によって判断すると、大円は遊行聖の性格をもち陀羅尼の呪術を得意とした験者とみるべきものであったろう。化他の対象は庶民を主とし、醍醐金剛王院実賢のオーソドックスな真言密教秘伝をうけたとはいえ、その活動には持経者的隠遁者的風貌が看取されるのである。その門弟である良季も従って上下を問わず広く社会のあらゆる層にわたり加持祈禱や法要の求めに応じて出かけたであろうが、大円の性格を反映しただけに、寺全体の雰囲気は天台・真言を問わず公家貴族と密着した平安仏教のあり方に対しては批判的であったと思われ、良季もそうした意識の下に在家の人々に接触したであろう。ただ教義的には必ずしも旧仏教を排除することなく、むしろ下層民衆にもよろこばれる密教の呪術的加持作法や神祇との習合的な信仰を基盤とし、新仏教による念仏信仰もとり入れた独自の活動をしたもので、必ずしもこれは旧仏教より新仏教への過渡的形態と観念的に把握しえないものであった。オーソドックスな立場からはたしかに雑信仰といえる面を有するとしても鎌倉期の仏教民衆化はこれがかえって現実の姿であったのではなかろうか。そこに『普通唱導集』の思想的背景を求めたいと思うのである。

二

『普通唱導集』を考えるにあたっては、当然これに先行した安居院流の同類書、とくに代表的な『言泉集』などを比較してみなければならない、『言泉集』は澄憲が編んだ転法輪鈔を聖覚により抄出、再編集されたもので、そのほか『阿弥陀四十八願抄』『法華三十講品釈』『六道惣釈』『転法輪鈔阿弥陀部』なども『転法輪鈔』の一部抄出といわれるように、澄憲の樹立した安居院流唱導はその一門の人々により盛んに利用せられ、厖大な『転法輪抄』はいわばそのバイブルとして部分的な抄出編集が様々の形でなされたのであった。良季の時代はそうした安居院流一門の活動が全盛を極めた頃であって、澄憲から四代目の子孫である憲実の活躍が注目をあつめていた。たとえば正応元年（一二八八）正月二十六日、後深草上皇石清水八幡宮に幸し七日間参籠され御八講が行われたとき、憲実は出座して能弁を振った。『公衡公記』にその様子を記して

憲実法印当世無双碩学之上能説已超過先賢、仍今度旁可被召加之処自先年中風所労連々相侵、連日出仕更不可叶之由申之、然而文治澄憲、文永聖覚代々佳例之上、御経供養御導師他人頗難勤仕、猶今日許参勤之後、可退出之旨有勅定、仍今日参加、自明日不可参云々

といい、当時彼は中風で参勤を澁っていたが、経供養の導師は他人には代え難く、先代よりの佳例もあるので一日だけ出座することになったのである。かくて無事役を果したについて同記は

凡説法驚耳、富楼那之再誕、雖不始干今今日頗超過、先々上下随喜、争無宗神之納受哉、可貴〳〵（中略）夕座講師房珍、問者憲実、頗振才学房珍閉口

とのべており、問答でも相手を圧伏させる才学を有していた次第がわかる。同年二月二十日、西園寺公衡が往生講を

催したときは、子憲基阿闍梨が式をよみ、伽陀は覚淵僧都師弟がつとめたが、覚淵は京都千本居住の黒衣の「隠逸僧」であったと記し、あるいは独自の門流をたてて民間に活動した説教者であったかもしれない。なお上記石清水御幸の際、五部大乗経供養が行われたとき、権大僧都寛円を嘱請し唱導が行われ、「言泉頻湧」と供養願文に見えていて寛円もすぐれた唱導者であったことを実証している。また権中納言藤原兼仲は弘安四年（一二八一）四月十五日、父経光の忌日により吉田の革堂に詣り法会を営み、長源僧都の唱導を聴いたが、

説法振弁舌、今更催往事哀傷之外無他

と感動する程であった（『勘仲記』）。これらの文献に見えた以外にも巷間庶民社会を中心に活動した唱導説教師は多かったに相違なく、良季ら観勝寺の門徒にもその中に入るものがあったであろう。

三

良季自身の活動について徴すべきものは乏しいが、『普通唱導集』の中に正応寺で勤めた表白が出されており、良季書写の『古今和歌集』奥書に彼が為兼朝臣の病気平愈祈禱に数日出かけた折頼んで写させて貰った旨の記事があって（高野博士『古文学踏査』三三六頁）表白や祈禱に従事していた事情は充分推察されよう。

師の大円は既述のごとく験者的呪術宗教家的性格の強い人であったから、どの程度唱導を良くしたか疑問だが、すぐれた法験によって多くの在俗者が出入したと見られる観勝寺ではおのづから唱導の必要性も高くたまたま良季は文雅の人であったことから唱導文に一層の平易さと浪曼性を加え、娯楽的雰囲気を高めて権威化した安居院流話術の形式化儀礼化に対し新機軸を出そうとはかったのであろう。巻上の「一、発端」のはじめに一年十二ヵ月の各月ごとの時節をあらわした名句集を列べたのはそのあらわれである。春の月には「紅林満レ林」「黄鶯移レ梢」、夏の月には「黃

梅含レ露ヲ」「翠柳靡レ風」「林蟬之慧々而切吟」など自然の情景を挿入し、あるいは「愁成愁字」と秋の月を説明し、各月の終りはたとえば、「未レ免ニ別離之悲一者願」という具合に歟（乎）の文字で結んでいる。「悲」や「哀」の字も殆んどの月に使用されている。

次に身分・階級・職業により、あるいは親子兄弟主従など様々な人間関係により過去聖霊讃歎の句があらゆる場合に役立つよう用意されているところにも良季の文才による細かな配慮がうかがわれる。すなわち上層階級では天皇・皇后・上皇・法皇・女院・春宮・摂政・関白・大将・将軍・大理・受領・蔵人・検非違使の十四種、一般通用が一種、人間関係では主君・従者（二種）慈父（二種）師僧・悲母（三種）祖父・祖母・養父・養母・舅・姑・聟・嫁・夫・妻・子息・孫・猶子・兄弟・乳母・所従・優婆塞・優婆夷の二十七種が用意されている。もっとも興味あるのは世間部として各種の職業人があげられていることで、文士・紀典博士・武士・随身・歌人・管絃・音曲（舞人）・能書・医師・宿曜師・天文博士・筭師・陰陽師・巫女・鈴巫・口寄・巫女・絵所・蒔絵師・木仏師・経師・紙漉・扇紙師・番匠・鍛冶・薄打・刀礪・檜皮葺・檜物・壁塗・瓦造・瓦器造・鏡礪・玉磨・石造・碩造・筆人・塗師・畳指・遊女・海人・船人・釣人・好色・仲人・白拍子・鼓打・田楽・猿楽・品玉・琵琶法師・町人・商人・馬労・博打・囲碁・小将基・大将基・双六の五十九種に及ぶ。これを東北院や三十二番・七十一番の歌合に掲げられた種目と比較してみると、文士・歌人・雅楽・宿曜師・天文博士など宮廷に関係あるもの、巫女・鈴巫・口寄巫女など宗教関係、田楽・猿楽・品玉・琵琶法師など娯楽遊芸関係に重点がおかれ、そこに彼の関心と接触ある社会環境が想像されてくる。とくに田楽の条で、「裁ニ錦繡一著ニス綺羅一衣文有レ粧而早ク昇ニ高足ニ三《みつゝ》二《ふ》五《いつゝ》一一度レモ無レシテ落コト而称ニフ上手一ト」、猿楽の条で「老翁面之白髪ハ羽ハ十六之歌無レ滞、冠者ノ公之鹿眉《ふとまゆ》ハ齢ヒ廿計之貟《かんはせ》有レ粧」、品玉の条で「採レル縄ヲ手ノ下ニハ切ルモ是レ速ニ続ク是レ速ナリ呑レ刀ヲ口ノ中ニハ目モ不レ及心モ不レ及」といっているのはまさにこれを観賞するときの躍動感がにじみ出ている。双六の条でも「五六重六天骨而任二其手一《ニ》要金入《リ》金地体只得二《タリ》其骨一《ヲ》」とあって芸道の真髄を讃歎しているところは身分階級を超えた人間技能の認識の高まりを示すもので安居院流にはみられぬ新しい時代思潮の反映と思われる。出世間部はもとより彼と同じ仏家の仲間に入る人々で持経者・説経・念仏者・同声明・声明師・密教声明師・悉曇師・梵字書・律僧・禅僧・山臥・法相宗・三論宗・倶舎宗・天台宗・論匠（二種）華厳宗・真言宗の十九種が掲げられている。南都諸宗・平安仏教はもとより、念仏宗・禅宗をもとりいれ、また声明を念仏と顕密両宗に分ってそれぞれ掲げたことは彼の仏教音楽に対する関心の強さを示すものと思う。けだし唱導の浪曼化を意図する彼としては不思議でない。

四

上巻の後半は経典の釈文、堂塔供養および諸曼荼羅の釈文で占められている。堂塔供養については『言泉集』のように過去の事例を列挙せず、五重・七重・九重・十三重の塔、および石塔・泥塔・宝篋印塔・堂に分って一般的形式を示し、さらに鎮守・経蔵・鐘楼・僧房・温室におよび、鐘銘として京都清水寺の例を示してあるのが珍しい。鎮守では「付二《テ》世間出世一《ニ》先以二《テ》神祇一《ヲ》専可二崇重一（中略）然則行雲行雨之権化垂二《レ》擁護一《ヲ》案上案下之霊徳施二威力《ヲ》於吾等一」云々とあって仏家の習合思想がとりいれられており、経蔵でも「伏惟致二《セハ》経巻之安置一蒙二《ル》神霊之擁護一《ヲ》於二世間一《ニ》敬二《ヒ》神霊一致二《シテ》恭敬一《ヲ》称二《ユ》護法一《ト》即是此義也」と同様の思想が織込まれている。鐘銘に清水寺のをあげたのは観勝寺に程近くなじみがあり、その上はじめにのべたように鋳造が良季の生誕年月日と一致したからである。高さ七尺二寸七分とあるから現存する国宝の大鐘（六尺六寸三分）よりなお大きかったことになる。現存鐘は陽刻で、

天下泰平、国土安穏、十方檀那、所願成就、南無阿弥陀仏、乃至法界平等利益、南無阿弥陀仏

の文句と作者および文明十年卯月十六日の年紀、それに陰刻で多数の寄進者と覚しき人々の名前があるだけの簡単な

もので、恐らく『普通唱導集』に銘文ののせられた鐘が応仁の乱で焼けたあと、兵乱で犠牲になった人々の菩提を弔う気持のもとに、乱がほぼ終熄した文明十年に新鋳されたとみられるのである。

諸曼荼羅の詳しい釈文が掲げられたのは真言流の唱導書としての特色を示すものであるが、一般在家の求めに応じ、息災延命・福徳成就ないし菩提追善の法要に曼荼羅がよくまつられたからであろう。とくに尊勝曼荼羅は北辰北斗の信仰により成立したところで、尊星王（北斗）たる妙見菩薩と北斗七星を讃歎し、あわせて七曜九執十二宮神二十八宿三十六禽を如来随類の方便として衆生化度の利益を垂れんことを祈っている。宿曜道・陰陽道が民衆化しつつある時代背景を考えるとき見逃しえない釈文である。当麻曼荼羅も建保七年（三一九）の新写、仁治三年（三四二）の曼荼羅厨子新造、寛元元年（三四三）の曼荼羅堂仏壇完成によって世人の関心が高まっていたであろうから、『普通唱導集』に詳しい釈文がのせられてくるのは当然であろう。同様、信濃の善光寺弥陀如来も京洛への出開帳によって有名になり、その讃歎表白はなじみのあるものとなっていたであろう。諸曼荼羅につづいて梵字供養の文が列挙されている。なかんづく面白いのは遺髪種子で死者の鬢髪をもって梵字種子を縫いあらわし曼荼羅としてまつるものである。大円は上述のごとく盛んに護符をつくって人々に与え、その効験がしられていたが、符には種子の書かれること多く、種子供養の表白は観勝寺にとってとくに必要なものであった。

五

中巻に入ると故人の追善供養に用いられるものとして冥府の十王に対する表白が初七日から百箇日一周忌三年十年にわたって用意されており、ここにも真言の唱導書である本書の大きな特色がうかがえる。『言泉集』にも忌日の表白はあるが短く、しかも冥官へ捧げる文はみられない。周知の通り冥官には十王があって初七日より三周年に至るまで忌日ごとに亡者は担当の冥官から裁断をうけなければならない。そうしてそれぞれの冥官には本地仏がきめられていた。これを『普通唱導集』は次のように示している。

初七日　秦広王　本地不動
二七日　初江王　本地普賢
三七日　宗帝王　本地釈迦
四七日　五官王　本地薬師
五七日　閻魔王　本地地蔵
六七日　変成王　本地弥勒
七七日　太山王　本地阿弥陀
百箇日　平等王　本地観音
一周忌　都市王　本地勢至
第三年　五道転輪王　本地阿弥陀

これら冥府十王の名はシナで偽撰せられた成都府大聖慈寺沙門蔵川述の『仏説閻羅王授記四衆逆修生七往生浄土経』(略称『仏説預修十王生七経』)にみえるものであるが、本地仏はわが国の偽撰とみられる『仏説地蔵菩薩発心因縁十王経』においてあらわれる。ただし右の『普通唱導集』に示されたものとはやや異り、初江王は釈迦、宗帝王は文殊、五官王は普賢、太(泰)山王は弥陀、都市王は阿閦で、他は変りがない。上記二つの偽経はすでに本書にも引用せられていて、知られているにかかわらず、本地仏に異る点があるのはどうしたわけか。とくに重要な太山王に相違があるのは浄土教盛行の影響によるのかもしれない。時代は降るが、皇和文禄三年甲午七月沙門得仙加図板之の刊記ある

『図絵仏説十王経』に示された本地が『普通唱導集』のと同様であることを思うと、別の本地説がすでに鎌倉時代から行われていたと察せられるのである。

さて本書に掲げられた表白は十王各々に本地仏と垂迹形の冥官と両方に対して作られており、十王図を供養する主旨のものである。初七日では最初に不動明王の表白がくる。「方今当初七日被図絵供養給大聖不動明王尊像并二童子、同倶利迦羅明王等形像一舗」云々の句にはじまり、慈覚大師の釈文や相応和尚の願文など台密側の説明につづき、本密の釈文に入り、種字の説明、大日経疏の引用がある。秦広王については主として『仏説預修十王経』『因縁十王経』の文により釈述している。以下同様であるが、太山王の条では十二光仏及び二十五菩薩の種子、三昧耶形並に名号を詳細にあげ、閻魔王の条では地蔵真言と六地蔵の名号、三昧耶形を掲げている。これらによって種子の供養を非常に重視していることがわかる。最後に五道転輪王の本地は弥陀で、太山王と重複しているため、代って文殊讃歎の文を掲げると断っている。文殊は『発心因縁十王経』では宗帝王の本地となっているのを、本書では釈迦に代えているためである。以上十王についての表白は詳細なものがあって、当時における冥府信仰の盛行をよく反映している。

これについでは仏生会と涅槃講の表白が示され、恐らく図絵を掲げた絵解の意味があろう。とくに涅槃講の文は良季が正応寺で用いたときのものと註記しており、彼の創作にかかるものと思われる。次に訶梨帝母・栴檀健達婆・十五鬼神の表白は婦女子・児童の守護のために喜ばれたもの、その他吉祥天女・大黒天神・弁才天・四天王・二王・夜叉神は一般庶民の日常的利益信仰において人気のあったもの、彼等にとっては神祇信仰と同様の意識の下に礼拝対象となったので、それらの表白は利用度も高かったと思われる。ながんずく吉祥天女の三摩耶形如意宝珠の効能表白は多くの聴者を惹きつけたであろう。以後室町期に入っていよいよ広まった如意宝珠の信仰はこうした表白を通じて高揚されたのである。

六

これよりあと『普通唱導集』は異朝やわが国の人物伝を列挙している。諸祖影像の供養文としては龍猛・龍智・金剛智・善無畏・一行・不空・恵果と次第して日本に移り、弘法・聖宝・聖徳太子・伝教・慈覚・智証・慈恵とつづけ、善導・法然は「可勘入之」とあるのみで文はない。あとで追加するつもりが果さなかったのであろう。次に布袋和尚・達磨大師・智者大師から俗人にうつり、孔子・老子・顔回・白楽天・人磨を出してあとに亡親影像の供養表白を加えている。以上のうち興味深いのは布袋和尚である。室町期に成立する七福神中唯一の実在人物といわれる和尚がなぜ七福神の仲間入りしたかについては納得のゆく説明が見当らない。しかし鎌倉時代すでに福神的思想をもってみられていたことは本書の文によってほぼ察せられるところである。生涯一つの袋を負い、施しをうけたものは何によらず袋に入れて乞食遊行の生活を送った。しかしこの袋に入れたものをとり出すときは、あるいは白米あるいは様々の珍宝に変っていた。その風変りな行動が人々から嫌われたので他国へ去って行ったが、その後国中飢渇したので人人は彼がいなくなったためだとし、戻るようたのみに行ったが聴かれず、いよいよ飢餓が甚しくなったので重ねて懇請したところ、わが形を彫像画像にしてまつり供養せよと教えた。その通りすると飢餓は収まり富貴の世になったので人々は彼を弥勒の化身だといった。死するとき袋の中に入りその身を留めず、人々はこの袋を仏尊のごとく安置しまつった。ほぼ以上の主旨の話をのべて、あとに讃文を列ねており、和尚が福神としての象徴はこの袋にあったのである。袋の奇瑞に関する話は周知のごとく『今昔物語集』(巻十七)『宇治拾遺物語』に見え、むかし生江世経(又は伊良縁の世恒)なるもの吉祥天(または毘沙門天)を信じ、その果報で恐ろしい鬼から米の入った袋を授った。いくら使っても減らなかったという。その鬼は額に角一つ目一つの化物であったが、布袋和尚がはじめ人にきらわれて国を去ったように福を与えるものは外観は人のいとうべき形をしていた。奇瑞の袋はそのいとうべきものが権化の尊い存在であることを暗示しており、『矢田地蔵縁起』になると満米上人が冥府を訪れて閻魔王から取れども尽きぬ白米の小箱をもらったことになっていた。閻魔王も福神と紙一重の権化であった。

さて孔子の条では釈尊が周の世の乱れを治めんがため儒童・迦葉・光浄の三菩薩を遣した、これが孔子・老子・顔回の三聖に他ならないとのべている。かような説がどこから出たか明かでないが、貞応二年（一二二三）成立の『耀天記』にもみえていて、すでに鎌倉中期には広まっていたのである。この書の著者は不詳で、ただ内容からみて天台の僧侶による本地垂迹的神道理論が思想的基盤にあることは疑いない。従っていわゆる釈迦の遣三聖説は鎌倉初期、仏家神道が形成されてくる途中の産物とみられ、本地垂迹的思思の一つの拡充に他ならない。孔子とならんで柿本人麻呂も歌聖として神聖視され、平安朝末より影供が行われ、その様子は藤原敦光の永久六年（元永元・一一一八）四月三日に行われた『柿本影供記』に詳しく、そこで読まれた讃文は『古今著聞集』などによってしられており、本書にもこれがのせられ、「自住古此讃流布不知誰人作」と注されている。鎌倉時代に入ってつくられたと覚しき柿本講式には上述、釈迦の遣三聖説をとりいれ、人麻呂もまた大権の薩埵、教主の勅命をうけて日本にあらわれたとし、垂迹思想を説いている。白楽天も権者として扱われ、大暦年中歳次辛卯二月十七日に生れたから彼は文曲星の精霊であるとしており、北斗信仰や宿曜道の影響がみられる。

このあと目次によれば所修行として如法経・十種供養・迎講・七日念仏や社壇講経があり、伊勢はじめ各大社神祇廻向の文があることになっていて本地垂迹思想を知る上からも是非知りたいところだが、残念乍ら欠佚している。

七

最後に日本人三十七名震旦人二十三人の往生伝を列べ、あと明王篇（十二箇条とあるが、実際は醍醐・四条二天皇のみ）忠臣篇（十二箇条とあるが実際は大納言延光一人のみ）と孝父篇孝母篇各十二箇条をあげ、最後の賢夫篇十二箇条は標題のみに終っている。孝父孝母両篇は実質各十二箇条あり、シナの孝子伝類からの抜書である。『言泉集』も孝子伝を少数のせているが、そのはじめ伯瑜伝のところに『孝子伝』上云として出典を示している。この『孝子伝』なる書がシナで編まれたのはいうをまたないが、早く亡佚して鎌倉期以前のものは存在しない。然るに陽明文庫には鎌倉期の筆写と覚しき一本が所蔵され、また同系統で後に改訂を受けたと思われる一本が京都大学図書館の清家文庫に保管されており、これらからして『孝子伝』の書物としての古い形態が推定されてくるのである。これについては大阪市立大学の西野貞治氏（陽明本孝子伝の性格並に清家本との関係について「人文研究」第七巻第六号、昭和三十一年）の詳細な研究があるので、以下同氏の研究にもとづき少しくのべてみたい。本書は一つの編集物であって、伝記は他書からの記事の転載にすぎず、ほぼ梁・陳・隋の頃の成立とみられる。この他書とは『劉向孝子伝』『説苑』『蕭広済孝子伝』『東観漢記』『捜神記』『後漢書』『宋書』『晋書』など二十九種をさすが、それを通観すると正統な古典類は少く、雑種の伝記類や小説が多く、従って編者は村夫子程度の教養の人物であったことを示している。すべてが原典からの引用でなく、孝子の説話を抜萃した類書のごときものによった部分が多かったと推定される。またそれらの伝記の中には現存する各種の孝子伝にはみられぬ古い形の伝承がのこっており、恐らく六朝末、北朝に成立した俗説的な形態のものが承襲されていると思われる。さらに舜の伝記のごときは敦煌出土の舜子至孝変文と酷似しており、羊公の伝では梁の元帝の孝徳伝における同じ人物の伝と比較して仏教的な改変のあとがみられる。ところで清家本は舟橋枝賢が天正八年（一五八〇）人に書写させたもので陽明本より遙に時代は降るが、内容的にみて西野氏は清家本がより古い形をのこし、しかも仏教的改変が一層著しいとされている。けだし中唐頃の仏教寺院の講経の席で説話による民衆の教化が行われ、専らそれに従事する俗講僧の出現をみたが、そうした僧たちによって変文が作成され、中には孝子に関する民間説話から取材されたものも多かった。すでに唐初より『仏説父母恩重経』や『仏説孝子経』などの偽経がつくられており、説教に孝子説話が用いられたことも充分察せられるが、これらはすべて六朝以来の国家権力と結びついた仏教が布教策として仏教も孝養を軽視しないと強調したところからきたものであった。『今昔物語集』は清家本によって多数の孝子伝をのせたが、『普通唱導集』は陽明本の分によったようである。たとえば原谷の伝記に清家本では「惟孝孫原谷之方便也、挙世聞之、善哉原谷」云々とあるところが、陽明本では「此乃孫之礼也、於是閨門孝養上下無怨」と簡単になり、『普通唱導集』は後者の文と一致する。揚威の伝でも清家本の「時虎閑月低頭棄而却去」に対し陽明本の「虎即去」とあるのに一致するなどいくつかの根拠をあげることができる。とはいえ『普通唱導集』は陽明本の丸写しでもないようで若干相違するところもみられる。舜の伝では『史記』の文を、薫永・形渠の伝では賛文を加え、曽参の伝では大半を省略して極めて簡略化されている。許牧の伝も簡単になり、伯瑜の伝は論語の文を追加し、郭巨・丁蘭の伝では讃が省かれ、蔡順の伝も極めて簡略化され、その他細部の点では独自の改変が試みられている。既述したように最後の賢夫篇が全く伝記を欠くのは亡佚したためだが、曽参伝・王褒伝のように極端に短文の例があるのは、まだ追記する余地をのこしたことを示しているのではなかろうか。

以上『普通唱導集』についての一応の考察を終ってこれを全体的に『言泉集』と比較してみると、後者が実際に法会で行った唱導・表白の事例列挙の形をとっているのに対し、前者はそうした事例をも含めてこれを再編成し、施主・檀那の身分職業に応じ、法会の種類に即し、様々の場合を考えてこれを分類し、整然と配列している点、単なる唱導書に止らず、僧侶の立場からみた百科辞典的意識が加わっていることを感ずるので、同じ観勝寺の行誉が室町期に入って編んだ『壒嚢抄』とともに鎌倉期の『塵袋』の影響を否定できないであろう。観勝寺は民衆の寺であり、社会教育的な啓蒙活動の必要は大円以来、同寺の僧侶には感ぜられていたであろう。そうした意味で中世における節用集的往来物的編纂物の出現と唱導の発達には不可分離の関係が想像されてくる。『言泉集』が浄土信仰に重点をおき、しかも上層知識階級を主に対象としたのに対し、『普通唱導集』がより一般の大衆社会を背景にしていたことは庶民達の関心を惹き易い密教の呪術的作法や神仏習合思想を豊富にとりいれているところから充分断言しうるであろうと思う。

あとに附載する『普通唱導集』の全文は昭和三十五年二月、大阪女子大学国文学科紀要に一度公刊したことがあったが、学内の出版物でもあり、若干誤りの個所もあったので、この際、東大寺の御好意により修正を行って再び刊行することにしたものである。

六斎念仏歌詞

六斎とは毎月八日・十四日・十五日・二十三日・二十九日・三十日の六日を限り、殺生禁断を行い法要を修するので、わが国では天武天皇の時始めて行われ、「むよりのいみ」と呼ばれた。しかしこれらの日に唱名念仏の行われることは遥かのちのことで、而も主として民間に普及したものである。念仏の民間弘通は平安中期空也上人に始まると伝えるが鎌倉時代になって一遍上人出で、空也上人の遺風と称して念仏踊を興隆せしめた。蓋し六斎念仏の流行もこれ以後にかかると考えられ、一遍の時宗おとろえても、他方、融通念仏宗の確立と共に江戸時代を通じこの宗派の勢力ある地方では民間行事として毎年盆の頃盛んに行われた。大和を中心に山城・河内方面にわたりいまなお伝承されている。六斎念仏の衆は空也上人の先例に従い、丸い鉦を胸にかけ柄の短いT字形の撞木をもって家々をおとづれる。私は幼少の頃奈良の親戚で毎夏六斎念仏をきいたが、一体どんな文句をとなえるのかわからなかった所、この夏炎暑の農村をたづねて奈良県生駒郡南生駒村へ行った際同村内の融通念仏宗に属する石福寺で文政十一年六月に書かれた『念仏和讃帳』を見つけたのでここに記録しておくこととした。農民の拙い字で書いてあるので甚だよみづらいが、或いはよみ誤りがあるかもしれない。なお六斎念仏衆による南無阿弥陀仏の碑がこの付近の寺々にみられ、宝幢寺には「弘治二年十一月十五日、六斎念仏衆二十四人衆敬白」の板碑があり、他にみられた碑も大体同様安土桃山時代のものであった。五来重氏は奈良県葛城地方で南北朝時代の碑を見つけたといわれたことからして六斎念仏衆としての集団的なものはより古く溯って考えうるであろう。南生駒地方では六斎念仏をシコロ念仏ともいう。同村観泉寺の住職瀬川円戒師によれば、昔は六斎念仏講が男ばかりで結成されていたのに対し、女は女中講といった由である。

暁　後　夜

○あミだによらいハ大光明を放テ念仏の行者をてらせ給ふ。有がたやな申念仏のくりきにて願のまゝに導ケバ、西にこそこけ墨染のけさも有り心にかけぬひもなきや。暁ごやに西みは、し雲たなびく其中に仏の三ぞん三ゐい玉ウ。しやかハぐせいの船に召、文殊ふげんハ共に召ぢ蔵ぼさつハかぢを召、六ちのほ柱押立テほけ経やまきをほにかけて、ふだらくせかいゐをもむけば、まかはんにやの風、ふきて、ぎやていく〳〵の浪も立、しやかとミだとのせい願な、東西ふたつの岸に立、水火のにがミももらさじと、たがいに御願な立い玉ウ。ミだの本ぢをたづぬるに天もや星も月も日も是もあミだのへげん也。ちにて水も草も木も是も仏の御願也。よるのむ時も六ぢ也。ひるの六時も六ぢ也。一年中の月も又是も二偏の六じ也。心にあミだを念すれバ、とそつ天の雲に乗、しやかの大忍山高し。ミだの御願な海深し。によらいによせつの忍徳ハ我等いかでハ報べし。

入　ぶ　し

なむぢ蔵大ぼさつ〳〵、仏のしだいをかたるぞをききやれ、一ふどう二しやか三に文殊四ふげん五にぢ蔵六ミろく七やくし八観音九せいしに十あミだあしく大日こくう蔵よ、高野ゐのぼりて奥の院みまいれば右やきの高ぞとハよの皆国国の儀成ものゆめかやゆめよの一ごはゆめよのなむ阿ミだ仏のくう事にめされよ。

大　融　通

光明遍照十方世かい、念仏衆生せつしゆふしやの光明ハ念ずる所を照セ玉ウ。観音せいしの来光ハ声をたづねてむかい玉ウ。日々ふたいのしやうミやうハ□の蓮げもひらく也。ゆやく歓きの渡には、みようくわのほのうもきゐぬべし。一念ミだのくうきにわ、む明のつミも消ぬへし、現にはむひの楽の内、ご生ハ清浄どに生し、諸行む常の鉦のこゑ、生じのねむりもさます也。ぜ生滅亡春の花、四方蓮だに咲に置、生滅々いの秋の月、平等利益の光也。じやく滅い楽の玉のゆか。浄土ゑまいるも里きず也。観音せいしもミだ共に、三とくひそうの明り也。三がい車のわのごとく、めぐりて三づのくをのがる。上ハうちやうの雲の上、下ハならくのそこ迄も光明あまねくへんじてハ、黒あんぢごくを照せ給ふ。扨ねがわくハミだ如来、我らをすくう事中に、極中悪人むたほうべん、ゆいしやうミだとく生極楽偏にミだを念ずるならば、安楽国ゑ往生するゆうずう念仏六繰ゑ□う

光　融　通

一ど生テしやばゑきて、元の悪所ゑ帰にわ、後生ねがわでくやしやな、ゑんま大王筆取て、ゑんまの長に付られて、今ハをもゑどかなわずや。我ととび乗火の車、人をにくめばミをにくむ、立る腹もミからう立、又入腹もみゑぞ入、鬼とてよそにわなけれ共、心の鬼がみをせむる。浮世ハわずかの仮の宿、来世ハ長の住か也。只何事も振捨て、後世を本とねがふべし。念仏にへだてハなけれ共祐通念仏のくうきにわ一偏申せバちく生道のくをのがるゝ。二偏申せバがき道ちごくのくをのがるゝ。三偏申せば三悪道のくをのがるゝ。四偏申せバしゆら道ぢごくのくをのがるゝ。五偏申せバ五逆罪のつみ消テ六偏申せバ六む辻もまよわずや。ゆうず念仏七偏申せバしでの山、ぢのくをのがるゝ。八偏申せバ八万ちごくのくをのがるゝ。九偏毌せバ九品の浄土ゑまいるなれバ、十偏申せバミだの御まへえまいりてハこがね蓮げに乗い給ふもミだのくうきハ有がたや

ゆうず念仏

東に薬師の御立あれバ南に観音御立有、西ハあミだの浄土なれバ北にしやかの御立有、中ハ大日如来なれバ四方浄土ハ極楽や。ゆうずねんぶつ。融通念仏をひに十偏申せバゑんぶだんごんのこがねでもつてたけ一丈のしやか如来

をい立まつりて其日にくよふをのぶるよりもなをもくらきがつよければ、じやくめつむ常の罪消テすぐに浄どゑまいる成。ゆうずねんぶつ。

志ころ和讃

鐘七五三ト打

なむ西方極楽せかい三十六万億一十一万九千五百どうミやうどうごんそふごんたごん。金色光明ハ大じ大ひのあん引あミだあん引ぶ引南むあいミだあんぶ仏鉦打　なんせつがとく仏十方しゆ生しくんしん行よく生がこくないし十念若ふしやうじやふしゆ生加く

入　ぶ　し

ほけ経の五のまきの千ふ文に一しやふとくさぼんでん、二しやたいしやく、三じやまをふ、四しやてん里んじやうをふ、五しやぶつしん、うんがによしんそく徳成ぶつ、ゆうず念仏

あぢ十方三世仏、三ぢ一切諸ぼさつだぢ八万諸正行かいぜあミだ仏、ゆうずねんぶつ

さくざいりうぜん妙法花、こんざい西方妙あミだ、じよくせ末代妙観音、三世利益どう一躰、ゆうず念ぶつ

是より外入ぶし

仏ハ衆生をかなしみたまゑば、衆生ハ仏をたのまぬ時にわ縁なき衆生なり

いざや供達善光寺ゑまいろよ善光寺まいりてつミほろぼそよ、

念仏六ぢの其文中にも、十方ごがしやア諸仏如来の香盛なすなり

仏の御名にもしだいがござるよ、七九薬師はせのくわんおん、たゑまのまんだら、十王じたい、矢田の地蔵

女人後世にわ逆しゆをめされの、逆しゆをめさりよば十三仏よの廿五のぼさつハくわけんのめされて、てにてをあ

わしてむかいにござるよ、扨もたつとや有がたの事やな、念仏六ぢハ文ぢすくなけれど、く徳のおふさよ、ふどふもじゆんげい童子もまいろよ、六じの名号をいたゞきそろゐてあるいハ山河のけだ物までも、又ハごうかのうろくずまでも、此念仏のくりきによりて、みな成仏なるさとりすくないともがらしすれバ、六道におもむきなんず、めんずのあほうらせつめにかしやくをせかれて、ぢごくの奥のくるしみのがるよ

新 は く ま い

一　もんたんぶん

二　なむあゝいためんが

三　中ばり

四　高

五　きばり高

六　なんはいた地念仏

七　こくうめと同断

八　入ぶし

なむふどうしやか文殊ふげんぢ蔵ミろくやくしくわんおんせいしあミだあしゆく大日こくふ蔵仏

九　こくう目と同断

十　中ばり

十一　高

十二　暁後夜ゐとふのくう

新ばんどう

一　あんあん引なむあいゝだああん引あんあ引なむあいゝだあんぶ引
二　高
三　あゝなむあゝんあいゝ引たあゝんあゝ
四　本ばんどうゑこふのくら半分也
五　与重郎ぐう
六　高
七　地念仏
八　ひとことづめ
九　融通念仏
十　入ぶし
たけ十丈のこがねほとけを一万三千仏とをたびつくりて、十度くよふをめされしよりも、なむあゝだぶつのくらきがまさるよ、
十一　地也いんおふ引なむあいゝだんぶつ、ゆうず念仏なむあいだあゝん引
十二　なむなんばいだあんあゝ引なんばいだんぶつなむあゝいだたあゝん引
十三　はくまなばいゝ
十四　なんばいだ善七ぐり
十五　あゝんあゝいだあゝん

十六　高あミだがへし
十七　地也なんばいだ引なむあいミだんぶつなむあゝいだん
十八　与重郎ぐうえかう

新ばんどふの手

一　地也あんな引むあゝいミだあゝんぶふつ、なむあいミだ、あゝん、ふうんうつ、なむあいミ、だんぶうなむあいミだあゝんぶつ、なむあゝミだあゝん、あゝなむあゝんあいミだあゝんあゝ、あなむあいみだんぶつ、なむあゝいだあん
二　高あゝな、むあゝん、あいミだあゝん、あゝ、あいミだあゝん、あゝなむ、あゝん、あいミだあんあ、あゝなむあいミだん仏
三　地也あゝなむああん、あいミだあんあゝなむあいミだ仏
四　本ばんどうゑこのくう半分也、あゝなむあいミだあんぶつなむあいだん
五　与十郎くう、なむあいミだんぶつなむゝいだん
六　高あゝなむあゝんあいミ引だあん引あゝなむ引あゝ、あいミだんぶ、なむあいミだ引だあん仏、跡常のごとし
七　地念仏也
アなむあゝいだん、あゝあなむあいミだぶつ、なむあいミだんぶつ、跡常のごとし
八　ひとことづめア、なむあゝんゝいミんだあゝなむなむあんあいミたあゝんぶなむあゝいだ、ア、なむあいミだあんぶん〔以下欠〕
あなんはいたんあなんばいだあゝ　跡常のごとし

十三　なばいミ也なんばいだあん引あヽなんばいだあヽア、なむあいミだぶつ　跡常のごとし
十四　善七ぐう　跡常のごとし
十五　ちやうしやうニ　跡例の通り
十六　高ア、なむああんあいミだあんあ引なむあいミだんぶなむああいだん引ア、なむあヽいいだ、　あんああヽなむあヽだん引あヽなむあヽんあいミだぶつなむあいミだんぶつ、　なむあいミだんぶつなむあヽいだあんア
十七　地也なんばいだ引なむあいミだんぶつなむあヽいだんあなんはいだあ引あヽあなんばいだああ、　なむあいミだんぶつなむあヽいだあヽ
十八　ちやうしやうに跡ハたいがい本ばんどうえとうと同前也

歌　一　首

書のこす筆をかたみとみるならば、　おもいいだせよ南無阿弥陀仏

矢田大宮寺真蓮舎寿道
はい名
都　水　軒
七十四歳拝書

河内国磯長叡福寺の法会行事とその史料

一

昭和二十八年、京都大学国史・地理両研究室を中心とする近畿地方農村の歴史及び地理的綜合研究に参加した際、私は大阪府下南河内方面の調査班に入り、主としてこの地方の信仰・民俗関係の調査にあたったのであるが、現在大阪市の近郊としてめまぐるしい変化をとげつつある土地であるだけに、まとまった調査報告を作成する程の史料が得難く、この点甚だ心残りの次第であった。けれども、この調査によって私は断片的乍ら幾多興味ある文書記録をみることが出来、中にはまだ学界に未発表と思われるものもあって、今後仔細に探訪して歩けば、十分の収穫をあげうるとの希望を抱かせるようになった。ここにのべようとする叡福寺はその有力なものの一つであって、同年以降綜合研究の期間は終了したが、なお機会ある毎に私は同寺に住職田中法順師、またその檀家総代である近傍の植木和一郎氏を訪ね、多大の御好意を頂いて数々の史料を拝見した。植木氏の方は他の機会にゆずるとして、以下叡福寺の主なものにつき概述し、今後当寺を訪れる方々の御参考に資したいと思う。

二

叡福寺は大阪府南河内郡太子町磯長《しなが》にあり、江戸時代は太子村といった。科長聖霊院《しながしょうりょう》と号し、『聖徳太子伝私記』

には、転法輪寺・科長寺・石河寺・御廟寺などの異名が記されている。また俗には「上の太子」の名でも親しまれるが、これは中河内郡竜華町の勝軍寺を「下の太子」、南河内郡埴生村の野中寺を「中の太子」とよぶのに対応し、すべて聖徳太子の創められたと伝える四十六院のうちに入るものである。いうまでもなくここは聖徳太子の御廟所で如意輪観音を本尊とする。もと古義真言宗に属し、別格本山であったが、近時独立した。

寺の草創については確たる史料なく明かでない。聖武天皇勅して太子廟の東に転法輪寺、西に叡福寺を建てられたとか、弘法大師が弘仁年中創建したとかいう所伝は拠所がなく、恐らく田中重久氏（『聖徳太子御聖蹟の研究』、三三八頁）のいうように、天喜（一〇五三―七）以降の造立にかかるものであろう。『古事談』によれば天喜二年九月廿日、太子廟の近傍に石塔をたてんとして地を掘ったところ、筥が出て、中から太子の御記文が出てきた。それにこの地に寺塔を起さんことを求むるの文章があったという。現在寺に蔵する『転法輪寺古記録』と称する本（江戸中期の編纂であるが、中世の記録をも収めてかなり参考史料としうる）には、石塔をたてんとしたのが四天王寺の忠禅法師で、掘り出したものは馬脳石二枚となっている。これは忠禅がここに寺院建立を志し、そのため世の注意を惹こうとして考え出したとも解せられ、とにかく寺の草創がこれより降ることは信じてよいであろうが、恐らくこれより遠からざる時期に伽藍が営まれたのであろう。鎌倉時代に入ると、東大寺浄戒・具光の二人が太子廟を破り、遺骸から歯を盗んで流罪になった事件があるが（『百錬抄』、建仁三、五、廿八条）、なお当寺のことは一向記録に上らぬ。寺の古文書として最古のものは、興国元年（一三四〇）のものかと思うが、上記、『転法輪寺古記録』には、正応五、六年（一二九二―三）の文書の写しを収めているから、少くも鎌倉時代より当寺の存在は確証しうる。転法輪寺そのものはいま滅びてないが「転法輪寺旧記目録」がのこっていて、それによると、次のような文書が保管されていたのである。（原文通りに記す）

一　建徳　三年　三月廿七日　御綸旨　左中弁印
正応　三年十二月廿六日　御綸旨　左近衛中将資高

文中　三年　三月十七日　御綸旨　左中弁印
天授　元年　四月十八日　御綸旨　左権中将印
正平　九年　八月廿三日　御綸旨ニ付楠河内守正行状
正平　九年　九月　七日　民部丞之状
天授　元年　四月十八日　御綸旨ニ付右馬頭ヨリ和田尾張守之状
天授　元年　六年廿七日　尾張守状
正応　六年東西確執関東極楽寺忍性上人和与状　一通
永和　元年　三月　廿日　一山置文
文安　四年閏二月廿二日　一山置文
嘉禄　三年　九月十二日　記録　武蔵守　相模守
至徳　元年　十月十七日　左大臣源朝臣御寄付之御書
永正　三年　三月二十日　義英寺領御寄進状
応永　元年　八月十八日　右衛門佐殿制札
康正　二年壬三月　三日　沙弥貞清免許状
至徳　元年壬九月十三日　右衛門佐殿免許状　右衛門佐殿寺領方
享禄　二年　二月　十日　春日飛鳥免除状
天文十四年十二月　三日　右衛門督殿状
〃　九月十三日　寺領課役免除之状秋高殿状
〃　九月十六日　祈念之状　秋高殿　盛賢之状印
〃　三月十二日　清元之印

〃　三月十二日　遊佐長教状
〃　卯月　七日　連判衆状
〃　六月十五日　順盛之状
〃　十二月十六日　羽咋庄太子田免除之状真成印
建徳　二年　四月十四日　保六町課役免除之状法梧状印
永正　六年十二月廿八日　寺領課役免除之状真成印
天文　二年　十月廿八日　行松善右衛門康忠状
天文　八年十二月廿四日　酒井弥左衛門清定状印
天文　廿一年八月十二日　盛和状印
天文　廿一年九月　朔日　同人之状
〃　下津新兵衛秀助状
文亀　元年　十月廿三日　元三大師堂建立宗春印　盛安印
永正　三年　五月廿七日　寺領課役免除之状基成印
享禄　二年　二月　十日　家綱印　宣忠印
永正　四年　四月廿五日　寺領鹿合谷田地ニ付康綱印　盛秀印
永禄十卯年　九月十三日　遠守印　秀就印
永禄十二年　十一月十六日　信貞印
〃　八月十二日　方六町境目之事ニ付下津新兵衛状

すなわち南北朝より戦国時代へかけてのものが多く、南北朝時代はさすが楠氏の勢力が及んでいた為か、南朝方の年号が用いられている。これらの文書のうちから現存の主なるものについて次にのべてみよう。

三

「転法輪寺古記録」所収正応五年十一月九日付の文書によれば、当時勅願により長日阿弥陀経供養並びに法花経転読が行われていた。また翌六年五月の文書は転法輪寺僧坊衆と叡福寺々僧の和与を規定したもので、宗明以下十一人の僧坊衆が名を連ねている。その後、興国元年（＝暦応三）、寺領河内国石川郡本百済庄に関し、僧厳毫と沙弥実道の間に公文職をめぐって争いが起り、結局両者折半ということで落着したらしい。これに関する文書が興国元年七月のもの三通、同四年十月のもの一通存している。降って天授元年（一三七五＝永和元）また僧坊衆と寺僧の間に紛争を生じた。寺の雑掌覚成より僧坊衆の濫吹を止められんことを朝廷に訴えた一通がそれである。それによると、正応の紛争も、元は両者が山の境をめぐっての論争に始まったので、その際は関東の極楽寺良観上人が和平に奔走したのであった。今回再び僧坊衆が越境して山の木を伐採したため事が大きくなったのである。その顚末に関する文書はないので知ることが出来ない。当時文書によってしられる寺領として保六町・飛鳥庄・高安庄・羽咋庄・春日村・花薗方六町等の名がみられる。当時の一山は勿論現在より広大で、塔頭・僧坊・鎮守等多数の殿舎が並び盛観を呈していた。いま寺に元禄元年十月廿九日付、大阪御奉行所にとどけられた境内惣絵図の控えが遺っているが、これによってみても、廟の正面に四間四面の礼堂、左右に六間四面の浄土堂と、六間二面の太子堂あり、礼堂の前に二天門、浄土堂の前に透廊、太子堂の前に護摩堂が建ち、透廓の横に鐘楼二棟がおかれている。正面石壇を下りて低くなったところに多宝塔・弘法大師堂・南大門あり、中世には塔頭として多聞院・東福院・薬師院・花蔵院・中之坊・文珠坊・長蔵坊・閼伽井坊の八寺があり、うち六つは学侶、二つは行人の寺であって、高野山の組織に似ている。前記寺僧と僧坊衆が学侶と行人の区別の源をなすものかどうか明かでない。鎮守には八王子社・九所権現社・弁才天社・牛頭天王社等あり、また寺所蔵文亀元年十月廿三日の文書によれば、元三大師の堂が焼け、再建の為、田畠段米徴集を命じているから、元三大師の堂があったことがしられるので、純然たる真言宗ばかりでなく、天台系の信仰も入っていたことが推測されるのである。天正二年（一五七四）一山火災にかかり、豊臣秀頼の手で復興された。慶長八年（一六〇三）四月十六日付の文書によれば、検地によって秀頼は春日村・太子村のうちから七十石七斗五升と山銭四百五十文を寄進し、江戸時代にも大体これが認められている。近世に入って文書記録については省略するが、慶長頃より香合（鹿向）谷の境界をめぐって寺と山田村とが争い、江戸時代を通じてこの問題がたびたび表面化し、これに関する文書が植木氏の手許に多数のこっていることを附記する。因に香合谷は、叡福寺の東方二上山の中腹にあり、有名な鹿谷寺址の石塔も近くにある。

四

終りにいま一つ紹介しておきたいと思うのは、「応永年中旧記」と題する本で、応永二十七・八年（一四二〇―二一）頃の寺の年中行事をこれによって詳しくしりうるのである。（正長元年（一四二八）・文安三年（一四四六）など後の追補も若干認められる。）それを述べる前に、寺内に東座・西座・所司という三座の組織があったことを注意したい。各座には一臈・二臈等の順位があり、大頭人・頭人がおかれていた。時には若衆一老と書いたところもある。

正月は元旦御廟を拝するが、西座出仕して鎮守弁才天をも拝む。鐘の合図で学侶全部出仕、これに童子・中間男・小法師など、あるいは琵琶・琴・行燈・灯燈をもち、寺門繁栄、万民嘉祝の儀式を行う。管絃・伽陀・廻向あり、鎮守では太平楽を、弁才天では万歳楽を奏する。修正会は七日間行われ、神明帳が読まれる。亀山上皇御寄進の所領高安庄の預所は正月四日を以て新旧交代し、上十臈までの者が任ぜられるが、新任者は吉書を以て庄に下向するのである。四日は御影堂で中之坊の僧が念仏を行う。五日には高安庄より七草が献上される。「友近名の役なり」とある。五日は弁才天講で毎月催されるが、正月の頭人は上三人が管絃を司る。これは太子講衆が臈次の順で役に当る。七日大頭会あり、酒宴行われ、配膳の童子は直垂を着する。酒三献あって年行事、公人を召し、明年の頭の前に座って「明年御頭ニテ候と高声ニ申せ」と指示する。酒は十二献まで行われる。次に「七日夜結願之後年頭公文所居残、餅支配下行在之」とある条に、本新両座の語がみえること、「猿楽餅」や「散所」の文字が出てくることに注意したい。本新両座が既述三座とどんな関係にあるか明かでない。十日の観世音経結番にも、散所が奉仕することになっていた。十一日には猿楽が催される。当日所司・東西の三座より一臈以下、児・公人、それに楽頭出仕、本堂で行われる。始めは「翁」である。年頭より楽頭には餅百枚下行されるが、一斗五升の米が「夙者」にも下行されるとあり、賤民の参加がうかがわれる。十六日若衆「的張会事」があり、弓場で行われるが、弓場の飾りは西座上堂承仕以下の役、弓的矢は善光寺供僧一臈の役、弓絃は夙者の役、皮的は穢多の役とある。ここでも賤民が参加している。この弓始めの行事は、むかし聖徳太子守屋を射殺された故事にちなみ、「七鬼制伏、魔軍射払」により、「一天泰平、四海静謐」を祈るためであるという。十七日論義・太子講、十八日御影堂舎利講、十九日朔日講、廿五日文珠講、三十日晦日講で修二月会の精進湯が始められる。二月は朔日講（以下毎月あり、省略）修二会の準備がある。三日に明年修二会夜の荘厳の頭をきめる。修二会は三日間で終る。十五日は涅槃講・遺跡講、夜に入って舎利講・羅漢講がある。廿一日は大師御影供、廿二、三日は八講で、元久二年（一二〇五）九条兼実願主となって始めたものという。このとき御影堂で管絃講も行われるが、これは太子薨ずるのとき、廟前で僧徒集まり、糸竹の韻を奏し、三部の妙典を講じた主旨に基づくという。

三月は廿一日の御影供、廿二日の聖霊会があげられる。四月は八日九日本堂で法花十講あり、現在は四月十一日の大乗会（俗に会式という）が、年中最大の行事で、この日農家仕事を休み遠近よりの参詣者で賑うのである。当日直径四尺ばかりの御膳を聖徳太子・母后・妃の三方のため三つ準備する。御飯の器は直径一尺二寸のもの、お飯は牛蒡十貫、人蔘百本、独活十貫、其他芋・野菜・昆布等で、餅は短冊形に切って積み重ねる。この準備は村人が奉仕するので、二三日前からそのため寺は大変な騒ぎである。十四日より安居始まり、鎮守では問答講がある。五月は五日管絃講で鎮守へ神酒を供える。

七月は十四日の十王講、十五日の羅漢講、十九日の弁才天講があげられる。晦日の法花護摩の料田寄進に野遠屋本阿の名が見えるのは面白い。商人の信者であったろうか。八月は十日より十七日まで温室ということがある。これは温室経をよむので承仕の沙汰とある。九月は五日の八講、六日より鎮守の祭礼準備特に田楽の用意で忙しい。饗膳・酒・餅等三座の分担でととのえられる。夙者に一斗五升の米下行さるとあり、一月の猿楽の場合と同様である。九日本堂の後戸に田楽畳を敷いて行う。十一月は十八日より廿三日まで本堂にて画讃、天台大師の像をかかげ堂を荘厳する。廿四日大師講。十二月は十日仏名精進湯・仏名会が三ケ日行われる。このあと御影堂の太子像御衣について次の面白い記事がある。

一　御影堂十六歳御衣新調事

応永廿八年辛三月六日当国十七ケ所給主山下七郎左衛門尉沙弥性元于時富貴豊饒財宝宛満公家武家無隠潤屋之仁也、然間内者森左京亮入道知勧阿進之間京都織殿大内坊右馬允経支干時御服調進之仁云々十七ケ所へ下着則当寺衛来臨而云、御衆注文等 付法隆寺ヨリ□出之彼寺領播州鵤庄大寺十六歳之御衣注文云々 唯無子細御長寸尺等悉可奉拝見之由於寺家披露之間宿老上五人参堂而御影於奉懐出如所望悉注之 法隆寺注文と全同之

以上平凡な行事の羅列に終ったが、太子を礼讃するこれら数多くの講は大むね鎌倉時代より起されたものであり、

明恵上人の如きは講を盛んにした功労者であった。このように考えると、当寺は中世を通じ、復興せしめられた旧仏教の伝統が強く流れていることを思わしめる。而も鎌倉以降盛んになった聖徳太子信仰の中心地だけに、一般俗人に親しみをあつめた寺院として、今後もなお多くの学問的な興味がよせられるであろうことを強調して本稿の結びとする。

法華経と神仏習合思想

一　法華経と本覚門思想

わが国において法華経の信仰が仏教史の分野に止らず、広く思想史・文化史の諸方面にわたり、絶大な影響を与えたのは、この経典の深奥でかつ、最鈍根の衆生を対象とした教義内容によるところであるが、同時に社会・風土・思考傾向など様々な日本的環境がこれをうけいれるに適した素地をそなえていたからでもあった。最澄によって自覚せられた法華一乗思想はわが国本覚門思想発展の一契機となったが、けだしこれこそ呪術的で直観的性格をもつ原始的神祇信仰を伝統的な思想基盤とする日本人を末法の世に救済するにもっともふさわしい教えであった。あらゆる差別をこえ悉皆成仏の信念に撤した最澄の大乗仏教観は貴族化し特権化した南都仏教へのはげしい反撥であったとともに、「草木咸能く言語《ものい》ふ」とした原始的神祇観に調和すべきものを見出していたのである。理論的には会津恵日寺の碩学徳一との論争によって弘仁十二年（八二一）最澄が著した『法華秀句』が即身成仏への識者の関心を高める最初となり、第四代天台座主安然《あんね》は『即身成仏義私記』を書いて師説を敷衍し、応和三年（九六三）には第十八代座主良源が宮中で南都法相の僧侶と論争して草木成仏の問題まで主張する程になった。

いっぽう天台・真言両宗による平安密教の世俗社会への浸透は上下の社会を問わず著しいものがあり、神祇との接触に伴う習合現象は都鄙を通じて広範に展開していった。八幡神は大菩薩号を称しつつ、畿内・九州はじめ各地に宮寺制をもって進出し、怨霊信仰は祈祷僧の活動と結びついて盛んに御霊社・御霊堂をつくり出し、祇園社・北野社はその先頭に立った。こうした新しい時代信仰をリードする神祇を支配下に収めつつあった平安仏教、ことに天台は悉皆成仏の本覚門思想が高まりゆく中で法華経の権実思想を神祇にまで拡張適用する勢いをみせはじめた。

周知のように法華経（寿量品）においてはじめて釈迦は仏寿の無量と常住不滅をとき、久遠仏の自覚を明かにし、法華経以前に説教した釈迦は久遠実成の仏に対する権《かり》の姿、本地に対する垂迹に他ならぬとしたが、わが国ではこの本地仏の教えである本門は事（具体的な行儀）の真如（真理）をとき、垂迹仏の教えである迹門は理（抽象的な教理）の真如をとくものとして区別され、本門は本覚の法門、迹門は修徳の法門であって、前者こそ法華一乗の精神を徹底させる教えとして神祇にも草木同様仏性を考えられたのみならず、本迹両仏の考えを仏神両者の関係に転用することによってわが国独特の習合的宗教形成の方向へとすすんだのである。その結果、平安仏教は固有の神祇信仰に新たな意義を加えて世の趨勢に順応しつつ、これを漸次緇徒の支配下に引入れてゆくことに成功した。

二　法華経持経者の活動

天台法華宗の発展を基盤として成長しつつあった本覚門思想と神仏習合思潮の関係はほぼ以上の通りであるが、こうしたオーソドックスな教団中心の流れとは別の在野的非教団的僧侶の活動についても注意しなければならない。すでに奈良朝期からわが国にはヒジリと呼ばれる修行者の活動があった。彼等の行動は多くは教団を離れ、教権からは自由であるのみならず、それらに対して批判的であり、独自の考えにもとづいて山野に交り、ことにきびしい修練を求めて戒律を持し法験を積むが、よりどころとする経典はおもに法華経であった。平安末より中世に入ると念仏中心のものもあらわれたが、初期においては殆んど法華信件を奉ずるものであった。すなわち法華経の持経者といわれるゆえんである。その実体を具体的に伝える史料としてまとまったものに叡山横川の僧鎮源が長久年中（一〇四〇―三）あらわすところの『本朝法華験記』三巻がある。収める内容は聖徳太子をはじめとし、法華経の篤信者の話百二十九をえらび、それらは先行する『日本霊異記』『三宝絵詞』などの文献からの転載のほか、彼の見聞したものも多く含まれている。まず持経者の身分環境をみると貴族（睿実のごとく王孫といわれるものもある）以下無名の庶民に至るまで様々であるが、一たん比叡山に登った僧侶（それも下級僧侶）がかなり多い。それらの人が教団を離脱するについては義睿が吉野の深山で会った聖《ひじり》某のように、師匠から勘当され出奔したものもあり、その背景としては教団の実情に対する不満や批判の鬱積が考えられる。また最初から教団と無関係の人々は恐らく崩壊しゆく律令社会が生み出した貧窮階層から生み出されたものであろう。これらの人々の修業地としては吉野金峰の山岳地帯や愛太子《あたご》（愛宕）山が圧倒的で、その他には那智や志摩の海岸、比良山・二荒《ふたら》山・葛木山・播州雪彦山・越後国上山などがあり、一宿聖と称して諸国行道するものもある。このうち愛宕山は京都に最も近く、叡山を去った行者が手近に入れる修業地であった。山頂には古くより軻遇突智《かぐづち》神と呼ばれる火神＝雷神がまつられていた。はじめ丹波国桑田郡国府村に鎮座したものが天応元年（七八一）僧慶俊によって山上に移され、本地仏として勝軍地蔵を安置したというが、あるいは里宮に対する山宮としてそれ以前から祭祀があったものであろう。十世紀後半、東大寺の奝然《ちょうねん》は奏して愛宕山五台峯を大唐五台山に准じ国家鎮護のため神宮寺に阿闍梨をおき文殊秘法を修したが、僧仁鏡も当山を地蔵・竜樹久住利生の処、唐朝文殊影向《ようごう》の五台山に異らずとして八十余歳の老境で入山し、仙人さながらの生活をはじめ、遂に獅子・白象が昼夜にきて彼になじみ、文殊・普賢の守護を信じ、百二十七歳で入滅したという。吉野大峯金峯は山も深く奇瑞譚はさらに多い。上述義睿が大峯山中で迷っているうち美しい僧房で若々しくみえる僧の修行をみた、老年であったが法華経の功徳により病にかからぬからであるといった。夜になると竜王夜叉《やしゃ》鬼神が来り集ってこの僧の読経を聴いた。東国出身の沙門良算も金峰山に籠り難行苦行中、鬼神あらわれて悩まされ、のち果物などを持参供養した。美しい天女もあらわれてとりまき敬礼したが、これは十羅《ら》刹《せつ》女の中の皐諦《くんてい》女であった。いうまでもなく金峰大峰の山には金山・子守（産育の神）などの神々がまつられ、子守は水分《みくまり》の転訛であって元来は水源に鎮座する水神＝雷神とみられ、金山は黄金の呪力によって成立した山神に他ならず、その本質はすべて水を司る山岳神信仰に由来するところであった。かようにみてくると、法華経信仰と原始山岳神信仰には結びつくべき要因があったのである。

三　法華経の浄土思想と護法神思想

けだし持経者の法華経に対する魅力の中心は本門に入る後半の部分で、とくに薬王菩薩本事品・観世音菩薩普門品・陀羅尼品・普賢菩薩勧発品等にあったとみられる。薬王品は薬王菩薩（喜見菩薩）が我身に火を放って焼身供養をとげたのち、再び生れて仏舎利を供養し両臂を焼き苦行の末、真に自在の身となった次第を説いたもので、法華経を受持する者は生老病死の苦を離れ、不老不死となる利益が示される。那智山の僧応照法師も「法華転誦の時、薬王品に至る毎に骨髄に銘じ肝胆に徹し」、遂に臂を焼き断穀離塩、松葉を食し薪の上に坐し焼身自殺した。これが日本国最初の焼身供養であると記されている。永遠に不老不死なる境地を求めての焼身には山中他界の祖霊信仰につながるものがありはしないだろうか。深山の浄域は死者が捿む常世の世界であり、法華経護持の観世音菩薩が教主である補陀落浄土のイメージがここにあったのも不思議でなく、焼身自殺によりそこに生れ替ることを願ったのである。また普門品は観音の化他が深甚広大であり、様々に化身して説法済度にあたることをのべ、多様な変身の相を示しているが、その中でも自在天・毘沙門天・竜王・夜叉などの護法神は山岳のはげしい気象の中で感得される山神の恐るべき機能に相通ずるものをもっており、天竜八部衆の摩睺羅伽のごときは蛇神として水神＝雷神の観念と結びつくものをもっていた。自在天にしても天上をかけめぐり人間殺傷の威力を発揮する雷神にふさわしい性格があったのである。陀羅尼品では災禍除去の陀羅尼の呪術的効用が説かれ、毘沙門天はじめ四天王がこの陀羅尼を誦して法華経守護の誓いをたて、最後に十羅刹女と鬼子母神も仏の教化により護法善神となる次第がのべられており、これらは悪魔的性格の強い護法神である点で祟りをなす神祇の畏怖的一面をよく代表している。また陀羅尼品を通じて法華経の呪術性は原始的な神祇信仰によく適合するところがあった。山野に起居する孤独な修験行者に心の安定を与えるものは護身の呪術であり、神祇の呪的行儀はそれと無関係ではありえなかった。勧発品は最後の品で普賢菩薩の行を説く。この行を修して行者の精進が完了すると、生身の普賢菩薩を感得し、死後は菩薩の住する兜率天《とそつ》に達するのである。持経者にとって普賢菩薩の幻想は最大の喜びであるが、それは自然に対する素朴な神秘感が高まったとき体験し易い状態に入る。『今昔物語集』(巻二十)に、愛宕山に住む持経者が秋の候、毎夜普賢を感得した話をのせている。夜半東の峰の方が月の出るごとく白んで明るくなり、峰の嵐が吹掃う様にして坊の内に月光がさし込んだと思うと、象にのった白色の普賢が幻想されたので、これは結局野猪のいたづらと判明し幻滅の悲哀に終ったことになっているが、一般的な感得の雰囲気をよく画いたものである。天台僧長円は金峯山にて終夜読経中、文殊の眷属《けんぞく》圓王が老翁の姿で出現し、結縁の名簿を上る奇瑞を感得しており、文殊は法華経本門のはじめにあらわれる修行(智)の菩薩で普賢と相対し法華経体得の本質をあらわしたものである。

四　持経者の神祇接近と密教化

そのほか既述の様々な護法神感得は修行中の護身祈念を意味するのみならず、固有の神祇出現を誘導する。大和国平群《へぐり》郡竜海寺の住僧は読経の際、竜神が聴聞し、旱天には慈雨をふらす恩恵があった。これは近傍の竜田風神や生駒山の往古馬都比古神（燧火の神）の信仰が影響していると察せられる。沙門雲浄は志摩国の海岸の洞窟に修行中、大蛇あらわれ呑まれようとしたとき、法華経を誦し、蛇はこの功徳により五位の官人と変じて懺悔敬礼したが、これも竜神（＝雷神）信仰との習合を思わせるものである。叡山東塔千手院の僧光日は愛宕山に修行中、八幡宮に詣でて誦経したところ、傍輩の夢に神殿より天童子八人あらわれ、神は讃歎の託宣を下したと見た。四天王寺別当道命は読経ことにすぐれて人を魅了したが、法輪寺に屢々籠り修行した。その際同寺の一老僧の夢に、金峯山蔵王・熊野権現・住吉大明神ら神祇多数聴聞に参会し、読経を讃歎した。醍醐寺僧蓮秀は重病にとりつかれ冥途に赴き三途河に至ったが、生前熱心な読誦の功徳により天童に助けられ現世に蘇生するとき、賀茂明神が冥途まで迎えに行かれたという。

さらに興味があるのは四天王寺僧道公が熊野参詣からの帰途、南部《みなべ》郷の海岸で大樹を見つけてその下で野宿した。夜半二三十人の騎馬がここにきて樹下翁はいるかと問うと、樹下よりいると答え、それでは早く出ろと迫ると、翁は馬の足が折れて乗れない、明日別の馬を探しておこう、年老いて歩いてはゆけぬと断った。騎馬の人達はこれをきいて去ったが、翌朝道公が樹下を見廻わすと朽ちた道祖神の像があり、男形のみで女形は失われ、前には板絵馬がおいてあってその前足が破損していた。そこで道公はこれを修理して次の夜も樹下に宿った。夜半になって前日通り騎馬の人々がやってきて翁も馬にのってついていった。暁方翁は帰ってきて道公に語っていうには、この数十騎のものは行疫神、われは道祖神で、彼等が国内を巡るとき自分が前駆をつとめる。そうしないと行疫神に笞で打たれる。あなたが馬の足を修理して下さったお蔭で助かった。この御恩は報じ難いとて浄妙の衣服や種々の飲食を施与し、さらに云うには、自分はこの下劣な神形を捨て上品の功徳の身をえたい、何とぞ三日間、三座の法華経読経をしてほしいと。道公がその通りすると補陀落《ふだらく》浄土に生れ観音の眷属となり菩薩位に登ったと礼をいい、もしその証拠を知りたければ草木をもって柴船をつくりそれに自分の像をのせて海上に放ち、どうなるか見よと告げた。道公がまたその通りすると風も吹かないのに船はは南を指して速かに去っていった。その土地の故老の夢に、道祖神が金色の菩薩形となって光を放ち、南方へ飛び去るのをみた。以上の話は地方の土俗信仰と中央の仏教信仰の交流を物語るが、性信仰の対象とされてきた道祖神は当然仏家により教化さるべき下級の俗神であった。しかも法華経持経者が修行巡礼の途上道祖神に出会うことは決して珍しくなく、その際この土俗信仰と如何に調和すべきかが問題であった。この場合疫神を河海に追払う彼のねぶた流しのごとき祓いの行事が補陀落渡海の新たな行儀に置換えられることもありえたであろう。

聖ないし持経者とよばれる在野的遊行的僧侶の活動を通じて法華信仰が神祇信仰と交渉をもった次第はこれでほぼ理解されたであろうが、人里離れた浄域における篤信者の単独活動は全体としては修験道形成の方向をとるもので、これらは奈良朝期より原始的な山岳呪術信仰に結びついた雑密的仏教の伝統をうけ、呪術的作法にすぐれた密教信仰が主流をなしていた。従って法華経持経者にとって密教は無関係のものでありえず、呪術的傾向は勢い強くならざるをえなかった。法華経自体も陀羅尼品で神呪の効能をとき四天王はじめ諸天善神が陀羅尼の呪力をもって法華経行者を守るとのべており、オーソドックスな教学とは別にそれは密教的呪術信仰にも通うものがあった。山階寺一乗院の定照僧都は大仏頂真言を誦して枯れた橘の木を蘇生せしめ、あるいは淀河で乗船が沈んだとき十羅刹や不動明王が出現して助けられ、上記龍海寺の住僧は龍にたのんで屢々雨沢の験あり、天王寺別当道命も夫の悪霊がついて悩乱した女性を法華経読経によって愈やすなど、様々な奇瑞譚から証せられよう。沙門春朝は獄所の囚人救済のため、わざと盗犯を行って獄に入り、読経教化することを七回繰返えし、検非違使は獄所に普賢や白象が群集する夢をみたが、『法華験記』は彼が権者であり入獄教化は「諸仏方便、和光同塵」であると評し、中世流行するこの習合用語が早くも使われていることは興味深い。いづれにせよ法華信仰の地域社会への浸透拡大は土俗的神祇信仰をふまえた聖＝持経者の活動にまつところが最も大きかったといわなければならない。

五　法華経番神信仰の形成と発展

法華経の護法善神信仰は教団の中心である比叡山においても次第に高まりつつあった。鎌倉期に書かれたと思われる『叡岳要記』には円仁が天長八年（八三一）横川で法華経如法書写を行い、朝廷よりも天皇以下道俗五百余人参会して盛大な供養が行われたとき、国内有勢有徳神明三十ヵ所をもって守護神と為し、結番定日（三十日間交代して結番する日）に列したとあり、法華経の三十番神を勧請したことがしられるが、延久五年（一〇七三）阿闍梨良正は夢に大原野・北野の両神あらわれ、未だ番神の仲間に加えられていないのを詰問されたので驚き、急ぎ結番に入れ奉った。また土地の神である苗鹿《のうか》大明神も円仁のとき如法経守護神とされ乍ら結番に加えられず不満であったので、これも番神とされたと同書に見えている。やがて天台教団の貴族化がすすみ、院政時代には遂に皇族が叡山の有力寺坊に入って門跡となり、座主に上る例が開け、朝廷の護持僧として奉仕するようになると、三十番神は朝廷の守護神へと発展した。それはまた平氏政権出現にはじまる院庁政権の動揺に伴い、公家の危機観を反映し、神国思想とともに一層強調されたのである。保元の乱を前にして内大臣徳大寺実能は「我国辺地粟散の境といへども、神国たるによて惣じては七千余座の神、殊には三十番神朝家を守奉り給ふ」と崇徳院の叛謀が失敗することを説き、藤原光頼も「南には八幡大菩薩、男山に跡をたれて帝都をまもり、北には賀茂大明神、天満天神、東西には稲荷・祇園・松尾・大原野等光をならべて日夜に結番し禁闈をまもり給ふ」と不安がる公家たちをなぐさめている（渡辺本『保元物語』）。また『源平盛衰記』（巻八）は後白河法皇が治承二年（一一七八）と文治二年（一一八六）の両度園城寺へ灌頂を受けるため御幸を思い立たれ乍ら、延暦寺衆徒の反対に遭って果さず、失意に沈まれている春の宵、清涼殿で「御宿直《とのい》の番衆」と名のった往吉明神と対面された話をのせている。法皇の専制権力の不安と、それだけに厚い番神信仰の一面を示す物語であろう。

中世に入ってこの信仰は日蓮の登場によりさらに新しい展開をみせた。彼の教義は平安仏教の伝統を引きながらも独特の内容をもち、中世文化の一基調をなす神仏習合思潮とは異った神祇観に立ち、本地垂迹関係は親子・主従・君臣の関係に通じて強い政治意識を伴うものとなった。神祇もとくに天照大神と八幡神が中心に考えられ、三十番神としての集団的な護法信仰の流布は日蓮宗が京都へ進出する鎌倉末に及んでからのことである。それが室町期には仏家神道の発達につれ法華神道の形成を馴致し、吉田神道の影響をうけると著しく密教化した結果、法華経本来の護法善神思想とは遙に異った神本仏迹的理論へと変ってしまった。これらの経緯については紙幅の関係上割愛せざるをえないが、こうした理論的面よりも、今回は古代の法華信仰が聖＝持経者など民間僧侶を通じ地域社会の中で、わが民族伝統的な土俗信仰と調和し、おのづから神仏習合ムードをつくり出すことによって中世における本地垂迹思想普及の素地となった次第を強調するところに私のおもな目的があったのである。

第三篇　門跡寺院の古文書と古記録

守覚法親王の北院御室日次記

守覚法親王は仁和寺第十世喜多院御室の名でしられた方である。後白河法皇の第二皇子、母は以仁王と同じく大納言藤原季成の女で従三位成子と申した。七歳で入寺、十一歳のとき出家され、建仁二年（一二〇二）五十三歳で示寂されるまで法務の地位にあったが、この間平氏の興亡をはじめ、めまぐるしい政局の変転に際会され、その一端は親王の日記である『北院御室日次記』から具体的にしることが出来る。

いうまでもなく仁和寺は宇多法皇以来、皇族の寺としての性格をもつが、院政が始まってからはとくに院庁政権と密接な関係が生じ、院政護持が重要な使命となった。それは六世覚念（中御室）と八世真行（高野御室）が白河上皇の皇子、九世覚性（紫金台寺御室）が鳥羽上皇の皇子、守覚法親王と次の尊性（後高野御室）がともに後白河上皇の皇子という事実からもうなずけよう。

この日次記は現在折本仕立で極く一部分がのこったものと思われ、治承四年（一一八〇）十月八日に始まり十一月三十日に終る。この間都は福原にあり、天皇以下月卿雲客ここにうつられたとはいえ、なお京洛に残留する公家少なからず、社寺関係の人々も殆んどそのままであり、種々の行事また依然として先例を守られたから、勢い福原と京都との交渉は頻繁とならざるをえなかった。これが日次記にもよく反映している。

守覚法親王は高倉院とは御同腹の御兄弟ではなかったけれども御仲睦じく、親王が院の安否を気遣われることも一入で、短い日次記を通じてもよくそれが窺われる。十月十日の条には、去る六日院が厳島詣でより御帰還になったが、途中舟路は平穏であったときいて安堵され、この間御祈の不動供はこの日結願になった。十二日には舎弟湛覚を殺そうとした熊野別当湛増を召進むべき宣旨が出されたことを記しており、重要な史料としてよく引用されるものである。十三日関東の源氏挙兵によって追討使が下されたが、政局の不安から観音院結縁灌頂・円宗寺最勝会・法勝寺大乗会・法金剛院一切経会など親王の関係される宗教行事が日時の次第について延引変更等盛んに議せられているのも、福原遷都の京洛が依然はげしく動揺していたことを思わせる。二十九日条には日吉社の礼拝講に澄憲僧都や弟子貞覚已講がみえるのも史料として面白い。

十一月一日には宗盛から福原の道路をつくるため人夫二百人を出せといってきた。急のことで困り、長尊に申しつけて近辺の人々を狩り集めさせた。翌二日静縁が来っていうには、関東の頼朝追討に下った平維盛一行は近く帰洛すると忠度より飛脚を以てしらせてきたと。噂は伝わって京都の町はどうやら大騒動の様子だが、一体凶徒の張本は降伏したのであろうか、どうも心配だと記されている。四日になって頼朝の軍甚だ優勢で、降伏するどころか平氏の追討軍は対抗出来ず、空しく帰ってきたことがしられた。維盛は逃げ隠れ、忠度は当寺に入り、上総守忠清は伊勢へ叛徒鎮定に向ったという。『玉葉』によると五日に宗盛が京都へ還都しようといい出し、清盛と口論したとあり、平氏の頽勢は最早貴族の間では疑うべからざるものと信ぜられた。守覚法親王にとっては、とにかく遷都以来御不例の高倉院のことが気がかりで、八日には夜、北斗延命法を修せられた。院の御衣が福原から来ないので御加持は出来ず、その上親王みずから腰病のため動作意の如くならず、院宣の御指示通り出来ぬとこぼされた。八日より危篤が伝えられた前式部大輔文章博士藤原永範は十日逝去したが、当時第一の儒者として親王も痛惜の意を表わされている。福原では五節舞を行われるというので、左大将徳大寺実定からその用途を送るべきことが伝えられ、親王は櫛百枚・薄様二十帖を蒔絵の手箱に入れて十三日大納言隆季のところへ贈られ、十五日にもまた風流櫛一荷・棚五十脚を届けられた。この日、右中弁兼光来り、高倉院の御伝言をもたらしていう、先頃修せられた北斗法は大変ききめがあって癒ったようであったが、またその後悪くなったので偏に御祈禱をたのみにしたいと。親王は恐縮し重ねての修法を承引された。この日福原より京都へ遷都の噂があちこちより耳に入った。十八日より再び高倉院の御祈のため孔雀経法を始められた。翌日、寺僧教縁が福原より帰ってきて還都すると清盛が告げた由を語った。

二十日、還都の日取りについて天文博士乗俊が日時勘文として今月二十三日、二十六日、来月二日等候補に上っていることを伝えた。二十二日新院より御教書到来し、還都のため人夫三百人、伝馬三十疋、牛三十頭、河船一艘を沙汰するよう申してこられたので庄園に徴発を命ぜられた。一方法印教憲のところからも後白河法皇の輿舁を出すことが命ぜられ、これも手配された。また高倉院は御容態がいよいよ思わしくないとみえて御祈を殊に厳重にするよう再三お達しがあり、そのため親王は祈禱陣を強化されて僧六口に孔雀経御読経、北院薬師堂の夏衆六口に薬師経御読経、大聖院夏衆六口に不動法御念誦、壇所六口の僧に北斗御念誦と様々の種類のお祈りをはじめられることになった。さらに清盛からは頼朝の追討使を発遣するについて大原庄に官兵を宿泊させるが、この庄は元通りお返えしすると申入れあり、これは一体どういうことかはっきりせぬが、大原庄がもと仁和寺の庄園であったこと、清盛がしきりに兵士を京都の周辺に集結させている事情が察せられよう。親王も身辺まことに多事となってきたのである。二十三日新たに入った情報は源氏が美濃・尾張まで進出し、今はもうほどこすすべもない。還都すべきは当然だと専らの取沙汰、上皇・天皇以下二十九日福原を出、来月二日鳥羽に著かれるとのことであったが、急遽予定を早め二十六日入洛還都せられた。その次第は『平家物語』に記すところと大差ない。「一天之大慶、万民之本願者也」と親王はよろこばれた。二十二日に始まった御祈禱はこの日結願になった。二十七日使を以て高倉院に還都の御慶びを申上げ、且御祈りの御念珠を差上げている。

次の日、帥大納言藤原隆季が来て還都のよろこびをのべたついでに次のような話をした。去る夏の頃、夜霊夢をみた、隆季一人大きな古い房にいたところが近くの房舎をしきりに人々がこわしている。傍の女房にその理由をきいたところ、遷都のためであるが、伊勢大神は甚だ御不快の様子であると答えて夢さめた。同様の夢を二度つづいてみたので、黙っているのも恐れあると思い、五条大納言邦綱や別当勝忠に語ったところ、二人は高倉院に申上げ、院はこれを清盛に伝えられた。院は大いに驚かれたが、清盛は一向意に介さなかった。秋になってまた夢をみたが、それは高倉院が輿にのり、公家あとに従い、重衡は甲冑を著て護衛する行列で、これは還都のためだといわれた。その後果して還都が実現した。まことにこれは神の冥助であると、以上のように語った隆季は宗成の子、平氏に謀叛を企てて流された大納言成親の兄で院の近臣であったが、中宮大夫や高倉院の別当をつとめ、平氏にも信頼厚かった人物である。親王は彼を「帥為二忠臣一、霊神等告尤有二其謂一、雖二末代一可レ感可レ讃」とほめられたが、遷都について世論を非常に気にした隆季の気持が察せられる。中宮も同様の御夢想あって二人の童子が神託を示し、宮中の賢所は伊勢へ帰るであろうといわれた由。隆季や中宮の夢想は親王もかねがね噂にきかれていたが、今度はっきりしたことがわかったので日記に書いておくと述べられている。『平家物語』にはこの夢想のことは書いてないが、源雅頼の青侍の夢に神祇官で神々の会議をされ、八幡神が節刀を平氏からとりあげ、頼朝に賜うたとみた由を記しており、旁々当時人々が平氏に不吉な夢想をしたことは事実だったのであろう。清盛は強気をみせて、これにとり合わぬ風を装いながら、内心は神経をつかっていたらしい。

二十九日高倉院からまた御教書が送られて、来月二日より円宗寺や法金剛院で院の御不予及び関東の兵乱に対する御祈りのため仁王講を修し、用途は寺の庄々を充てることが命ぜられた。三十日には江州の諸源氏蜂起し、洛中また様々の風説流れて不安となってきた。これで『北院御室日次記』の記事は終っているが、とにかく上にのべた僅かの史料を通じても仁和寺が政局と密接な関係をもち、親王御自身とくに高倉院の御平癒祈願に終始熱心に奉仕され、一方では平氏ともかなり深い交渉があった次第を具体的に窺いしられるであろう。

仁和寺蔵　後常瑜伽院御室日記

本書は永助法親王の応永四年（一三九七）正月より永享九年（一四三七）正月に至る間の日記を抄出したもので、抄出の日は次の通りである。

応永四年正月一日
同　八年閏正月十一日、同十四日、同十五日、同十八日、同二十四日、同二十六日、同二十九日、二月(?)四日
同　九年三月二十四日、四月二十一日、六月十一日、同十二日、七月一日、同二日、同四日、十二月三日
同　十三年正月二日、同二十八日、同二十九日、三月(?)六日、同八日、同十日、四月十四日、九月一日、同二日、
　同三日、十月十九日、同二十一日
同　十四年正月一日、同八日、同九日、同十日
同　十九年正月十七日、同二十四日、同二十五日、同二十七日、同二十八日、二月三日、四月十七日、五月四日、
　七月二十一日
同　二十年正月二十六日、同二十九日、五月十九日、十二月二十二日
同　二十一年正月二十日、五月十日、同十三日、十月十九日、十二月二十三日、同二十八日、二十年七月十九日
同　二十五年正月二十五日、同二十六日、二月十五日、三月十五日、同二十六日、五月一日、九月十九日、同二十

九日、十二月二十五日
同　二十六年六月二十六日、七月四日、十月二日、同十五日、同二十五日、同二十六日、同二十七日、十二月二十三日、同二十五日
同　二十七年四月七日、同二十一日、同二十三日、同二十七日、五月二十七日、同二十九日、同三十日、六月一日、同二日、同三日、七月一日、十月二十日、十二月二十三日
同　二十九年正月(?)一日、四月三日、同五日、同七日、同八日以後の数日、七月十二日、同二十六日、八月二十七日、九月十六日、十月(?)三日、十二月五日、同二十一日
同　三十年正月二十八日、二月五日、八月二十二日、九月十六日
同　三十一年正月十日、同二十五日、二月九日、八月十五日、同十六日、同二十四日、九月四日、同十日、十月二十八日
同　三十四年正月八日、同二十四日、三月二十一日、同二十七日、四月六日、同七日、同八日、五月二十五日、七月十一日(?)、同十二日、同二十八日、同二十九日、八月(?)二十八日、九月九日、十月五日、同十五日、十二月二十一日
同　三十五年正月八日、三月三十日、閏三月三日、五月十九日、同二十一日、七月一日、同三日、同四日、同二十五日、同二十六日、同二十八日、十二月八日、同二十一日、同二十三日
正長二年四月十四日、同二十四日、六月二日、同六日、同十六日、同三十日、八月十六日、同十八日、十月二日、同二十日
永享四年二月十日、同十三日、四月五日、五月十日、同二十日、同二十一日、七月二十二日、九月二十日、十一月

四日、同六日、同十日、十二月十四日、同三十日

同　五年正月一日、二月二十七日、三月二十四日、四月二十八日、五月二十日、六月六日、閏七月九日、九月二十一日、同二十六日、十月一日、同三十日、十一月三日、同四日、同六日、同二十三日、十二月二十九日

同　八年三月二十一日、五月十日、同二十七日、閏五月三日、同十三日、同十七日

同　九年正月一日、同十三日

全部で百八十六日だから約半年分の量である。四十年にわたる全部の日記が仁和寺に現在するかどうか寡聞にしてしらない。奥書によると文明十三年（一四八一）夏虫干しの折、親王の日記から守鑁僧正が抜書し、さらに永正十年（一五一三）六月三日、杲守僧正がこれを写したものである。

永助は始め空助と申し、後光厳院第五子、御母は従一位広橋兼綱の女で崇賢門院と号された。康安二年（＝貞治元年、一三六二）三月二十九日御誕生、応安五年（＝文中元年、一三七二）七月九日、十一歳で親王宣下あって凞永と申された。翌年十二月二十八日大聖院に入室され出家された。永和四年（一三七八）十二月十二日、大聖院炎上し日記等を焼失した。同じ二十五日、大聖院で灌頂をうけられ、至徳（一三八四―六）になって二品に叙せらる。以後将軍義満のため、たびたび御修法をつとめられ、応永十九年、五十一歳で一品に叙せらる。永享九年二月十日、七十六歳で御入滅、その御活動は主として室町幕府最盛期にあたっていたのである。

次に日記の内容に触れてみると、始めの方は主に伝法灌頂の記事で応永十九年に入っては一品叙任の次第、ついで義満の子法尊の准三后宣下のこと、翌年正月、光厳院御子正親町宮義仁親王が二十四日なくなった旨を記す。仙洞の箏の師範で栂尾に棲まれたが、都へ出て崩ぜられたという。暮の十二月十七日には守融大僧正が東寺一長者に任ぜられている。応永二十五年、准后法尊が二月十五日寅刻発病し辰刻二十二歳で入滅、直ちに輿にのせて遺骸を法金剛院

へ移したとある。翌年七月二十六日には後二条院五世孫で後小松上皇の猶子となられた若宮が入室された。二十七年五月二十七日、妙法院宮が仙洞で七仏薬師法を修せられた勧賞に一品宣下の思召があり、永助法親王は一品は御室門跡以外にはしないとの御沙汰が以前にあったことをのべて反対されたが故青蓮院宮の例もあるからとて承認された。応永三十年二月五日、常瑜伽院で修二月会が、行われたが、これは大聖院領和州弥富荘が去年より同国の諸寺領とともに回復され、最少分年貢が到来したによるものである。荘園がかろうじて維持されていた事情が窺われる。

応永二十九年八月二十七日に九月十六日石清水御幸につき力者六人を進めるよう指示され「近日計会無極無術次第也」と弱られながら永助法親王はこれに応ぜられている。「計会無術」の言葉が日記中時折見られることからも財政不如意の状態が想像されよう。

三十四年八月十六日は今宮の祭礼で神輿渡御あり、その道筋は永助法親王御坊の前を北行し大聖院跡の北大路を東行し、池尻をまわって還幸することになっていたとあるから、焼失した場所に大聖院は再建されていなかったのである。ついで同月二十八日、福王寺社の祭があり、神輿は本寺の四足門八足門の前を南行し、往心蓮院橋より還幸したとある。門跡はこれを見物するのが恒例であった。翌年十二月二十三日節分の鬼役豆撤役に引受ける者がなく、親王の御気色がわるいのも寺内の運営に充分人手がないこと、門跡の権威の減退を示すのであろう。

正長二年四月十四日条には法勝寺執行職守厳僧都が処刑せられたのち、法勝寺では後任を補充せず、幕府に伺いをたてたところ、仁和寺の方で指示するよう命ぜられたので寺の威儀師快縁を後任にしたとのべている。法勝寺の人事が仁和寺の支配下にあったことをしるとともに、正長二年の土一揆でその張本となった法勝寺執行の名前がこれで判明したことは愉快である。この年も今宮社の祭の記事が七月十六日条にあり、門跡よりその準備を民家に命じたところ、保々寄合い、田楽の本座がその沙汰をし、六、七番演ぜられて大いに興を添え、門跡より馬一匹を下賜、そのほか寺の首脳連も見物してそれぞれ引出物があった。格式の高い仁和寺もこうして祭礼を通じ住民達と接する機会があらわれたことはさすが室町時代であることを思わせる。翌月十六日には近習に博奕する者があること露見し、八人の僧が出仕を止められた。これも時代の影響であろう。永享五年二月二十七日には寺中西方の在家に疫病流行し、死者を生じたため、般若心経読経を行っている。同年閏七月九日、高野山で衆徒互に争い伽藍堂塔を焼払うのニュースが光台院から通知された。永享八年閏五月、炎旱のため大般若経転読あり、十七日漸く降雨をみたので禅信僧正によって舎利二粒が奉納せられ神泉苑中島において龍穴に収められた。これによると当時祈雨になお神泉苑は祭場として利用されていたのである。

以上通読して一応関心をひく事柄を拾いあげてみたのである。大体は仏事作法や僧官補任の記事が主となっており、抄出もその点に重きをおかれたようであるが、この短い日記によっても時代の動きはよく看取されるし、一方門跡寺院自体の変貌の一端も捉えうる興味深い史料というべきである。以上日記抄の全文を本書に付載して大方の参考にした。

妙法院の古文書古記録について

京都東山七条にある天台の名刹妙法院門跡は所蔵せられる古文書のうち、最も古い部類に属するもの若干通について、学界にまだ周知でないと思われる事柄をここに注意してみたい。まずはじめに紹介する二、三通は何れも竹内理三氏の『平安遺文』に収載されていないものである。

沙門空覚起請

「円聖申請発仏願所草創也、」「　」之堂衆永祈二世之善願、然則任」「　」以我皇子皇孫代々相承為長者者

一 □執行大勧進事

右院内諸務寺領庄園執行大勧進専可」進止之円聖門弟相承可補之、若属権勢」出賄賂成濫望者一切不可叙用、又堂衆」庄民等中若有訴訟事者中上長者奏聞」公家可蒙其裁判矣、但不可任貪利之心」不可成威勢之思、偏可発興法利生広」作仏事之善願者　　自余条々略之

以前五箇条起請如件

「御朱印」(朱書)

仁平四年九月廿日　　沙門空──覚

円聖上人譲状

「丹聖上人譲最俊状」(朱書)

此付属状正文者、最俊譲院主於行範阿闍梨之」刻副加与之了、此案文者円聖上人之後見覚昭之」手跡也、為後日

証文、最俊加判所譲与弁真禅師也　　在判

安元三年六月十七日在判

可令以大法師最俊為念仏三昧院大勧進職知行院内諸務事

右禅定聖霊殊廻叡慮以件御願寺永所賜円聖也、「御手印起請云院内諸務寺領庄園執行大勧進専可進」止之円聖門弟相承可補之、若属権勢出賄賂成濫望」者一切不可叙用云々、爰円聖門跡之中最俊則是法弟之」上又以舎弟也、正直調和尤足相承学亘顕密行兼自

右二通の文書は一巻に表装されているが、起請の方は始めの部分が欠損しており、譲状の方は尻切れのままになっている。何れも写しであろうが、平安末鎌倉初期の筆蹟であることは間違いない。起請にみえる円聖上人とは、譲状にみえる念仏三昧院の創立者であるから、この寺院は久安五年（一一四九）十一月十二日、四天王寺西門外に鳥羽法皇の御願により創められたものであることがわかる。当時西門は極楽の東門として夕日を拝し日想観を凝らし、念仏を修する聖地になっており、貴賤を問わず群集し、念仏のための堂宇が建てられ、四天王寺の別所的存在となりつつあった。そこにみられる念仏は法然教と異り、遊行聖的呪術的な傾向の強いもので、円聖上人もそうした念仏行者であったろうが、念仏三昧院の創立とともに上人は大勧進職につき、この地位は以後同上人の門弟が相承することになった。この起請は念仏三昧院創立から五年たった仁平四年（久寿元、一一五四）のもので、この頃円聖一派による念仏三昧院経営体制が鳥羽法皇の御手印起請によって確立したのであろう。かくて円聖はその地位を門弟最俊に譲った。後の文書の終りに「以舎弟也」とあるところをみると実弟であったろうか。この譲状は円聖の後見である覚昭が書いたとある

が、覚昭の人柄については明かでない。ついで最俊はその地位を行範阿闍梨に譲った。行範は円聖のような遊行的僧侶でなく阿闍梨号をもつ天台僧として教団に何等かの地位をもっていた人であったかもしれない。けだし寺院建立のため勧進することは古く東大寺をはじめ、民間では空也上人の六波羅密寺がしられるが、明確に勧進職がおかれたのは念仏三昧院あたりがその先駆となるのではなかろうか。さらに院内諸務寺領荘園執行も置かれており、付属の荘園があったことをしる。この荘園については妙法院に所蔵されるもう一つの中世文書をみる必要がある。念仏三昧院のためにはその一部を引用すれば足るが、紹介を兼ねてその全文を次に掲げる。

妙法院門跡注進状
校正了

註進

妙法院御門跡進止寺院庄園当知行地目録

一　新日吉社撿挍職付社領内当職管領相承庄々　長門国向津奥庄　相摸国成田庄　河内国岸和田庄　葛原庄　今津庄　伊予国前斎院勅旨田

一　円勝寺別当職付寺領内当職管領相承庄園一円　筑後国瀬高庄

一　西塔宝幢院撿挍職付当院管領庄々　河内国支子庄　但馬国黒河庄　新井庄　備中国頂見寺　肥後国常楽寺

一　妙法院付門跡管領相承庄　薩摩国伊集院別符　安芸国大朝庄新庄　大貫村　幡磨国的形庄　摂津国野間庄　山城国飯岡庄本号　岡成庄　河原庄本号　徳大寺　大原上野庄并西庄戸寺杉谷忍善　雙照坊　般若堂等　尾張国陽明門院勅旨田　近江国修宇東西庄　青木村　志賀来迎寺同寺領実相院　小一条勅旨田　伊勢国本新両片方　茂福庄

一　西塔常住金剛院付当門室管領相承庄々　近江国普門庄　筏立南庄　越中国福田庄　幡磨国三木本郷

一　円音寺付当寺管領庄々　越前国織田庄十三箇村大虫社　加賀国南北白江庄付中野田村　押野庄付久安嶋田　尾張国一楊余田方
丹波国吾雀庄向田西方両村

一　金剛念仏三昧院付当院管領庄々　河内国荒馬庄　中牧　伊勢国長元寺　興徳寺

一　勝安養院付当院管領庄々　近江国大野庄　摂津国田尻庄

一　東塔恵光院付当門室管領相承庄々　近江国平安寺　原寺　尼寺　八王子神田　三宅上下保　福能部庄内後院田　尾張国得
永保　参河国稲束法　平尾社　山城国高田庄　寺戸社

一　日厳院付当院管領庄園　越前国河南庄三箇郷

一　天王寺念仏三昧院々主職付当職進止相承庄々　讃岐国野原庄　林庄　伊予国吉岡庄

一　横河華台院付当院管領庄々　近江国仰木庄　但馬国随心院

一　寂場院付当門室管領相承庄々　近江国栗見本庄　堅田常灯保　山城国三栖山田　但馬国大垣御厨　幡磨国後三条院勅旨
田　筑後国々分寺　加賀国菅生社

一　宝蓮華院付当院管領庄園　肥後国鏡社

一　善持寺付当寺管領庄々　紀伊国庭田庄　山城国西京田　摂津国萩庄

一　康楽寺撿挍職事

一　飯室法華堂撿挍職事

一　大原清浄院撿挍職事

一　迎摂院撿挍職事

一　常光院撿挍職事

一　寂光院撿挍職事
一　西坂本高野敷地并田地事
一　大原草生坊舎并山林事
一　一乗坊公修法印坊跡六条坊城敷地事
右門跡進止寺社諸院家領内除寺院直納知行」庄々飛行牢籠胎訴訟之地等任現当知行之」実大概註進如件
文和二年十月　日

文和二年は正平八年（一三五三）にあたり、妙法院門主は後伏見天皇第九皇子亮性親王であった。同親王はこれよりさき貞和二、三年（一三四七―八）に天台座主を勤められている。当時すでに念仏三昧院は妙法院の知行下にあり、付属の荘園に讃岐国野原荘と伊予国吉岡荘の二つがあったのである。野原荘は安楽寿院文書によれば、康治二年（一一四三）八月十九日付の太政官牒をもって検非違使院宮諸司国使等の入部・課役を停止せしめており、皇后宮職の御領であった。吉岡荘は三島社正応六年（一二九三）の文書によれば、後宇多院領に含まれた安楽寿院領であった。これによって考えると、鳥羽院政時代、両荘とも院の御領として鳥羽離宮内の安楽寿院が領家職であったものを念仏三昧院に寄進されたのではなかろうか。それがいつから妙法院の支配下に入ったか明かでないが、恐らく他の尨大な諸領とともに鎌倉後期には妙法院進止となっていたであろう。

そもそも平安末より鎌倉期にかけて天台は門跡寺院進出の時代であった。まず白河院政期には梶井門跡、鳥羽院政期には青蓮院門跡が成立して叡山は二大勢力の対立状態となり、天台座主の地位は両者争奪の対象と化した。平安末、梶井側には最雲法親王・明雲、青蓮院側には行玄・覚快法親王が出、鎌倉期に入って梶井側には承仁法親王・承円、青蓮院側には慈円・公円が出た。ことに慈円は九条兼実の実弟であり、政局の影響をうけて四度まで座主に返り咲いた人であるが、梶井門跡との対立もはげしく、建仁二年（一二〇二）再度の座主職を去るにあたり後任に有力候補である梶井門跡承円のあるのを排して西塔妙法院の実全を推した（このとき妙法院はまだ山上にあったのである）。こうして妙法院門跡は初めて天台座主となったが、これも梶井・青蓮院両派対立の結果漁夫の利を占めた形での進出であった。その後も両派の対立は解けず、建保二年（一二一四）梶井出身の座主承円のとき青蓮院門徒挙げて山を去り、そのため一時、東塔四谷六十坊、西塔少々、横川四分の三と無動寺谷全部の僧がいなくなる事件があった。承久の乱後は両派からの座主しばらくとだえ、後高倉院第一皇子尊性法親王が妙法院より入って就任した。同親王は青蓮院の良快に一時その地位を譲ったのち、また座主に還補されたが、こうして妙法院門跡の天台内部における地位は漸く確立し、三門跡鼎立の形勢となった。けだしこの頃になると上掲の注進状にみられる妙法院領の形成はほぼ完了していたのである。

いっぽう摂津四天王寺の別当職をみるに、これも梶井・青蓮院両門跡の競合があり、前者は明雲が治承四年（一一八〇）に、後者は慈円が承元元年（一二〇七）に補せられたが、建保二年慈円が再任されたあと、嘉禄元年（一二二五）に至って尊性法親王が妙法院門跡として始めて就任された。念仏三昧院が必ずしも四天王寺の支配下にあったとはいえないにしても、この際の妙法院勢力の進出が何等か念仏三昧院支配につながる機縁をもったのではなかろうかと思う。そのほか重要な荘園の成立時期については次の二つの亮性親王庁解によってしることができる。

亮性親王庁解

無品親王庁解〔　〕事　〔　〕永旨令妙法院門跡本尊〔　〕　〔　〕教〔　〕　〔　〕等全永代令掌状

一　新日吉社撿挍職事

件職
後白河院当社御草創之最初去永暦元年」高祖師前大僧正昌雲令抽任之後譲与実全」□　□門弟相承之旨被下宣旨
幷　院宣」□降門将□代相伝更不交他人者也矣
相摸国成田庄　件庄者保元年中為御験者賞雖有勅給」于昌雲大僧正　永暦年中当社御建立之剋重」為件社領可令
門葉相伝之由被成下院庁御」下文畢矣　河内国岸和田庄　葛原庄　件両庄者昌雲大僧正累祖相承之地也、而社
家」草創之最初所寄附社領也矣　同　国今津庄　伊予国前斉院勅旨田　武蔵国河越庄　宝幢院撿校職事
件院者
清和天皇之叡願恵亮和尚之建立也、門跡累代」之管領草創以来敢無依違矣　備中国頂見寺　但馬国黒河庄　新井
庄　肥後国常楽寺　西塔本房妙法院　筑後国瀬高上庄　件庄者為昌雲僧正相伝之地　後白河院御代申賜庁御下文
以降知行代々敢」無牢籠矣　薩摩国伊集院別符　安芸国大朝庄内大貫村　播磨国田中庄　件田中庄者文暦二年四
月本領主藤原雅子」所寄進二品親王庁也矣
同国的形庄　摂津国野間庄　件野間庄者実全座主之時以山城国小塩庄為」高倉院御験者賞可門弟相伝之由被仰
下」之然　後高倉院御代有子細被相伝当庄畢其後」知行年久矣
山城国河原庄又号徳大寺　件庄者顕頼卿息女桂禅尼領也、譲与前大」僧正昌雲之後所門跡相伝也矣　同国飯岡庄亦
号岡成庄　尾張国陽明門院勅旨田　件両庄者前上西門院女房西御方相伝之」所領也、依有親子之契約為後世追善譲
与」実全座主畢矣
同国一楊御厨余田方　近江国青木庄　同国志賀来迎寺寺領同国実相院　伊勢国本新両行方　同　国神山寺　加賀国
押野庄

一　円勝寺寺務執行職事
件職者前大僧正昌雲可門跡相伝之」後白河院御代去文治二年賜院宣以降代」代領掌敢無依違矣
一　円音寺撿挍職事
件寺奉為天長地久国家安全二品尊性」親王所建立之伽藍也、以門主為撿挍代代所」相承也矣　越前国織田庄　件庄者本領主阿波守高階宗泰建保六年」以本家職寄進七条院、而女院安貞二年」被譲進二品尊性親王之後宗泰又以領家」職令寄進円音寺之間為門跡一円之管領」代代相伝年久矣
同国大虫社
件社者前北白河院御国務之時被宛」公家御祈禱料所為別納之地永代被寄附」当寺之由被成下庁御下文畢、其後相伝無」依違矣
加賀国南北白江庄　丹波国吾雀庄　件吾雀庄者為三箇村之地、本家新熊野社」也、仍割分一箇村中村宛被社用於西方向田」両村者門跡一円之進止也、但於西方村者尊教
僧正門跡管領之時分譲実静僧正畢矣
一　金剛念仏三昧院撿挍職事
当院者尊性親王在世棲息之地也、寄附数箇」料所始修不退之勤行以来門跡相承年尚矣
河内国荒馬庄　中牧
件両庄者本領主比丘尼証恵貞応元年」寄進二品親王之間被成庁御下文永為寺」領矣　伊勢国長元寺　興徳寺
一　綾小路勝安養院等事　近江国大野庄　同　国浅井庄　摂津国田尻庄　以上房舎庄薗等者円実法眼譲与実全」座主之後所門跡相承也矣

一　西塔東谷東尾房并月性房　近江国朝田夕薗　同　国修宇東西庄　同　大原上野庄等
迎接院　以上房舎庄薗等者実宴法印遺領也、未」処分之間依為師範可領掌之由被成下」院庁御下文於昌雲僧正畢矣

一　花薗常楽院撿挍職事

一　前上西門院飯室法華堂同大原清浄院　并常光院等撿挍職事

一　東塔南谷一乗房并近江国小一条勅旨田　本家職事

一　寂光院撿挍職事

一　大報恩寺撿挍職事　件寺者本願義空上人貞応年中所寄進」二品親王庁也矣

右謹考旧貫依得門跡之伝持被下官符」宣旨累代之芳躅明時之通規也、爰当門跡」者恵亮和尚之賢跡山中無雙之名匠也、仍二品」尊性親王中興門跡以来至于性守僧正相続管」領訖、然性守僧正以山洛房舎真俗之遺跡去」正中二年二月十日譲与尊澄親王之刻以次第」附属之儀親王可有伝持之由具載遺状畢、」然間去建武三年天下忽大変乾坤雖似改」曩好幽通文券不朽之冥顕相扶致門跡之」領掌之間任先規所申請官符也、矧所門室」相承之重書等多以尊澄親王遠堺随身剰」先年依道誉法師之濫悪及門跡煙塵之大」難之刻所残之文書悉以逢災火訖、当于此時若」不預紛失明証之鳳綸者争可断師跡後代之」狼唳哉、望請天裁且任代代佳例且察度度」紛失、被成下官符宣旨将全門跡三宝之住持」奉祈国家万歳之安寧矣、仍奉令旨以解

康永三年七月　日　　別当法眼和尚位行祐奉無品親王庁解　申請　天裁事　請特蒙　天裁因准先例任相伝
令寂場院門跡」相承　本尊聖教寺院庄園等全永代領掌状

一　横河華台院撿挍職事　近江国仰木庄　但馬国随心院

一　本房寂場院　近江国栗見本庄付功徳寺　同　国堅田常灯保　同　国真野新庄　山城国三栖庄山田　播磨国後三条

院勅旨田又号上岡　筑後国国分寺　加賀国菅生社
一　宝蓮華院撿挍職　肥前国鏡社
一　善持寺撿挍職　紀伊国庭田庄　但馬国大垣御厨　山城国西京田　摂津国萩庄
一　康楽寺　伯耆国山守南谷
右寂場院者慈恵大師僧正練行之霊場、山中無」雙之名跡也、祖師公円座主管領之後以師跡令」譲附実助僧都西園寺入道太政大臣息座主入滅之処、実助嘉」禎四年放埒逐電之間依無人于相承被成持政官」令入室実助舎弟行安号御木僧正逢公円僧正附法之弟」子靖尊法印遂受結灌頂令相続管領畢、爰行安」僧正以当門跡并各別相伝之寺院庄園等譲与尊」教僧正、尊僧正譲与性守僧正、依之去正中二年二」月十日譲与尊澄親王之刻以次第附属之儀親王可」有伝持之由載遺状畢、然間去建武三年天下忽」大変乾坤雖以改曩好幽通文券不朽冥顕相扶」致門跡之管領之間仕先規所申請官符也、矧亦」相承之重書等多以尊澄親王遠堺随身剰先年」依道誉法師之濫悪及師跡煙塵之大難之刻所」残之文契等悉逢失火畢、当于斯時若不預紛失」明証也、鳳綸者争断師跡後代之狼唳哉、望請」天裁且任代々之佳例且察度々之紛失被成下」官符宣旨者将全門跡三宝之住持奉祈国家万歳」安寧矣、仍奉令旨以解
康永三年七月　日　　別当法眼和尚位行祐奉

以上によると妙法院門跡はその発祥を恵亮和尚にかけているものの、事実上基盤が出来たのは昌雲より尊性親王にかけての時としている。ところが建武中興の際、後醍醐天皇第八皇子尊澄親王が妙法院門跡として座主になられ、やがて中興敗れるに及んで座主を退き遠州へ赴き還俗して宗良親王と称されたが、妙法院相伝の重要な書類もこのとき持去られ、その上、暦応元年（一三三八）、佐々木道誉高氏の下部が寺の紅葉を折取り成敗されたのに端を発し、道誉の焼

討をうけて寺は全焼し残りの書類もすべて失われた。よって改めて従来支配してきた所領の明証となる官符の下付を寺から願い出で、その際つくられた門跡解文の写しが以上の二通であって、その後さらに洩れたものなど加え、さきに掲げた文和二年の注進状となったのであろう。

ところで新日吉社領については次の後白河院庁寄進状がその当時の詳細を伝えている。これはすでに『平安遺文』に収録されているが、多少の誤りや脱字脱文があるので改めて左にこれを示す。

　後白河上皇院庁寄進状案　為最初社領三ケ庄御寄附庁御下文并社家条々」御起請符

院庁

　奉寄庄三箇処　一処 字葛原岸和田庄 在河内国　一処 字成田庄 在相摸国　一処 字前斎院勅旨田 在伊予国

右奉　仰云、日吉大明神者、内照真理於一乗之中道外」排権扉於四明之東、偏以鎮護国家為本懐累聖為」之崇重以利益衆生為素願、非庶依其敬恭、就中眇身」寤寐載神徳、造次祈冥恩漢宮、脱屣之後、先儼幸臨」之儀、襄野廻鑣之時、常馳欽仰之思、方今子城之東」東山之麓当仙居之縁辺、祐霊社之基跡、盖為致精」勤於両処、積微功於一身而已、号日吉新社誠有所以哉」爰松壖桓城之構、早成蘋蘩、蘊藻之奠宜備、仍以件」等庄永入彼社、納其民貢令宛神用、昔漢武分封邑」於中嶽、依聞万歳之声、今眇身寄田園於新祠、蓋保」儀載之筭、伏願陵谷雖遷潢汚之水無竭、桑田縦変」茨山之松常鮮、叡慮之至、神其尚饗者、院司奉」仰奉寄如件

　永暦二年正月　日　　主典代散位中原朝臣基憲

別当右大臣兼右近衛大将藤原朝臣(公能)　大納言兼中宮大夫陸奥出羽按察使藤原朝臣重通　権大納言藤原朝臣忠雅

権大納言兼中宮権大夫源朝臣雅通　権大納言藤原朝臣光頼　中納言藤原朝臣実定　権中納言藤原朝臣雅教　権中納

言兼左衛門督藤原朝臣公光　権中納言藤原朝臣顕時　参議右衛門督平朝臣清盛　参議皇后宮権大夫兼兵衛督周防権守藤原朝臣　左京大夫藤原朝臣隆季　中宮亮藤原朝臣季行　治部卿藤原朝臣光隆　参議左大弁兼勘解由長官遠江守藤原朝臣資長　修理大夫源朝臣　判官代民部少輔兼皇后宮権大進藤原朝臣　前佐渡守高階朝臣為清　右少弁兼右衛門権佐平朝臣時忠　治部大輔兼中宮権大進藤原朝臣行隆　勘解由次官兼安房守藤原朝臣経房　越前守兼左衛門佐平朝臣　宮内権大輔兼皇后宮権大進藤原朝臣重方　左少弁兼文章博士藤原朝臣俊経　播磨守藤原朝臣家明　右馬頭兼因幡守藤原朝臣信隆　木工頭兼越後守藤原朝臣　中務権大輔兼尾張守太皇后宮権亮平朝臣　右大弁兼伊勢権守源朝臣雅頼　左馬権頭兼常陸介平朝臣　左中弁平朝臣親範　右近衛中将兼備前介藤原朝臣家通　内蔵頭兼伊予守左馬頭平朝臣　左近衛権少将兼美作介源朝臣　権右中弁藤原朝臣成頼　右中弁藤原朝臣朝方　新日吉社領庁下文一通三ヶ庄事献上之已為」重書券契非　不可令被覧外人給候也、仍以執啓」如件

(朱書)「平時忠」

(朱書)「永暦二」

五月十八日　右少弁判状

謹上　少輔法印御房(朱書)「昌曇大僧正事也」

次に妙法院とは直接関係はないが、青蓮院覚快法親王の書状一通、『平安遺文』に洩れたものなので次に紹介する。尤も原本でなく中世後期の写しと思われるものである。

貴房ハ自幼少小事無変心」して年来罷成候、有所思小」堂をも御領の最中ニ令思企候」了□　謹言

□願仰木堂如形仏聖灯油可沙汰□　□

由宿願候、而如此所労不覚東西候、静不」令沙汰候、然而三昧院ハ是門跡相承所にて向後」無不重彼領鏡社の以所村

小堂仏聖灯油有」用途者、如形承仕一人なとに令宛給料ニ永所」寄進也、門跡之人等相計仰付て其沙汰必々」可候事也、余の役なと全不可懸事也、穴賢」々々、此堂事殊以二世まて必す相懸候也」殿の法眼ニも其旨吉々申合テ書状令被進」今時法眼ハ慈円と改名候云々、当事ハ偏其」御弟子等ニ仰て実円法眼以後も可有御沙汰之」由深存候、後世事偏此堂事計也、後世御」恩只此事候歟、

謹言

養和元年十月廿五日　　覚快親王

横川長吏法印并法眼実円御房

覚快法親王は鳥羽院第七皇子、青蓮院第二代目の門跡で、安元三年（一一七七）天台座主となられたが、治山三年にして養和元年（一一八一）十一月六日入滅された。横川長吏実円は非常に御信任をえた僧と見え、入滅の日権少僧都に任ぜられている。この書状はそれよりわずか十日余り前のもので、この文面より察すれば、すでに病状重く余命幾くもないのをしり、実円に後事を託せられたのである。親王は実円を幼少よりよく御存じで、誠実な人柄を見込まれてか仰木堂に横川楞厳三昧院領のうち鏡荘を寄せ、以後長く法灯を守るよう遺言された。この御遺言状のあとになお仰木堂所領に関し数通の鎌倉時代の古文書写が継がれてあるが、これらについては与えられた紙幅内では論じつくしえないので他日に譲ることとする。

妙法院門跡堯恕法親王とその時代

一　堯恕親王日記と妙法院日次記

天台宗の名刹である京都東山の妙法院は三十三間堂を擁して現在なお古来の法灯と繁栄を伝えており、そこには豊富な古記録・古文献が所蔵されて、幾多の貴重な歴史的事実を見出すことができる。本稿ではとくに近世初頭の史料として当時の門跡堯恕法親王の日記をとりあげ、その生涯を通じて京都の公家社会や天台教団の実情ならびにこれらと幕府との関係、親王の対幕府感情などを考察してみたいと思う。『堯恕親王日記』は小泉又次郎氏の『日本史籍年表』にも収録されているが、その内容の詳細な研究についてはは未だ手がつけられていない有様で、中には学界に余り知られぬ事実も少くない。妙法院には門跡の日記としてここにとりあげたものを先駆とし、堯恭・真仁・教仁各法親王の日記があり、また別に坊官の記録として日次記が時代的に門跡の日記とほぼ併行しながら現存し、近世を通じて寺を中心とする歴史的推移が大体において把握されるが、これらも史料としてまだ利用されたものをみない。よってまずここでは堯恕親王の日記を中心とし、同時代の日次記を参酌しながらその欠を補ってゆくこととし、書誌的解説からはじめよう。『龍華蔵什宝目録』には、

丙第十八号　堯恕親王御日記　外ニ目録一冊　三十二冊（箱書）「逸堂座主日記」「総計三拾弐冊、一名寛元録」

寛文三年十月二十三日ニ始マリ、元禄八年正月二十五日ニ終ル、即チ御年二十四歳ヨリ五十六歳、御入寂ノ二ケ

月前ニ至ル三十二年間ノ御日記ニシテ其間中絶セラレタルハ一ケ月ノミナリ、表題ハ何レモ「座主日記逸堂」ト
アリ、
と説明され、各冊ともはじめに、後人の手で主要内容の目次がつけられている。右の三十二冊の各年号と墨付丁数を示すと次の通りである。

寛文三年（一一六）　同四年（六六）　同五年（八五）　同六年（四二）　同七年（四四）　同八年（六二）　同九年（六九）
同十年（四五）　同十一年（一一六）　同十二（一一六）　延宝元年（一一九）　同二年（三〇）　同三年（三八）　同四年（七〇）
同五年（四二）　同六年（六一）　同七年（六二）　同八年（一〇八）　天和元年（五四）　同二年（六〇）　同三年（三八）
貞享元年（六九）　同二年（七一）　同三年（七四）　同四年（六七）　元禄元年（四二）　同二年（七四）　同三年（四一）
同四年（五〇）　同五年（六二）　同六年（六五）　同七・八年（一一八）

『妙法院日次記』のこれとほぼ併行する頃のものの内訳（冊数の番号、年号、墨付丁数）を次に掲げる。二、三年にわたる冊はこれが一冊にまとめられたものであることを示す。全部で三十一冊のうち、第二冊、第二十一冊が欠本となっている。

㈠寛文十二年（五八）　㈢延宝六年（四七）　同七年（四三）　同八年（七二）　㈣天和元年（七一）　同二年（五八）　㈤同三年（一〇六）　㈥貞享元年（六六）　同二年（七六）　㈦同三年（八五）　同四年（六九）　㈧元禄元年（四四）　同二年（六八）　㈨同三年（四九）　㈩同五年（七〇）　同六年（七四）　(十一)同七年（八九）　同八年（六六）　(十二)同九年（六九）　同十年（六六）　(十三)同十一年（五三）　同十二年（九〇）　(十四)同十三年（五三）　同十四年（八五）　(十五)同十五年（一一五）　(十六)同十六年（七九）　(十七)宝永元年（七五）　(十八)同二年（七二）　(十九)同三年（七一）　(二十)同四年（八六）　(二十二)同六年（一一五）　(二十三)同七年（八八）　(二十四)正徳元年（九二）　(二十五)同二年（九〇）　(二十六)同三年（八五）　(二十七)同四年（七八）　(二十八)同五年

（六〇）　(二九)享保元年（八五）　(三〇)同二年（八〇）　(三一)同三年（六八）

右の日次記は当寺のものとしては最も古く、門跡の日記より少しくおくれて寛文十二年（一六七二）にはじまり、享保三年（一七一八）に終る。奥書には左のごとくあって、享保八年、坊官藪沢弾正がまとめたものである。

右従寛文壬子十二年至享保戊戌三年凡四十七年之記録、雖先輩之所記詳尽、而急卒考事時紛擾乱雑而患速難知焉、故予雖不敏年〻拾要用揚条目載歳〻記録之首、又別為惣目録一巻、新細書而以或二三歳、或四五歳為合巻、或事繁者以一年為一巻矣、惜乎享保三年之記録全以紛失、因間集諸簿而記之為一巻矣、文章文字等因随先輩之所記而細書之非敢以此為標準、唯願俟後人善書者而巳

干時享保癸卯八年季秋之吉　藪沢弾正宗音謹記

二　天台教団および幕府との関係

堯恕法親王は後水尾天皇第十（第六とも第九ともいう）皇子、寛永十七年（一六四〇）十月十六日誕生、俗名完敏、照宮（または煕宮）と称した。母は新広義門院藤原国子（園贈左大臣基音の女）で、新中納言局と号した。正保四年（一六四七）十二月十六日、八歳にして前門跡堯然法親王（慈音院宮）に入室、慶安三年（一六五〇）十一歳のとき得度し、十三歳で叡山に登り東塔北谷竹林院に住し、四度の加行を修した。寛文三年（一六六三）十月十日、二十四歳で天台座主となり、翌年七月十二日二品に叙せられたが、日記は寛文三年九月二十三日座主の勅定を拝したときにはじまる。座主職は寛文九年二月になって同腹の弟にあたる青蓮院門跡尊証法親王に譲られたが、同親王は延宝元年（一六七三）四月、これを異母弟の梨本門跡盛胤法親王に譲り、同四年二月また堯恕法親王が還補された。ただしこれは僅か七ヵ月で、あと一ヵ年足らずの尊証法親王、三ヵ年の盛胤法親王在職をへて三たび堯恕法親王へお鉢が廻った。この三度目の座主職は

元禄六年（一六九三）五月まで十三年つづき、これが親王最後の在職となった。しかもこの元禄六年の辞任は自発的なものでなく、幕府の要請にもとづき、輪王寺門跡公弁法親王（後西院天皇第六皇子）に譲られたものであるが、これはたんに輪王寺門跡に座主職歴任の箔をつけさせるためであったから、五カ月たった同年十月、また座主職を妙法院門跡へ返された。しかしこのたびは最早堯恕法親王は受けず、代ってその付弟の若宮である堯延法親王が座主になられたのである。

周知のように慶長十八年（一六一三）二月、徳川幕府は関東天台宗の条令を発布して天台宗の支配権を事実上関東方（天海の住する川越喜多院）の手に収めた。家康の信任をえた天海は、日光山の管領をもゆだねられるとともに、寛永元年（一六二四）東叡山建立をはじめ、翌年完成して寛永寺と号した。ついで天海はこれに権威を加えるため同十五年、京都より後水尾天皇皇弟尊敬法親王（または守澄法親王）を奏請してみづからの法嗣とし、これを輪王寺宮と称し、日光山門主をも兼ねてその威令は京都の叡山を圧するに至った。かくて明暦元年（一六五五）十月八日をもって尊敬は天台座主につき、輪王寺門跡の権威を天台宗全体に誇示するところとなった。この際も前座主妙法院宮堯然法親王を罷めさせて代ったので、ただ座主職歴任の名をうればよく、輪王寺宮の座主はその意味から短期に止ったのである。公弁法親王の座主就任は従ってこの先例をうけた第二代目の輪王寺宮座主である。また輪王寺宮となられる親王は初代より一品に叙せられ、従来天台宗の有力な三門跡の親王が多くは二品であったのに対し、上位の地位が与えられた。

かようにして万事関東に主導権を握られた結果、輪王寺宮門跡と幕府に対する憤懣は日記の各所に認められるのであって延宝八年五月八日、将軍家綱死去にあたり、朝廷より写経を贈られたが、上皇の分は御代筆であったのに、天皇の分は宸筆であった。天皇が追善の御写経をされるのは御父母の場合以外ないことで、これも「日々公家衰微難存何事歟、当時如此事ヲ諫侍臣も無し、無念〳〵」と記されている。ついで綱吉将軍となるや大納言に任ぜられ御礼の使者が上京した。これについては、「愚案云、大納言昇進事、不経叡慮、於江戸為武家沙汰、去ル五月七日俄ニ昇進の由也、然るに今其御礼として使上洛之事尤不心得也、武威日々ニ如此増長し、朝家日々ニ衰微ス、尤可歎事歟、如此成くたる事何事そと申ニ、従公家ナス事也、此度も銀葉絹などおびただしく進上して御礼と称する間、一言の不審申出人なし、如此なる時は畢竟武家のとかはなし、獅子身中の虫多き故なり、はかなし」と公家に幕府へ媚びへつらう者のあることを強く非難している。親王はこの記事を書かれたあと、読まれるのをはばかってか、その上に貼紙をし、これに「青門渡御にて終日言談なり」と認められた。察するに青蓮院宮尊証法親王が来訪され、一日歓談あった中に、将軍任大納言のことから武家横暴の鬱憤が洩らされ、貼紙の下に書かれたような内容が話されたのであろう。

また寛文六年六月、日吉社修理が行われることになったとき、日記には「日吉社修理、二十年以前より武家へ山門より申入るも沙汰なし、今度近く江戸より武士二人上洛、社頭見分、右之段々内々風聞共計、是ほどの大事、干今座主へ不申来也、是ハ予カ非器ニシテ汚此職故ニハアラス、近来山門大衆老若皆随上野之下知、貫主ハ只有名無実也、無是非事也、他宗嘲哢、無念々々」とのべ、山門大衆は上野、つまり輪王寺門跡の命に従い、こちらの座主はないがしろにされているが、それは自分の無能のせいではないと弁護慨歎されている。同八年二月二十七日夜には延暦寺前唐院・文殊楼などが焼けた。二十八日になって叡山の親王の宿坊留守居から飛脚がきて火事の報を伝えた。北谷善学院より出火延焼したが、根本中堂・講堂などは無事とのことであった。親王は本来ならこういう事件は座主から朝廷へ上奏すべきものである。しかし山門の執行代からの正式の報せはないし、何事も山門の出来事は輪王寺が指図することになっているので、今度は朝廷へは報告すまいと決心された。

また輪王寺と関係はないが、元禄七年（一六九四）六月、江戸の芝増上寺の長老が幕府の推挙により大僧正に任ぜられるときいたとき、親王は長老が摂関の息子であっても、無官で直ちに大僧正にすすむのは前例がないと武家の専断を非難し、増上寺を敢て「増長寺」と記された。元禄五年五月、幕府はすべての社寺に対し、本末関係・開基等の書付提出を求め、妙法院でもそれによって届けをしたが、宗旨が書いてないから記入せよと返されたとき、これも「天台宗妙法院ト書タル事、古今初例ナルヘシ、陵遅不及是非事也」と歎息を洩らされている。社寺ばかりでなく、京都の朝廷公家への幕府の監視は益々きびしく、前年八月老中よりお触をもって摂家・親王・御門跡、其他堂上公家方は泊りがけの外出は何用によらず今後所司代へ届けるべしと申渡された。これはこの頃、実相院門跡義延法親王（後西院天皇第五皇子）が不行跡の廉をもって蟄居を命ぜられた事件と多少は関係があろう。

とにかく表面はいささかも公儀への対立意識をみせることは許されなかった。天和三年（一六八三）五月二十六日、将軍の世子徳松、六歳にて逝去をきかれた親王は「尤笑止千万、難為筆端」とのべ、六月五日には「今度若公之御事承、絶言語候、依之為窺大樹御機嫌態々以飛脚令申候也」と慇懃に京都所司代稲葉丹後守へ悔状を出さねばならなかった。貞享二年（一六八五）十月十二日、所司代更迭し、土屋相模守着任予定の報が伝ったとき、わざわざ江戸へ飛脚を出し、祝詞を相模守に呈する気の遣いようであり、毎年将軍より朝廷へ恒例の年頭御挨拶には吉良上野介が正月下旬ないし二月上旬上洛することになっていたので、吉良が入洛すると親王からは挨拶の使を送り、吉良も答礼に妙法院へ伺候した。延宝八年（一六八〇）七月二十七日、綱吉に将軍宣下あり、京都の公家は各自祝儀の使を江戸に派し、親王も祝いの進物を使にもたせて送ったが、この進物の内容は一応江戸で吉良が点検し、改めて指導するので、そのため品物に変更が生ずるかもしれないと日記に記されている。如何に吉良が羽振りをきかしたか、親王の不本意な彼への配慮がなされたか想像されよう。

とにかくロボット座主としての親王は霊元天皇護持のための加持法要と月一、二回叡山での諸堂巡拝、それに各種法会出席が主な仕事であった。寛文四年七月、廃絶状態にあった叡山西塔の恵亮堂復興を思い立ち、執行代を呼んで白銀二千両を造営料に寄進され、同六年十月二十五日落慶供養が行われた。西塔東谷の常住金剛院も破壊のため寛文十一年五月復興せしめており、延宝二年閏七月の横川華蔵院房舎建立には白銀十五片、同六年四月の戒壇院修造には白銀二十葉を寄進し、華蔵院の寂場堂には親王みづから慈恵（元三）大師の像を描いて開眼供養せられた。さきに親王が復興せられた恵亮堂は貞享三年三月二十八日造替があり、まず仮堂をたててここに本尊の弥陀如来が遷された。この本尊は寄さ二尺四、五寸の立像で嵯峨釈迦堂の本尊と同形式、光背なく蓮台があったが、日記によれば、次のような伝説が付随していたという。

件之尊像元亀乱之時、近江国あふミ逢身ノ音也といふ処ニ有寺、其寺へいつくともしれぬ山伏、件ノ像ヲ奉負行キ、暫時あつけをくと云テいつくともしれすうせたり、其後山門再興之時ノ願主施薬院全宗ト観音寺詮舜也、両人此堂ヲハ立タレトモ、御本尊ノ行衛不知故ニ如何せんトテ未決定、有夜詮舜夢ニ奉見此尊像曰、我近江国あふミといふ処ニいそき迎ニ来レト云々、不思議ノ思ひを致して翌朝薬院の方へ此旨ヲ申遣ス処ニ、薬院もおなし夢を見て詮舜か方へ申遣ス、使道ニテ逢ヒ、互ニ不思議ニ思ヒ、其後公人法師等ヲ下知シテあふミへ遣ス、其比大雪ニテ山中可尋行之路なし、然処ニいつくより来候歟猪二頭来テ路ノ雪ヲ踏あけたり、使此猪ノ跡ニつきて尋行ケハ、件ノあふミノ寺ニ到りぬ、しか〱といへは寺ノ僧も元亀之比山ふしノあつけをきし事こまかにかたり、互ニ不思議感歎してむかへたてまつりて奉安置云々、誠奇妙之霊像也、喜見院物語、

親王が喜見院の僧からきかれた話である。いま一つの叡山における不思議な出来事として親王は華蔵院の僧が語った次のような興味ある話を記録せられた（元禄四、七、一七条）。

飯室谷山本坊弟子ハ讃州ノ子ナリ、讃州ニテ得度シテ、去ル四月ノ始従讃州のほれり、然ル処ニ四月十九日より俄ニ熱気ノ病気ノことくニて臥居タル也、何とやらん云事も不審とも多き故ニ、山本坊彼新発意ニ病気ノ様子ヲ

尋けれハ答云、何ともしれぬ異形ノ者来り水をかけ候、加持なとの間ハ少彼異形ノ者見へ不申候、加持おわれハ又水ヲカケ無術候といひけれハ、何事そおほへやなきと問けれハ、十九日ノ朝慈忍ノ御廟にまいりあそひ候、井かきノ内へと入候と云、山本坊聞之、サテハ慈忍ノ御たゝり無所疑トテ立願作加持始之、祈祷あり、一両日過テ無験慈恵大師へ立願可然トテ上ノ谷にのほりける留主ニ彼新発意見へさりけり、かへりて驚、何方ニか行けるそと方々尋ル処ニ、坂本ニ来り居ルよし注進あり、行テ見れハ、病気も平癒シテ常のことく也、いかにと問へハ、一人老僧来リタマヒテ、汝ハ山上ニ在テハ天狗ともせめころしなん、いそき坂本へくたるへし、我ニつきてこよとて引たてたまふとおほへて其後ハ不覚、忽然として爰ニありとかたれハ、いよ〳〵奇特の事と思ひ、猶祈祷なとして二三日も過テ今ハくるしかるまし、山へのほれとて具シテのほりけれハ、奈良坂のあたりニて俄ニ絶入ヌルと様ニテ只坂本へこそくたり候ハメトテ一足も不行、色〳〵しかり教訓なとしけれとも、とかく山へハのほるましいふほとニ力なく又坂本へつれてかへりけれハ又病気もいえたり、奈良坂にて何事ヲ見たれハ登ルましとハいひけるそと問けれハ、答云、山ノ方より異類異形ノ天狗ともいくらといふ数をしらす来れり、或ハ鼻ノ高キもあり、翅ノあるもあり、山伏のことくなるもあり、法師のことくなるもあり、悉来テ又水ヲかけんといふ所ニ、又はしめの老僧来りたまひて汝ハ何とてのほるそ、はやくくたれとのたまひて又天狗ともニも此新発意はや〳〵坂本へくたすへきそ、皆〳〵かへれと仰られけれハ、大かたハ山ノかたへかへれとも、大木ノ上ニ一両人も立テ此方ヲにらまへ居たり、坂本へちかく成ニしたかい一人も見へ候ハすとかたりけり、山本坊弥不思議ニおもひ、さてハ其老僧ハ慈恵大師ニテあらめ、汝慈忍ノ御廟へ入タル故ニ天狗ともノとかめけるなるへし、いよ〳〵慈恵ヲ念たてまつれとて唱宝号経なとよませける。或時に法華経ヲよみて居けれハ、曽のことくニて又彼老僧来り、汝慈忍ノ廟へ入タルトいふはかりの咎ニハあらす、汝の先祖ハ吾山ノかたきなれハ、汝此山ノ住侶とならん事叶べからず、もしおして住侶とならハ天狗とも汝ヲころすへし、しかれとも我ニ念スル功ニよりて暫時山へのほる事ハくるしかるまし、必ス〳〵住侶とならん事ハ叶ましとのたまひぬ、此事ヲ山本坊ニかたりけれハ、其汝ノ先祖ハたれそと問へとも、其新発意も若年なれハしか〳〵しらす、いろ〳〵ニ二親ノ名字なと委尋けれハ、母方織田氏なり、さてハ織田信長の末孫ニてこそあらめとて、生国へ尋ニけれハ、母かた信長ノ末なりけり、さては此上ハ住山ハ叶ましとて干今先坂本ニ越けり、されとも告ニまかせて折〳〵山へのほり慈恵堂慈忍の御廟なとへ参詣すれとも、何事のとかめもなし、されとも山ニ逗留ハ無益の事なりとて一夜もとゝめすいまに坂本ニありけり、

雖為末代実奇特之事也、仍テ為後昆戴干玆者也

織田信長が焼討を行った元亀二年（一五七一）よりすでに百二十年も経過した元禄四年、なお山僧の深い怨念がのこっていることを示す話として興味があろう。

坂本の日吉社へも親王はよく参詣し、好んで祭りを見物されたが、延宝八年五月、社家が口上書を持参して社家領加増の訴えに口添えをしてほしいとたのんできたときは、山門日吉のこと善悪につけ、すべて「少も京都より三門主（妙法院・青蓮院・梶井）御かまい無之候間」との理由でこれをはねつけた。何事も輪王寺門跡に支配権を奪われたことへの意趣のようなものがここに読みとれよう。口上書によれば、社家領惣高九十一石のうち、十二石は樹下・生源寺両社家領、他の十一石余が主な行事の費用、残り六十石余を十九人の神官に配分しており、生活は楽ではなかったようである。貞亮元年、日吉社では一寸とした事件が起きた。それは社司ども共謀し、神体である神像を神殿から盗み出して焼捨て、日吉の神道は唯一の神道で、境内へは一切僧侶を入れず、神像のようなものは始めからなかったといい出した事件である。江戸にて取調べの結果、謀議のこと発覚し、社司樹下但馬・生源寺主水は遠島配流以下徒党もそれぞれ処罰されたが、一切それは輪王寺門跡の指図により行われた。けだし日吉に対する山門支配、ひいては

輪王寺支配に対する神官の抵抗のあらわれで、それには上記社家領の僅少による不満も交っていたであろう。なお貞享三年十一月十二日、勅許をえて神像再興がはかられ、大仏師康祐を法眼に任じて彫刻せしめ、翌年完成して十二月十六日遷宮が行われた。

かくて親王は東叡山や幕府に反発しながらも表面的には一種の諦観をもって時の流れに従わざるをえなかったので、将軍家の法会のための日光参詣は不本意な勤めであったにちがいない。寛文三年（一六六三）大猷院家光の十三回忌、天和元年（一六八一）厳有院家綱の一回忌、天和三年の大猷院三十三回忌には日光へ下向されたが、寛文五年の東照宮家康五十年忌の招請には眩暈持病屢々発し遠路の輿不自由の理由で断り、寛文十一年の大猷院二十一回忌も同様辞退した。これでみると、いつもよろこんで引受けてはいないのである。親王は日光への朝廷の奉幣使についても、寛文五年四月、東照宮五十年忌に参向した山科言行が日光よりの帰途頓死したと聞いたとき、東照宮十三回忌より以後、遠忌ごとに派遣される奉幣使は無事に帰洛した人がないとの古老の物語を注記していて、日光における将軍家の法要が京都では甚だ評判のわるかったことを示している。天和元年の法会勤修については『関東御代替御参向並厳有院殿一回御忌東叡山法会御参向之記』が別にあり、『妙法院日次記』にも「天和元年江戸御逗留日記」がある。天和三年のは『大猷院殿三十三回御忌日光御下向之記』がある。以下、天和三年の例によって大体をのべてみよう。まず出発以前に装束料として幕府より門跡に白銀四百枚が贈られ、さらに道中上下御賄料として百四十七貫五百文が渡された。供奉の人数は坊官四人、小姓三人、中小姓五人、出家三人、青侍八人、医者一人、若党十五人、下部三十七人、計七十六人で、上記御賄料の割当は門跡一人五貫文、他は三十日分として一人六十文宛になっている。このほか人足六十六人、馬三十六疋がつけられた。

道中の休憩宿泊の場所を示すと左の通り、カッコ内は謝礼として与えられたものである。

三月　十八日　御休　大津　肥前屋九右衛門（上下一具　金子百疋）
　　　　　　　御泊　草津　伝十郎（同右）
同　　十九日　御休　武佐　下川七左衛門（百疋）
　　　　　　　御泊　鳥居本　寺村庄兵衛（上下一具　二百疋）
同　　二十日　御休　関原　兵吉（百疋）蕎麦切進上
　　　　　　　御泊　大垣　治岐吉助（上下一具　百疋）
同　二十一日　アサイ川渡　領主戸田左門より船を出す、町奉行本間与兵衛、岡田与治右衛門より御馳走あり
　　　　　　　御休　萩野権左衛門（百疋）
　　　　　　　御泊　宮　内田庄内（上下一具　百疋）
　　　　　　　尾張殿家来江崎清左衛門、伝馬人足ノ朱印拝見に来る
同　二十二日　御休　岡崎　中根甚左衛門（百疋）
　　　　　　　御泊　赤坂　松本彦十郎（上下一具　二百疋）
同　二十三日　御休　白須賀　大村庄左衛門（百疋）
　　　　　　　御泊　浜松　杉浦庄兵衛（上下一具　二百疋）
　　　　　　　舞坂にて宮崎伝左衛門方へ立より荒井之渡御供人数揃のため待つ
同　二十四日　御休　掛川　林喜多右衛門（百疋）
　　　　　　　御泊　嶋田藤四郎（上下一具　百疋）
同　二十五日　御休　丸子　伊藤仁左衛門（百疋）

同　二十六日　御泊　江尻　寺尾長左衛門（上下一具　二百疋）
　　　　　　　御休　吉原　神尾六左衛門（百疋）
同　二十七日　御泊　三島　世古六大夫（二百疋）
　　　　　　　御休　箱根　天野平左衛門（百疋）
　　　　　　　御泊　小田原　高橋清左衛門（二百疋）
この日、坊官今小路・藪沢二名を先行させ、二十九日江戸通過の旨、花山院右大将・千種大納言の両武家伝奏と吉良上野介へ届ける。遠藤左衛門佐より飛脚にて菓子献上あり。
同　二十八日　御休　藤沢　堀川勘左衛門（百疋）
　　　　　　　御泊　金川　丹下十郎左衛門（上下一具　百疋）
同　二十九日　御休　品川　大川八郎兵衛（上下一具　百疋）
　　　　　　　御泊　そうか　八兵衛（上下一具　百疋）
昼江戸南伝馬町にて馬継ぎの間、御輿森太郎左衛門方へ入る。
同　三十日　御休　糟壁　里根太右衛門（百疋）
　　　　　　　御泊　幸手　荒川甚左衛門（上下一具　百疋）
四月　一日　御休　間々田　細矢十郎（百疋）
　　　　　　　御泊　石橋　伊沢新左衛門（上下一具　百疋）
同　二日　御休　徳十郎　坂野甚左衛門（百疋）
　　　　　　　御泊　石橋　伊沢新左衛門（上下一具　百疋）

同　　三日　今市逗留
同　　四日　日光山宿坊　日増院到着
日光山での行事は二十二日で終り、翌日出発、江戸までの行程は以下の通りである。
四月二十三日　御休　大沢　御泊　宇津宮
同　二十四日　御休　小山　御泊　古河
同　二十五日　粟橋より船にて渡河
　　　　　　　御休　杉戸　御泊　越谷
同　二十六日　江戸宿坊天徳寺
同　二十八日　江戸登城　能御覧　将軍対面
同　二十九日　増上寺上野参詣
　五月四日　江戸出発
こうした関東下向を通じ、親王は幕府の権力を一層身にしみて感じ取られたことであろう。これに対して幕府は五月二日、堀田筑前守・吉良上野介を使として御礼金白銀千枚（四十三貫文）を親王に進上している。日光での勤修は主として万部経供養であった。

三　朝廷・公家との関係

堯恕法親王の日常生活をみるにあたってはまず朝廷との関係が注意されねばならない。親王がはじめて座主についた頃、宮中では後水尾法皇・明正上皇・後西院上皇の三方と寛文三年十歳で即位された霊元天皇がおられ、賑かなことであった。天皇十五歳の歳末に禁中で騒動がもち上った。詳細は書いてないが、翌寛文九年正月、飛鳥井・正親町・三条西・園の四大納言・東園中納言に勅筆の一紙を賜ったので、これらの公卿は出仕したところ、今後はいよいよ諫言をなすよう仰せを蒙ったというから、幼少の天皇の行動に常態でないものがあって、これらの公卿どもが諫め、そのため勅勘を蒙って一たん退出させられたのち、また反省されて召し出され、今後は遠慮なく忠言を致すようにと仰せられたのであろう。

御父上の法皇に御対面のため、親王は屢々禁中へ参内されたほか、修学院はじめ諸所への御幸にも供奉され時には親王の京都市内の里坊へも数回御幸を仰いだ。この里坊は二階町にあり、もと妙法院前門主堯然法親王の御母、勾当内侍孝子（持明院中納言基孝女）のお屋敷であった。つまり前門主は持明院家と姻戚関係にあったわけであるが、堯恕法親王も母は最初にのべた通り、園家の出身であり、園家と持明院家は同じ藤原氏の中御門流から出た家筋で、互いに親近感をもっていたのである。左様な因縁で前門主が里坊とされたところを親王も引きつづき里坊とされさたのであろう。寛文五年六月十一日、親王は禁中で聖護院宮道寛法親王とともに法皇より能書七箇条の伝授をうけ、その際伝受書三巻を拝借、書写されている。その前年五月四日、仰せにより法皇の御寿影を画いて持参した。親王が画かれたのは龍顔のみで御衣絞は狩野探幽が筆をとって進上したが、この画像は般舟三昧院へ御下賜になったところ、泉涌寺も同様にほしいといってきたので、法皇は再び親王に図画するよう命ぜられた。二度目の寿影は寛文七年二月二十日に法皇へ差上げられた。いま泉涌寺にはこの寿影が保存されており、図上色紙形に宸筆の自讃がある。従って妙法院に現存の寿影はその後親王が自坊のため書かれたものであろう。また龍顔の部分だけの下絵が残されており、すべて五図あって、同じ龍顔乍ら下絵作成の過程における各段階が示され（第七図）絵画史の上でも珍しいと思われる。延宝三年法皇八十歳になられたので二月十四日には武家より銀薬進上あり、そのうちの三片を親王が賜っている。三月十一日には親王はじめ御連枝の皇族方申合せて御盃を進上された。十一月十日御賀の儀を催される予定であったが、仙洞御所災禍のため仮殿では狭く沢山の人が入れないので、天皇は妙法院・聖護院両門跡宮を代表として伺候するよう申されたが、法皇はそれも止められた。御祝いとして天皇より御馬十疋、銀製の葉五枚をつけた竹にかたどった杖で御製の短冊が添えられたほか、目立った行事はなかった。日記の十一月十四日の条に、「今度仮殿、其上諸事依為武家沙汰、不被任御意之事而已歟、無念々々」とあって、幕府の処置に対する法皇の御不満は大きく、祝賀行事が取止めになったのも、たんに仮御所であったという理由だけではなかった。

御所の災禍はこの前後両度にわたり、最初は延宝元年（一六七三）のことで、五月八日午前二時頃開田邸より出火、天皇・法皇・女院・新院の御所焼失、諸家十余ヵ所、民屋百十五町余、千七百余家類焼した。天皇難をさけて上御霊社へ、ついで右大臣近衛基熙邸へ移られた。よって基熙は親王の二階町の里坊を借用して住まわれ、親王は飛鳥井大納言雅章の船橋の宅を借りて里坊とされた。かくて天皇以下皇族は仮御殿住いとなったが、それが重ねて災厄をうけたのである。延宝三年十月二十五日昼頃、一条通油小路の民家より出火、折からの強い西風をうけて忽ち禁中仮殿に延焼、親王も仮殿で天皇のお伴をして法皇の仮殿御所へ避難された。一時は妙法院へ御幸になってはとの議も出たため、親王は急いで帰坊、御座の間をしつらえるなど大あわてであったが、やがて吉田の近衛邸へ移られたので、またその方へ親王も参上した。このとき親王の里坊も焼け、本院御殿・一条殿・二条殿・有栖川殿・伏見殿以下諸家の邸六十余、民家寺院夥しい数が罹災し、新院の新殿のみ無事であった。頻々たる災厄と長びく仮住居に法皇はじめ朝廷では幕府の対策を物足りなく思われたことであろう。親王の里坊は寛文十一年正月十五日の大火では南隣の大夫典侍宅まで焼けてかろうじて助かったのに今度は類火をまぬがれず、延宝四年正月、一時里坊の仮屋として転法輪三条邸をあて、二月十日には武家より普請料として白銀二百枚下行あり、三月三日手斧始め、五月二十日、再建成り、二十八日法皇の御幸を仰いだ。また親王の実母に当られる新中納言局（新広儀門院）も罹災後、大乗院門跡の里坊に移られていたが、狭く暑気甚しいので親王の新築された里坊の壁土の乾くのを待って六月二十二日ここへ移ってこられた。やがて九月二日新中納言局も新殿が出来たのでここへ戻られている。この歳十二月二十七日、法皇御殿弘御所南殿より出火、法皇御殿・女院御殿が炎上しており、江戸に劣らず京都も火災が頻々として起っていたのである。それだけ公儀よりの火気取締りもうるさく、わざわざ武家伝奏より坊官が呼びつけられ、何かと思えば火之用心申渡しであったので、「笑止〳〵」と親王のいつわらぬ気持を表明されている（貞享三、一二、二七）。（因みに二階町には法皇の別殿である「白賁軒」があった。）

水害もしきりで（後述）、こうした災難つづきの時勢もあってか延宝四年七月には京都の公家衆の間で生活困窮につき京都所司代へ訴えが行われた。日記にのせられたその際の口上書覚とは次のようなものである。

去月十七日摂家方参内之節、被仰綸言、近年火災水難連続世上不穏、宸襟被思召候、諸何茂所存於有之者、可申上御憤、可被来之旨并諸家之輩困窮之由達叡聞不便被思召之由事、右之御摂家方被承諸家困窮遂日永々如何敷候間、家領御加増之事、従関東恩恵願被思召候事

一、諸家困窮之子細、摂家方ニ申上覚

一、諸家家領不依多少、近年困窮、就中家領五百石之輩凡不過三百石候、家領二三百石百五拾石百三拾石輩、借納米百五拾石或百石八九拾候、諸家大体現米三百石宛之分限無之候而ハ、年中家内之賂分扶持方朝夕之雑用難相調候、殊昼夜勤番著朝衣朝冠公卿雲客歩行難成故、小身之家内男女人数十七八人以内者難減少、其上親族家久旧好難見捨輩面々、似合致介抱候事、

一、度々火災指当文書雑具等用意難成候、且又小身之領分連年之水損不依多少、其故弥応身躰、借金不弁財、自

今他借曽以不相調難義仕候、慦著古代之依服、雖従朝務年々零落連々習卑賤之俗候儀嘆敷存候、所司代よりはその返事として、直ちに要望が実現するとはゆかぬが、いずれ江戸へ参り上聞に達し裁決を仰ぐ旨通告せられた。その後幕府がどんな処置をとったかは何等記されていない。ただ天和二年（一六八二）正月二十五日になって鷹司・一条両家が五百石づつ加増の記事あり、親王はそのあとに、両家だけにこんな加増とは一体何の賞であろうか、不思議〳〵と評され、即興詩によってこれを皮肉くられた。なお延宝五年十二月三日、法皇御蔵が盗難にあい、銀三十貫が紛失したが、盗人は「なき身そとおもひながらもなからへて、耻にも身をはしなぬなりけり」の一首を遺していったという。これも公家社会の窮状の反映であろうか。

延宝五年七月五日、親王の生母である新中納言局がなくなり新広儀門院の院号が贈られ、ついで翌六年六月十五日、法皇の嫡后東福門院もなくなり、法皇はいたく御落胆の御様子であったが、八年八月御自身も重体となられた。よって親王は叡山三塔に平癒祈願を命ぜられるとともに、八月十二日より御連枝の大乗院・一乗院・青蓮院各門跡宮と交替で宿直されることになり、十五日からは昼夜を問わずお側に詰められることになった。十八日危篤に陥られ、親王は覚悟をきめ、父母の喪に服するときは座主をやめるべきかどうか、叡慮を伺われている。結局、先例はあってもいまはそれに及ばずということになった。十九日午前四時頃崩ぜられたので公家奉仕して御枕を直し、門跡宮方読経、御枕許の灯の火口を北向きとし、枕の西に酢を入れた鉢をおき臭気防ぎとせられた。里坊でも中陰看経が密々に行われた。翌日御入棺（臥棺）、槇の板を用い、底にはげす板、つまり上げ底の板をおき、板に二十ほど穴をあけ、板の下に灰を蒔かれた。湿気防ぎであろう。御座の外をふとんで包むが、その前に御座の艮の角を小刀で切りとられた。御座のこわばるところは切りとって入棺する。また灯心と石灰を沢山詰める。新しい塵取を多数用意して石灰を流しこむ。親王は舎利を御枕の辺に納められた。棺の蓋をすると上から釘で打ちつけ、酢入りの鉢は撤去する。二十二日泉涌寺へ棺を納め、閏八月八日御葬礼が営まれた。当日門跡宮方打揃い藁沓をはき杖をつき、夜十時頃龕前の堂に集る。この杖は「しのべ竹」で長さは各自適当に切り、手でもつところを白い紙で左巻に竹をまく、藁沓の鼻緒は紙で包む。葬礼が終ると杖も藁沓も荷橋の河へ流して帰るのである。翌日また泉涌寺に参り、法皇の御持仏堂に年来安置された御本尊（釈迦・観音）を御棺の場所において読経をされた。親王個人として別に観音像を図絵し、また楞厳経の一部を板行して頒布されている。

以上御臨終から御葬送の模様、まことに細かに日記に認められ、葬儀作法の資料として貴重である。ただし武家より御法事は早く結願せよとの命令で、閏八月二十九日までに四十九日の法要はすべて終了ということになった。九月十一日には服喪を解くよう宣旨があり、よって素服を脱ぎ、これを切り割いて河へ流された。法皇の御形見の品としては十月五日、御遺愛の硯一個・水入一個・墨二丁・筆数十本、卦算五個・絹十疋が下賜され、十一月六日、持仏堂に安置され、臨終に拝された釈迦像も拝領になった。何れにしてもこれ以後、親王は毎月五日の新広義門院、十九日の法皇御命日には必ず泉涌寺参りをつづけられた。

それより五年たって貞享二年二月二十二日、後西院上皇は四十九歳をもって崩ぜられたが、上皇は親王と異母兄弟で、日記には当日次のような不思議があったとのべられており、これによっても上皇に対する親王の尊敬と親しみはただならぬものがあったことを推察しよう。

戌上刻巽之方より乾ノ方へ光物飛フ、大サ如鞠光用如日中、座中ノ灯火無光影ホト也、乾ノ方雲中へ入畢テ暫時有テ鳴動之声以外也、如雷光物ノ飛タル跡は長サ二三丈計如ク㆑布之光暫不消、又光物之出タル処トヲボシクテ如ク㆑雲ナル光有テむら〳〵と動揺シテ暫不消、後ニ聞ケバ、新院夜御殿ノ屋ノ上ニ鉢ノ形ノことくなる光有テ其中ニ珠ノ様ナル物有テ漸々ニ昇リテ昇ルニ随テ大ニなり、光ハうすき中ニ見ゆる。此時モ笙ノ音ノ様ナル声アリ、件ノ光天ヘ昇ルト見ユルトヒトシク光物飛タリ云々、前代未聞奇妙之事也、後日伝聞、水無瀬殿後鳥羽院御供・聖徳太子御供、此日同時ニ破却云々、又於天王寺毎年今日為聖徳太子御正忌有法事、今日法事之内多数ノ灯明同時ニ消滅云々、聖徳太子御四十九歳、二月廿六日御正忌、此等之不思議前代未聞之事也

後西院御殿屋上の鉢のような光物などまさに空飛ぶ円盤といった感じである。なお御西院三回忌にも夜光物飛行が観察記録されている。六月一日、上皇の百カ日を前にして形見を頂戴し感涙を催された。それは王羲之の真跡一軸と明の毛晉篇する『津逮秘書』十五集全部とである。親王によれば、それは天下一の真跡である。往古官庫にも王羲之書一巻あり、その後、後水尾院のとき一巻進上せられたが、これらはすべて焼失したので拝領のものは真に貴重な真跡というべきであると自負しておられる。

後水尾院・新広儀門院・後西院のなきあと、親王が最も親密にしておられた皇族は青蓮院門跡・一乗院門跡・品宮・大聖寺門跡であった。何れも同母兄弟で、青蓮院門跡尊証法親王は十一歳下の弟、一乗院門跡真敬法親王は九歳下の弟、品宮《しな》常子内親王は二歳下の妹で、近衛基熙の室となられ、大聖寺門跡は十七歳下の妹、同腹連枝中、親王は最年長者であった。このうち分けても青蓮院宮とは頻繁に会われ、年賀は勿論、殆んど毎月訪問されていた。青蓮院境内の東山山腹の茶店で京都の万灯会を見物されたこともあり(寛文四、七、一六)、三月から四月にかけて純白濃淡とりまぜ百余種の牡丹の花壇は「当時洛陽の壮観」と絶賞された(延宝八、四、二)。貞享元年七月二十七日夜には粟田口辺の住民が雨乞のお礼の踊りとて、祇園吉水辺をねり歩き、青蓮院へもきたので見物傍々訪問された。粟田天王社祭礼の宵宮に招かれたこともあった(元禄五、九、一四)。夜ふけて神輿一基客殿の前に来たが、その前に鉾十七本、つづいて七八十ばかりの灯籠が並んだ。灯籠とは色々な出し物を飾った山のごときものであったかもしれぬが、それに回転する人形や狂言のようなものがしつらえてあり、壮観であった。次にまた神輿一基、最後に鉾一本、これは天

から降ってきたものだとの所伝がある由記されている。同年、竹生島では弁財天ならびに霊宝を江戸・大津等にて開帳し、九月二十五日閉帳のあと、竹生島の本山である青蓮院で開帳されたので、十月一日夜、親王は招かれて拝見にゆかれた。本尊は高さ七寸、「随分の古像、殊勝の尊形」であったが、他の宝物は大したものもなかった。元禄七年九月六日には善光寺の弥陀如来像が青蓮院で開帳というので出かけられた。本尊は高さ一尺三寸ばかり、脇士二大士は九寸ばかり、三尊とも鋳像であった。像容の詳細が図とともに示され、親王の入念な観察を物語る。そのほか若干の彫刻・絵画もあり、印綬なるものについては、「是印ハ焔魔王ノ手形也ト俗ニ云ヒテ此印ヲ額ニ押セハ決定シテ往生スト、仍テ尼入道輩競テ仰レ額被レ押レ之、今日モ青門ノ乳母治部卿ヲはしめ坊官青侍数十人輩被押之、従簾中見之、以外うつけたるもの也、案ニ此印ハ彼寺ノ牛王宝印歟」と評されている。

さらに青蓮院での能楽や仕舞(元禄四、九、一〇および二五、同六、一一、七等)あるいは平家琵琶(元禄四、一二、一六)にも招かれたが、前者の演者には渋谷雪斎(宗清)・嶋屋吉兵衛、後者のそれは斎藤検校であった。元禄七年十月十五日、青蓮院より門跡危篤の報あり、早速親王はかけつけられたが、すでに遷化のあとであった。享年四十四歳、遺言により伏見宮邦永親王御子尊祐法親王が後継者として入寺された。事余りに急なため、武家伝奏より委細報告するよう坊官に達しがあり、よって坊官より書付を持参した。それによると四、五日来持病の眩暈起り、前日昼には医師北尾芳安が診察に伺公したが、前夜より不眠の状態で御気嫌悪く対面されなかった。その日夜八時頃、御手水に立たれたところ、手水鉢石の下へ落ちられ胸を強く打たれたのか吐血気絶されていた。常々側近に人のいるのを嫌われたため、この出来事の現場を目撃したもの誰もなく、やがて物音をききつけて坊官がかけつけた始末であった。早速北尾芳安を呼び独参湯を差上げたところ、しばらく正気に戻られたようであったが、間もなく危篤に陥られたという。青蓮院からの申出により遷化の門跡に対し親王は後桂蓮院の院号を贈られている。

次に一乗院宮は本坊興福寺にあり、主として平素は京都の里坊にお住いであったから、親王はここへよく訪問された。寛文十年九月二十四日、一乗院宮は疱瘡にかかり重態となられ、万一にそなえ後水尾院は里坊隣りの近衛家まで御幸、待機されたので親王も枕頭につめられた。翌々日いよいよ危篤状態となったので天台宗葛川の修験者三人（正教坊・松寿院・寿光院）が加持し、医師元慎・針師了設が看病にあたり、漸く危機を脱せられた。品宮へは庭の紅梅の盛りに花見の訪問をされ（元禄四、二、二七）、あるいは有卦入《うけいり》とて祝いにゆき能を観賞し酒宴を振舞われたこともあった（元禄六、八、二六）。この有卦入とは陰陽五行説に出で、人は木火土金水の何れかの性に属し、それぞれの性によって十二支のある時点より七年間は有卦入、あと五年間は無卦入となり、有卦は万事によく、無卦は衰運で万事に不吉である。よって有卦入のときは祝いをするのである。『古今要覧稿』にこの風習はいつ頃から始ったかわからぬが、貞享の頃より仮名暦に書きのせることとなり、有卦入の人はふ文字のついた七種のものを供えるとのべている。しかし堯恕親王の日記によると無卦入の場合も祝いをしているようで、この方は息災の意味があるのであろうか。何れにせよ、卦入の祝いは相当な品物（道具類や食物）の贈与や宴会の催があったのである。大聖寺宮をもよく訪問され、延宝三年九月二日には新造の座敷ができたので棚の襖・障子などに親王は絵を画かれた。大聖寺宮は貞享三年閏三月五日、同腹連枝中最も早く三十歳でなくなられ、本元院泰嶽永享大禅師と追号された。皇族以外の姻戚として親しくされたのは母方の家である園および東園の人々で、ことに親王には生母の兄にあたる基福、生母と従兄弟の東園基賢とは屢々訪問し合われ、品宮の嫁ぎ先として近衛家では基熙その子家熙と昵懇であり、飛鳥井雅章や難波宗量らとも親しく交際されたが、これら堂上公家との会合での余興にはよく蹴鞠が催された。

四　社寺参詣と遊山

何れにしても親王はまことに交際家であって、皇族公家の第宅ばかりでなく、広く諸方の社寺・儒者・医師、さては坊官・町衆など輿に乗っては遊山傍々出掛けられた。社寺では清水寺成就院・革堂・智積院・新日吉社が最も繁く、時折は日吉社・因幡堂・六角堂・北野不動院・高台寺・東福寺・祇園社・東寺・石清水・上御霊社・鹿王院・醍醐一言観音・清和院・稲荷社・霊源寺・誓願寺・法国寺・興聖寺・来迎寺などへも参詣され、また大覚寺・毘沙門堂・霊鑑寺・知恩院・仁和寺・実相院・曼殊院・聖護院・林丘寺・曇華院等は皇族としてのよしみから訪ねられた。清水寺成就院は近くでもあり、背後の山は眺めもよいので気軽にゆき、住持堯真と懇意で元禄四年五月九日夜遷化ときかれたときは「年来入魂之処不便千万ノ事也」と歎かれた。毎年六月十二日は四条河原の万灯を見に登られ、冬でも民家の火事見物（貞享五、一一、五）をされたのはいささか酔興であった。松茸狩りに登り十町余山を歩き廻ったが一本しかとれぬこともあった（貞享二、九、三）。革堂は山門の末寺であり、住持元純はもと妙法院に仕えていたので心安く、寛文九年正月十八日より千手観音三十三年一度の開帳に際しては法皇・女院よりそれぞれ黄金一片、本院より白金五片、新院より白金三片の御奉加を取り次ぎ（寛文八、一二、一七）、また寺の本尊縁起の詞書を親王自ら書き足されるなど、中々の世話の焼きようであった。

智積院はもと秀吉の幼子祥雲院菩提所の敷地を境内としたもので寛文五年、妙法院に請うて田地七百九十七坪半、山地二千九十一坪半、計二千八百八十九坪を譲りうけた。妙法院へはこの替地として公儀より別の土地が与えられたが、それは町名にすると、天満町・市之町・富永町ならびに稲荷町の一部がそれであるという（『妙法院日次記』宝永四、三、一一条）。妙法院本坊と智積院のそれとは隣接し、天和二年七月十三日には智積院護摩堂より出火、客殿・厨その他書院など炎上した。丁度南風であったため一時は親王の坊も危かった。貞享三年一月十一日にも所化寮より出火、寮舎・風呂屋等を焼き親王もひやりとされた。元禄三年十二月、興教大師五百年忌の法要として七日より大法要行われ、親王も招待をうけて八講を聴聞された。会場は正面に釈迦三尊の画像をかけ、弘法・興教両大師木像を安置し、緇素群集、大変な盛況であった。延宝八年二月十四日の報恩講も案内により参詣された。上記興教大師遠忌の歳閏八月に智積院住持は江戸に下り城中において将軍のため数度講談を行い、権僧正から正僧正に昇進された。当時将軍綱吉の生母桂昌院は知足院の亮賢に帰依し、新義真言宗は非常に得意の時代であった。帰洛後この話を住持から聞かれた親王は日記に、「当時真言宗知足院大樹帰依之故、真言宗有名輩悉遇時歟、台宗ハ日々衰微、上野法師等ノ為躰絶言談可悲〳〵」と記された。しかし元禄五年七月、年来の高野山学侶・行人の争いに対する幕府の裁決に行人方従わず、よって紀伊・大和の各藩より武士を出して行人方を弾圧し、行人七百余人を捕え処罰したときは「先高野山ハ滅亡也、笑止々々」と感想をのべられている。

新日吉社はお膝元にあって年頭の参詣や四年の祭礼見物は毎月の恒例行事であった。延宝二年の暮より疱瘡にかかられたとき、新日吉社に祈願をこめ、拝殿造立と法花八講を修することを誓われ、全快後、四年五月に拝殿出来、山門の僧を召して八講を営まれた。近江坂本の日吉社祭礼もよく見物され、十禅師社の神事能にも興味があったらしく(延宝二、正、六、同七、九、二二等)、同地の大覚寺というのがその宿坊に宛てられていた。醍醐の一言観音は何か願を掛けられたとみえ、元禄三年四月十日よりは立願成就により開帳せしめられ、元禄六年十月にも立願の賽により一七日間開帳せしめ参詣された。此の頃洛陽三十三所観音も巡礼されている。西賀茂霊源寺へよく出かけられたのは住持祖岸が親王の生母と兄弟であったからだが、もと後水尾院が一糸和尚に賜った寺で一時退廃したのを、寛文十二年十月、院が再建され勅額を賜ったものである。寺からの西賀茂の眺望は格別で、親王にはことのほか気に入られた。

元禄六年四月十九日鹿王院へゆき、舎利ならびに龍王献ずるところの水の珠、藕糸、袈裟等を見られ、帰り壬生地蔵院では忠峯の硯など見学された。親王は舎利にはとくに御執心があったとみえ、二尊院（延宝五、八、一六）、法恩寺（同五、八、一二）、興聖寺（貞享四、一一、一〇）の舎利など、好んで舎利を見て歩かれ、延宝五年十一月六日誓願寺へ参られた折は塔頭頂源院で龍樹伝来の烟の舎利拝見を乞い、感悦の余り一粒所望され、大徳寺でも舎利を請いうけ、お礼に後水尾院の色紙一枚を一圭和尚に贈られた（延宝五、一二、四）。舎利のほか寺宝拝見も好まれ、上記諸寺のほか、既述のように青蓮院門跡にて竹生嶋や善光寺のを、一乗院門跡では大和の岡寺（延宝六、正、二六）や法恩寺のを、仏光寺では吉野山世尊寺の本尊や寺宝（延宝八、三、一三）をみられ、近江国松尾寺よりは多数寺宝を持参させて逐一真偽を判ぜられ、ときには粟田近辺に住む、ある道心者所持の弥陀三尊をみて善光寺如来と似た点、ちがった点を刻銘に記し特色ある台座はスケッチしてのせられた。東大寺龍松院の住持は大仏殿再興のため勧進に親王を訪問、波羅門相承の舎利や俊乗坊重源の脇息、鐘などを供覧し御感を得た様子であった（貞享四、四、六）。開帳の祕仏についても既掲のほか、天和三年七月二十八日には三井寺如意輪観音（伝智証大師作）、元禄六年三月六日には祇園薬師（伝伝教大師作）、延宝六年三月二十一日には清涼寺釈迦像を拝まれたが、清涼寺はとくに住持に頼んで特別開帳されたのである。宝物拝見については一応の眼識をそなえられ、その感想や評価を率直に日記に書かれた。仏像仏具のみならず、古文書・古記録、一般的な書画にも興味をよせられ、塔頭金剛院の旧記類を整理したり（寛文一〇、七、二六）、塔頭日厳院文庫の旧記類・古筆をみて驚嘆したり（延宝六、一〇、八）、近衛家で行成筆の『和漢朗詠集』を拝見、感服されたり（貞享五、二、二）はては東園家より松平大和守家来で今年百五十歳になる林理左衛門なる者の筆跡鑑定を求められ、手跡老人のごとくならず、奇妙の事と首をかしげられた（元禄六、七、一二）。あるとき梶井門跡が来訪され、栂尾高山寺経蔵には古書多数ある模様なので来春見にゆくつもりであると話されたところ、親王も是非同道したいと申出られた。実現したのかどうかは明らかでない。

話を霊場参詣に戻し、洛陽三十三所観音詣は早朝より夕刻までかけて一日で廻られた（元禄三、三、二〇）ほか、洛外へ遠出をされた例としてはまず大和の談山神社がある。寛文三年十月と同八年十月の二回日記にみえ、後者は鎌足一千年忌のため出かけられた。奈良では一乗院宮の坊に泊られ、同宮と翌朝出発、多武峯では青蓮院宮の宿所に入られた。帰りは三輪・初瀬の紅葉を見物されている。京都の周辺では南方といえば石清水八幡参詣があげられ、少くも四、五回はゆかれた様子である。寛文八年正月晦日には伏見より乗船されており、帰りは御香宮・藤森社・東福寺を見物された。延宝八年四月九日には帰り山崎宝寺を廻られ、天和二年三月十四日には黄檗山をも訪ねられた。この際は角倉の船に乗ったことを記し、一荷一種を与一に下され、手代二人へは金子百疋づつ遣されている。西方では紅葉の頃、高雄山に至り地蔵院で休憩、山越で嵯峨に出で、天龍寺をへて船で桂へ下られ（天和二、一〇、一四）、桜の頃には仁和寺をへて嵯峨に至り、船で桂川を下られている（貞享四、三、八）が、嵯峨・宇多野方面へは足繁く杖を引かれた。元禄七年四月七日には西山巡遊を試み、まず蔵王権現に詣で、ここで三鈷寺本尊の開帳を拝み、向日神社をへて光明寺で中食、善峯寺・三鈷寺・岩倉大原神社・勝持寺・宝菩提院と廻り、寺戸村慶昌庵で夕食し夕景帰路につかれた。この寺戸村は後述するように妙法院の知行地であったのである。

これらの社寺参詣は半ば遊山見物のものも多いが、親王はまことに自然の風物を求めての散策がお好きで、まず紅梅は法林寺・誓願寺、さては近衛家の庭園が手近の鑑賞地、桜の候には自坊周辺・新日吉社・豊国廟の山など近辺至るところにみられたが、それでも足を延して清水寺・東寺・仁和寺・岩倉真性寺・東山一帯をはじめ醍醐菩提寺の糸桜、さては伏見の桃花を求めて毎春は花見に忙しい日々を送られた。やがて豊国廟の山がつつじの満開になるとまた登山され、ついで牡丹の頃には既述青蓮院門跡はじめ黒谷の居氏可人という「当世牡丹づくりの名誉」の者の庭を観賞された。親王御自坊の積翠亭（現在専売公社病院のあたり）の庭も四月の候には牡丹・芍薬、かきつばたが盛りで、縁者知己を集めて宴を催し、深更まで楽しまれた（延宝八、四、二三）。ときにこれらの花の名前、品種などにつき終日客人の間で議論が交わされ、まことに賑かなこともあった（元禄六、四、二一）。初夏には和田の螢をみにゆき、「螢々点々水螢飛、露砕星流夜色寒、往昔隋帝岩谷花、不如草際自由看」の詩をつくられている。また鹿始めて四声鳴くのをきき、四声は珍しいと記されている（寛文五、七、二〇）が、境内には野生の鹿がいたものとみえる。夏は自坊積翠亭の池にて近親を招き花火見物に興ぜられた（天和三、八、三）。秋は紅葉を求めて桜の頃と同様の名所を巡歴され、東山ではことに高台寺の紅葉が気に入られたらしい。少し早い頃、月見も忙しく、延宝六年八月十九日には洛北幡枝、円光院山荘へ出かけて四明嶽の頂上にかかる月を絶讃し、貞享二年八月十五日には桂川に舟を浮べて、元禄四年八月十五日には杉生某の亭で、天和元年七月十六日には近衛家の高楼「摘星閣」で月見の興があった。また五条松原の町人辻平内宅へも屢々月見に出かけられており、眺めのいいところに屋敷があったものとみえ（貞享二、六、一五、同五、八、一六、元禄三、六、一七等）、「河原近辺故、景気壮観之処也」（貞享元、一一、一七）とお気に入ったようであった。針医村井了諫の亭は御菩薩池《みぞろがいけ》の辺にあり、ここへも出かけて池上月また絶景なりと同行の輩とともに詩を賦して御満足の態であった。それだけに病気で月見のできない折は「明日清天也、内々月見之興相催之処、予此比咳気故不能他行無念々々」といかにも残念そうであった（延宝七、八、一五）。月見について親王は元禄三年六月十六日条で「主上（東山天皇―筆者註）今年十六歳御脇つめの御祝儀今日有之、御月見といふ事ハ仙洞御若年時も無之、後水尾院之御時も無之歟、後陽成院之時、御月見と被記、仍テ此度御月見トハ不申、御袖をなをさるゝ御よろこひ也、為御悦義一箱進上」とのべられている。月見を宮中では御脇つめの御祝といったのである。親王自身遠出をされぬ折は大仏殿の廻廊で昵懇の人達と月見をされた（貞享五、八、一五）。また付弟の新宮（のちの堯延法親王）が十六歳になられたとき、自分が同年の月見に行った嘉例とて次のようなことを教えられた。

月見トハワキヲフサグ事也、月ニ百味ヲ備ヘテ其内ノまんちうニ指ニテ穴ヲアケテ、其穴ノ中ヨリ月ヲ見ル事也、予十六歳の時も如此、依嘉例今夜亦如此也、入夜酒宴也、予ハよひノ間ばかり居ていぬる也、明日きけハ彼百味をくぢとりニしたるハ十七日ノ日出之時分也（元禄四、六、一五）

月見は御脇つめ、わきふせぎというところから饅頭の穴より月をみるという酔興が生れたのである。多分宮中で誰かがいい始めたのであろう。

さて秋の紅葉より早く親王にとっての大きな楽しみは松茸狩であった。春は大仏殿のあたりで土筆採りをされたこともあった（寛文九、二、二四）が、何といっても頻繁にみえるのは松茸狩の記事である。妙法院背後の豊国山は松茸の多産地で、毎年九月に入ると必ず採りに登られるが、それでも満足できず、岩倉幡枝の近衛家の山や既述清水寺の山、青蓮院門跡の山へ出掛けられた。修学院は後水尾院のお伴で幾度となく訪ねられ、また独自にもおとづれて風物を観賞された（寛文四、閏五、一二、同六、二、一五等）。夏は聖護院の山伏入峯の見物を期待され、それだけに所見を逐一日記に書留められた。いま貞享四年七月二十五日条によって行列の次第を列挙すると次のようである。

岩房法印（坊官、八十八歳）—山伏約三十人—雑色六人—馬—斧—山伏石今宮坊—良覚院—山伏十四、五人—長刀—傘—愛宕山伏約三十人—祇園山伏約三十人—京田舎山伏百余人—貝吹山伏約三十人—准年行事山伏十六人（各召具山伏四、五人）—年行事六十四人（各召具山伏十余人）—長刀—傘—笈—閼伽桶一人—三井中方十人—輿—山伏青侍数十人—長刀—太刀—沓—傘—坊官七人騎馬（各召具山伏二十人青侍以上三十余人）—院家勝仙院（召具山伏六、七十人）数百人—伽耶院（同前）—円了院—若王寺—出世花台院—先達二十三騎—三井大衆十騎（各召具三、四十人乃至百人）—武家与力三騎

親王は坊官松井三河亭で見物された。元禄六年七月二十五日には坊官今小路亭で見物、行列のあとに次の記事がある。

斧・笈等或ハ鎧・長刀・錫杖・棒等おもひ〳〵ノ行粧也、武士ノ体ニモ似タリ、又祭ノ体ニモ似タリ、各種々ノかたひらニ薄ナトシタルモノアリ、色々ニソミタルモノアリ、斧も色々ノおもひ〳〵の躰はなやか也、先達ノ内、最後ノ二人ハ児也、一人は武州サツテト申処ノ不動院弟子也、一人ハ京大春院弟子也、不動院弟子今年十七歳美麗ノ男也、諸人属目之見物也

都大路を狭しとゆく山伏入峯の光景は京の夏を彩る行事の一つであったのである。

こうして社寺参詣、遊山、行事見物と意欲的に出かけられた親王には、いつも何人かの同伴者があった。時によって多少の異動はあるにせよ、いわゆる常連またはそれに準ずる人々としてはまず後述の妙法院塔頭の院家の僧侶で日厳院前住堯憲大僧正（贈左大臣園基音子息）、既述霊源寺の祖岸、法国寺の覚阿弥（この寺は時宗で新上東門院の殿舎を下賜されて旧豊国大明神社の地に建てられたものである。）、祖白、儒医では伊藤宗恕、伊勢祐仙（その子祖暁は北野社不動院住持）、村上友佺、原田休伯、井上養伯、河崎由謙、有馬涼及、親康喜安、奥田亭安、儒者では緒方宗哲、川路素謙、杉生節斉、岩橋友古、平家琵琶の山田検校（卒都婆流）等であった。親王は平素より健康に留意せられただけ、上記多数の儒医と交渉をもたれた。とくに原田休伯法眼は寛文五年七月二十五日、四十八歳で死去したが、「年来余ニ無他事出入之者、医術当世無匹儔、予年来薬令服用」といわれる程信頼されていた。父歴庵は七十七歳でなお健在であった。伊勢祐仙は元禄四年正月、八十歳になったので祝いに昆布一折五把・金子三百疋・脇息等を贈られている。

五　教養と学問

ところで親王の交友関係は縁者・僧侶・公家・医者のほか、詩歌や学問を通じてのものが注意せられるが、むろん公家・僧侶・医者の中にも趣味を同じくする人々が少なくなかった。自坊でも和漢の句会を催されるのみならず、禁中はじめ知己の催す詩歌会にもすすんで出席された。後水尾院は和漢会、後西院は主として連歌会を催され、上記のメンバーのほか連歌会では昌隠・大中臣師尋・清水寺成就院堯真、和漢会では山田撿挍・江村宗達・小川玄枝らが加わっている。ときには境内の積翠亭の池に舟を浮べて一周し詩を賦すような風流の集会もあった。元禄二年五月晦日、養命坊が自撰の詩集『寂照堂谷饗集』十冊を持参したので、親王は一見して感心し「予年来如此撰集有其趣向、未果之無念々々」と残念がられたように、自分も詩集編者の意図あることを洩らされた。しかし親王なきあと、日厳院堯恵は平素詠まれた作をあつめて『逸堂集』なる詩集を編集し、伊藤宗恕および黄檗山の悦山の序を加え二冊にまとめて板行した。

詩歌よりも繁く行われた親王の集いは学問関係で、寛文十二年からは『後漢書』講読の会をはじめ、これは一年以上つづいたものと思われる。ついで延宝三年三月には僧伝会をはじめられたが、これはシナの僧侶の伝記研究で、延宝六、七年はとくに頻繁に行われ、日記にみえるところ、延宝六年には二月二回、三月五回、四月五回、五月三回、七月二回、八月五回、九月二回、十月五回、十一月三回、十二月二回、計三十四回、同七年には一月二回、四月三回、六月一回、七月四回、八月四回、九月一回、十月四回、十一月二回、十二月一回、計二十二回におよび、同八年に至ってその成果は『僧伝排韻』百八巻となって結実、同月二十日板行され、堯憲・智積院僧正・青蓮院宮・一乗院宮・近衛基熙・伊藤宗恕・緒方宗哲・村上友佺・金光院等へ頒布せられた。のち天和三年四月十六日、泉涌寺より十七部の希望があり、二十一日に摺上って頒たれた。この書はシナでつくられた僧侶の伝記にみえる僧名を韻会百八韻の順序に配列し、略伝や出典を付記したもので、『四朝高僧伝』をはじめ四十八部の史伝を材料として編輯された。親王が如何にシナ仏教史に造詣が深かったか窺いしられよう。このほか延宝五年二月十二日の刊記と霊元法皇御製の序文を添えた『智者大師別伝新解』四冊、『五部大乗捷径録』四冊（五部大乗経は華厳・大集・大品・法華・涅槃合せて百八十余巻をいう）、寛文十二年十月、伊藤宗恕の奥書ある『法苑珠林捷径』二冊、『大智度論捷径』一冊、『大般若経捷径喚義門』一冊、『諸部捷径』二冊など註釈類がある。最後の書は第一部が観音玄および記、同義疏および記、金剛経疏・仁王疏・同義疏以下六十六部の諸書より章句を類聚したもの、第二部浄名玄・涅槃玄等十二部の書より類聚したもので、寛文三年二月十三日の刊記がある。これによって教学に並々ならぬ蘊蓄の程が推察されよう。従って経典書籍の蒐集も熱心で、寛文十年、宋より一切経を取寄せられ、京都所司代板倉重矩がその世話をした。五月九日寺に搬入され、「年来大望成就誠ニ仏祖山王之加護不浅者也」とよろこばれ、六月八日吉日良辰とのことで文庫へ納められた。すべて五十四箱二百九十七套二千七十九冊九千四百十四巻である。およそ日本には処々蔵経はあるが、宋本は稀である。黄檗山の隠元の蔵経も漸く二百十三套である。長谷寺にもあるが九千巻に満たない。その他諸方の板本もいうに足らず、「今度到来の書、誠以当門の眉目」と大いに自負された。それだけに毎年夏の虫干しは大変であった。延宝三年六月、品宮と新広義門院よりは一切経の帙を寄贈され、標題を緒方宗哲に書かしめられた。この宗哲は永年、寺に寓居していたが、延宝七年九月十二日、江戸の松平土佐守へ仕官することになり寺を出ている。親王は内裏よりの書籍も預っておられ、次第に文庫が狭くなったので、天和二年七月、新たに書庫を建て、二十九日礎石がおかれたが、中央柱の礎のところを掘ったら、丈一寸三分ばかりの銅製弥勒像があらわれた。親王は「仏経及龍華之暁之瑞応歟」とよろこび、早速香湯で洗い浄め、仏師をよんで光背を加え厨子をつくらしめ、経蔵の本尊とされた。貞享元年六月十九日、一切経を新経蔵へ納め、この弥勒像を安置し、経蔵に対しては改めて「龍華蔵」と命名された。いまも妙法院ではこの名称が伝えられ寺宝展示場としているのである。

さて親王自坊での学問的会合としては、寛文四年五月、『指要鈔』の講義を行われ、延宝三年九月頃よりは通鑑会を催された。これは『通鑑綱目』の講読会であろう。同年十一月四日の会では、あと祐生木庵が来て、ともに詩作に興ぜられた。貞享二年十一月頃、蒙求会がはじまり、翌々年まで続いた。同五年三月十日からは仏祖統紀会が発足している。元禄七年五月二十八日より隠居所の鉄龍庵で『止観大意』の講義を試みられ、四回をもって同年閏五月十日終講、その日は祇園円山の旦阿弥なる料理人をよんで特別の夕食料理をつくらせ、日厳院の堯憲・堯什、金剛院の円恕・祖岸など聴講者に振舞われた。ついで同年九月二十日、心経疏の講義あり、十一月二十三日には書院で大師講の論義を催された。晩年いよいよ教学に熱の入っている様子がわかるであろう。

学問・詩歌とともに注意されるのは書や絵画にもすぐれ、多くの作品をのこされた点である。後水尾院の寿影については既述したが、寛文十二年十月二十四日には『古文真宝』聞塵官本の外題を後水尾院の御前で清書しており、延宝三年春には禁中の御屏風絵を描いてお礼に、さらし五疋を拝領された。寛文五年六月十一日には後水尾院より能書七箇条の伝授を聖護院宮とともに受けられ、さらに七月、『能書伝受書』三巻を借用書写されている。延宝二年六月十六日には東福門院の仰により藤原俊成像、雪・桜・梅・鶯などの絵を描いて進上され、同六年六月二十日の門院御葬礼にあたっては四門の額ならびに泉涌・般舟両寺の御位牌を揮毫された。四門とは葬場殿（龕前堂）四方の門の入口に掲げられる額で、東門の額は発心、南門は修行、西方は菩提、北方は涅槃と記され、入棺は北方門よりされるならわしである。この門の額揮毫は他の皇族の葬礼にあたっても引受けられたし、位牌もたびたび浄書されている。後水尾院御追善には観音像を図し、楞厳経の一部とともに板行して頒布せられ（延宝八、閏八、二〇、後西院御追福には法華経第一、第五、第六の三巻を執筆（貞享三、二、二〇）、将軍追善の贈経にも屢々朝廷・幕府から写経を依頼されている（寛文七、二、二〇、同一一、正、二二、延宝八、五、一九および二一、同、一二、二四、天和二、三、八など）。寛文五年二月二十七日、日光山東照宮縁起双紙が住吉如慶の手に成り、その詞書を幕府より公家の能書家達に依頼された。親王は絵巻の第三段が割当てられている。翌年九月にも絵巻の奥書を所望されて書かれた。横川華蔵院寂場堂の本尊慈恵大師像を描かれたことは既述した。相国寺より故東福門院御寄贈の祖師（夢窓国師）三幅対（狩野探幽筆）のうち、中尊が東福門院御殿の火事に焼けたので、親王に描くようたのまれ引受けられた（貞享三、四、一二）。誓願寺よりは什物二十四祖像（海北友雪筆）の各幅にその名を書くことを求められ（元禄二、五、二四）、霊源寺よりは鐘銘（延宝五、閏一二、二）や祠堂地蔵菩薩像の由来記揮毫（延宝八、三、二二）をたのまれ、叡山無動寺よりも鐘銘を（寛文六、一〇、九）、石清水八幡杉本坊よりは新たに開帳の八幡影像の裏書を（延宝三、七、三）、興福寺よりは維摩会縁起詞書を（寛文四、一二、一）求められた。地方からも親王の名声をきいて依頼多く、丹波法常寺のために後水尾院が書かれた勅額の箱書（寛文六、八、一）、越前国平泉寺下馬之額（寛文八、二、一三）、備後国愛宕山之額（寛文一三、九、二九）、肥後国青井大明神之額（延宝四、七、二三）、讃岐国の藩主建立観音堂の壁画に添える色紙形（元禄五、五、四）など様様のものがあった。元禄六年六月二十九日、親王は付弟の新宮（堯延法親王）へ色紙短冊の絵や讃、扇歌、一行物等の書き様を伝授されており、これがたんに親王個人の趣味に止らず、妙法院門跡の権威と伝統を支える重要な教養と考えられていたことを示している。元禄六年八月晦日に至り、親王は日記に近年眼病、このため揮毫意の如くならず、よって色紙短冊等の清書物一切御免下さるよう朝廷に奏請していたところ今日お許しが出たので、今後一切絶筆とする旨を宣言されているが、青蓮院門跡がなくなり、その追善のための法華経書写は例外であった（元禄七、一〇、二二）。以上の次第で現在妙法院にも親王の作品や書簡類は数多く遺されているが、とくに絵画として慈恵大師七猿和歌並図・文珠山水三幅対山水図・不動明王図（竪四尺六寸八分、横二尺七寸七分）・大威徳明王図（同）・五大明王図（同）五幅・如意輪観音図（竪五尺二寸五分、横三尺三寸二分）・摩多羅神像図（竪四尺七寸、横一尺八寸四分、霊元天皇裏書）・慈恵大師像図（竪三尺三寸四分、横一尺四寸二分）などは優作で、不動明王図以下のものはいずれも大幅、親王の覇気あふれるもので、その人となりを忍ぶに充分な資料といえよう。

六　妙法院門跡の支配と権威

次に親王の自坊における日常生活をとりまく環境をしるため、妙法院の説明をしておかなければならない。当門跡の発生成立の詳細はここには省略する（妙法院教学部、昭和四十七年十一月発行「概観妙法院」参照）が、中世を通じて大体は四条綾小路（すなわち建仁寺のほぼ北隣）にあり、安土桃山期になって豊臣秀吉は妙法院を新日吉の地に移し、豊臣家の法要である大仏千僧会の管理をこれにゆだね、河内国交野郡渚《なぎさ》村および洛外の大原・静原・寺戸諸村千六百石の朱印地を与えた。これは大体において江戸幕府に引継がれ、『妙法院日次記』正徳元年（一七一一）三月二九日条によれば、次のような寺領御朱印指出を命ぜられている。

妙法院宮御知行所村割

九十五石	愛宕郡鹿　谷
九十三石二斗九升	同　大　原
三百二十六石八斗	同　大仏廻柳原共
二百石四斗	葛野郡牛ヶ瀬
三百二十八石八斗	同　朝　原

五百八十九石二斗八升　　乙訓郡寺　戸
計　千六百三十三石五斗
妙法院が管理している蓮華王院領は
八石四斗　　　　　愛宕郡清閑寺
二石五斗　　　　　葛野郡谷山田
計　十石九斗
となっている。なお大仏廻の石高は正徳二年七月一日の指出では
高三百三十八石七斗一升二合
妙法院門跡御境内
三十三石六斗五升二合　　東五条通河原代
八十一石二斗八升二合　　五条河原代
とあり、やや少しく増加している。因みに元禄十五年、幕府は穀物増産のため、たばこ作りの半減を命じており、その際調査された妙法院領内のそれまでのたばこ作りは次の通りであった。
一町四反八畝　　愛宕郡柳原庄の内　　一町六反　　乙訓郡寺戸村
五反　　同　　大原村の内　　七反　　同　　朝原村
同　　葛野郡牛ヶ瀬村　　十歩　　愛宕郡清閑寺村
この大仏廻というのは妙法院本坊をとりまく周辺一帯の知行地で、これは御境内町と公儀役町の二種に大きく分たれ、前者は家数八百十二軒、後者は八百十四軒、計千六百二十六軒（『妙法院日次記』天和二、七、一四条）、ざっと一万人に

近い住民がいたと想像される。公家の屋敷としては三十三間築地下町に清岡中務大輔の邸があった。『妙法院日次記』(元禄一二、正、二九)には表口十九間、裏行二十四間、内二間に家一ヵ所、二間半に留守居久助宅と詳しく記されている。境内町の方には八十三町あった(『日次記』元禄三、九、一〇)ことがしられるが、公儀役町もほぼ同数があったのであろうか。『日記』に散見するものとして上馬町・東馬町・石垣町・上棟梁町・北棟梁町・梅屋町・新シ町・桜町・耳塚町・夷町・西落町・上仏師町・上音羽町・瓦町などのほか柳原上下村・塩小路村などがみえるが、これらのそれぞれが上記二種の何れに属するかははっきりしない。既述天和二年七月十三日、南隣の智積院が火事で一時親王の坊も危かったので境内の町々よりは住民総出で防火に活躍した。そのため町の地下すべてに境内町・公儀役町双方へ五十貫文づつ慰労として下賜、前者の町一軒当り五十七文、後者の町一軒当り六十文の勘定であった。また他の知行所七ヵ村よりかけつけた百八十七人の百姓に対しても十五貫文、七町目の町人二十四軒へも二貫目を遣された。知行地の住民と門跡の関係はこうしたときにはっきりとあらわれるのである。

次に支配下の社寺としては新日吉社・蓮華王院のほか、後白河法皇御影堂・大仏殿、それに院家として日厳院・常住金剛院がある。両院ともに叡山西塔に源流はあるが廃絶し、日厳院は慶安年中(一六四八—五一)境内の蓮池北方に再興され、常住金剛院は石塔町北側に寛永年中(一六二四—四三)再興された。直轄の末寺としては播磨国賀東郡御嶽山清水寺と肥後国神護寺があり、清水寺は末寺としては大きく、朱印寺領六十五石で塔頭に上方五坊・下僧五十二坊を数えられ、清水寺の末寺には同国同郡東条谷の妙閑山吉祥寺があった。妙法院境内には浄土宗の寺院四ヵ寺すなわち専定寺(本尊阿弥陀如来は後白河院御持仏として蓮華王院傍の阿弥陀堂の本尊であったものを寛永年中、堂が破壊されたので専定寺にあずけられたものである。)・専称寺・浄心寺・称名寺あり、いずれも大仏廻の寺でほぼ近世初頭の開基、称名寺の末寺として建仁寺領に西福寺があった。そのほか三嶋大明神社が上馬町にまつられている。院家および坊官の人名は天和三年五月十八日の届出によると以下のようである。

日厳院　大僧正法印堯憲　五十五歳（園贈左大臣基音子息）

同　　附弟恵明院権律師法眼堯什　十四歳（高倉故大納言息）

常住金剛院　円恕（当春得度）　十一歳（中院前大納言子息）

坊官

菅谷左京法印慶英　七十二歳（刑部卿寛慶法印子息）

同　大輔法印寛琛　五十六歳（同）

同　式部卿法眼慶超　四十二歳（慶英法印子息）

今小路兵部卿法橋行伝　二十二歳（大蔵卿宗賀法橋子息）

菅谷木工助憲聴　十九歳（未だ得度せず）（寛琛法印子息）

これでみると菅谷家一族が大半を占めていることがわかる。「左京」「大輔」「式部卿」といった呼名は得度の際つけられる。松井備中真清なるものは侍法師で元禄四年十二月九日病気危篤に際し、法橋を勅許されている。これらの職員は得度以前は長絹上下で頭髪は大すべらかしの姿であるが、得度すれば白袴直綴に素絹五条をつける（元禄五、五、二〇）。得度の際は多く門跡が戒師となられる。坊官の数はつねに一定しないが、例えば延宝六年には菅谷大輔・同式部卿・今小路兵部卿・松井主殿・岡本内匠・豊田儀太夫・藪沢大学・野路伊織・高橋一学・伊丹織部・川勝源八の十一名で毎日二名ないし四名が交替で勤番する。このうち菅谷・今小路両家が最も勢力があったようである。元禄頃（一六八八—一七〇三）には稲荷の社家羽倉貞栄が一時坊官をしていたこともあった（『妙法院日次記』元禄一二、六、一三）。元禄十五年七月六日の日次記に坊官菅谷左京は大仏殿支配人、松井三河は三十三間堂支配人と記されていることからすると、坊官中の有力者がこの両仏堂の支配人をつとめる建前になっていたらしい。さてこれら坊官の僧位は本人の希望にもとづき、親王が朝廷に奏請し勅許をえたものであるが、坊官のみならず一般に僧位僧官や神官の位階を本人の希望によって禁中に取次ぎ、あるいは助言することは親王の重要な任務の一つであった。およそ当時の朝廷にのこされた唯一の権限は律令的官職地位の授与であり、それすら時に幕府の干渉はまぬがれなかったが、たんなる名誉の象徴と化した律令的官職位階もなお社会的信用と人間の権威づけに役立つものとして魅力があったので、天台座主が輪王寺門跡に実権を奪われたとはいえ、朝廷にのこされた権限の一端を荷うものであった。親王に昵懇の儒医や儒者、さては康祐のような大仏師（貞享四、三、一）が自己の職務に権威をつけるため僧位の推薦をしてもらい、幕府の権力を背景にした輪王寺門跡さえ、僧位僧官の上申は天台座主を通じて行ったので、親王は輪王寺門跡推薦によるものは好むと好まざるとに拘らず、事務的にこれを取次がざるをえなかった。叡山僧侶の昇進もすべて輪王寺門跡経由で天台座主が奏請することになっていた。地方からは親王周辺の人々を通じてもちこまれた。伊藤宗恕を通じて越前国専照寺如善が法橋および権律師を（寛文九、一〇、二九）、輪王寺門跡を通じて戸隠山勧修院澄海が大僧都を（延宝八、四、一七）、同じく日向国竹篠山西方院真海が権僧正を（同八、一一、二二）、同じく周防国氷上山真光院行海と筑後国高良山蓮台院寂源が僧正を（貞享二、一〇、二六）、末寺の肥後国藤崎神護寺の秀尊が大僧都を（寛文一一、五、一七）所望してきたのはほんの一部分の例にすぎない。神官は日吉社司の位階取次である（寛文九、八、二〇、天和元、二、四等）。こうした位階官職程でなくても、九州彦山の座主亮宥が弟子種丸の得度戒師を依頼してきた（寛文八、四、一三および一二三）ように、得度戒師に妙法院門跡を頂くことが、ことに地方宗教界では名誉の事とされたのである。お礼には一荷三種・銀葉五十両が献上されている（同、四、二四）。寛文九年二月二十七日には画工山本源兵衛正満得度（法名元休）、元禄三年八月十四日には紀州雲蓋院（里坊は東馬町にあり）の弟子竹松丸（十五歳）の得度に戒師をつとめられた。

さて妙法院管理下の重要な建物としては、蓮華王院と大仏殿があるが、前者については当時通し矢が有名になって庶民にも親しまれた。その最初は慶長十一年（一六〇六）正月十八日、松平下野守家来浅岡平兵衛が通し矢五十一本を射たのに端を発するが、親王が門跡をされた時代はその全盛期にあたり、貞享三年四月十六日、紀州家の和佐大八が総矢数一万三千五十三本、通し矢八千百三十三本の成績をあげて空前絶後のレコードを打ち立て、親王も近くの日厳院へ出かけてこれを見物され「前代未聞の事也」と記された。大仏殿は寛文七年十一月二十三日、本尊の修造成り、十二月二日に開眼供養があった。寛文十二年三月十九日、隠元禅師は大仏殿に参詣し、唐蠟燭二箇・白檀・香など奉納している。親王は大仏殿廻廊艮の角を年末の方違えに利用された（延宝六、一二、二五）。天和二年七月十七日、朝鮮使節が大仏殿見物にくるので京都所司代稲葉丹後守正道が下見分に来り、境内通過予定の路次の家々を申付け、坊官これを承って修理の仕方を町へ提示した。その範囲は石垣町・上棟梁町・梅屋町・新シ町・桜町・耳塚町・夷町ならびに茶屋で、そのほか町奉行よりは住民に掃除役を割当てるよう指示された。よって九月二十三日、大仏殿廻、ならびに廻廊の外、耳塚の辺、三十三間堂の辺の掃除につき門跡より指令し、公儀役所よりは人夫四百七十二人（一人に九合づつ扶持米）芝刈の人足は柳原村上下ならびに塩小路村百姓共二百八十九人（一人につき一升づつ扶持米）を出した。二十六日江戸より上洛の使節一行は大仏殿と蓮華王院へ参詣した。大仏殿内には公儀より畳百畳ばかりと薄縁の畳を三百枚ばかり敷いて座がしつらえられ、別に屏風や幕でしきりをして身分に応じた座がもうけられた。一行は三条通より建仁寺町通をへて来着、公儀より赤飯・酒・肴・菓子を出して接待した。これに先立ち宗対馬守参詣、三十三間堂でも堂内観音の前に畳薄縁を敷き屏風・幕にて仕切り座が設けられた。大仏殿内では坊官三人が一行を迎え、門跡の口上を申入れた。万一夜闇に入ることを考慮して大仏殿番所へ御紋の幕を張り灯燈を立て水手桶三十が用意された。大仏殿三十三間堂ともに仏前にも大燭台や二百目掛の大蠟燭二個宛配置された。幸い参詣は予定通り終り、一行は五条橋を渡り宿所の本国寺へ引上げた。次に元禄七年三月五日公儀よりの達しにもとづき妙法院より届けた大仏殿と三十三間堂の堂舎仏像等の丈量を掲げるが、今日存在しないもの、あるいは改変をうけたものもあるので当時の状態を復元するための資料として貴重なものと考えられる。

大仏殿間数　六尺五寸竿

南北　四十五間二尺五寸　東西二十七間五尺五寸

棟ノ高サ　二十五間　釈迦御長　六丈三尺

鐘楼　四間四方　釣鐘　高サ　一丈四尺　指渡シ　九尺二寸　厚サ　九寸

楼門　南北　十五間二尺五寸

東西　六間一尺

南門　東西　六間六尺

南北　四間一尺

三十三間堂間数

南北　六十一間一尺　東西　八間三尺七寸

棟ノ高サ　六間四尺六寸　御拝　南北　十二間三尺三寸

御拝　東西　二間二尺七寸五分

中尊観音　御長　八尺

脇尊観音并二十八部衆、御長　五尺

西ノ門　南北　九間三尺八寸　東西　五間三尺八寸
南ノ門　東西　九間三尺八寸　南北　四間四尺

七　健康と晩年の生活

ここで話を再び親王御自身のことに戻そう。天和元年はあたかも四十二歳の厄歳にあたるというので正月十四日、上御霊社・清水寺成就院・叡山根本中堂・慈恵大師廟および石清水八幡杉本坊に使を送り、御祈祷料に銀子を捧げて加持息災を依頼されたが、それより十年後、元禄四年十月二十六日に至り、「予近日小庵へ可退居之計会也」と日記において隠退の意志を明言せられ、典籍・本尊・什物の類は付弟新宮堯延法親王へ譲りたいが、それに先立ち、まず形見分けをしたいとて、以下のような配分をきめ、早速頒られた。

関白近衛基熈　花鳥小屛風（雪舟筆）　一巡箱　古今集（尊海筆）
同室（品宮）　職人屛風（伝興意、歌八条宮）　硯箱　揚弓箱
一乗院宮　水口釜　為家文掛物　七条袈裟紫地より金蓮唐草
青蓮院宮　花瓶（沙金袋形）　兆典司観音掛物法華経（唐本、年来の持経）
甲府中納言　百人一首手鑑（巻頭後西院其外百枚百筆、絵土佐如慶）
内大臣近衛家熈　硯箱（むし籠絵）　宮人乞巧巻物一軸（仇英筆）

親王が健康上の障害もないのになぜ隠退を決意されたか、その理由は日記にのべられていないが、試みに憶測すれば、この年三月十二日後白河院五百年御忌法要の大任を果したこと、八月二十一日武家伝奏より今後門跡・堂上・公家衆の泊りがけ外出は一々所司代へ届け出るべきことが通達され、幕府の朝廷に対する圧力が一層感ぜられ、これに対

する反撥の気持が高まったことなどではなかろうか。八月二十七日には隠居所とすべき鉄龍庵の上棟をみ、十一月三日には完成してここに住いを移されることになった。この日の日記に、隠居と号するのは武家の方で承認されぬかもしれないので表向では隠居とせず、休息所と称するのである。そのためにはまだ座主も天皇護持僧も罷めないでおき、その他の世間の事から漸次停止してゆくつもりであると。鉄龍庵移徙の祝いに皇族連枝や知己の人々、医師などを招き宴を催している。また庵の額は青蓮院宮に揮毫を頼まれた。元禄六年に入って鉄龍庵の護摩堂造立を企て、正月二十九日竣工、法要を始められた。五月二十七日座主を辞し、同年八月十七日、正式に禁中・仙洞へ隠居のことを言上、また幕府からの許可もあり、お礼を申され、同時に獅子吼院の院号もお許しが出た。七年には付弟の新宮が昨年末より天台座主にもなられ、日記をおつけになっているので、今年より細かなことは一々書くことを省略すると正月元日の条に宣言せられ、記事は俄に少くなった。親王にとってこの歳の最大の関心事は上述、青蓮院宮の急逝で、精神的ショックは大きかったであろう。八年は二月三日群鼠、富士山・箱根山の草木を食い荒した事件、同十四日、江戸の大火、同二十五日、伏見宮三宮が青蓮院へ入室されたことの三日間の記事があるにすぎない。従ってこの頃の親王の消息は『妙法院日次記』が専らその詳細を伝えている。

親王は元来眩暈の持病があるとて日光山法事の下向を二回ばかり断られたが、延宝二年十二月には疱瘡にかかり、平癒祈願のため仏師如心に不動明王を造立せしめ、回峯行の僧に托して葛川明王院へ納められた。また自坊の護摩堂で毎日護摩一座修することを誓われ、これは元禄六年八月十九日まで十九年間続けられた。寛文十年十二月二十二日、親王は愛宕三位を招いて疱瘡のまじないを伝授され、日厳院堯憲には丸字護身法なるものとともに伝授されているが、親王御自身の罹病にこのまじないは効かなかったとみえる。延宝四年四月前半は病気であったが、あるいは昨年より流行の病気によるものであったかもしれない。平癒祈願には新日吉社に拝殿をたて八講を修することを誓われ、五月二日に宿願を遂げられた。また去年よりの流行病が今に止まないとて呪時気病経を書写板行し、千五百枚を諸方へ配られ、みづから経の転読加持を行われた。天和三年九月にも瘧病発し、十月一たん癒ったが再発し、年末の本復祝いには伊勢祐仙・針医奥田意伯ら三十人を招いて宴を張られた。炙治は屢々であったが、元禄五年九月二日新築の隠居所鉄龍庵で伊勢祐仙を招き炙治されたとき、新宅での炙治のタブーについて、「或人曰、於新宅三年之間忌炙治、依之近年御所方皆新殿之時ハ三年之間被忌之云々、鉄龍庵新宅也、可憚之歟云々、予云於新宅忌炙治事尤無稽談也、諸家之書未見之、但於御所方近年被忌之事ハ女中之沙汰ナルヘシ、ヤイトト云ハヤクト云心ナル故ニ為女中ノ沙汰忌之歟、此庵者既ニ此比モ日々焼松茸ヲ食からハ、ヤイト不可及子細歟ト云ケレハ、満座大笑也」と。お好きな松茸と炙治を比較して迷信をしりぞけられたあたり、親王の面目躍如たるものがある。

元禄七年三月下旬は連日のように花見に出かけられ、四月七日は遠く西山へ足を延ばされたこと上述の通り、五月八日、三井寺から坂本、日吉社をへて叡山三塔めぐり、閏五月にはこれも既述の鉄龍庵での『止観大意』講釈、九月には心経疏講釈と中々の活躍振りであった。ただし十月十五日青蓮院宮示寂の頃より不食の気味あり、それでも品宮訪問、東寺や稲荷詣で、妙法院での大師講論義出席など、多忙な日を送られ、明けて八年元旦は雑煮・御盃で祝われた。二月中旬になって回復、東寺・粟田口・今熊野・祇園・伏見など花見の散策を最後に、三月二十五日より再発し臥床せられるようになった。

青蓮院宮なきあと、御連枝中最も親密だった一乗院宮真敬法親王は七年十月頃よりしきりに鉄龍庵を訪ねられているが、むろん健康を案じてのことであった。三月二十五日より一乗院宮のお見舞は頻繁となり、三月二十九日、医師不破柳悦をつれて訪問され、柳悦より御薬を調進した。それまでは北尾芳安調製の薬をのんでおられた、翌日坊官より武家伝奏へ親王の容態が報告され、奥田意伯は針をし、喜多村利且は御腹の診察を行った。四月一日新門跡尭延法親王は祈願のため、醍醐一言観音に参られ、同八日には伊勢神宮へ関祐庵が新門跡の代理として参向した。翌月有馬涼及が召されて御薬を調達、一乗院宮は毎日枕頭につめられた。品宮・右大臣・近衛家熙も見舞われたが、十二日より容態悪化し、一乗院宮昼夜を通しての御看護も甲斐なく、十六日午ノ下刻、五十六歳をもって遷化、二十五日御葬送、十九日の五七日法要は日厳院において山門僧侶参集して行われた。

八　日記にみられる時代背景

思うに親王の御生涯は江戸前期、まさに徳川政権全盛時代で、武断政治より文治政治へ移りつつあり、上方町人文化が非常な活気を呈しつつあったが、その反面京都の公家貴族社会はきびしい幕府の監視下、自由を奪われ経済的にも窮迫沈滞し切っていた。その中にあって幸い妙法院は千六百石余の知行と広大な境内地を与えられ、門跡は経済的に何不自由ない生活を送りえたから、内心幕府の横暴に憤りつつも、表面ひたすらに恭順の態度を持さねばならなかった。しかし親王は時局の推移、社会的出来事には強い関心をよせ、丹念にこれを日記に書留められたので、それらの中には他に当時の記録のないもの、あるいはこれ程詳しい記述のないものなど認められ、史料として貴重なものが少くない。いまその若干をあげて時代背景を考えるよすがとしたい。

第一は公家社会の不祥事である。寛文四年四月、非参議滋野井教広父子は数ヵ年出仕しなかったとて安芸国へ配流され、同五年十一月二十一日、権中納言四辻季賢弟竹中弾正少弼季有は女中密通の儀にて七ヵ国追放され、同八年十一月、非参議長谷忠康の子時充は洛中盗賊の首領となり逮捕投獄された。同十年四月、中納言久我通名は男色のことにより、高倉兵部少輔を殺害して職を辞し、天和元年十一月、権大納言小倉実起その子公連、佐渡国へ流罪になったのは理由が明かでない。同年同月、中納言久我通規、参議千種有維は縁者の真田伊賀守改易に伴い閉門仰付けられ、貞享二年正月四日には権中納言西園寺実輔ゆえあって妻を殺害の上、自殺している。これらにもまして宮門跡方にショックであったのは、はじめにも一寸触れた実相院門跡義延法親王が元禄四年八月十八日、京都所司代松平因幡守より不行跡の嫌をもって蟄居仰付けられたことである。すなわち四、五年来、女犯肉食、遊里に出入し、帯剣、俗服を着し、女人を召使と称して所々徘徊し、近年京中貴賤の噂の種となり、結局遠流一等を宥めて蟄居を命ぜられ、坊官岸之坊父子は一言の諫めもしなかったとて追放、寺院の什宝類すべて検封せられた。義延法親王は後西院の皇子、当時まだ三十歳に達せず、元禄の町人文化華かな世に、戒律の固苦しい生活を抜け出ようとされたのであろうが、幕府よりの拘束にも反撥を感ぜられていたこと、ひとり妙法院門跡に限らなかったであろう。寺院に対する制裁として、その他には醍醐金剛王院・密厳院が行跡不埒とて出雲に流罪になる事件あり、叡山の正覚院豪親は寺社奉行より延宝二年十一月閉門、弟子金山坊は山城・近江・下野・武蔵より追放仰付けられた。その理由は京都西山の西岡辺の地神経読みの盲僧を仏説盲僧と号し、私に法印・僧正・勾当・検校等の官位と衣の色を許し、彼等より禄物をとっていたということにある。西岡辺の地神座はどのような座に属したか、正覚院が地神僧とどのような関係をもっていたかの論議は他日にゆずりたい。

神道界の事件として注目されるのは『旧事大成経』なる神道偽書の流布である。江戸で板行され、張本人は禁獄せられたが、日吉社家に対しても所持のものあらば差出すよう天台座主に達しがあった（天和元、八、四および七）。この偽書は全八十巻の大部のもので日記には次のようにその構成が示されている。

　序伝一巻　目録一巻　神代十六巻　王代二十二巻　惣シテ四十冊

その大体は

神教経　宗徳経　五憲法　大成経　鸕鷀伝　正御旧事記　蒲伝　神代本紀　先天本紀　陰陽本紀　黄泉本紀　神

祇本紀　神事本紀　天神本紀　地祇本紀　皇孫本紀　天孫本紀　神皇本紀　天皇本紀　帝皇本紀　聖皇本紀

右の外

神社本紀　国造本紀　天政本紀　太古本紀　礼綱本紀　詠歌本紀　経教本紀　祝言本紀　歴道本紀　医綱本紀

御語本紀　軍旅本紀　未然本紀　憲法本紀

二社三宮図（六尺四寸ばかりの指図）

第二には天災地変である。最も記事の多い火災は日記にみえる限りでは寛文八年二月、延宝六年正月、天和二年十二月、元禄八年二月と四度にわたる江戸大火、貞享元年十二月の二回にわたる日光山大火、寛文十一年正月十五日、同十三年五月八日、貞享元年十月二十六日、延宝三年十月二十五日、元禄三年十二月九日、元禄五年十二月一日と六度の京都大火（このうち寛文十一年、貞享元年、元禄三年の三回を除くあとの三回はすべて大内裏も罹災している。）を主なものとし、寛文七年二月十四日の奈良二月堂の火事、寛文八年四月十四日越前国の大火、寛文十三年正月の数度にわたる京中放火事件、天和三年十一月二十二日膳所の大火、貞享元年二月二日の宇治の大火など火災の記事は非常に多く、既述のように妙法院周辺でも屢々火事の危険にさらされている。ついで寛文五年十二月の越後国高田、延宝四年六月石見国、延宝六年八月の江戸、天和三年五月の日光男体山、貞享二年十二月の中国筋、元禄二年三月二十八日葛川、元禄七年五月の出羽国秋田庄はそれぞれ大地震があった。また寛文十年八月二十三日、延宝四年七月四日、天和元年七月九日、同二十日、貞享四年九月九日は何れも台風により京都や畿内にかなりの風水害を出しており、大雨は寛文十三年二月十一日（三条大橋流失）、延宝二年六月十二日（落雷降雹）、同元年四月十一日（三条大橋流失）、同四年五月六日（三条・五条大橋流失）、同年七月四日、天和三年閏五月十日（龍巻）、貞享三年五月五日など洛中洛外に被害をもたらし、延宝四年八月二十二日は関東地方が台風による洪水に襲われ、同年九月二十二日丹後宮津も水害をうけた。落雷のはげしかったのは京都で寛文五年七月三日、元禄三年八月十四日など、江戸で寛文五年六月十三日にあったもの、江戸では大名屋敷に多数落ち死者十数名を出している。天変では寛文四年十月中旬より東南方に彗星出現、十一月三日には長さ五間、横三尺余にみえるまでになった。延宝八年十一月また同様の彗星あらわれ、親王は西山より天空に出ている白気(彗星の尾か)、長さ五、六間、幅三、四尺と見取図をのせられた。その後、天和二年八月にも西方にみえたという。このほか若干天空異常現象についての記事があり、親王の関心の程を察しうる。後西院崩後の不思議な天空現象は第三章でのべた通りであった。けだし天災地変と政治を結びつけようとする古代よりの思想はなお強く公家社会には残存し、寛文八年二月の江戸大火には上方でも奇怪な出来事発生し(二月十四日)、ためにお祈を仰付けられる程であった。幕府権力の圧迫を身近に感ぜられる親王としては天災地変や異常現象を努めて記録することがせめてもそれに対する抵抗の気持の表現に他ならなかった。貞享四年七月十八日洛中洛外に何者ともしれず今夜寅の刻より明日申刻まで地中より毒涌出づるにより、前もって水を汲みおくよう触れがまわり大騒動になった。

これは大坂・丹波・近江・大和より江戸方面まで同様なことがあったという。妙法院境内でも門跡からこのようにお触れがあったと騒がれ、親王は老狐・狸の所為かと書かれたが、封建専政の世に対するうさはらしをやったものがあることは充分考えられよう。親王の晩年は元禄の初世であり、幕府財政漸く行きづまり、大きく立直しをする必要に迫られつつあった時期である。親王入滅の年の十月、金銀改鋳が発表され、新金銀との引替えが行われ、同十一年五月八日には扇・煙草入れ、たとう紙の類に金銀使用が禁ぜられ、翌年には全国的風水害により酒造高五分之一を減らすよう命ぜられた。いっぽう賀茂川筋浄化のため、塵芥投棄は七カ所を指定せられ(元禄八、九、一三)、木津川・大和川筋改修により、新田開発希望者を洛中洛外より募る(元禄一一、五、六)など上方河川に対する当局の積極策も所詮は経済的緊縮政策に出ていることは疑いない。公家社会の人々にとって朝権回復への希望は益々遠ざかってゆくような時勢であった。日常の経済生活に何不自由ない親王は天真爛漫の気性をもって朝廷の名誉保持、天台座主の権威擁護のために法会論議などの宗教的活動と著作・詩賦・揮毫・学問的会合などの教養的活動を通じて精一杯の活躍をされた。恐らく当時の皇族中、これ程精力的に学問教養に打ち込み、社会的にも公家社会の親睦につとめ、また京都の自然を愛し、しかも俗世間の出来事に深い関心をもった人物は珍しかったのではあるまいか。従って天台宗の門跡中、随一の逸材であり、妙法院門跡の地位は他の諸寺を圧していた。親王の遺された日記はひとりその覇気に満ちた生涯を物語るだけでなく、江戸中期の世相を知る上に、他の文献ではみられぬ幾多の重要な史料を含む記録として見直されなければならないであろう。元禄八年七月二十六日、親王百ヵ日法要が営まれるにあたり、日厳院前大僧正堯憲は「獅子吼院堯恕親王行業記」を草し、すぐれた師の生涯をしのばれた。その内容は簡潔ながら、上にのべ来ったところでは尽せない内容を含んでいるのでそれを掲げて本篇の結びとしたい。

獅子吼院堯恕親王行業記

釈堯恕、字体素、号逸堂、自称薩達磨、後水尾帝第六皇子、母新広義門院、贈左大臣基音公娘也、寛永庚辰冬十月十六日生師於基音公之里亭、為児穎異聡叡、天啓嬉戯常陳香燈、以奉仏為事、有僧与略法華経、日夕誦之不輟、年始八歳、入妙法院室、為堯然親王之弟子、十一歳薙染、十三歳登叡岳、寓東塔院北溪竹林院、修四度加行、其溪東西有清泉、相伝曰天竺阿耨達池之余流也、乃用為閼伽、毎暁無怠、初登山日拝根本中堂、寺衆扈従者数十、其及出門、師足下忽生虹一道、治叡南岑、衆驚歎、而称未曽有也、即住山二十有余年、咨詢明師、研究教観、博聞強記孜々匪懈、遂尽慧檀二流之秘賾、精玄旨三重之口案、凡山家学徒中興実師之力也、万治三年九月於清涼殿修法華八講者五日、為第一座証義、南北之義虎無共争鋒焉、寛文癸卯歳二十四、趣野之日光山、従尊敬親王受五仏之灌頂、為一身阿闍梨、遮那心印、昭々其懐矣、同年任天台座主職、又蒙護持僧宣、当巡次月一月不廃、其勤労凡三十年、為古今第一可謂勤矣、夏四月講四明指要鈔、弁才如流、理義高遇預聴者悉伏其説、曽欲造経蔵、預点浄地於寺之東北、砂石中忽得慈氏金像寸許、師喜曰、此蔵久至三会暁乎、即安之蔵中名為龍華蔵、内外典籍無不収尽、元禄辛未結菴於寺之西北為終焉地、扁軒曰、鉄龍庵、多植牡丹百合等名花、禅余曳杖逍遥其間為方外楽、同八年春嬰疾、太上皇特遣官医療之、百方不効、同四月十四日別呼堯什一人、示曰、諸悪莫作諸善奉行、是七仏通戒偈、玄旨入道初門也、吾今慇懃口訣、是表附法次第、慎莫生別見、莫懐疑慮矣、翌日衆請遺偈師曰、吾宗唐宋諸師、間有此義而本朝門室祖師、未聞有此義、然我不欲孤子等請、便執筆書曰、踏破一乾坤、呵々振袂帰此路無岐路、夏日白雲飛、入夜移床頭北面西、及更着新衣、戯左右曰、吾臨終容貌、亦不好乎、一笑而臥、呼附弟宮及堯什円恕等、謂之曰、我明日逝乎、子等臨期須諷弥陀経、我今預諷之、即起盥嗽、自揚経題、同音終巻、合掌廻向而止、十六日早旦夢、有人曰某地花満開須速来也、又夢看柴裙昇天、覚後謂左右曰、柴裙是柴雲、又開花是我心蓮也、経曰衆生心合蓮華、諸仏心開蓮華者也、好相如此臨終在近耳、即其日午時聴諷弥陀経、至心不顛倒即得往生之句、安然而化、寿五十六、臘四十六、塔全身於後白河影堂之南、師本善画、病中自画面像、授弟子堯延親王、後令画工継面全身云、所著五部大乗経捷径録、僧伝排韻、智者大師別伝、注別有、詩文雑著、名逸堂草稿、

元禄八年七月廿六日記之

次に妙法院「龍華蔵什宝目録」により、堯恕親王の遺作を示すと次の通りである（聖教類はこれを除く）。符号番号は目録につけられたものである。

〔龍華蔵什宝目録九〕　　第一括

第五十九箱（堯恕法親王御染筆）　　一　覚書　一冊

鶯・山桜・牡丹・筍・燕・郭公・雷・虫・雁・菊・松茸・霜・雪・早梅等の項目の下に一年中始めて見聞した月日を元禄三年より八年までの五年間にわたってメモしたもの

二　同　覚書　一冊

印肉の製法、挿木法、目の薬はじめ種々の心得をメモしたもの

三　新撰朗詠集　一冊

四　和歌抜書　一冊

五　詠草（十歳の時の詠草など七枚）

六　平家目録虎都座頭発音

明暦二年九月二十六日より同三年二月三日までの間に読まれた個所の目録

七　日別記

朔日より晦日まで各日ごとに仏菩薩などを記入したもの

八　日光下向日記（承応二年）

九　日光下向日次記及絵図

天和三年三月より五月まで日光山に下向の際のもの、箱根山の桜の花びらと鈴鹿山の紅葉の葉が添えられている。

十一　色紙（洞庭秋月一枚無題二枚）　三枚

十二　法華経筆者目録　一枚

第二括　梅・秋草之図　二枚

第三括

一　南遊志

慶安二年二月八日、大和国を巡歴された際の名所記である。

二　禁中宛消息案文（明和元年十二月十二日）二通一包

三　寛永寺焼香之図　一枚

四　後水尾法皇龕前堂絵図　一枚

五　御素服諒闇御服装束書　一通

六　尭恕法親王履歴書　一通

七　御経供養導師勘例　一綴（四紙）

元和三年八月、後陽成天皇より東山天皇の御経供養まで

第八括　寛文五年日記脱漏　一枚

東照宮五十年忌一品経のことを記す

〔龍華蔵什宝目録十〕

丙十二　和歌御短冊　八枚

洞　御色紙　四枚

丙十六　詩御懐紙「七夜一首前弟架屋倚林園」云々一幅
丙十七　御遺偈「踏破一乾坤云々鉄龍庵主人」一幅
丙十八　日記　三冊
丙十九ノ一　堯恕堯憲連歌後西院天皇御判詞　二巻一箱
丙十九ノ二　堯恕堯憲連歌後西院天皇勅点　一巻
丙二十七　僧伝排韻　印本百八巻三十冊
丙二十八　智者大師別伝新解　正副二本四冊一箱
丙二十九　五部大乗捷径録
丙三十　法苑珠林捷径
丙三十一　大智度論捷径
丙三十二　大般若経捷径喚義門
丙三十三　諸部捷径
丙三十四　逸堂集
丙三十五　同
丙五十　慈恵大師七猿図（和歌並びに図）
丙五十一　七猿図（写）
丙五十二　詩懐紙
丙五十三　文殊山水三幅対
丙五十四　山水図
丁十六　不動明王図（貞享甲子春）（第六図）
丁十八　大威徳明王図
丁二十二　如意輪観音図
丁二十七　摩多羅神（霊元天皇裏書）
丁三十四　慈恵大師像図（元禄辛未十二月三日）

第四篇　史料集1

普通唱導集　東大寺蔵

表紙題簽

普通唱導集卷上 一本

（タテ 二三センチ ヨコ 一四・五センチ）

（墨付三九丁）

普通唱導集上本 并序

夫以帝都邊域之間逆善追福之席或歎露命之易消兼供養十齊之尊像或悲暗魂之可訪泣〻勸修一日之佛事當座之唱導尤宜令用意者歟觀夫有夢想金鼓之沙門祈人家土民之施主先説妙幢本誓續誦阿彌陀經倫相尋其布施之珎纔只稱得一文之錢重小分致大謝誠以免信施之罪何夫有虚受之過乎而今所有禪徒各雖應佛經讃揚之請用皆以暗内外典籍之義文被物裹物之財寶雖堆案上案下惣釋別釋之法則已背一音一辨先臨佛前旨趣未述始自神分儀式無麗况復表白章句非言泉之辯舌懇丹釋段背學山之名目至于如彼語拙而少其理聞喧而滯其事萬人反脣皆解嘲哢之頤一會成吹無催感情之涙既而疲長居者起座而且退出適〻殘留聟倚墻而頻眠因茲悲浮生設七分全得惠業之人哭亡靈祈三藐菩提覺果之客偸以佛業難成浄刹之資糧尊靈爭離穢土之流轉然間聊綴肝略最要之集豫聚三寶讃嘆之詞殊就密教之軌儀兼訪顯宗之經論分編上中下本末六帖名曰普通唱導集普以兼諸佛法僧之草案通以亘衆人男女之檀那矣爲其躰也於上卷分本末本卷出表白之衆躰末卷表供養之三寶於中卷分本末本卷釋諸部之素怛覽末卷歎一代之佛菩薩暫閣説相之因由先依師資之次第於下卷分本末本卷擧諸人之施主段載通卷之哀傷末卷勘三國之往生傳致因縁幷廻向凡此集躰如何者臨期日而撰篇目排計筭而定章句因茲忽於一座之旨趣速得片時之成辨又夫爲知上代之往躅爲委諸人之曩祖注本朝異域之年紀記王位臣下之系圖抑一部之篇章諸句之次第初以浮心而爲初後以催思而爲後心思之所不及恨是多以有殘是以列次尤亂披閲宜滯竊以中葉詞林射文鳥微禽徒脱惡兵之午前脩筆海漁藻魚小鱗空漏破網之目今之所聚蓋以如斯者歟烏呼疎學之飢窓喰糟糠而尤成珍膳美食之氣味無才之穿棲結茅茨而謬致玉樓金殿之歡會然則飽文章言詞之輩嘲哢而擲泥上富經論義釋之客誹謗而棄郊外因茲偏只祕獨身之懐中敢非備他人之座下干時永仁第五之暦春王初三之天釋門良季採筆記集云爾

普通唱導集上

篇目計筭次第

一發端　二平生　三病療　四逝去　五悲歎　六日數　七作善

八感應因縁　九地形時節勘句例句　十別廻向　惣廻向 已上以十番之目録成一座之旨趣矣

上卷本

世間出世聖靈二種

世間部

天子　后宮　院　法皇　女院　春宮　攝政　關白　大將　將軍
諸卿　大理　受領　藏人　遣非違使　諸人
主君三句　慈父三句　悲母三句
祖父　祖母　養父　養母　舅《シウト》　姑《シウトメ》　聟《ムコ》　嫁《ヨメ》　所天　妻室　子息
孫子　猶子　兄弟　姉妹　乳母　所從　優婆塞　優婆夷

出世間部

僧正顯宗天台　密宗東寺
僧綱　有職　師範　同法　弟子　童形　比丘　比丘尼　禪門

世間出世藝能二種

世間部

文士　全經博士　紀典博士　武士　隨身　歌人　管絃　音曲舞人同
能書　醫師　宿曜師　天文博士　竿博士　陰陽師　巫女　鈴巫
口寄巫　繪所　繪師　蒔繪師　木佛師　經師　紙漉扇紙師　番匠
鍛冶　薄打　刀礪　檜皮葺　檜物師　壁塗《ヌリ》　瓦器《カハラケ》造　瓦造　鏡礪
玉磨　硯造　筆人《ユヒ》　塗師　疊《タヽミ》指　遊女　海人　船人　鉤人　好色
仲人　白拍子　鼓打　田樂　猿樂　品玉《シナタマ》　琵琶法師　商人　町人
馬勞《ハクラウ》　博打　圍基打　將基指　雙六打

出世間部

持經者　說經師　念佛者學生聲明　聲明師顯密　悉曇師　梵字書　伴僧
禪僧　山臥　法相宗　三論宗付俱舍　天台宗付論匠　花嚴宗　眞言宗

瑜伽論說法相文　般若十六善神　大法會略次第

上卷末

三身　四智　四種法身　五智　率都婆　塔婆多寶重塔等　五輪塔婆　石塔
泥塔　寶篋印塔　堂供養　塔供養　鎭守　勸請諸神　經藏　寶藏
鐘樓付鐘銘　僧房　舞樂　百僧供養　溫室　施行

諸曼荼羅

兩界曼荼羅　佛眼〻〻〻　金輪〻〻〻　尊勝〻〻〻　北斗〻〻〻
理趣經〻〻〻　法華〻〻〻　當麻〻〻〻　善光寺如來知光〻〻〻　隨意〻〻〻
梵字種子　悉曇躰文壓叱字相義爲釋梵字種子等　遺髮縫梵字等　光明
眞言　大日　兩部　金剛薩埵　五祕密　五大虛空藏　五大尊　五大
力　烏瑟沙摩　金剛童子　愛染王

中卷本

華嚴經　梵網經　阿含經　方等經　日藏分經　月藏分經　大品般若
經　仁王般若經　本業瓔珞經　妙法蓮華經　普賢經　無量義經　般
若心經　阿彌陀經
大般涅槃經　遺教經　像法決疑經

已上五部大乘經付具經等

本願藥師經　淨土三部經　四十八願文　轉女成佛經　護諸童子經
盂蘭盆經　金剛壽命經　金剛般若經　首楞嚴經　却溫神呪經　三千
佛名經　祕密三部經付理趣經　大日經　金剛頂經　蘇悉地經　般若理

趣經
　諸陀羅尼
寶篋印陀羅尼弘柳傳詞幷陀羅尼功能之事　尊勝陀羅尼　千手陀羅尼　隨求陀羅尼
中卷末
初七日秦廣王不動　二七日初江王普賢　三七日宗帝王釋迦　四七日五官王藥師
五七日閻羅王地藏　六七日變成王彌勒　七々日太山王阿彌陀　百ケ日平等王觀音
一周忌都市王勢至　第三年五道轉輪王阿彌陀已上付一說　十三年可勘之
　雜修善
佛生會　涅槃講　訶梨帝　栴檀健達婆王　毗沙門　吉祥天　大黑天
神　辨戈天　四天王　二王　夜叉神
　祖師
龍猛菩薩　龍智阿闍梨　金剛智三藏　善無畏三藏　一行阿闍梨　不
空三藏　惠果和尚　弘法大師　聖寶僧正　上宮太子　傳教大師　慈
覺大師　智證大師　慈惠大師
布袋和尚　達磨大師　智者大師
孔子廟　老人廟　顏回廟　白樂天廟　人麿廟　已親形像廟
　所修行
如法經立筆　十種供養　法華五種行同法華惣尺品尺　迎講　七日念佛
灌頂表　結緣灌頂表白　誦經導師　嘆德　同返答　社壇講經心經大般若
天照大神諸神　正八幡宮　賀茂下上　春日大明神　北野大明神　日
吉社壇　祇薗社　松尾大明神　平野大明神　熱田大明神　紀州丹生
高野大明神　熊野三所權現　諸神惣社
下卷本
　施主段
仙院　法皇　女院　關白　左大臣　將軍　諸卿　受領　藏人　遣非
違使
諸人
主君　慈父　悲母　祖父　祖母　養父　養母　親類　所天　妻室
子息　孫子　猶子　兄弟　乳母　所從
師範　弟子　同法　童子　比丘　比丘尼　禪門　文士　武士　諸道
別哀傷　惣哀傷　雜談貴賤　眞弟子爲先師　諸人通用雜談　中夭
狂言　福祿
下卷末
　三國徃生傳次第不同爲備目錄
　　天竺徃生人七箇條
東天竺貧人以莚疊施寺遂徃生事
西天竺王子聽聞三時念佛遂徃生事
西天竺后戴彌陀觀生死遂徃生事

西天竺貧女奉仕阿彌陀行者遂往生事
南天竺沙門勤印佛遂往生事
北天竺童子入廿五三昧帳（不良也）遂往生事
中天竺大臣蓮池放魚遂往生事

震旦往生人三十三箇條

惠遠法師事　曇鸞法師事　道珍禪師事　顗禪師事　僧道喩事　登法師事　洪法師事　洪法師事　道綽禪師事　善導禪師事　感法師事　僧法智事　尼淨眞事　尼法勝事　尼大明事　沙彌二人事　童子事　烏場國王事　隋朝皇后事　韋之晉事　紛陽縣老人事　張鐘馗事　汾州人事　女弟子梁氏事

本朝往生人三十七箇條

一條院御事　後三條院御事　左大臣源俊房事　右大臣藤原朝臣良相事　大納言源朝臣雅俊事　權中納言源朝臣賴基事　左近中將源朝臣雅通事　左近少將藤原義孝事　少將源時叙事　前常陸守源經隆事　信濃守藤原永淸事　散位源傳事　慶保胤事　僧正遍昭事　權少僧都源信事　權律師明實事　阿闍梨以圓事　沙門仁慶事　沙門廣淸事　智光賴光事　源空上人事　空阿上人事　夏慶已講事　高辨上人事　尼妙法事　參議兼經卿妻室事　權中納言基忠卿室事　漏山女人事　南京女人事　藤原資平卿女事　上野國小女事　源忠遠妻事　小野氏女弟子事　源賴俊事　安養尼事　永觀律師事　當麻寺曼荼羅緣起事

已上爲ニㇾ備ンカニ因緣ニ一引ニ勘フ三國往生傳ヲ一又夫明王忠臣孝父孝母賢夫貞女師範弟子朋友等各立ニ十二箇條之篇ヲ一記スニ其趣ヲ一專殊ラ引テニ本文ヲ一聊思加フㇾ私ノ詞ヲ一臨テニ其時ニ一餝ルニ其篇ヲ一隨テニ時ノ儀ニ一可シニ用捨ス一而已

因緣

明王篇十二箇條

忠臣篇十二箇條

孝父篇十二箇條

重《チョウ》花禀《ウク》ㇾ位ヲ一　董永賣《ウル》ㇾ身ヲ一
形渠哺父　原谷孝ス祖ニ一
三州爲姓　曹娥赴ク水ニ一
顏烏名縣　申明順フ勅ニ一
高柴《サイ》不咲　曾參忘ル飢ヲ一
許牧負土　王褒廬《イホリス》ニ墓ニ一

孝母篇十二箇條

白瑜泣ク杖《ツエ》ニㇾ　郭巨得ㇾ釜ヲ

丁蘭寫眞一　揚威兒レ虎
百年思寒二　張敷藏レ扇，
孟宗得レ笋，王祥供レ魚一
蔡順採桑　姜詩得泉
張女傷神　王脩《シュン》悲社
賢夫篇十二箇條
貞女篇
師範篇
弟子篇
朋友篇付兄弟
地景
洛陽　東山　西山　邊土
時節
春　正月　二月　三月
夏　四月　五月　六月
秋　七月　八月　九月
冬　十月　十一月　十二月
勘句　例句　別廻向　惣廻向　年王代記　當世皇帝系圖　女院　執
柄家系圖　三家系圖　日野系圖　勸修寺系圖　武家系圖　源家　平

家
異朝
三皇　五帝　唐名　十四代　南朝　北朝日本国名
已上年王代諸家系圖等是
爲勘代々上古爲存人之先祖也
顯供養儀
進佛前著座高座有法則　平座
三禮儀式
先金一　取香爐蹲居三禮等蹲居儀於高座不可然儀式可有口傳歟　金一可
有口傳歟　次法用終後金一　次開眼詞　新被造立圖繪讃嘆供養給へり
極樂教主阿彌陀如來二菩薩可有歟　尊像各一躰　開靑蓮慈悲御眼奉令五眼具
足也
佛眼眞言　金一
四智三身等內證外用功德奉令成就圓滿セ一　密教儀　五智四種法身云々
大日眞言　金一
次神分　其詞云　抑尊像讃嘆之庭妙典開講之砌爲湌受法味證明善根或八上天下界神祇冥道
冥衆定降臨影向之給然則式併テ
奉レ始ニ上梵王帝釋王等一欲色無色之天王天衆爲レ先ニ下難陀跋難陀等一八幡々　賀茂下上々
內海外海之龍王龍衆　下界奉始天照大神一　王城鎭守諸大明神等
殊護持大施主　御本命元神當年屬星流行神等琰羅王界冥官冥道五道

大臣大山府君司命司祿等別當所鎭守某明神　明神部類眷屬護法天等惣《メハ》

奉令法樂莊嚴《セ》諸神分

已上神分勸請神不一准　般若心經　金一

大般若經名　金一　三國傳證諸大師等　○

奉為　金輪聖王天長地久《ノ》　延命寶號　金一

奉為　太上天皇玉躰安穩《ノ》　藥師寶號　金一

別□奉爲護持施主　御願成辨《ノ》　金剛午菩薩

或云　過去聖靈增進佛道《ノ》　阿彌陀寶號　金一

爲　伽藍安穩興隆佛法　大悲多聞天王名　金一

爲　天下法界平等利益　釋迦牟尼寶號　金一

妙法經名　金一　大悲觀自在菩薩　金一

次表白

依《テ》供養《ルニ》佛法僧《ヲ》歸三寶《ノ》句聊可《シ》改《メ》替之《カフヲ》

愼敬《テ》白周遍法界摩訶毗盧遮那因極果滿盧舍那界會一代教主釋迦善逝一生補處彌勒慈尊西方教主彌陀種覺東土藥王醫王薄伽佛寶已上　平等大會一乘妙典八萬十二權實正教法寶已上　普賢文殊觀音勢至等諸大薩埵身子目連迦葉阿難等諸賢聖衆僧寶已上　殊《ニハ》本尊聖者某甲佛菩薩等　惣《ハ》佛眼所照微塵刹土《ノ》不可說不可說《ノ》一切《ノ》三寶《ニ》而言方今信心大施主於其所爲其事等抽一心淸淨之丹誠專三業相應《ノ》白善等《ヲ》

逆修句

爲資《メニ》夢後《ンカ》　無上菩提之妙果《ニ》

敬修《テス》眼前　七分全得之惠業《ヲ》

追善句

相當《テ》某甲聖靈何箇日之忌辰《ニ》爲資《ニ》頓證菩提無上道之妙果《ニ》敬令修其善《ヲ》事《アリ》　其《ノ》鄭重甚深御願旨趣如何者　夫

一發端寄十二月景節　正月

歲去《リ》春來《テ》而風景《ハ》雖改《ルト》　無《ハ》改《コ》者生者必滅之悲也蘮往《ステ》鶯出《ステ》而時節相易《ハカハレ》

不《トモ》易《ルハラ》者會者定離之憂也

人之在世《ハ》辟如《シ》花開《ノ》終散《テニルカ》

物之非《ニ》常《ニ》相同月滿《ノ》還虧《ルニ》者歟　二月

世之非《ル》常《ニ》　宛《モ》如花散《ノ》而隨《シテ》風

人之辭《シスル》棲《ヲ》　不異鳥歸《ノ》而入雲

流轉生死之鄕　未免別離之悲《ヲ》者歟

三月

紅花滿《テリ》林《シニ》　無《シ》開而《テ》不《サル》散之粧《ヒ》

黃鶯移《ル》梢　有《ンヤ》出而未歸之囀《リ》

誠是雖三春榮樂之色　還猶歸萬事眇花之理者歟

四月

諸行《ハ》無常也　春《ノ》景《カケ》暮《レ》而夏《ノ》景來《ル》

萬事《ハ》不定也　昨《フ》日《ハ》是《ニヲ》而今《フ》日《ハ》非也《ナリ》

誠是有爲之理　不レ免ニ必滅之悲一者歟

五月

黄梅含レ露　比ニ哀傷之涙一猶未レ爲レ脆《モロシト》
翠柳靡レ風ニ　類ニ愁緒之思一何夫稱レ亂《タリト》
哀傷與愁緒　無レ物ニ子相喩一者歟

六月

林蟬之慧々而切吟　比ニ哀哭聲一者猶未レ有レ涙
萍《アイラノ》烏之焔々而相轉　類ニ悲歎之炎一者何夫爲レ頻《ナリト》
九廻之愁腸　以何得相喩者歟

七月

秋心成ニ愁字一　初秋者是悲切之天也
風響增ニ歎色一　素律者殊腸斷之候也
隨レ時觸レ境之心　其悲尤夫難休者歟

八月

八月清涼夜正長　欹レ枕而獨催ニ悲涙一
萬端心腸愁彌切　向レ床而幾摧ニ心肝一
迎ニ綿々良夜一　增切々哀情一者歟

九月

季秋九月秋悲欲レ盡　無レ盡者獨愁之袖上涙
涼夜三高夜夢永斷　未レ斷者泣恨之窓中思

虬漏長相滴《シタヽル》之候　憂火猶夫難レ得レ消一者歟

十月

秋景盡而冬景來未盡者哀慟窓之夜涙
林葉散而草葉衰《枯ヌトモ又》　難レ散者戀慕床之曉思
悲歎之尤切得而難可稱□者歟

十一月

仲冬冴陰之天　雖レ見ニ凋而又可レ榮之草木一
中有遙冥之境　無レ聞ニ去而再可レ還之人倫一
誠夫長夜之別　誰是不歎乎

十二月

三冬已盡一歳之暮　悲涙未レ盡哀傷未レ暮
花色可レ見　鶯聲須レ聞　聖靈難レ見遺音難聞
戀慕之思　誠期何時乎

逆修

不レ待ニ夢身後一而營ニ功德一　具成ニ亡今全得之惠業一
相ニ勵眼前一而修ニ善根一　頓登ニ三藐菩提之覺位一
誠是逆修之勤行　得而夫難稱者歟
娑婆者如幻之境也　苦海之流轉難レ可レ遁
安養者易往之國也　寶刹之莊嚴尤足レ望一
誠是非逆善最上之惠業一

爭《カ》夫成二順次往生之願望《ヲ》一者歟

生涯者無常也　不レ驚《ソ》而空《ク》欲レ送《ント》二一期《ヲ》一

人命者有待也　無レ勤《ヿ》而徒《ノ》何還二三泉一

誠是逆修之善根　順次之資糧□者歟

釋迦如來之貽《ノコシ御ス》二誠說《ヲ》一　三藐菩提之惠業尤可《シ》レ祈

普光大士之承《ケ御ス》二金言《ヲ》一　七分全得之資糧誠《ニ》可レ勤者歟

人身《ハ》者無常之姿也　一生之運命難《シ》レ保《チ》

佛果者不退之位也　九品之詫生可レ祈者歟

雜句

如來八十年之寶筭　圓寂之煙《リ》空《ク》昇《リ》

彭祖七百歲之仙齡　方術之藥《リ》徒《ニ》殘《ル》

誠是有待之國不免　無常之悲者歟

蓬萊方丈不死之藥　未レ免二遷化之悲《ヲ》一

東朔西母長生之術　猶有二必滅之怨一

凡厥輪廻之鄉生死難免者歟

生滅者空夢《シテ》也　幾欹《カソハタツル》二開元翁之夜《ノ》枕《ヲ》一

始終者定理《レル》也　誰駐《カトヽメム》二阮子宗之曉《ノ》車《ヲ》一

誠是無常之習　必然理者歟

三界之同虛僞《ナル》也　雖レ知《ト》二唯心之作用《ヲ》一

五蘊之終《ニ》離散《スル》也　猶驚《ク》二假我之生滅一

凡情之習豈夫不然乎

堂供養

建二立《メ》精舍《ヲ》一安二置《スルヿハ》尊像《ヲ》一遠《ク》起《リ》レ自二月氏佛陀之國一修二造《メ》梵宮《ヲ》一崇二重《スルヿハ》法教《ヲ》一親盛《クリサカン也》二干日域君子之朝《ニ》一是以須達長之建《テ》二祇薗寺《ヲ》一也十號之世尊殊《ニ》下《テ》二其地《ニ》一而住《マシ御シテ》　上宮太子闢《ノヒラキ玉シ》　天王寺《ヲ》一也百濟之教法傳レ自二此砌一而弘《ル》聞《テ》レ古《ヲ》勵今《ヲ》一其儀不爾乎

塔供養

塔婆者如來之三昧耶也妙用高廣《ソ》而不レ知二其《ノ》邊際《ヲ》一制底者佛陀之功德聚也善根疊《ソ》而難レ測彼《ノ》今限《ヲ》一是以一拜《タヒ》見之人永免《クル》二惡趣之苦報《ヲ》一纔《ニ》結緣之輩《ラ》定《テ》詣淨刹之樂邦《ニ》一況於造立之功《ニ》一言語心量近《キ》レ覃《ヲヨヒ》者歟

同供養

無相法身之具足衆相也雖二如々平等《ナリト》一　猶重々差別《ナリ》萬德佛果之圓滿功德《ヲ》一　隨種々性欲《ニ》一各一人利益《ス》三摩耶之四義不思議而究竟者□歟

祈禱

壽福增長之謀《ハカリヿ》　無レ過《ク》レ歸《ルニ》二依佛陀薩埵《ヲ》一攘災與樂之勤《メ》尤《モ》在レ修《スルニ》二持法莚惠業《ヲ》一　誠是佛法之切力　□威德誠難測「　」者歟

二平生

天子　伏惟　聖靈陛下

一天塵治《ニテ》　遙《ニ》同《ク》二堯王舜王之聖運《ニ》一

四海浪平《ニメ》　遠《ク》均《ヒトシ》二魏年周年之佳曆《ニ》一

后宮　伏惟　過去聖靈
椒ノ庭ノ春苑ニ　花實相兼而風馥ヲ
蘭ノ臺ノ夜床ニ　恩寵尤ク深而露曖トリ
院　伏惟　聖靈陛下
治メテ二四海ヲ一而多ノ春モ　仙洞之花匂馥《ニホヒ》ク
撫二萬民ヲ一而幾ノ秋ソ　茨山之月光明トリ
法皇　伏惟　太上法皇
備ハテ二十善之帝位ニ一　萬機之諮詢《シシユン》年久ク
入テ二三寶之妙道ニ一　一乘之讀誦日積レリ
如院付御出家改字　伏惟　國母仙院
件仙洞花ノ色ニ一　春ハ翫ヿヲ春一多ノ春
耀皇《佛》家ノ月ノ光一　夜專《終》夜幾夜ソ
春宮　伏惟　皇太子府尊下
立ツ坊ノ風ノ前ニ　寶運之日月既ニ久シ
禁ノ園ノ靈ノ上ニ　皇家之春秋在ツレ近キニ
攝政　伏惟　過去聖靈
攝二一天ノ政ヲ一　施二德政之律令ヲ一
撫二四海ノ民ヲ一　尋ス二窮民之患累ヲ一
關白　伏惟　過去〻〻
三開《ヒフサイテ》二非據之改ヲ一　反《ヘシ》二君ヲ於堯舜之古ニ一

專ラ白《マウソ》二有道之德一　撫ツ二民於淳素之昔ニ一
大將　伏惟　過去聖靈
遂ケテ二人臣之極望ヲ一　榮耀映シ二晴ノ天ニ一
帶メ二兵杖之綸命ヲ一　金索照朝ノ日一
將軍　伏惟　〻〻〻〻
嚴霜之尺《セキ》　撫テ二秋ノ霜ヲ一而征《セイシ》二蕃夷一
寒氷一河　鞭二曉ノ氷ニ一而渡二呼池ヲ一河名也
諸卿　伏惟　〻〻〻〻
趣ツメ二禁裏仙洞ニ一　應《ルヿ》二勅命ニ一已ニ累子二霜ヲ一
致メ二奉公ノ勤勞ヲ一　盡ヿ二忠節ヲ一幾カ經タルレ歳ヲ
大理　伏惟　〻〻〻〻
御幸行幸之共奉ニハ　緋色《アケノイロ》焰々而遮《トツ》リレ眼ニ一
長時臨時之出仕ニハ　□《サキノ》聲濟々而驚《トツ》スレ耳ヲ
受領　伏惟　〻〻〻〻
任メ二一州之刺史ニ一　治メレ國ヲ撫ルヿレ民ヲ幾ノ程ヲ
昇テ二五品之清斑《ハン》ニ一　奉公勤勞多ノ年シ
境ノ間皆盡《コトヽク》　歸シノ二彼德用ニ一
家內之傷　懼《ヲソル、》二其威勢ヲ一者乎
藏人　伏惟　〻〻〻〻
朝ノ參ノ霜上ニ　趣《ツメ》二丹墀《チ》ニ一而幾ノ朝ソ

夕拝ノ風ノ前　踏テ二玉階ヲ一多ノ夕《ウヘ》
立テヽ二日給札《ノフタ》ヲ一　宰《ツカサトル》二天下ノ事ヲ一者歟
遣非違使　伏惟ヽヽヽヽ
馳テ二黒鞦《ロシリカイ》ノ車ニ一　向《カヒ》二斷罪之門ニ一
負テ二白羽《ハノ》矢ヲ一　狀ス二犯過之輩ヲ一
誠是
治ルレ國ヲ之使　制《セイスル》レ人之媒《ナカダチナル》　者歟
諸人通用　伏惟ヽヽヽヽ
柔和稟《ケテ》レ性ニ　尤ノミ好二慈善之事ヲ一
貞潔在リレ心　殊專ニ《シ御シテ》　正直之儀一
於レ人ニ更是レ　無リレ有コト二親疎之思一
爲メニレ物ニ頻思　相二施慈育之志ヲ一
主君　伏惟ヽヽヽヽ
仰コト相ニ同シク高天ニ一　依ルコトレ不レ異ニ大地ニ一
星ニ出星《イラニ》入テ　櫛《カミケヅリ》二干曉風ノ一沐《ユスリス》二干夜雨ニ一
戴レ恩戴ヲ德ヲ一　過二於慈父ニモ一超《タリ》二於悲母ニモ一
同　伏惟ヽヽヽヽ
朝夕ニ隨逐シ　寤寐ニ陪仕ス
厚恩在リレ頭《カウヘニ》　戴テ二恩德ヲ一而多ノ年シ
至忠存スレ心ニ　致メ二忠節ヲ一而幾ノ日ソ

同　伏惟ヽヽヽヽ
仁義稟ケレ性ニ一　貞潔備フレ心ニ
恩育隨フレ人ニ　遠近皆歌《ウタウ》二其德ヲ一
愛顧被《シム》レ物ニ　上下悉蒙《クル》二彼ノ惠ミヲ一
爰信心大施主
消《ケソ》レ魂ヲ爲ニレ恩仕《ツカヘ》　顧《レハ》レ命ヲ依テレ義ニ輕
學テ二前疑後承之志ヲ一　奉公累ネレ日ヲ
成メ二左輔右弼《フイフヒツ》之思ヲ一　夙夜送《クル》レ年ヲ
兼レ愛兼《ネテ》レ敬《ヲモ》　過《キ》レ父《ニモキタリ》過レ母《ニモ》
朝ニ從ヒ夕ニ從フ　靡《ク》レ明《モシ》靡レ晦《トモ》
慈父　伏惟ヽヽヽヽ
身體髮膚之受ケル來　誠雖モレ在トレ雙親之恩一
仁義慈善之學得《ナヒタル》　偏ニ無シレ不《イフ》二先考之德ニ一
同　伏惟ヽヽヽヽ
愛憐之被《ラシムル》二干物ニ一也　遠《キモ》和《ラキ》近《キモ》睦《ムツフ》
顧眄《メン》之施《コス》二干人ニ一也　親《シタシキモ》悅《ヒ》疎《ウトキモ》仰《アフク》
同但僧　伏惟ヽヽヽヽ眞弟子修之其句也
恩山德海　蒙二慈育ヲ一而幾ノ程
眞諦俗諦　致孝行ヲ一而多ノ年シ
悲母　伏惟ヽヽヽヽ誰有測

恩徳尤深《モシ》　亂海之底波誠難測無窮
悲愛已厚切　德山之巓水之露其幾許
同　伏惟　ゝゝゝゝ
其徳尤高《シ》　二花之山嶺猶是卑《ヒキク》
其恩誠《ニ》深《シ》　須彌之高嶺頂《テ》五樂之湖濤還思淺《シ》
溟渤之底
同　伏惟　ゝゝゝゝ
不レ可レ謂二五障之器《ト》一　爲法器《ト》二而又恩徳深《シ》
有便于無上之道《ニ》一　念《テ》二佛道二而既欣求久《シ》
祖父　伏惟　ゝゝゝゝ
其恩尤厚　厚恩之慈父猶名恩所
其德彌至　至孝之尊親又號德本
祖母　伏惟　ゝゝゝゝ
其德彌厚　厚恩之悲母猶稱恩所
其恩尤深　深德之考妣又呼德本
養父　伏惟　ゝゝゝゝ
雖不分骨肉　厚恩偏如慈父
頻久蒙愛顧　訓育只同尊親
養母　伏惟　ゝゝゝゝ
雖不分骨肉　厚恩偏如悲母
頻久蒙愛顧　深德併同尊妣

舅《シウト》　伏惟　ゝゝゝゝ
於過去聖靈之賢息或ハ息女結護持施主之婚姻
其睦誠不淺　其好尤夫深
姑　伏惟　ゝゝゝゝ
於過去聖靈之息女結護持施主之婚姻
其睦誠不淺　其好既是深
聟　伏惟　ゝゝゝゝ
於鐘愛之息女結鴛鴦之芳契
逘迎多年之春秋誕育ゝゝ之男女息女賢息
嫁　伏惟　ゝゝゝゝ
於至鐘孝受之賢息
結鴛鴦鯢鯝之芳契
語來之後　雖不已是逘多春秋
憑狎之間　誠非無深親睦
所天　伏惟　ゝゝゝゝ
非一世二世之睦　結鴛鴦鯢鯝之契
荅多生曠　劫之緣致偕老同穴之志
春花秋月　不許獨見
風曉露夕　相恃共翫
同妻室　伏惟　ゝゝゝゝ

成青松縁蘿之契眞心夫幾許程
致連理比翼之語　賢息既誕之人數
或人云於夫妻句往古語稱松蘿契而音便不宜之加其難仍其後禁之
云云　又喩其粧句《ヲ》云々　論粧芙蓉姿云々　此句又有所可禁云々可レ思レ之
子息　伏惟　〻〻〻〻
孝行存心　鐘愛深心志
三牲之珍養　偏以相憑此
一期之家譜　只是欲任彼
孫子　伏惟　〻〻〻〻
爲二孝子《ノ》一是《ニ》孝子《ナリ》　誠抽志而既孫子
爲鐘愛被鐘愛　共同思而所《ナリ》二寵愛《シ御ス》一
猶子　伏惟　〻〻〻〻
養得幾日　其志超所生
睦來多年　其愛過實子
兄弟姉妹同　伏惟　〻〻〻〻
芳談月前　指歸鴈而不亂行
同胞風底　契斷金而幾致語
乳母　伏惟　〻〻〻〻
防レ濕《フセキシメルヲヨス》　寄レ乾《カハケルニ》　嘗乳味而其幾程
過《キ》レ父《ニモ》超《テ》レ母《ニモ》　致撫育一而及多年

所從　伏惟　〻〻〻〻
一事一言　不背顧命而多年
干朝干暮　相勵勤勞而幾程
優婆塞　伏惟　〻〻〻〻
雖在俗塵　專厭世路之塵
雖非出家　偏崇佛道之家
優婆夷　伏惟　〻〻〻〻
雖五障身　頻厭五塵之苦域
雖三從姿　偏欣三尊之迎接
聖靈名字可書事
慈父　悲母　祖父　祖母　伯父父兄　仲父父弟　舛父仲父之弟　阿舛父弟
中父同　伯母父姉　舛母父妹　外舅母之兄弟　舅父父之兄弟　從兄弟《イトコトシ》
從《イトコヲチ》

當本者東大寺蓮乘院清秀阿闍梨實等承之
寛永十一甲戌秀三月吉辰

表紙題箋

普通唱導集卷上　本二　（墨付三九丁）

出世間部

伏惟顯宗　先師前大僧正法印大和尚位
出槐棘之後胤列龍屬之上首
國主群臣之崇德也振智辨於九重之京都門徒諸人之受文義也施名望於
六宗之官長興福寺別當六宗官長
伏惟密宗天台　先師前大僧正法印大和尚位
傳教慈覺之流　相稟血脈而刷軌儀
七佛藥師之法　令奏伎樂而致勤修
凡厥爲三千之貫首　憶一山之護持或有不修神泉之法儀
伏惟密宗東寺　先師前大僧正法印大和尚位
稟南天血脈　爲東寺官長
神泉之靈池佛場之禪宗　修祕法而祈炎旱積董習
皇家之禁闕　建密壇而施効驗
大法祕法之禀承悉以瀉瓶
深魚密義之傳授　誠是畫底
伏惟顯密兼學　先師權僧正法印大和尚位
云顯宗云密宗　各以窮其奧旨
或決擇或効驗　共同致其名譽
誠是
結家棟梁　僧苑柟檀者歟
伏惟　先師法印大和尚位
紫襟之宗班也法眼法橋同　傍輩皆以賞翫
綱維之上首也　同類各致禮節
伏惟　阿闍梨傳證大法師位
法水滿器　忝闍梨耶之位
惠燈耀光　帶持金剛之印
師範　伏惟　〻〻〻〻
恩山訓言高　陪禪窓而多年
義海雅說深　受經卷而幾軸
弟子　伏惟　〻〻〻〻
避席禮義　身備而更無謬
還坐恩恕　心存而既有誠
同法朋　伏惟　〻〻〻〻
晨昏同志　書窓伴來幾日
談話交語　紙閣相狎多年
童子　伏惟　〻〻〻〻
始自竹馬幼少之昔不背其儀

至于松門狎來之今　無越其則
比丘　伏惟　〻〻〻〻
松門春朝　望花董而春久
禪窓秋夕　觀月輪而秋老
比丘尼　伏惟　〻〻〻〻注是近日句也
淨三業而幾日久其幾程尋耶輸多羅女之跡
抛萬緣而多年雖不久頻訪憍曇比丘尼之志
禪門入道也　伏惟　〻〻〻〻注是近日句也
剃鬢鬘而幾日程　俗衆之塵永厭
辭官祿而多年不久　佛界之緣之熟
世間出世間藝能二種
世間部
文士　全經
伏惟　〻〻〻〻
五常五等　遙訪曾子之侍坐
魯論齋論幾暗何晏之集
同紀典博士　伏惟　〻〻〻〻
雪螢ノ窓ノ下ニ　詩句ノ露頌馳セレ思ヲ
風月ノ席ノ上ニ　詠吟ノ風骨任タリレ手ニ
武士　伏惟　〻〻〻〻

生二武勇之家ニ一　自本《モトヨリ》能稟《ウケ》二其藝ノヲ一
携テ二弓箭之道ニ一　思復巳堪ニ二彼態《タリノワサニ》一
隨身　伏惟　〻〻〻〻
或逐《ハフヒ》或設《ケテ》　爭《ソヒ》二雌雄於桴中《ヲチノ》ニ一
任レ驪《ハスルニ》　任レ擧《テアカルニ》　乘《ノル》二駿馬於庭上ニ一
歌人　伏惟　〻〻〻〻
酌テ二難波津之流ヲ一　證心ヲ於春花ノ秋ノ月一
尋淺香山之跡ヲ一　寄《ヨス》二思於朝ノ露夕ノ雲ニ一
管絃　伏惟　〻〻〻〻
云管云絃　多傳其曲之妙
付呂付律　幾詩彼道之音
音曲同舞人　伏惟　〻〻〻〻
五音七聲　其聲直而應物應姿和
高下屈曲　其曲濃而隨時粧麗
能書　伏惟　〻〻〻〻常分用注
臨池筆跡　恐寫晉右軍之勢超過傍輩之間
入木墨點風清　遙逐魏庶子之跡拔萃同類之輩
醫師　伏惟　〻〻〻〻
金丹練丹之靈方　達方經而治病
白木黃精之良藥　辨藥性而療人

宿曜師　伏惟　ゝゝゝゝ
慶雲壽星　勘吉凶於司天
南斗北辰　辨行度於遙漢
天文博士　伏惟　ゝゝゝゝ
遙漢雲間　明暗《ソラシ》　日月之行度
碧落晴前　仰辨星宿之在位
筭師　伏惟　ゝゝゝゝ
九々ノ乘除《乘チ》　無滯而悉浮心
一々ノ推牒　不違而如指掌
陰陽師　伏惟　ゝゝゝゝ
五道冥官　寵メテ二幣帛珍ニ一而及魂
大山府君　應祭文聲而施威
巫女　伏惟　ゝゝゝゝ
左廻右轉　振鈴之聲應午
說レ當ヲ說レ現ヲ　詫宣之語任口
鈴ノ巫　伏惟　ゝゝゝゝ
捧持箱中　私語《サヽメコトヲ》而示一切之事
傳說語間　實言而告無盡之由
口寄巫女《クチヨスルミコ》　伏惟　ゝゝゝゝ
叩クレ弦ヲ歌間　存已來而告苦樂

執盃手下　清濁傾而成榮耀
繪所　伏惟　ゝゝゝゝ
於人躰馬形者　每物之風情似見其勢
至山水木立者　觸境之景節如向其時
蒔繪師　伏惟　ゝゝゝゝ
手箱硯箱之蓋　梨地《ナシシ》沃懸《イカケ》地任レ心ニ
二階三階之棚　春色秋氣色《ケシキ》隨午
木佛師絵佛師　伏惟　ゝゝゝゝ
如來像菩薩像　隨彩色造立相好誠微妙
慈悲尊忿怒尊　刻出威勢尤嚴
經師　伏惟　ゝゝゝゝ
紺紙全字之法華經　勵自筆而卽時書寫
黃紙朱軸之大般若　率人數而一日調卷
紙漉《カミスキ》　伏惟　ゝゝゝゝ
漉厚紙漉雜紙　在家出家同皆用來
寫書典寫經典　人法佛法所以流轉
扇紙師　伏惟　ゝゝゝゝ
厚地薄地之無盡ナル　染花染紫而色々
黃骨塗骨之有ルレ興　或麁或細而樣々
番匠　伏惟　ゝゝゝゝ

建大堂造小屋　僧房請俗家請
執手鉞《師》構足代　不損木不切繩
若於《ハ》レ有《ランニ》二禁裏　仙洞之上棟《ム子アケ》一
必須任　一日三品之加階者歟
鍛冶　伏惟　〻〻〻〻
鏌耶干將之利釼　任我手可作出
一寸二寸之小釘　隨人要能打得
薄打　伏惟　〻〻〻〻
云金云銀　打來而誠最上
非厚非薄　疊得而尤殊勝
刀礪　伏惟　〻〻〻〻
或大刀或刀　礪來而不違約束一，
伊豫砥《イヨト》合砥《セト》　並置而相兼要用
檜皮葺　伏惟　〻〻〻〻
或堂或房　葺《フキ》來《テ》而久送星霜
云殿云樓　粧成而幾防雨露
檜物　伏惟　〻〻〻〻
鞭桶冠桶　櫻皮目《ヤハメ》細《ホツクメ》　而曲出《マケイタス》
懸盤突重《ケンツイカサネ》　牙象姿妙而作來
壁塗　伏惟　〻〻〻〻

晝《ケ》二下地《ヲ》一尤速疾　宛《モ》如《シ》二驚《ク》レ猫《コニ》夜《ノ》鼠之入《カ》レ穴《ニ》
致《コ》二上塗《ウハリヲ》一專明白《ナリ》　譬《ハ》似《ツ》(カ)一沈《ノ》星《ノ》夕月之出《ルニ》レ山《ヨリ》
瓦造　伏惟　〻〻〻〻
望法勝寺見法誠(カ)寺
防雨露者即是聖靈之疊瓦功力也
越《ヘ》二檜皮葺《ニモ》一過《テ》二木削葺《ケラニモ》一
送星霜者寧非幽儀之燒土德用乎
瓦器造　伏惟　〻〻〻〻
飯盛酢《イヒモリス》器《ツキノ》之樣々《サマく》饗膳之獻陪支要
三《ツ》入《リ》四《ツ》入《リ》，之品々《シナく》酒宴之座席催興
鏡礪　伏惟　〻〻〻〻
陰影如無明雲　懸合砥而拂盡
瑩光似法性月　塗水金而拭出
玉磨　伏惟　〻〻〻〻
百八數珠　水精潔而瑩出
五輪塔婆　火輪妙而磨得
石造　伏惟　〻〻〻〻
墓所塔婆　雖何基任心而造出
伽藍刻橋　注何重隨手而疊得
硯造　伏惟　〻〻〻〻

方圓石工　竹管點畫妙降
左右臺前　松煙墨付誠勝
筆人　伏惟　々々々
云兎《ウノ》二毛一云鹿《カノ》毛《ト》一　能調而隨大小
或二重或三重　妙纒而堪眞草
塗師　伏惟　々々々
泥佛薄佛之上塗《ハリ》　用《ヒテ》二花漆《ウルシヲ》一而增威光《ヲ》一
引入合子之下地《タハ》　亞《ツイテ》二柿澁《カキシフヲ》一而添《フ》二潤色《ヲ》一
疊指　伏惟　々々々
於二繧繝《ウンケン》高麗一者　一日之中指出數疊《ヲ》一
况無樣《ノ》捍含者《フシミハ》　行時之間不知何計
遊女　伏惟　々々々
翠帳紅閨　艷旅宿而畫眉多年
船中浪上　於海道而施情幾夜
海人　伏惟　々々々
云海藻《ノト》二云海松《ミルト》一　凌浪二而多取得
或《ハ》大魚或小貝　分潮二而幾棒來
船人　伏惟　々々々
相風《シヲ》一相雨《スヲ》一　指掌《ヲ》二而更《ニ》不違
渡海《リヲ》一渡河《ヲ》一　任心而誠無滯

釣人　伏惟　々々々
海外凌浪《ニテヲ》一　下掉《スーサホヲレ》一其幾程
船中載月　致漁又多歲
好色　伏惟　々々々
衣裳薫馥　靑黛低而懸曉月
容餝粧好　紅顏麗而薫春花
仲人　伏惟　々々々
吳越《ノ》男女　通好能定其議
艷宴《ノ》會合　傳語誠和彼情
白拍子　伏惟　々々々
於初《テニ》一舞出《ヒタル》　容儀嚴《メ》而悅目
至後《テ》一踏旋《ミマハル》　音聲妙而驚耳
鼓打　伏惟　々々々
緩打《クチ》急打《ニツ》　合舞而辨首尾
左鼓《リ》右鼓《ミキミ》　任レ手而存骨法
田樂　伏惟　々々々
裁錦繡《ヲ》一著《ス》二綽羅《ヲ》一　衣文有レ粧而早昇《クリ》二高足《カシニ》一
三一《ミツヒ》　二五《フツ》　一《ヒ》　二《フ》　一度無《モメ》レ落《コ》而稱《フ》二上手《ト》一
猿樂《ルク》　○○—○　伏惟　○○—○　々々々
老翁《ヲキナ》面《テ》之白髮《ハ》　羽《ハ子ハ》十六之歌無《ウタク》レ滯

冠者公《クワシヤノキミノ》之麁眉《フトマユハ》　齡《ヒ》廿計《ノ》之皃《ハセ》有レ粧
品玉《シナタマ》　伏惟　〻〻〻〻
採《ル》レ繩《ヲ》手下《ノニハ》切《ルモコレ》是速《ニ》續《ク(マヽ)コ》足速《ナリ》
呑レ刀《ヲ》口中《ノニハ》目不《モ》及《ハ》心不《モ》レ及《ハ》
琵琶法師　伏惟　〻〻〻〻勾當
平治保元平家之物語　何皆《レモ》暗《ソランシ》而無滯
音聲氣色容儀之躰骨　共《ニ》是《レ》麗《ノ》而有興
町人　伏惟　〻〻〻〻
以二染木一稱《ヲ》二黑木《スルト》一之數珠　招受戒法師《ヲ》一而悅其思《ノ》一
捧紅刀《テ(カ)ヲ》一號《スル》白刀《シロト》一之指甲《サスカ》　對何原印地而勇彼心
商人　伏惟　〻〻〻〻
浮梁《ニ》買秦《フ》一之心　良人之利潤雖凌浪
尋陽《ニ》守舩《ルヲ》一之思　孤婦之琵琶幾彈月
馬勞　伏惟　〻〻〻〻
相《サワスル》駿《シユンヲ》一無レ採《シ》レ足《コヲ》一菅(カ)筵(カ)《カ》之跡能存《クシ》
見《ル》歲《ヲ》一不レ開レ口《ヲ》一　伯樂《カ》之傳暗通《ニス》
搏打　伏惟　〻〻〻〻
或時打《ハテ》レ梨《ナシヲ》而無衣　眞垂《ヒタヽレ》打《チ》入《レ》而姿衰《タフ》
或時折花而有粧一　小袖折重而頸短《ヒシ》
(マヽ)
圍基　伏惟　〻〻〻〻

筭一兩《ヲ》之目散　誠通《ニ》神《ノニ》一既難《ニ》測《クリ》一
辨生《ヲ》死《ニヲ》一之意趣　縱《ヒ》如佛《モ》豈夫及《ヤ》
小將基　伏惟　〻〻〻〻
昇《テ》步《ヲ》兵而成《ル》金《ト》一　入《コ》聖目《ヒシリ》一既《ニ》無《ニ》程一
飛《ン》桂馬《ヲ》一而替《フ》銀《ニ》一　驚敵人亦有興
(マヽ)
大將基　伏惟　〻〻〻〻
反車香車之破耳《ヲ》一　退《ソケテ》飛車《ヲ》一而取勝《リチ》
仲人嗔猪之合《アハスル》　腹《ヲ》一　昇桂馬一而支得
雙六　伏惟　〻〻〻〻
五六重六　天骨而任《ニ》其手《ノニ》一
要金《カネ》入金《リカネ》　地躰只得其骨《クリノヲ》一
出世間部
持經者　伏惟　〻〻〻〻
一乘八軸　暗夜之讀誦無滯《クリ》一
慶忠能顯　曩代之音聲有趣《リ》一
說經　伏惟　〻〻〻〻
佛菩薩之功德　臨期《ノソムニ》一之讚嘆無滯
富樓那之辨舌　在世之氣色有粧一
念佛者學生　伏惟　〻〻〻〻
(マヽ)
善道和上之意樂只非レ明《ノミニ》一　御書九(カ)怗之文尺《ヲ》一

法然上人之相承亦復達(カ)ス㆓撰擇一部之義理㆒
同聲明　伏惟　ゝゝゝゝ
禮讃法事讃　驚シ㆓聽衆之耳ヲ㆒
奉請初奉請　超傍輩之類㆒
聲明師顕　伏惟　ゝゝゝゝ
梵唄歌讃　傳ヘ㆓魚山之曲折ヲ㆒
調聲助音　爲㆓佛庭之壯親(マヽ)㆒
聲明密　伏惟　ゝゝゝゝ
五悔九方便節　添滿座之潤色
乞戒大阿闍梨　傳一流之雅説
悉曇師　伏惟　ゝゝゝゝ
麼吒躰文之字點(カ)　四十七言懸鏡
南天中天之祖承　雙聲反音瑩玉
梵字書　伏惟　ゝゝゝゝ
於曼荼羅之種字《子》ニ㆒者　內院外院隨ヒ㆓月輪ニ㆒
至窣都婆之梵字ニ㆒者　五尺六尺振フ㆓木筆ヲ㆒
律僧　伏惟　ゝゝゝゝ
五篇《ヒン》七聚《シユ》ノ之威儀　能ク護テ不レ謬
二百五十之制戒　堅ク持ノ莫レ犯コ
禪僧　伏惟　ゝゝゝゝ

銀山鐵壁　護テ㆓鼻ヲ㆒而幾日ノ
竹倚蒲團《フトム》ニ　結㆓跌ヲ㆒而多ノ年
山臥　伏惟　ゝゝゝゝ
棲《スミ》㆓熊野ニモ㆒　棲《スム》吉野ニモ㆒　捨身菩提之行累霜
入リ㆓春霜ノニモ㆒入㆓秋霧ノニモ㆒　大峯葛《カツラ》木之功送年㆒
法相宗　伏惟　ゝゝゝゝ
五性各別之窓前ノニハ　悟乃須臾ノ之月轉シ㆓光ヲ㆒
三大僧祇之床下　攝在刹那之花薰句ヲ㆒
三論宗　伏惟　ゝゝゝゝ
八不中道之月前ニ　八迷之雲忽ニ晴レ
三論開講之花下　三妄之霞速ニ散ス
倶舍宗　伏惟　ゝゝゝゝ
根界窮ム㆓源ヲ㆒　辨ヘ㆓因果ヲ於眞俗ニ㆒
世聖判ス㆓位ヲ㆒　遣集諦於人我㆒
天台宗　伏惟　ゝゝゝゝ
一乘止(?)親之窓前　圓頓之月耀光
三諦相卽之床上　實相之花開粧
論匠　伏惟　ゝゝゝゝ
講經庭講釋　序正流通浮心
番論議番句　筆躰音曲稟性

同　伏惟　〻〻〻〻
義理吐玉　經論文釋浮心
問答流泉　決擇之在席散疑
花嚴宗　伏惟　〻〻〻〻
定水澄淨之窓下　禮普賢文殊爲友
智光照明之床上　與盧舍那佛並肩
眞言宗　伏惟　〻〻〻〻
住六大無碍之瑜伽　到金剛薩埵之職位
疑三密相應之觀念　證大日覺王之果德
三　病療
天子　然間
叡情不豫　致耆婆獻藥之術
龍顏背例　推扁鵲盡方之忠
后宮　然間
照陽殿中　芳菲之粧背例
飛香舍下　寢膳之珍難羞
院　然間
雖在不老長生之殿　下界之塵侵尊躰
雖祈酈縣陶家之算　上壽之流滯叡情
法皇　然間
壇上佛前之叡情　勤修苦行積功
耆婆反鵲之靈方　療養治術盡忠
女院　然間
寢膳背例　椒庭之風先慘
藥石失驗　蘭苑之露忽冷
東宮　然間
近習近臣相議　御惱之輕重奏事
綸勅綸命頻下　靈方之藥石盡忠
攝政　然間
寢膳背例　朝家之萬機其扶滯
藥石失效　鄕相之群議其定空
關白　然間
寢膳背例　朝家滯萬機之政
療養失驗　鄕相閣群議之定
大將　然間
寢膳背例　萬乘之臨幸減容飾
藥石無效　一天之景色闕壯觀
將軍　然間
寢膳背例　幕下之風之慘
療養無驗　帷上之月先隱

諸卿　然間
寢膳背例　拜趨之志節無怠
療養失効　夙夜之勤勞相滯
大理　然間
寢食背例　非違之斷罪道職
藥石失驗　有道之朝議辭官
受領　然間
風霧相侵　訪藥石於州縣
方術失驗　盡療養於散丸
藏人　然間
風霧相侵　旬月惟久
朝參辭役　藥石失效
遣非違使　然間
醫門療養　盡其方不知數
佛家祈禱　致其勤其幾許
諸人通用　然間
寢膳背常儀
病席盡療養　方藥更以無効
祈禱盡諸事
佛家致祈禱　法驗亦復如空
主君　然間
訪和丹之兩家　盡療養之忠節

致藥石之萬方　專陪仕之奉公
慈父
訪藥方之術　盡療養之孝行
尋和丹之輩　致陪仕之慇懃
悲母　然間
其句同慈父大旨不可有
簡別歟仍略已下之輩
四　逝去
天子　遂則
此上春之天
彼下旬之候
辨龍雲慘　舜帝德風聲悲
晏駕霞登　閻王滿月影沈
以來
后宮　遂則　某月某日
雨鬢餝雲　婥妍之粧變色
雙蛾乘月　婉轉之黛沈光
院　遂則
卜芝山雲　厭萬乘之寶位
道鳳闕月　果一天之膺運

女院　遂則
花顔落餝之昔　尋耶輸多羅女之往蹤
蓮臺敲雲之今　預阿彌陀如來之來迎
春宮　遂則
在世之昔　依爲南浮儲君之尊躰
滅度之今　完備西方補處之寶位
攝政　遂則
辭有爲世之境　移無漏國之間
關白　遂則
辭南瞻部州之直廬　移西方淨刹之移臺
大將　遂則
辭有爲世眉目之重職　備無垢界高貴之妙果
將軍　遂則
辭南部鬪戰之苦域　移西方安樂之淨界
諸鄉　遂則
辭苦界之舊里　移樂邦之新臺
大理　遂則
脫赤袍有爲之衣服　著金刹無漏之瓔珞
受領　遂則
辭瓦礫荊棘之境　移金繩界道之圖

藏人　遂則
已辭夕拜々趨之容飾　早證朝日々髻之相好
遣非違使　遂則
捨南部火丁之眷屬　伴西方金刹之聖衆
諸人　遂則
辭　南浮之故鄉
移西土之新臺　以來
通メ㆓上來逝去句ニ㆒每ニ㆓句ノ終㆒可シ㆑用㆓以來ノ字ヲ㆒
五　悲歎
天子　而今
四海皆悲　况於夙夜勤勞之卿佐
一天悉憂　况於朝夕奉公之士臣乎
后宮　而今
四海悉悲　况於照陽殿之士女
一天周歎　况於長秋宮之陪仕乎
院　而今
萬人沈悲　况於月卿雲客之近臣
一天含憂　况於芝砌椒房之士女
東宮　而今
叙情之尤相愁　以四海正任誰人

寶位之既可嗣　於一天須ク㆑禪㆓此宮ニ㆒
諸卿通用　而今
敘情猶愁　誠是一天之愁也
賢佐欲去　豈非四海之悲乎
主君　而今
諸人皆悲　況於恩顧之身乎
遠境猶憂　況於陪仕之人乎
所従　而今
諸人皆憂　況於主君之御心乎
寸心如已　爭慰悲歎之切思乎
慈父　而今
諸人皆憂　況於孝子之御心乎
寸心如割　爭休哀戚之切悲乎
悲母　而今
諸人皆憂　況於孝子之御意乎
寸心如割　況於恩愛之切思乎
親類　而今
諸人皆悲　況於一族之芳契
寸心如割　爭休悲歎之切思
所天　而今
諸人皆悲　況於階老之芳契
一心如割　爭休悲歎之切思
妻室　而今
萬人悉憂　況於同穴之芳契
寸心如割　爭休悲歎之切思
子息　而今
萬人皆憂　況於恩愛之御心
寸心似消　爭慰哀慟之切思
師範　而今
諸人悉悲　況於門弟之丹心
一心似消　爭慰悲哀之切志
弟子　而今
諸人皆悲　況於一窓之師範
寸心如亡　只悲多年之隨逐
同法　而今
諸人悉憂　況於一窓之同法乎
寸心如亡　既休多年之談話
文士　而今
儒林雲慘　槐市之月徒照
文苑露乾　藝閣之風空冷

武士　而今
釼戟之器杖空残　其主何去
軍陣之兵書徒留　其塵早積
諸人惣通　而今
萬人皆憂　況於舊好年久
寸心如割　只悲親睦今絶
諸道惣通　而今
一道之堪能如廢　其主早去
諸人之要用爲（カ）何　其功既闕
諸宗惣通　而今
法幢既摧　魔旬之群陣與誰得降
僧苑應荒　佛日之會場因何有展
六　日數
初七日　自尒以降
百千行之哀涙未乾　初七日之忌景欲滿
二七日　自尒　以來
千萬行之悲涙未休　二七日之忌辰云盈
三七日　自尒之後
數千行之哀涕未休　三七日之忌景已臻
四七日　同
百萬論之愁腸未休　四七日之景陰云臻
五七日　同
百千行之悲哀未休　五七日之忌陰云滿
六七日　同
數萬行之哀涙未乾　六七日之忌陰正臻
七々日　同
數萬行之哀涙未乾　卌九日之忌景已滿
百ヶ日　同
數千行之哀涙未乾　一百ヶ忌景陰正盈
一周忌　同
數萬行之涕涙未乾　一周忌辰既來
第三年　同
千萬行之哀涙未乾　第三廻之星霜迎來
十三年　同
四千八百之光陰早移　一十三廻之忌景之滿
月忌　同
今迎月忌之景陰　敬啓白（マヽ）髪之尊像
通用　同
今幅有緣之禪襟　敬展無二之齋席

七　作善
因茲
造立朱閣　三間四面之堂舍
安置白毫　三十二相之尊像
因茲
造立三重之塔婆　安置《五》四佛之形像
因茲
造立彌陀三尊之聖容　書寫妙法八軸之眞文
因茲
造寫諸佛諸經
迴向亡靈亡魂
佛則等覺妙覺之三尊
十四十五之月並光
經亦本門迹門之一乘
難解難入之花薫白
因茲
造立今尊像　書寫此妙典
其餘作善　不遑羅縷
因茲
圖繪某　佛菩薩

書寫某　修多羅
讀誦
摺寫
頓寫
因茲
點何箇日之光陰　展無二心之齋席
因茲
崛何十口之僧侶　刷無二心之懇席
小迴向逆修
向仰願佛陀經王
早令護持施主
得七分全得之逆善
成三藐菩提之覺果
小迴向追善
伏請佛陀經王
早令過去聖靈
速依一善追修之妙業
忽成ニ《シメ給ヘ》　無上菩提之覺果
一心之懇念　蓋以如斯
三寶之境界　必垂哀納　敬白

一善之妙行　隨分勵心
十力之聖尊　依之垂愍　敬白
願文　經題　發願　四弘　諷誦　發願　四弘　佛名　教化　三身
別德　施主段　因緣　別廻向　惣廻向

普通唱導集上　本

瑜伽論八十六云
如來將欲說法《ニ》之時《ニ》現四種相《ノヲ》一　一《ニハ》從《リ》二極下座一
安詳《トメ》而起昇《テ》二極高座傲然《トノ》而坐《ス》　二《ニハ》安住隨順
說法威儀《ニ》一　三《ハメ》發二謦《キヤウ》欬《カイ》音《ヲ》一示三將《ニ》說《コト》二法《ヲ》一　四《ニハ》面目
顧《コ》視《シテ》如龍屬王一故文　今案《スルニ》當《テ》二座《ニ》一而來世《ノ》
弟子又以可如是一歟

天台法花玄義感應妙尺云
須達長跪佛往祇薗
月蓋曲躬聖居門困
大般若經十六善神
十二神　加四天
寅夘木　巳午火　申酉金
亥子水　丑未辰戌土

本尊釋迦　普賢　文殊　法涌菩提
常啼菩薩　玄弉三藏　深砂大王
大法會略次第靈山寺記錄
先衆僧次第著左右幄屋《ニ》一
次導師咒願同著《ツク》二左右幄屋横座《ニ》一
次亂聲三反
次師子於臥舞基緣
次樂人舞人師子等下立樂屋前發樂
迎衆僧
次樂行事引雜衆到立幄下加立
會行事　其次第
樂行事　天童師子菩薩鳥蝶
舞人　樂人　大鼓　鉦鼓
次會行事引衆僧立加樂行事
衆僧迎之自正面入守標著堂上座
次樂人如元立幄前發樂迎兩師導師咒願師
仍兩師持香品出立幄前
次兩師自左右於禮盤下三禮此時
堂達也惣在廳歟　唱惣禮二反
此間漸奏　登樂

次兩師登高座
次供花　蝶鳥等　次唄　次散花
大行道也
散花師者出舞臺發音唄師之外
衆僧皆玄加舞人樂人師子等皆行道也
次梵音衆　又出舞臺
次錫杖衆　同
各出舞臺供養法用段々皆有
舞樂但隨事躰　梵音錫杖之後
樂計用之略舞事在之
次導師表白々々等畢後諷誦文
役人尅限校之或兼置高座
諷誦之時役人可催鐘也
御《ミ》誦經鐘〻〻〻〻□也
補闕今　尺迦牟尼〻〻
次發願　四弘　如常
次布施　次下樂發之仍下高座
正和五年九月廿五日夜及五更
於燈下書寫之畢

此一册者東大寺蓮乘院淸秀是承
寛永十一甲戌稔三月吉祥日實筭

表紙題簽

普通唱導集一上末（墨付五七丁）

普通唱導集上　末
篇目計筭次第
惣篇目
佛寶　諸如來
法寶　諸經　諸神咒　諸勤行
僧寶　諸菩薩　諸天等　諸影像
佛寶篇
三身　四智　四種法身
五智　五輪　塔婆　多寶重塔
率都婆　石塔　泥塔　寶篋印塔
堂供養　塔供養　鎭守　勸請神　經藏　寶藏　鐘樓付鐘　僧房　舞
樂　百僧供養　溫室　施行

諸曼茶羅

兩界曼茶羅　佛眼〻〻〻　金輪〻〻〻

尊勝〻〻〻　北計〻〻〻　理趣經〻〻〻

法華〻〻〻　當麻寺〻〻〻

善光寺阿彌陀如來　智光〻〻　隨意〻〻〻

梵字種子　遺髪種子　光明眞言　悉曇躰文壓　吒宗相義　爲釋種子

大日兩部　金剛薩埵　五祕密　五大虚空藏　五大尊　五大力　烏瑟

沙摩　金剛童子　愛染王

方今被開眼供養給へり

西方極樂世界教主阿彌陀如來　聖容幷觀自在　菩薩大勢至菩薩

形像各一躰

被開題演說給へり　妙法蓮華經一部八卷開結二經心阿等經各一卷於佛者讚嘆之惣別之功德就經者講尺奉ルヘシ三段之旨趣而今佛像與經卷聊隨相望須有前後不同歟是以高野大師法名諸佛之師佛則傳法之人也釋之若依此義者先雖可披經卷之講釋而後致佛像之讚嘆退而勘高麗人師通法釋云顯說相因佛前法後師資相目法前佛後　文　若又依此意者互隨其望可有前後不同者歟各雖有其義且任自宗高祖解釋可奉致經卷之講釋而又高祖解釋意依祕密義釋之云古德三段是淺略意自宗一々句々一々宗々皆是諸尊法曼茶羅身文以此義故以法華序品題名之九宗釋　胎藏中臺八葉九尊凡厥法華深意是妙法蓮花躰自性清淨理與大悲胎藏中臺八葉蓮花同躰得其意尤深意者也又金胎兩部是理智之二法也互以不相捨離故金剛界又可法華曼茶是以宗祕論釋三災大劫未靈山佛常在天人悉安穩號四金剛界文若尒一乘妙法與兩部曼茶人法且雖各別躰用誠不捨離依此義者法華一部六萬九千餘妙文悉是諸尊法曼茶羅身故更以無序分正宗流通之差別雖可混大意釋名解文不同以平等上有差別故可奉致簡要之讚嘆但雖順常途三段殊依高祖弘法大師解釋可致　其三段　初大意者今此經[illegible]諸佛出在本懷衆生成佛因緣也故文云諸佛世尊唯以一大事因緣故出現　於世云々其因緣者開示悟入之佛知見也其開示悟入者四種阿字門　初開佛知見者第一阿字是菩提心義　次爾佛知見者第二阿字是菩提行也次悟佛知見者第三暗字是證菩提義終入佛知見者第四惡字入涅槃義惣而具足成就是第五惡字卽是具足方便義也其佛知見者衆生所具妙法佛性卽是蓮花三昧之心若開敷之時無量法門無不具足謂六度十八空三十七所禪定解脫百八三昧門五百陀羅尼門等　今敎衆生欲令知識心實相開彼花臺令得佛知見是此經大意蓋如是乎ヤ第二釋題目者妙法蓮華經者漢語梵語　曰薩達壓奔茶羅迦蘇多覽今題目九字胎藏之內八葉九尊其九尊者中央大日如來亦四方四佛東方寶幢南方開敷花王西方無量壽北方天鼓音幷四隅菩薩東西普賢西南文殊西北觀音東北彌勒且初妙者𑖭薩字門卽諸法諦義謂觀自在[illegible]如來入妙觀察智三摩地照見諸法躰相不謬不告名諸法諦義是字觀

音種字眞言此經以此字爲躰爲王從此一字中流出無量無邊之義理此　字有十二傳聲又妙者大曼荼以無比無上色莊嚴大日尊等故法者法曼荼羅字等本有以眞實　故蓮花者通可三摩耶羯磨持自性蓮華等爲標示三昧耶有妙善方便智用名羯磨經者敎也陳　三密四印故四序三部諸尊部別類異四品外金剛部諸天鬼神迄同諸趣一心本法之處無優劣云第一也第三入文解釋古德經分三段淺略之門今教意一々句々一々字々皆是諸尊法曼荼羅佛眼能觀本有章句爲人而說不加一字不減一字經初有如是我聞等五句成就顯義如常釋密義者擧五佛三摩地先如是者則決定義梵云翳髮翳是佛性義鑁是無言說義卽大日如來種子也我聞者我　梵云摩卽眞如我　聞　梵云耶卽乘義一時　梵云三摩耶卽可具四義佛　具云佛陀又云菩馱住卽佛住而住亦法身義王舍城無塵垢義耆闍崛山中無作業之義亦如〆不動義文々句々義各廣釋者歷劫難盡且約四種身明品々者序品涌出品不輕品藥王妙音觀音妙莊嚴普賢等品法中之身陀羅尼品法中大曼荼羅三摩耶羯磨方便信解授記化城弟子人記法師勸持壽量分別隨壽法師功德屬累等羯磨中之法曼荼大曼荼三昧耶如是四種身則觀自在王之一種法門若以觀自在爲首則大日尊亦名觀自在乃至具三十七尊云云若常途釋之者序品爲序分方便品已下至分別功德品十九行偈正宗偈已下是流通也一部八軸大略如斯

次開經結經心阿具經等以開經爲始者法花以前雖可講讚無量義經因彌陀先令釋法花者也

佛說無量義經者

將釋此經略有三門初述大意者今此無量義經爲法花經開經釋尊欲說法華經先現六種瑞相卽說法入定　兩花地動　衆喜放光等也唯非釋尊一世過去諸佛說法華經時有此瑞相故以無量義經爲法花開經今此經所說者無相一理也此經者正教菩薩傍化聲聞法花正化聲聞傍教菩薩是此經之大意也

次釋題目者無量義經德行品者無量義者是所詮之義從無相一法出生無量之義也經者能詮之敎也德行者此品中廣以說小乘德菩薩如來德世故名德行品所以名無量義經德行品　次入文判釋者凡此經有三品初序品爲序說分次說法品爲正宗後十功德品爲流通分也惣此經廣明無相一實相之眞理亦說十種不思議之功德未發菩提心者令發菩提心不行慈悲行者令行慈悲行有嫉妬者忽令起隨喜之思多煩惱者頓令生除滅之想若於此經纔聞一偈一句者卽能通達百千義雖有煩惱無染著雖處生死難沈淪若受持讀誦書寫供養功德得諸三昧拔濟衆生不久卽成阿耨菩提此經解釋如此

觀普賢經者

將釋此經二門分別初大意者此經法花八年之後涅槃三月之先對一圓之頓機結一實之妙道也方今見十願普賢不過三生得六根功德只在一念經大意也

次釋題目者佛者能說之教主三覺圓滿之釋尊說者娑婆化儀四辨八音梵響也觀音能觀智普賢者所觀境菩薩者梵語也此云道心衆生行法者有想無想六根懺悔及利利居士五種懺悔也經者正教都名也故云佛說觀普賢菩薩行法經　次入文判釋雖可分別三段而科釋序正流通人師料簡其義不分明但逃經之大都大聖釋尊八箇年化儀既畢欲入圓寂之尅告諸大衆云　却後三月我當般涅槃文　因茲阿難迦葉等云尊者心中歎念黃金尊像渡生死海不幾尊特聖容隱涅槃山示遠然則我等迷無明之長夜無疑纏煩惱之妄染有近仍致六情之懺悔度二種之生死誠是苦海之舩筏抑亦樂邦之車乘者也此經大都略以如此

次般若心經先大意者此經者古德意稱大般若肝心未爲別會所說高祖獨分五分章段科　一種首尾凡諸乘行人待覺悟於此經三世諸佛證涅槃於此法卽是此經大意也

次釋題目者高祖大師出梵文題釋　此經所謂《ホタハシヤマカハラシヤハラ》《ヒタカリタソタシト》文初二字圓滿覺者各次二字開悟密藏施甘露之稱次二字大多勝三義次三就所作已辨表義次二據處中表義次二以貫線攝持顯字若以惣義說皆具人法喩文　次八文判尺者今經據高祖大師意圓以五分章段釋之常途開演既以異之

第一人法惣通分自觀自在至度一切苦厄

第二分別諸乘分自色不異空至無所得故

第三行人得益分自菩提薩埵至三藐三菩提

第四惣歸持明分故知般若至眞實不虛

第五祕藏眞言分自無相違　於一々段有別々釋大概以如斯具如祕鍵釋之矣

次阿彌陀經者先釋大意者此經說彌陀如來依正勸念佛行者欣氷方今所宣者水鳥樹林宮殿樓閣之莊嚴所說者功德恒沙廣長舌相之稱讃凡厥讃四十八願所成之刹土以三千大千誠實之金言一經之大意略以如斯

次釋題目者佛說者能說所說之人法阿彌陀者彼刹土教主此飜無量壽經貫線攝持之義正教之都名也故云佛說阿彌陀經次入文判釋者自如是我聞至等諸天大衆俱序說分自尒時佛告至等六方段之終正宗分從舍利弗於汝意云何至經說流通分也一經三段大概如斯

已上如法蓮華八軸之講釋開結心阿四箇之經典梗概新段存略如此敬捧妙典開講之惠業

殊資聖靈得脫之良因者也　次阿彌陀如來幷觀音勢至三尊聖容方今被供養讃嘆給一佛二菩薩形像任常例可在惣別功德先惣功德者依密教之意五智四種法身若依顯教三身四智也常途釋三身四智先其三身者法身報身應身是也或說法應化所謂法身無色無形之理言斷心滅之躰也此有二身一理法身二智法身也報身修因盛果之形色像無邊之相音聲無渥之身此有二身一自受用報身二他受用報身也應身樹下成道之質生身說法之相也此亦有二身一勝應身二劣應身也　次四智者大圓平

等妙觀成所　等之四智也轉有漏識成無漏智是以此轉有漏八七六五識相應故如次而得文　密教立五智高祖弘法大師在唐之日謁青龍寺阿闍梨惠果和尚記御ス祕藏要謳九十三箇條條其第九篇釋五智文云五智者謂一法界躰性智三密差別數過刹塵名之法界諸法所依故日躰法然木懷故名爲性決斷分明以爲智二大圓鏡智者謂自他三密無有邊際名之大具足不缺日圓實智高懸萬像影現鏡之喩也三平等性智者性淨智水不簡情非情彼此同如故常住不變故名曰平等情智　四妙觀密智者五眼高臨邪正不謬因以爲名　五成所作智二利應作故妙業必遂成稱也以此爲五智尺矣　次四種法身者四身三身開合不問也三身之中開等流身爲四身是密教之所談也善無畏三藏於毘盧遮那釋御ス三身其尺大日經疏現文殊分明者歟又於論藏中者大乘起信論釋三身義

先法身者一切衆生心中所具足如來藏性躰也起信論隱如來藏顯名法身文　同論云謂如實智一切衆生及與己身眞如平等以有如是大方便智除滅無明顯本法身文毘盧遮那經疏云重陰昏弊日輪隱沒亦非壞滅狹風吹雲日光顯照亦非始生佛心月亦復如是雖爲無明煩惱戲論重雲之所覆障而無所域究竟諸法實相三昧圓明無際而無所增云々此尺意以月喩法身佛性以雲喩無明煩惱以風喩斷或修善也此文亘凡夫賢聖乃至等覺妙覺如來顯得名佛隱來名衆生然則佛果備此妙理凡地日入此法身乃至青々綠竹鬱鬱黃花無不法身般若色質者也

理法身智法身等可委尺之

次報身者答因位萬行果位所盛得色身也住因陀羅細花藏世界音聲無邊色像無邊十地菩薩爲其所化二乘凡夫敢非其境界起信論中從初發意乃至菩薩究竟地心所見者名報身身有無量色色有無量相相有無量好所住依果亦有無量種種莊嚴隨所示現卽無有邊際不可窮盡文　又大日經疏釋報身文云然世間日則有方分若照（カ）其外不能及圓在一邊不至一邊又唯在晝光不燭夜如來智惠日光則不如是遍一切處作大照明矣無有內外方所晝夜之別文　此尺意以日喩報身智光遍一切處作大照明者報身說法音聲幷其相好等無其分限不可有邊際義也

自受用他受用可委尺之

次應身者王宮誕生雙林入滅給フ　一代教主釋迦牟尼如來是也起信論中凡夫所見者麁色隨於六道各見不同種々異類非受樂相故說爲應身文

又疏中復次日行閻浮提一切卉木聚林隨其性分各得增長世間衆勢因三得成如來日光遍照法界亦能平等開發無量衆生種々善根乃至世間出世間殊勝事業莫不由之而得成辨文

此尺意以日喩應佛開發無量衆生善根乃至世間出世間殊勝事業由之成辨者應身作業智也教主釋尊於靈山會上莊嚴三變淨土無量衆生蒙其得益以之一　切卉木聚林依日光暖氣各增長因茲相喩之者也

勝應身劣應身可委尺之

已上三身義大概如此

次應身麁分爲等流身事於自宗談 四種法身義門有之等者相似義也流者流類義也隨種々根機任面々願樂同其事導其輩喩彼觀音三十三身或現童男童女或上現竹苑太子之身下爲蘭臺婦如之形隨其相應同皆是可爲等流身之義者也諸教 談隱顯自宗 明常住是以通四種身立法身稱矣

五智四種法身功德大概如此

次五智四種法身略釋

凡於佛有五智四身此名惣功德此功德在纒出纒具之凡人聖人備之高祖大師釋 此四種身文云問曰法身應身化身等流身此四種身者爲一身所具爲各々出生 此四種身耶答曰一身之所互皆具足皆從一法門出現問然此四種法身於曼荼羅上何等其身答中臺毘盧遮那爲法身四佛爲應身尺迦爲化身 外金剛部鬼畜等爲等流身 問曰四種皆法身 何故論密教法身說 故深顯教化身說 故淺耶答其者據所被機論耳若爲龍鬼等說者可說淺若爲十地菩薩說者可說深教文

此釋意以四種法身配釋四重曼荼羅以顯爲遮情心以密爲表德實義但倩 以自性身者諸法住自性其當躰不生不滅 可爲自性身歟若尓國土草木皆是佛身凡夫賢聖無與妙理依此義者必 不可限中臺一尊萬法併法性色身故雖不可有差別且以本地微細色身義强以中臺爲自性身也是以其所 標示 顯 森羅自性常住之義其所 開顯宜本初不生甚深之理故以中臺卽名自性身 依此義通四種稱法身 次四佛爲應身者於中臺者超八葉絕方所非有身境界而八識 故名應身 次釋迦爲化身者爲化度衆生變化身也爲密機現第三重身爲顯機說百億部經是也次外金剛部六趣等同身也相似其身流類彼姿義也故分別正位經偈說云

自性及受用　變化並等流

佛德三十六　皆同自性身文

卽此四種身名心王心數於此四身各具五智 所謂大圓平等妙觀成事法界躰性智也竪論 之各々則有別躰橫談 之面々亦具五智此五智又具五智乃至各以具刹塵智是故今教意智無邊理々無數談之

凡此四身五智者不可求外卽是一切衆生身心也是以大日經疏中一切衆生色心實相了從本際以來常是毘盧遮那平等智身非是得菩提時强(カ)靈諸法始成法界也尺之若尓凡夫賢聖法性妙身聖靈凡靈遮那 己躰卽是四種法身義也已上四身五智肝略々尺蓋以如斯

次阿彌陀如來并觀音勢至二菩薩聖容　臨下佛菩薩釋段在之

五輪釋

方今五輪者五智法性之躰卽是五大也其種子先阿字是本不生理種子也落種子於地輪則待水土緣始芽 是故有水輪雖有水土緣必待日輪㬮氣得具莖葉是故上有日輪之㬮氣火大雖有水土日輪之緣火火之

德必待解脱風得具足生長　是故有風輪縱雖有水土火風而皆悉堅實何能生物是故最上有虛空輪所謂五字嚴身也下從地上至虛空雖夫重々觀置而尚五大互相融通若常觀念一色於一處病來著身行者可知斯意此率覩婆放光遍法界成毘盧遮那身著白紗我思自始至終種々功德棟梁椽柱無量莊嚴依地盤建立之今觀(カ)世間有三重五重等塔婆功德依重々雖表其相於多寶塔物具足其功德法花寶塔品塔婆卽是於多寶塔物具足　其功德是故善根殊廣大塔婆此稱功德聚卽是此義也一切功德一所積集微妙不思議高廣重々　最尊最上奇特微妙也於此中安置四佛或安置五佛四佛是四方尊位中方以寶塔爲惣躰大日如來如次大圓平等妙觀成所法界躰性卽是東南西北中央也然則此寶塔微妙是一切衆生心藏微妙標識也依此造立功德護持大施主可令獲得無事亦如此若以本尊爲本者以我可爲影以吾爲本者以本尊(マヽ)可爲影諸佛思如是相融可觀是三平等之義也夫法界五輪者大日如來之三摩耶身也是以五智五佛海會聖衆悉以備此五輪功德者也然則萬德圓滿四曼不離故五智四身三密四曼等自利ス他內證外用恒沙塵數無邊萬德皆悉具足圓滿ス然則依造立供養之功放大光明照已者之眞路施大神力證解脱之覺位　塔婆釋　多寶塔今此多寶塔婆者表如來無盡莊嚴功德積集重疊成就不思議作業先於地盤表地大能執持方法量福德給者也夫近塔之石變爲美玉近塔之土變爲黃金度塔上之飛禽避結使之羅過塔下之　走獸兎煩惱之箭而况至心之人乎於造作之人乎然則此山之林中縱有　枯株依造塔力可榮何林非釋迦樹此山之聚中縱有寒草依　造塔力可暖何草非妙法蓮古之瓦文有萬歲千秋樂未央之七字推其樂字之趣感淚難禁現世則天下大平現世安樂之樂後生亦地下拔苦往生極樂之樂弟子所願已同瓦文所修功德廻向十界所修善根引導四息天神地祇向惠日而增光精靈霓魂浴法兩(カ)而難若亦願上自紫震下及黔首華夷消災幽顯蒙益南無一代教主釋迦尊多寶分身諸善逝增益我願助成我願乃至　次三重　五重　九重　十三重　凡於塔婆有重々不同今三重塔是三身功德三部莊嚴也凡三點三德三諦三寶一切皆以三箇員數盡諸法々々皆盡攝在三箇員數更無有餘然則今此三重塔婆是一切功德惣躰也五重七重九重十三重等只是功德重々標識故彼諸功德攝此三重功德更不可有闕乏之分減少之義者也　次安置佛像幷四方之扇等形像事

五重塔

於塔婆有重々不同今五重塔是五大標識五智功德也凡五方五行五色五輪一切皆以五箇員數攝之更以無有餘然則此五重塔婆是一切功德惣躰也三重七重九重十三重等只是功德種々標示故彼功德等或以少攝大亦以大攝小更以不可有障㝵者也弘法大師於東寺造立五重塔事

七重塔

凡於塔婆有其重々依造塔人之意樂初自多寶塔至于十三重等無不其表示不無其由緒今此七重塔者憶其表示七方便七等覺是可其躰相正相等談一切諸法最初根本以七微合成爲其躰其七微合成者四方上下中是也塔婆者諸法本根之躰也仍此七微增長成諸法故以七重爲其標示但如此配尺雖可無盡本標示又非可空者也

九重塔

於塔婆有重々彼重々皆有標示方此九重塔其功德殊以可最上九會九品九識等甚深義理有之歟誠以有其由緒就中九重塔殊以　王城法勝寺先可爲其根本尋彼舊儀白河院凝叡慮所造立也自尒以際天下悉以泰平也　仙洞御治世亦復有其由緒者歟凡皇家稱九重誠以有其所由者也

十三重塔

於塔婆有重々不同初自多寶塔至于三重五重七重九重等雖功德之表示重々率尒難述之而今至十三重者世上尤以看有者歟先眼前其功勞尤以莫太之功也多寶塔幷三重五重七重九重等今重々悉以具足功勞莫太故功德又甚深也大悲胎藏十三大院爲其標示此大悲理界具金剛祕密義仍兩部不二塔廟是卽今十三重塔婆者也

石塔

方今被造立供養給以石奉起立彫刻《テウコクスル》塔婆其作業誠以不朽之善根也或木像或繪像其義雖不踈永代不朽之善根不可過石塔功德其所以者兩灑日曝其躰更無朽苔覆草隱其姿豈有損乎然則造立功用殊以永代示(マヽ)朽也送無量劫經未來際不可有破壞損失者則是今此塔婆者乎

泥塔

方今泥塔之功德造立之善根其業尤甚深其勸有效驗延壽增福之勸難若得樂之行也彼聚砂爲佛塔漸々積功德奉見無數之佛此以泥作佛塔懇々抽精誠全百年之身誠是除災與樂之祕術福貴豐饒之妙業者歟

寶篋印塔

方今凝一心歸丈夫以四指爲寸法尋弘椒而訪效驗仰如來而致忝敬是以現世則官位榮耀之思保一期歡會福貴之家後生早解洞(カ)(マヽ)熱鐵之獄變八功德水清涼之池誦廿一遍消滅百病萬惱唱一七遍摧破解銅(カ)熱鐵其餘功能經文分明甚深之功不可思儀者乎

堂供養

方今被造立供養瓦葺《カワラフキ》　檜《ヒ》皮葺《ハダフキ》　木《コ》削葺《ケラフキ》何間何面堂舍一宇　廊僧房等

奉安置其佛

後壁　妻戶　障子等　尊儀等

凡於一切善根建立堂舍尤以莫大之經營甚深之功德也過去諸佛等在世所建立者先蹤遙遠不能勘於釋尊一代在世須達長者建祇薗精舍奉請佛以爲說法之會場以之可爲其先蹤勝躅者歟或經中說云釋尊放眉間光明照于東方萬八千土乃至照十方世界然後光明還

佛身於處々光明猶相留赫奕尓時阿難即從座而起徧袒右肩合掌白佛言世尊以何因緣世尊瑞相其之光明於彼處處不消猶住唯願世尊說此因緣尓時世尊告阿難言諦聽々々善思念之今此光明不消相留於我滅後未來世中有善男子善女人等起立堂舍佛閣塔廟寺院此功德所光明猶留善根所故兼不其瑞文竊依斯種文敬憶今軌儀當堂建立地尺尊光明定是相殘者乎觀夫雲楣霞軒々致莊嚴課巧匠而瑩寶殿日髻月面之並相好訪毗首而寫金容誠是微妙極妙之靈場抑亦最尊最上之眞躰者也然則莫大之善根筭數難計甚深之功德辟喩何及凡愚更難知其渥際佛日定是極《玉ハン》此作用者乎

三朝例以舊居爲寺事

天竺ニハ無憂王其宮中建精舍施章受論師漢土ニハ孝武皇帝避舊居而爲本起寺本朝ニハ（マヽ）源草ノ嘉祥寺　仁明天皇淸涼殿　安祥寺ハ　五條后寢殿也淸水寺坂上田村痲呂將軍寢殿也

塔婆

寶塔功德以前　自多寶塔至重々塔讃嘆之

鎭守

方今被勸請給其宮靈神凡於本朝者付世間出世先以神祇專可崇重守王法守佛法非神恩者更不得之仍殊依有可奉恭敬之由諸因緣所奉勸請今靈神也然則行雲行兩（マヽ）之權化垂擁護於此砌案上案下之靈德施威力於吾寺若尓春秋之敬祭久傳永代玉帛之禮贊必繼無隱者歟

經藏

方今被建立經藏一宇先一代之間諸宗之意若無經藏者更不可開惠眼因茲抽無二心之懇志寫七千卷之妙典建一宇之經藏約永年之流通伏惟致經卷之安置蒙神靈之擁護於世間敬神靈致恭敬稱護法即是此義也仍正教安置之砌諸佛善神來臨影向善神擁護所穏人豐因茲經藏功德誠以莫太者乎

鐘樓

方丈建立一宇之高樓懸一箇之洪鐘挾雲遙構假粧於驪宮之百尺和霜遠響比聲於豐嶺之九乳誠是驚長夜之眠覺無明之夢辨時剋於晨昏知初後於音聲非洪鐘者將夫如何矣曉夕

鐘銘　處々有其例

淸水寺鐘銘　菅爲長作　淸水寺者蓋山岳之神窟者也　千手千眼觀世音大慈大悲隨人心也謂草創則延鎭聖者訪檀那亦田村將軍延曆以降經四百餘載之緣廻大日本中成一切衆生之素願凡厥貴賤無不往謂就此寶地有一鐘樓頃年炎上鯨乳空消應德之年梟氏冶鑄曉夕之逸韻無絶遠近之衆聞已舊然間華鐘之勢漸破蒲牢之勢甚疎當寺別當權律師圓經已下營今之新範已以終其功矣　聞此音之人皆成觀音之梵音合其力之輩必預佛力與法力始自一人及千萬民一寺之住侶

十方施主相含諸心鑄冶一口長七尺二寸七分徑五尺三寸五分干時建長三年辛亥閏九月廿日三品季部員外大郷(マヽ)菅爲長依滿寺衆徒命染筆採毫作銘曰

二氣之炭　萬物之銅　陶冶異品　造花有功
清水寺畔　白雲樓中　鴻鐘複舊　鳧氏爲工
待霜而和　比嶺猶豐　九乳逸韻　無所不通
音驚毒睡　十方夜夢　可待梵響　三會曉風

今勘此鐘陶冶之年紀日時件日辰時沙門良季誕生與此鐘同年也彼日鬼宿日曜是尤吉日也自尓以降至于今年計其年紀已四十九歳而此洪鐘者音聲尤妙今愚質者才智何拙記錄雖無其詮依催思而注之而已

永仁七年四月十一日記之

僧房

同被建立僧侶住持禪房等七間四面爲恭敬佛像令止住僧侶觀夫禪掩並軒住持久期永代之月香煙出戶薰習遙契來際之風諸僧卜居一乘弘義誠是皇家之護持佛場之壯觀者歟於此蘭若刷今梵席三寶之住持一宗之流布其德尤洪其設殊新者歟

舞樂

方今課麗人令盡妙典調呂調律落霞之吟遠和轉左轉右廻雲之袖暗飜萬歳千秋之樂期永年而催一時之興簫笛箜篌之響迎會月而驚諸人之聞視聽之所觸言語更難及十方之賢聖定來臨影向萬德之如來幾哀愍納受者歟

百僧供養

方今挑大丈夫之佛閣崛百羅漢之龍象觀夫白眉青眼自鷲頂而來歟自鷄足而出歟梵音妙說寫魚山之曲也振鶖子之才也定知迦葉阿難隱形而交此間何辨三賢十地應請而列今會誠是微妙之供養抑亦甚深之作業者歟

溫室

方今沸淨水而設溫泉滌其膚而成無垢之身以香湯而致沐浴除其穢蓄有餘之善倩以於一切之施物溫室之設爲第一其所以如何　者諸財寶隨得無飽期今溫室每人有滿足啻匪洗其身復令難其欲誠是善根之中最上之善施物之間清淨之施者歟

施行

方今設財寶而普施尋妙行於大施太子之故事起願力而普悲効濟度大悲觀音之化導自東來自西來不論貴賤不擇親疎或身上或口中相扶耻辱相支饑渴六度之間檀度爲第一諸施之中捨施是最上仍殊相勵其心專所行其儀也

諸曼荼羅

兩界曼荼羅

方今被圖繪讃嘆給金剛胎藏兩部界會曼荼羅凡一切曼荼羅中以兩界曼荼羅爲第一諸教之中以眞言教爲第一於此眞言教中者就兩部

曼荼羅可有種々深義雖然於委細之義還有其憚仍以大都可奉尺歎之先一切衆生本來備本覺佛性之德無捨離無闕減此功德或名法身或名眞如亦號如來藏亦號理智定惠兩界曼荼羅ゝゝゝ梵語也此餘或云輪日具足又云壇自淺之深一旦可奉讃嘆其功德先心地觀經法身躰遍諸衆生萬德疑然無去來說花嚴經一切衆生無有一人而不具足眞如智惠宣之勝鬘經隱名如來藏顯名法身明之此理此躰雖廻六道雖轉四生文無增減全無勝劣是以唐土人師尺云阿梨闍耶者此方正稱無沒又稱藏雖在生死不失沒收一切含藏文所言阿梨耶者卽本覺佛性也但於阿梨耶者雖有二種義而備覺與不覺之義今躰是就覺義稱阿梨耶爾往而甚深論之曰此不覺之義是卽輪圓萬德之妙躰也起信論中不生不滅與生滅和合非一非異名爲阿梨耶識文卽是此本覺佛性常住心上眞妄常住義也而今眞言教今一重委宣說也其義者一切衆生身有心ㄟ心數一々皆顯佛身心ㄟ則大日如來(カ)心數是三部五部塵數聖衆也大日卽心ㄟ餘尊卽心數五佛卽心ㄟ餘尊卽心數等義門有之歟以心上八分肉團爲中臺八葉而以本有智惠爲金剛部以本有福德爲蓮華部故卽力成義云法然具足薩般若心數心ㄟ過刹塵名具五智無際智圓鏡力故實覺智又　經中普門塵數諸三昧遠離因果法然具無邊德海本圓滿還我頂禮心諸佛文而於此功德有出纒有在纒有在(カ)纒(カ)有智邊有理邊有從本垂跡之義有從因至果之義於此等義門可有兩部之說相自心所具覺性理解卽是兩部曼荼羅也是以十住心論尺云祕密莊嚴住心者究竟覺知自心源底如實證悟自身數量所謂胎藏界會曼荼羅金剛界會曼荼羅文　此釋意覺知自心源底者衆生心上間備兩部曼荼羅　證悟　自身數量者　曼荼界會之諸尊悉是己躰之義也其身心者無量無邊心ㄟ心數也大師釋曰唯蘊拔業二心但知六識他緣覺心二心唯知八識一道極無但知九識釋大衍論說十識大日經王說無量心識文　心識既無量故曼荼聖衆又無量無邊然則過去聖靈御身心卽是此躰性也但性德本有雖具足此妙躰若無修得方便無由顯之是以起信論云又諸佛法有因有緣因緣具足乃得成辨譬如木中火性是火正因若人無知不假方便能自燒木無有是處衆生亦尒雖有正因熏習之力若不遇諸佛菩薩善知識等以之爲緣能自斷煩惱入涅槃者無有是處文而過去聖靈遠離塵累之思朝々是深欣求菩提之志夕々己慇春日折花備瑜伽之壇秋天翫月住祕密之觀性德心蓮是故定已開發本有覺躰亦復何不顯現三業盡罪障三妄佛雲霧者歟若尒在世修行妙業爲因今日供養曼荼爲緣唱　一大法身究竟成道無疑當于此時座中臺如來部大覺師子座者心上八識轉爲四方四佛前後左右奉圍繞　聖靈菩提心福德精進等無量功德爲菩薩聖衆八供天女起雲海於妙供四彼定妃受適悅於法樂答今妙業不可有疑者也此時作業　可奉名成身羯磨會成道既畢　先憶念本誓故有三昧耶會此會諸尊皆住三昧耶形者也三昧耶者此餘云本誓佛三昧耶名本誓者昔因位之時修行法日以所成就物置壇上隨上中下悉

他現三種行者卽成持明仙手執彼所成就物往反遊行十方世界叶
地上到佛果此時手中猶持此物以之名本三昧耶成等正覺之時
隨昔所樂現此本三昧耶形可受法樂者也次曼荼羅右下會者名微
細會諸尊住金剛定諸尊之後有金剛杵顯所入金剛定之義者歟畢列微
細會示《サムコト》　住定之形相偏是此會功力者乎
次右中會名供養會一々諸尊皆特供養具供養新佛儀式也早到覺
之位忝得法帝之位時諸尊持微妙供具可奉供養之儀式者也倩以昔
折節物時花之蓴供養兩部月輪之聖衆令備丹菓靑蓮之相受田　八供
雲海之妙供矣
次四印會表四種曼荼祕密肝心專是此會功德也一期百年之善因得
四印三昧之妙業矣
次一印會攝衆德歸一躰之義也大師尺云如是無量色相威儀唯是不過
一法性內文　蓋是密說一印會義相者也卽唯一法性之躰不二平等
之義也又果滿特尊妙果之相在此一印會者也次理趣會一々諸尊互相
攝入之儀也中央金剛薩埵前後左右欲觸受（カ）愛色　慢也五祕密儀軌意以此五
尊爲五方五尊悟法界平等之理示染淨無碍之義矣
次降三世會同三昧耶會成菩提時明降魔成道之義除四魔王之障難到
三菩提之果德儀也

胎藏界

次胎藏界一々委釋或分三部或分五部前後四重左右三重也大日經
說相說經曼荼羅也與今現圖聊別也所全胎藏界會場十界本有義相在纏
祕密標示也是以高祖大師十住心論云地獄天堂佛性闍提煩惱菩提生死
涅槃偏邪中正空有偏圓二乘一乘皆是自心佛名字釋之卽是今曼荼羅
義相也凡滅罪生善之至極頓證菩提之簡要不可如今曼荼羅功德故大
日經說云無量俱胝劫　所作衆罪障見此曼荼羅　消滅盡無餘文
金言有憑誠說無疑若尒口之答兩部曼荼羅之功力證一大法身之覺
位更以不可有疑　兩部曼荼羅肝略讃嘆蓋以如此胎藏十三大院等依
細々重々略之

金剛界九會

理趣會　降三世會　降三世三昧會　一印會　成身大會　三昧耶三會
印　四印字　供養羯會形　微細法會字

胎藏十三大院

中臺八葉院　二遍知院　三觀雲院　四薩埵院　五持明院（五大院）　六釋迦院　七文殊
院　八虛空藏院　九蘇悉地院　十地藏院　十一除蓋障院　十二四方四大護院　十三外金
剛部院

次第相續有不同歟

佛眼曼荼羅

今此曼荼羅祕密肝心甚深本尊也委細講尺甚以可有其憚凡經中說曼荼
羅功德云
無量俱胝劫　所作衆罪障

見此曼荼羅　消滅盡無餘

然則於一切曼荼羅此文尤可爲通用功能而今於委細尺者雖存略只唱名號可備其讚嘆今拜現圖滿月輪上有三層八葉蓮華滿月是金剛界智門八葉是胎藏界理門或理住智又智住理以蓮花月輪爲金胎兩部標示先中央是佛眼佛母也前尊金輪佛頂餘七箇葉中右旋日月火水木金土七曜也第二右旋八大菩薩第三右旋八大明王又外院四方八供養四攝也各依本誓願持本標識加持行者擁護給施主是以一切災難未然消滅無量福德卽時獲得誠是甚深祕密之本尊抑亦瑜伽相應之軌則也委細功德不能具述矣

金輪曼荼羅

今此曼荼羅者祕密肝心甚深本尊也無量俱胝刧等云々釋其在位者中央是金輪佛頂也以七寶爲眷屬所謂其七寶者一輪寶是摧破諸障難無有其餘二珠寶是隨其所願兩諸珍寶三女寶勸發其所作業田四屬寶任持一切有其功用五馬寶於軍用有速疾作用六主藏寶含藏萬寶無有散失七主兵臣寶摧伏違逆能有作用具此等七寶隨其所求成就一切(カ)負田縱雖一兩財寶可成就其用何況七寶悉具任心而無碍凡金輪者自在之義也滿足之義也堅固之義也不壞之義也何願不滿足誰輩不仰信本誓之無盡不可勝計誠是甚深祕密之本尊抑亦瑜伽最上之軌則也委細功德不能具述者也

尊勝曼荼羅

今此曼荼羅者祕密肝心滅罪至極也是以經說云方今釋其在位者大圓明月輪上以三鈷分界道以寶瓶爲分齋其中央是大日如來以[illegible]字爲種子左圓明白傘蓋佛頂以[illegible]字爲種子右圓明最勝佛頂以[illegible]字爲種子中圓明前尊勝佛頂以[illegible]字爲種子其左圓明勝佛頂以[illegible]字爲種子尊勝佛頂右圓明廣生佛頂以[illegible]字爲種子右圓明無量聲佛頂以[illegible]字爲種子光聚左圓明發生佛頂以[illegible]字爲種字也下左邊半月中降三世右邊三角中不動尊也以[illegible][illegible]爲種子六箇飛天雨邊各執花其種子共是[illegible]字也

凡此曼荼羅本誓功德殊壽命長遠又福德自在也一切願念所以圓滿成就者也尊勝儀軌說云

我今略說尊勝陀羅尼法印卽是除一切障滅一切地獄傍生等自故號尊勝佛頂之義是故如來爲善住天子說除七遍畜生之身文　又云尒時世尊慈悲愍念便入　除障三摩地狀如輪[illegible]之像手執金剛鈎頂背圓光乃至應墮惡道者皆思滅除一切惡業是故滅故方爲除障佛頂文　凡不空所譯一卷儀軌善無畏所譯二卷儀軌文々悉說除障滅罪之功能句々併述難若得樂之妙用觀夫尊像魏魏本誓重々　諸尊圍繞中臺々々含攝諸尊六箇飛天乘雲來無量無邊之福壽如雲可來兩軀怒王振威住　有執有餘之障碍任擔無殘在世之昔如來說七遍除善住天子畜生之身滅後之今施主圖一舖

護持施主福壽之願

過　去　聖　靈　德　脫　之　果　者也

北計曼荼羅

今此曼荼羅者延命增福之本尊富貴自在之曼荼也於圖繪有方圓二種
說今所奉圖繪者是某曼荼羅也先中央金輪佛頂者技時處儀軌拜此尊
功德云大金輪明王威光逾《コエクリ》衆日七寶具圍繞○爲一切佛頂以自性
光明○威威曜日輪○遍照無餘界○摧壞諸暗瞑文
同文云一字頂輪王殊勝祕密法修此三昧者現證佛菩提文　弘法大師引此
文爲卽身成佛之證據眞言一家依其義振自宗不共之談話此等之衆
德誠在今尊之功德者乎夫以惣躰尊者金輪王居主領者卽是尊星王也
此尊一夫之帝王七星之所歸也七星者以此尊爲尊主衆星者依北計而
各相供鎭是居住北方之碧漢妙能照見衆生之宿軍是以或稱北辰亦
號妙見者也　次略讚七星者貪狼星者日天子之化身也巨門星者月
天子之影現也日月之兩輪者陰陽之二儀生長人輪豐饒國土溫德冷德
養育一切火珠水珠出生萬物祿存星者火之精神也文曲星者水之靈
德也火能焚燒塵垢水能洗除汗穢亦夫溫《アタヽメ》物濕《ウルヲス》物不可不用廉
貞星者土之精要也相亘四季悉載萬物若夫難大地之切豈亦任持之
德乎武曲星者司木德破軍星者司金德金木之二種最要之兩物也誠以
宮殿之遮兩也採山木而成其棲刀釼之振霜也降怨敵而全其身此皆
東方七佛之應跡上天諸星之君王也其餘威德言語更區(カ)及南無七曜九執
十二宮神二十八宿卅六禽《キン》同是依爲如來隨類之方便既垂衆生化度之利
益者也

理趣經曼荼羅

今此曼荼羅者祕密甘心甚深本尊也圖繪恭敬消滅無數罪障稱揚讚嘆
獲得無量福德昔毘盧遮那如來於他化自在天王宮爲諸大菩薩說
此般若彼(マヽ)羅密多甚深理趣十七清淨句門蓋是十七大菩薩三摩地句也
能令住持者疾至菩提其功德雖說不可盡矣　一大安樂不空三昧耶眞
實金剛薩埵蓋是表諸佛普賢之身周遍器世間及有情世間以無邊自
在其理常躰寂不忌不壞故有此名號持金剛鈴是適悅義置腰之
左表大我義轉拳向外是示衆生儀也　二意生金剛以大悲欲箭
害(カ)二乘心所以手持此箭三髻(カ)利吉羅金剛中國言名觸令衆生必成解
脫令觸受法身功德也　四悲愍金剛者以慈悲故以愛念繩縛衆生
令到菩提儀也摩竭魚所遇吞納無免者卽其標識也　五金剛慢菩薩
以無上智令一切衆生悉證毗盧遮那如來躰於世間出間(マヽ)皆悉自在無碍
無有障碍義也　六金剛見菩薩以寂照(カ)大悲之眼於雜染世界及淨妙國
土眞俗二諦見一切法勝義眞實之諦持意生契而現其三昧之身義
也　七金剛適悅菩薩於身塵得適悅於生死無厭亦無住義也　八
金剛貪菩薩貪受得清淨故積集功德智惠疾令至菩提也　九金剛自在
菩薩出入三界無畏於生死與涅槃得大乘之躰也　十金剛春菩薩以
菩提覺花起供養靈海亦以方便授與一切衆生海矣　十一金剛雲
菩薩能以法雨澤滋潤含識之類成無量供養雲矣　十二金剛秋菩
薩常以智燈破諸暗亦以方便授衆生起供養雲也　十三金剛
霜雪菩薩是冬菩薩也衆生心躰滅煩惱之熱成五分法身清淨香　十四

金剛色菩薩於テ二浄法界一起ス受川色身ヲ於雑染也界ニ起變化之色身ヲ義也
十五金剛聲菩薩以聲清浄智常恒諸法聲能成佛事功德尤甚深也　十六
金剛香菩薩以テ二香清浄智發金剛界自然名稱之香ヲ一功德也　十七ニ金剛味
菩薩以チ二味清浄智ヲ一持ノ二瑜伽三摩地無上法味ヲ一以爲觀喜事ヲ一故也凡此一
曼荼羅ノ尊位略メ述其尊位之名號ヲ一如此若具讃其功德ヲ一經却ヲ一難盡世間出
世事業菩提涅槃果德具足此ノ一曼荼羅ニ一故圖繪恭敬獲得無量福德ヲ一讃嘆
供養スレハ消滅有餘罪甚深微妙之功德得而不可讃歎シス盡一者乎　一曼荼羅尊位
梗概蓋以如斯

香　冬　味
愛未女　意生　意氣女
秋　愛　意生　春
計里女　計里　意生女
聲　時雨　□色

此本者東大寺蓮乘院清秀闍梨與予
寛永十一甲戌年三月吉日實箏（西）

〔表紙題簽〕

普通唱導集二上末（墨付三四丁）

法華曼荼羅

今此曼荼羅者祕密甘心妙法深旨也釋其在位者高妙寶塔中釋迦多寶二
佛同座シ御スレ是則依往昔久遠願力ニ一共演説妙法蓮華ヲ一其八葉ノ上ニ有普賢文
殊觀音彌勒藥王妙音常精進垂（カ）書意等諸大菩薩次第ニ安住シ御ス　四隅有ニ四
大聲聞所謂舍利弗目健連迦葉須菩提是也　第三院ノ内外八供四攝等菩
薩圍繞　第四重四大明王八方天等六尊卽是現圖形像也　誠是妙法蓮
花之最深祕處眞言祕密ノ最上ノ瑜伽也

軍荼利　大自在天　毗樓勒叉
燈　寶幢　鈴　宿王花　塗
帝尺天　須菩提　舍利弗　妙法堅那羅王
藥王　妙音　常精進
持國天　鑠　文珠　尺迦　無盡意　鈎　毗樓縛叉
多寶
彌勒　普賢　觀音　目健連　藥音乾達婆王

梵天 花 迦葉 一切義成就 索 勇施 香

如意迦樓羅 毗沙門 降三世

當麻曼茶羅

今此曼茶羅其根本大和國當麻寺尤是最初也　初爲顯現之根源世人呼奉稱當麻曼茶曼茶羅者也　此曼茶羅根本之緣起彼本寺在之改然就彼緣起聊可奉讃嘆之　推古天皇御宇豐日　天皇第三王子聖德太子御弟麻呂子親王建立當麻寺　此寺役行者修練若行之舊跡也而大坎天皇御宇天平寶字七年大納言横佩卿息女專營西方之業久修念佛行戀慕之餘平自書寫　稱讃淨土經一千卷　件經于今在彼寺爲結緣或少々有傳持之人歟　同六月十五日遂以出家發願云我不奉拜生自阿彌陀如來不可出寺內誓之一食持　齋唱彌陀名號不退也至第六日酉尅不識誰人一人尼來告云汝懇西方故我今云來顯淨土變相欲令見之蓮糸百駄計可被儲云々　爰申下宣旨近國之間相尋兩三日之間無程九十駄計出來本願與化尼共折件莖取糸來集人同取之　然後初堀井此尼以件糸入　其井其糸自然五色染同廿三日酉尅又一人化女來云糸已調給乎化尼答云既調　化女又重云然藁二把油二升給之可織仍與之而燒之　戌尅終寅初至三時程一丈五尺曼茶羅織調無節竹軸シテ正面持來本願女與化尼御玉ケル中ニ置之　織姬尼暇申去給ケリ化尼猶留曼茶羅樣本願女奉訓給已訓畢化尼欲去給之時本願女喜悅之餘言此何人御　如此貴萬茶羅織給令申給之處化尼答曰汝不知申此織姬我左脇士（マヽ）　我棲有西方トテ說一偈云往昔迦葉說法所　法喜垂跡佐佛事

卿墾西方故我來一入是場永離苦三唱此偈又同告曰　此處是攝取不捨之砌決定往生之場也依之我鑒汝心念來汝宜向此像遂往生此像爲未來一切造惡凡夫決定往生之本尊也トテ卽チ放光明指西入雲御シヌ　此時本願女喜淚悲淚相半　降奉拜萬茶羅最如臨淨刹自尒以降且暮行業不怠造次願樂無倦遂則寶龜六年三月十四日午剋往生異香滿室瑞雲繞垣誠是我朝無雙之勝事彼寺規模之靈德也大都緣起存略如此

而此曼茶羅樣顯淨土莊嚴微妙之上觀經說相左右下方ノ三方顯之右緣　明序分左緣　明十三定善下緣　散善九品也就右緣序分上明通序五成就靈山儀式同聞衆也七序中化前序也右緣　下上逆次餘六段顯其中顯行示觀兩箇正宗中中定散故略之歟　其餘禁父禁母厭若欣淨四緣顯之形躰　次左緣　明十三定善是序分欣淨緣中敎我思惟敎我正受兩句答佛說之也於此十三觀有依報有正報故玄義中善導和尙釋之曰

言依報者從日觀下至花座觀已來惣明依報就此依報中卽有通者別言別者　華座一觀是其別依唯屬彌陀佛餘上六觀是其通依卽屬

法界凡聖但使得生者共同受用　故言通也　又於六中分眞假一日想水想氷想假依也瑠璃地下《ヨリシモ》至寶樓觀眞依也於正報中亦有通有別別者卽阿陀佛也卽此別中又分眞假假正法者第八像觀世觀音勢至等亦如是衆生障重染或處深今則乍(カ)觀眞像住心想爲證境便被見之已上左緣　諸相如此　次於下緣左行右有　三輩九品差別且就行相分別之者上品上生讀誦大乘上品中生解第一義但今此解第一義者雖似深奥觀善導尺意但言善解未論其行是散善者也次上品下生菩提心也此菩提心異聖道四弘誓花等散善義尺唯發一念厭苦樂生諸佛境界速滿并大悲願行還入生死普度衆生故名發菩提心文　次中品上生中品中生小戒戒行也依受者持犯有二品差別中品下生是世善仁義禮智信也　次下品上生十惡罪人臨終一念罪滅往生　下品中生破戒罪人臨終聞佛依正卽往生　下品下生五逆罪人臨終十念罪滅往生　凡合此九品爲三輩玄義中尺之云　上輩遇大中輩遇小下輩遇惡也而於三輩三人者中上品中之品出世小乘行人也而中下品漏大小乘世間善淨土廻向往生也　次下品三人者漏世間出世二種善根　衆生以此爲機根　然則善導和尚尺下品ノ三輩云無有佛法世俗二種善根唯知作要文　凡此下三品機一生已來惡人無有一念慙愧然間臨終之時地獄猛火罪人眼前現而遇知識敎或一遍唱名號無暇十唱二反死者往生或纔耳聞彌陀寶號往生或又十唱彌陀名號往生　方今末世濁惡愚鈍凡夫所憑者卽是下品三輩之機根也

所仰者亦復濁世末代之引攝也誰人不仰何輩不信乎　已上下緣　三輩九品說相如此誠是生身彌陀成化尼觀在尊爲化女顯淨土變相織眞容相好今曼茶羅之奇瑞尤以可信仰者乎　甚深之切能　併在彼傳　大都之趣略以如斯

信濃國　善光寺　傳起　百濟國聖明皇獻渡月蓋長者念佛生身如來事

奉治鑄一光三尊阿彌陀如來長一尺五寸　觀音菩薩　一躰得大勢菩薩一躰長各一尺右此佛像獻渡奉之始者副斯歸嶋金刈《サシ》宮大八嶋國所知《シロシメス》天律(マヽ)國排開《アシヒラキ》廣庭《ヒロニワ》天皇御宇治天下十三年壬申十月十三日辛丙(カ)百濟國聖明皇襃(カ)命之後件佛菩薩頂捧以獻渡來其時王城大和國山邊郡志奇嶋之宮也使人西部姫氏百濟國使姓也達率怒利致契與思率多利致衍并二人等差使貢上如右其表云奉獻一光三尊之像三躰之內阿彌陀佛一躰長一尺五寸觀世音菩薩得大勢至菩薩像各一躰長各一尺件佛像者昔尺迦文佛住毗舍離國菴羅樹大林精舍之時一切人民遇五種大惡病既及月如是者女子名也蓋長者女子如是尒時毗舍離大城之月蓋長者五百長者共往詣佛前頭面作禮白佛言世尊此國在之人民等遇大惡病良醫之耆婆能盡道術所不能救世唯願世尊哀愍拔濟玉世尊告長者言去此不遠西方有佛號無量壽如來有二菩薩名觀世音大勢至汝當請彼佛二菩薩懺悔業障尒時長者向彼方燒香散花佐禮奉請彼佛菩薩之時十念之項無量壽佛二菩薩此國土來臨住毗舍利城門閫放大光明照毗舍離城皆作金色則阿彌陀佛說神咒之法消滅重罪觀世音大勢至開眞手之印相違常像　藥相平(マヽ)複國中病人乃至

死人皆悉得生活然後佛菩薩將還西方尒時長者白釋迦文佛言我今依世尊敎訓作諸故佛菩薩眼前來現奉拜見而爲未來世衆生欲造移彼佛菩薩像願世尊慈悲聽許加神力尒時釋迦文佛遣大目揵連於龍宮城令取閻浮檀金與月蓋長者倶向眞金之身造移奉留既畢鑄移　三尊與生身三尊互放光明說甚深之法生身彌陀歸於西方之時閻浮檀金之佛諸共歩虛空尒時長者白佛言世尊造移之意趣者於南浮爲本尊爲利益末世衆生也如何歸西方哉悲泣流涙尒時新佛告云我卽送生身可歸來定經一時則還來利益衆生月蓋長者薨之後金像老騰到百濟國經一千餘歳利益衆生其後佛告云吾徃海東之國示欲利衆生因之奉渡之者也緣起委細不能具述自尒以降利益嚴重瑞應炳焉者也倩以於阿彌陀如來者只爲後生菩提有其利盛者就其功勝(カ)如今如來驗德者消除重病成就願望然則現世當生只可奉仰阿彌陀如來矣

智光曼荼羅

今此曼荼羅者元興寺有二人沙門一人名智光一人云賴光從少年同心欣求淨土臨念佛賴光至(カ)老季與人不得語似失本心智光怪問之惣不答賴光遂入滅智光悲歎願知彼生死而智光夢中到賴光所見之似淨土問曰是何處乎　答曰是極樂也以汝懇志示之智光曰我願生淨土不可還賴光答曰汝無行業不可暫留問曰汝生前所行無之何得生此處乎　答曰汝不知我往生之因乎我昔披見經卷往生尤知不易仍抛人事絶言語行住坐件(カ)四威儀中唯觀彌陀相年序積功因茲世上人謂失念汝善根未足爲淨土業因智光聞此言悲泣(カ)不休重問曰何爲決定可得往生賴光曰可奉問佛仍共詣佛所智光頭面禮拜白佛言修何善生此土乎佛告智光可觀佛相智光卽言此土莊嚴微妙轉心眼難及凡夫短慮爭觀之乎佛卽擧右御手掌中現給小淨土智光夢覺忽命畫工令圖夢中之見相一生之間觀之終得往生卽是智光曼荼羅也

隨意曼荼羅

今此曼荼羅者隨行者之意樂圖諸尊之躰相於一鋪之面拜諸佛之相尤以善巧甚是微妙也從初七日不動明王至第三年彌陀如來十躰形像也先初七日不動明王者乃至第三年阿彌陀如來已上如是一々奉圖繪之　先種子者　次三摩耶形　次尊形　次本誓廻向旨趣如斯

梵字種子

方今月輪中蓮華上被書寫給𑖀等若𑖮𑖿𑖨𑖱𑖾字

於梵文有字相有字義今此種子是凡修一切善根尋最極限源不可遇　梵文功德於甚深義理者暫閣之今見世間一切草木聚林皆從種子生若無其種子者枝葉花菓更以不可成法性種子亦復如是如來娑羅樹王萬德開敷功德卽是從法身種子而出生者也

悉曇躰文壓吒字相義

爲供養讃嘆諸尊種子梵文等

尤可爲最要歟

一切諸法本不生不可得義
一切諸法寂靜不可得義
根本〻〻〻
實禍
譬喩〻〻〻
損減〻〻〻
求〻〻〻
自在〻〻〻
暴流〻〻〻
化生〻〻〻
邊際〻〻〻
遠離〻〻〻
已上十二點常所用也
神通〻〻
類例〻〻〻
染〻〻〻
說法〻〻〻

已上十六點之壓吒𪊲爲點盡

已上卅五字母加十二點每字生十二字也

大日經疏第七　尺（カ）𑖀字云

𑖀字是一切敎法本　凡最初開口之音皆有𑖀聲若離𑖀聲則無一切言說故爲衆聲之母乃至　一切法無不生從衆緣〻〻〻者悉皆有始有本今觀此能生緣亦後從衆因緣生展轉從緣誰爲其本如是觀察時則知本不生際是萬法之本猶如聞一切語言時即是聞𑖀聲如是見一切法生時即是見本不生際若見本不生際者即是如實知自心ナリ〻〻〻〻〻即是一切智々故ヒルサナ《毗盧舍那》ハ唯是以此一字爲眞言也

而世間凡夫不觀諸法本源故妄見有生所以隨生死流不能自出如彼無智畫師自運衆綵作可畏夜叉形成已還自觀之心生怖畏頓躄（カ）地衆生亦復如是自運諸法根源盡作三界而還自沒其中自心熾然備受諸苦如來有智畫師既了知已即能自在成立大悲曼茶羅由是言　所謂甚深祕藏者衆生自祕之耳

遺髮種子

方今以髮鬘奉縫顯梵字種子一鋪凡書（マヽ）諸佛之法曼茶羅事或墨點或金泥依人々意樂隨綷　之便宜於萬人之企非一准之儀而今以聖靈之遺髮奉繼梵文之妙躰意樂尤是功巧能殊可甚深者歟其所以如何者今此眞言祕密之習即事而眞法　故不動一切之作業可成曼茶之果德是以爲諸宗超過之說號餘敎不共之談然則被肉骨隨一而非可捨之物身躰髮膚全是豈可厭之姿乎仍以悲靈之遺髮縫梵文之

點盡所訪聖靈更不動凡躰可謂到佛果何梵文何遺髮無二無三之躰昔容飾昔掬好善巧善根之企也是以拜梵文則敬聖靈也訪奉聖靈亦禮梵文方今本尊不求外聖靈遺髮爲本尊妙業何對他悲儀雙鬢致妙業倩以或飜手書之遺札寫經典彼只於其料紙寫文字計也今以雙鬢之遺髮縫梵點此既挫其直躰成眞實者乎誠是善巧之中大善巧抑亦功德之間妙功德也

光明眞言

第今修善根訪己者披經論勘儀軌功德甚深利益速疾無過今此光明眞言功力是以儀軌云此祕密眞言咒是萬德無數諸佛如來心中祕密咒也誦持此眞言神咒卽萬德無數諸佛如來歡喜玉此是大毗盧遮那如來無量壽如來兩軀如來心中咒誦此一遍爲誦萬億無量大乘經百億無量陀羅尼百億無量法門三世三劫一切諸佛由誦持此眞言咒得成正覺釋迦如來常恒恭敬禮拜　昔修忍辱仙人行間常誦此眞言時從頂出現百千光明照曜三千大千世界成心覺故名光明眞言依光明力地獄餓鬼畜生阿修羅等皆悉解脫惡趣速得成正覺故名光明眞言文　又說云若爲死者此眞言誦一反無量壽如來爲死者援示引導極樂若諸衆生具造十惡五逆四重諸罪積如微塵身壞命終墮諸惡道以此眞言加持土砂一百八遍(カ)祇陀林中散忌者死骸上者若地獄中若餓鬼中若傍生中以毗盧遮那如來眞實本願大灌頂光明眞言加持土砂力故應時解脫光明及身除諸罪垢捨所苦身往生西方極樂世界文　靑丘元曉法師尺云

悔哉罪業自造苦果影如追痛哉獨困獨厄無人子救護自非同躰大悲弘誓祕術誰能遠開幽鍵扶昇花臺雖無地作自受之理而有緣起難思之力卽知遇咒砂則成有緣若不被砂何論脫期大悲無方長舌無誑不可不信後悔莫及文　然則以今此光明眞言或書寫或誦持其功能尤以甚深者歟於己者得脫此神咒殊是有不可思議功德者也

大日依爲自宗之教主殊用委尺

方今被造立圖繪供養給

金剛界胎藏界　大毗盧遮那如來尊像

今就此尊像讃嘆其功德雖有無量無邊之義理難及言說言語之談話雖然爲功德成就可奉致一端之讃嘆凡於今此眞言教所談者於諸尊皆悉談字印形是名三祕密身字者種子印者三摩耶智印形者尊躰形像也且就今此大日如來奉尺之者於兩部大日可有其不同金剛界其種子𑖪𑖽字三摩耶形寶塔尊形智奉印尊像也胎藏界種子𑖀字三摩耶形五輪塔尊形法界定印尊像也　今形像是某形像也　般若理趣經說云常恒三世一切時身口意業金剛大毗盧遮那如來文　理趣釋經尺此文云常恒者表如來淸淨法界智無始時來本有處煩惱不滅(カ)與淨法相應證淸淨而不增也三世者過去未來現在是也一切時者在異生時後證聖果時三　淸淨猶如虛空不被虛妄分別所生煩惱所染故也　金剛者證得佛地一切法自在得證身口意三密金剛於藏識中修道煩惱習氣堅若金剛難摧用以大金剛智三摩地證

得法身光明遍照毗盧遮那如來也文　又善無畏三藏尺大日經第一云梵音毗盧遮那者是日之別名卽除晴遍明之義也然世間日則有方分若照其外不能及內明在一邊不至一邊又唯在晝光不燭夜如來智恵日光則不如是遍一切處作大照明矣無有內外方所晝夜之別文

已上寄相大釋之報身　功德　除暗　遍明之義也

復次日行閻浮提一切卉木叢林隨其性分各得增長世間衆務因之得成如來日光遍照法界亦能平等開發無量衆生種々善根乃至世間出世間殊勝事業莫不由之而得成辨文

已上寄用大釋之化身功德能成衆務義也

又如重陰昏蔽日輪隱沒亦非壞滅猛風吹雲日光顯照亦非始生佛心之日亦復如是雖爲無明煩惱戲論重雲之所覆障而無所減究竟諸法實相三昧圓明無際而無所增文

已上寄躰大　釋之法身功德

光無生滅之義也

大日如來讃嘆之釋簡要如斯抑如來者同疏文釋之云梵本云怛他掲多者怛他是如義掲多是來義知解義說義去義如諸佛乘如實道來成玉正覺今佛亦如是來故名如來一切諸佛如法實相爲衆生說玉今佛如是故名如實知者亦名如實說者乃至阿閦果意存如去如說今且順古題也文　是故今大日尊奉名大日如來又稱世尊同疏中釋云徃中多譯尊世尊是歎德之惣稱西方語法言及尊渚（マヽ）不敢斥其名必先歎其功德如云天智舍利弗神通目健（マヽ）連頭陀大迦葉持律優波離等故此經中例云薄伽梵毗盧遮那今順此方文勢或以世尊置下也文

金剛薩埵

今此尊東方阿閦佛四親近第一薩埵也千六大菩薩中尤爲第一左手持金剛鈴右手執五古金剛杵經中或云金剛手或云執金剛從大日如來受金剛五智寶杵得金剛薩埵尊號者也

善無畏三藏釋云　卷第一

金剛手祕密主者梵云幡尼卽是手掌掌持金剛與手執義同故經中二名互出也西方謂夜叉（マヽ）爲祕密以其身口意速疾隱祕難可存（カ）知故舊譯或云密迹若淺略明義祕密主卽是夜叉（マヽ）王也執金剛杵常侍衞佛故曰金剛手然是中深義言夜叉者卽是如來身語意密唯佛與佛乃能知之乃至彌勒菩薩等猶於如是祕密神通力所不及祕中最祕所謂心密之主故曰祕密主能持此印故云執金剛也文

又理趣釋經云金剛手菩薩者在毗盧遮那前月輪中表一切如來菩提心初發菩提心由金剛薩埵加持修證普賢行願證如來地文

五祕密

今此尊像等坐一蓮花臺一月輪祕密之肝心甚深之本尊也委細頗以有其憚敕聊稱其坐位者中央金剛薩埵種子字三昧耶形五古金剛右手特五古左手特鈴次欲金剛種子字兩手持弓箭卽三昧耶形也次觸金剛種子字抱金薩卽三昧耶形也次愛金剛種子字三昧耶形幢上摩竭魚次慢

金剛種子□字三昧耶形委細之談話聊以略之

五大虛空藏

此尊像等者祕經中說此尊位等彼說相云於一圓中分爲五於中圓畫白色虛空藏右手執鈎右手持寶前圓中畫黃色虛空藏左持鈎右執寶右圓中畫青色虛空藏左持鈎右持三辦寶放大光明於後圓中畫赤色虛空藏左持鈎右持大紅蓮左圓中畫黑紫色虛空藏如前左持鈎右持寶羯磨是名五大虛空藏求富貴法若畫此像於靑色或金色絹上畫之其菩薩衣服首冠瓔珞皆依本色半跏坐畫(マヽ)像了對於壇前无問時方但誦五字明一千萬遍卽得富貴成就時之護摩速護大悉地文

五大尊

今此五尊惡魔降伏之三昧除災與樂之本尊也中央不動明王種子□字或加□字用□字密號常住金剛東方降三世種子□字密號最勝金剛南方軍荼利種子□字密號甘露金剛西方大威德種子□字密號持明金剛北方金剛夜叉種子□字密號密迹金剛也

五大力

今此尊者惡魔降伏之本尊除災與樂之聖者也仍殊抽一心之懇篤敬禮五尊之聖容東方菩薩持金剛杵放青色之光擁護施主南方菩薩持金剛珠放白色之光　擁護施主西方菩薩持金剛鈒放金色之光擁護施主北方菩薩持金剛鈴放瑠璃之光擁護施主中方菩薩持金剛輪放五色之光擁護施主矣

烏瑟沙摩

今此尊者降伏有勢之魔軍調制不淨之穢跡以□字爲其種字以獨右杵爲三昧耶身大忿怒形其眼赤色具足四辟右上手執鈒左手執羂索左上手打車捧左手三古刄虎皮禪(カ)虵爲瓔珞訶利帝及愛子等以之爲眷屬其甚深之德輙不可談之

金剛童子

今此尊忿怒猛利攘災與樂尤以嚴重殊勝誠是不可思議也種子
字三昧耶形三鈷金剛身色則如吠瑠璃六辟具足右第一手底里賞俱金剛第二母沙羅棒第三鉞斧左第一把棒第二拳舒頭指第三持鈒極忿怒形面有三目以右足踏山以左足踏海中以大虵爲瓔珞以雷電神等爲其眷屬矣

愛染明王　聊用委尺

今此愛染明王者敬愛之至極忿怒之聖尊也其功德尤甚深祕經之中開三品說之相好威儀等一字之習誠是甚深祕密之義有之歟從頂上師子冠至千寶瓶之座種種莊嚴標示悉甚深者也　先師子冠上有五古鈎古是五大虛空藏三昧耶彼尊五尊皆左手持鈎鈎者是王菩薩三昧耶形也世間王城一切珎寶雜具悉以相集是國王果報今此本尊安置供養所一切珎寶多可聚集者也　是師子冠師子是一切獸中獨步無畏(カ)今此明王無盡利益獨步其成就無疑義也次面上有三目於欲色無色三界衆生同時照見不遍(カ)漏濟度義也次天帶掩耳此有二義一　天人福力廣大此尊又如斯

福力廣大也一一切罪過免除之義也其故過必聞耳知其分若掩其耳則不可聞不聞之者何糺其罪過世間冠纓國王大臣等於萬民百姓免其過令憐愍撫育義也以之可思之次左持金剛鈴右執五峯杵鈴是驚覺義驚一切衆生生死長夜眠五古五智法性義令衆生證其五智之覺悟是以經中儀形如薩埵安立衆生界文次右金剛弓右執金剛箭如射衆皇光能成大染法射光者可有二義一一切事業速成就義也辟東山峯日月星出其光西山無程到義也仍速疾成就相者也大染法者敬愛至極也安穩豐樂之義也　次左下手持彼右蓮如打勢一切惡心衆速滅無有疑者於此持彼有種々深義二一義行者所求持之一義衆生命根持之
次寶蓮花諸尊通用之義有淸淨與可愛二義也次寶瓶兩畔吐諸財寶是地天幷摩利支天三摩耶形也萬物出生諸難消滅之義也一義瓶中無怖畏義一義瓶中無散失義凡今此明王者十六尊之中第二之位兩部界之間諸佛之母也赤色忿怒似忿怒願儀形如金剛薩埵三目瞻規明瞻覩於願望成決定悉地念甚深悲願三業之霜罪自消誦祕密神咒千惡之雲翳忽晴誠以七星之照八方皆受明王之敎勅九曜之廻四域悉任本尊之威神凡厭現世當生之求願只有此尊之威力滅罪生善之功能蓋成施主之御願乎梗概之讚嘆存略如斯委細功德率尒難談者也

普通唱導集上末

貞元之年清和天皇御宇淨土宗罪衆渡

右此一部者東大寺蓮乘院淸秀闍梨之承

寬永十一甲戌歲三月良日傳領實筭

［表紙題簽］

普通唱導集中　末一　（墨付八二丁）

篇目計算次第

初七日　秦廣王　本地不動

二七日　初江王　本地普賢

三七日　宗帝王　本地釋迦

四七日　五官王　本地藥師

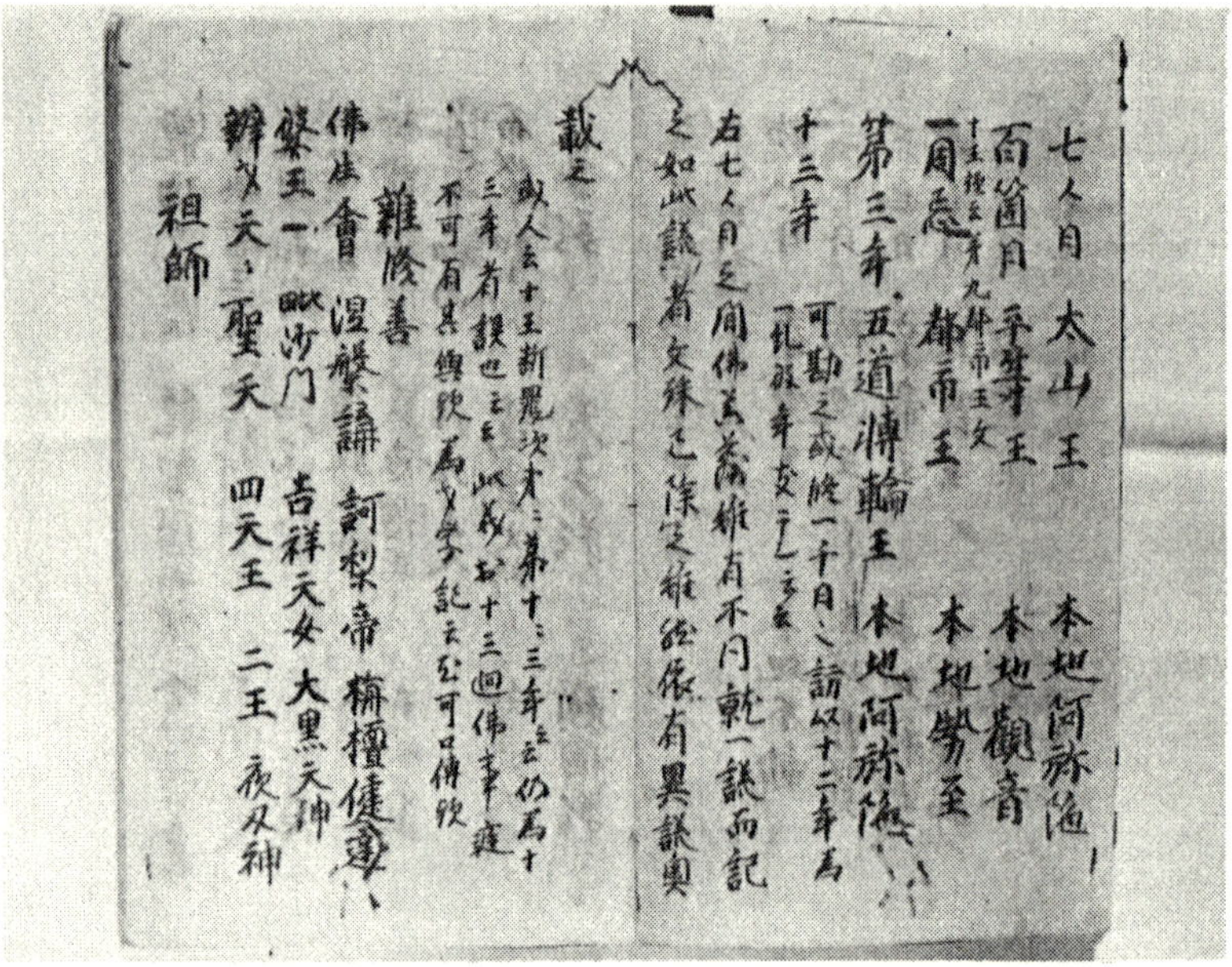

五七日　閻魔王　本地地藏
六七日　變成王　本地彌勒
七々日　太山王　本地阿彌陀
百箇日　平等王　本地觀音
十王經云第九都市王文
一周忌　都市王　本地勢至
第三年　五道轉輪王本地阿彌陀
十年三　可勘之或修一千日之訪以十二年爲一紀彼年支干也云云
右七々之間佛菩薩雖有不問就一説而記
之如此説ノ一者文殊已除レ之雖然依有異説奧
載之
或人云十王斷罪次第ニ第十ニ三年云云仍爲十
三年者誤也云云　此義於十三廻佛事庭
不可有其與歟爲才學記云、尤可口傳歟

雑修善

佛生會　涅槃講　訶梨帝　栴檀健達
婆王　毗沙門　吉祥天女　大黒天神
辨才天　聖天　四天王　二王　夜叉神

祖師

龍猛菩薩　龍智阿闍梨　金剛智三藏
善無畏三藏　一行阿闍梨　不空三藏

惠果和尚　弘法大師　聖寶僧正
上宮太子　傳敎大師　慈覺大師
智證大師　慈惠僧正　或稱大師
善導和尚　法然上人
布袋和尚　達磨大師　智者大師
孔子影　老子影　顏回影
白樂天影　人丸影　亡親等影

所修行

如法經　開白　立筆　十種供養等作法
法華五種行并一日經同法華惣尺品尺
迎講　七日念佛并念佛彼岸勤修
眞言勤行護摩　灌頂表白
結緣灌頂　誦經導師嘆德同反答
社壇講經心經大般若　天照大神　正八幡宮
賀茂下上　春日大明神　北野天神
日吉社壇　祇薗社　松尾大明神
平野大明神　熱田大明神
熊野三所權現　諸神感應句
初七日　不動明王
方今當初七日被圖繪供養給大聖
不動明王尊像并二童子同俱利迦
羅明王等形像一補任常例可有
惣別功德先其功德顯敎曰智三身
密敎五智四種法身也上卷末載其詞仍今略之
慈覺大師尺云心性不動故大聖明王泯三千故
大智錄雖亡而存故大悲索　次別功德者
可三有ル二常途與深秘二種之先常途ノ義者
今此ノ大聖不動明王者惡魔降伏之本誓
除災與樂之聖尊也是以テ造立圖繪之人ハ
永ク離魔軍之障難ヲ一供養恭敬之輩ハ
必蒙擁護之功德ヲ一是以テ依相應和尚之願
望ニ一速昇都率之雲答テハ尊位僧正之加
持ニ一忽治ム二京洛之塵ヲ一凡厥生之加護之誓
願ハ不三嫌ハ二善惡之在所ヲ一世々隨逐之利益
無論コト二結緣之厚薄ヲ一一持秘密咒生之而
加護奉仕修行者猶如薄伽梵久誠
哉崇哉誰人不仰乎加之見我身者發
菩提心聞我名者斷或修善聽我說者
得大智惠知我心者卽身成佛文得到
菩提之妙果剩忽卽身成佛スル蓋是此ノ

尊德者歟　次依自宗眞言密
教意奉釋之者可在字印形三秘密
功德所謂其字者今尊種子法身體卽
是[illegible]字也或合[illegible]字以[illegible]字而爲
其種子印者以利劔爲三昧耶形卽
除障等四種種示也形者其尊容
形像今羯磨身是也先種子[illegible]字者
字躰[illegible]字是風大種子卽衆生命
風也修行點以目位命息成果德位
因業不可得義仍因果不二卽是證菩
提之空然也　次明王者明是覺照義王
是自在義也以本覺始覺照々(カ)之智德
於上求下化之道得自在無导之功德是其
義也　次尊形善無畏三藏大日經疏
第五　尺曼荼羅尊位文云
依涅哩底方畫不動明王如來使者
作童子形右持大惠刀印左持
羂索頂有莎髻屈髮垂在左
肩細閇左目以下齒嚙右
邊脣其左邊下脣稍飜出
外額有殺文猶如水波狀座於石上
其身卑而宛滿肥盛作奮奮怒之勢
極忿怒之形是其密印標識也此尊於
大日花台久已成佛以三昧耶本
誓願故示現初發大心諸形不備之形
爲如來僮僕給仕執作諸務所以持利
刀以羂索者承如來忿怒之命盡
欲殺害一切衆生羂索是菩提心中
四攝方便也以此執繫不降伏者以利
惠刀斷其業壽無窮之命令得
大空生也若業壽種除　則戲論語
風亦皆息滅是故緘閇其口以一目
視之意明如來以等目所觀
一切衆生無可有　故此尊凡有所爲
事業唯爲此一事因緣也鎭其重障
盤石使不復動成淨菩提心妙高
山王故云安住在盤石文
此尊功德　簡要在斯
次二童者本尊定惠悲智之功德顯
其躰相化度利生給形也口之委細之

秦廣王依聖慈寺沙門慈巡述願曰佛説預修十王經云云

凡ソ於テ二人間ニ一人命終之後於テ二初七日ニ一先依テ二
秦廣王ノ斷罪ニ一被定二其業障ノ之分齊佛説
預修十王經ニ具ニ説クコト二 其事ヲ一分明也聖慈
寺沙門慈巡トイシヒト　殊就被經文説相ニ一作讃ヲ一
事於或ル書中ニ一勘ヘ得之ヲ一初七日ニ遇二秦廣
王ニ讃此文非慈巡讃是地藏菩薩發心
因縁十王經文也彼經慈韻字尤一七亡人中
陰身　駈將墜墮數如塵且向初王齊
檢點　由來未度大示阿律不室可尋
之　初七日之滿ルハ日爲秦廣王ノ斷罪以テ
定ム二其罪ヲ一　尤以修善根ヲ一　可蒙彼免ヲ一
者也又勘ルニ經律異相ノ第卅九ヲ一云ク閻羅王城
東面南面諸地獄唯アリ黑ヲ光リノミ　不照人命
終明神生中陰ニ一　乘中陰身入泥梨城ニ一
此時罪人等未受罪之間共ニ聚此城ニ一巧風
所レテ二吹フカ隨テ二業輕重ニ一受大小ノ身ヲ一殞風
所レテ二吹フラ一　成就ニ罪人麗醜之形ヲ一香風ニ所レテ　吹フカ一
成就福人微細ノ身體ヲ一文
正法念經云ク見ニ虛空事ヲ一閻魔王手ニ執鐵
棒ヲ一〇　以二黑鐵繩一返縛二其手一閻魔罪人
爲寄セムカ　中有ニハ離妻子人ヲ一大ニ憂愁スル者也云云
寶積經云父母兄弟及妻子云云
大集經云妻子珍寶及王位臨命終時不
頂者唯戒及清（カ）不放逸今世後世爲伴侶
此偈虛空藏幷背爲師子太子ト一爲父王所令佛説偈也云云

中有事

倶舍云　有餘師ノ説極多七々日文
尊者世支説　極ナルハ至二七日ニ一文
法救大德ノ説クニ時無シ二定限一生縁未タレハ二合ハ一中
有恒ツ子ニ存ス文
文云色界ノ中有ハ如二本有ノ一與衣倶生慚愧ヲ一
故欲界ノ中有ニハ不與衣一倶ニ由皆宿習無ヲ二
慚愧故唯有リ二鮮白苾蒭（カ）尼一由本願力一世
世有自然ノ衣恒ニ不離身ヲ一隨ニ時ニ一改變スレドモ
乃至最サイ後般涅槃ノ時ニ忽以テ此ノ衣ヲ一纏ツシテ　屍カハ子ヲ一
焚墓ス文　十王經云　汝玄過死山漸近
閻魔王　山路無衣食寒苦何得忍

第二七日　普賢菩薩

先惣功德者

次別功德者今此普賢菩薩者釋迦如來
右方脇十一滅罪生善懺悔之教主也乘
白馬王現行者之前東方淨妙國土之
菩薩也花發經中多說其功德是以
觀普賢經云　普賢菩薩乃生東方
淨妙國土雜華經中已廣分別我今
於此經略而解說文
而今彼略說經可誦其功德彼經云
普賢菩薩敎玉　其憶念十方諸
佛隨普賢敎文 然則十方諸佛同依
普賢菩薩敎化成無上菩提致
利益衆生給者乎愛知我等又預今此
菩薩敎化可成無上菩提之妙果者也
次依密敎意者可有字印形三秘密
身字者種子常是[illegible]字也[illegible]是本
初不生義空點是證得菩提義也證本
初不生之菩提心還令行者證本初不
生之菩提心卽是今普賢菩薩功德也
菩薩者具可云菩提薩埵摩訶薩
埵此翻大道心衆生上求菩提下化衆
生共勇猛無休息之義也
善無畏三藏釋云　大日經疏第一
普賢菩薩者普是遍一切處義賢
是最妙善義謂菩提心所赴願行及身
口意悉皆卒土遍一切處純一妙善備
具衆德故以爲名文
隨題誰生經云
譬如世間犯罪人心中思惟望諸親屬求諸
大力救其危左文

初江王

今於此界命終之後相當二七ヶ日於初
江王所被斷罪有聖慈寺沙門慈巡云
之人於中陰十王等作其讃其意依
預修十王經說彼沙門就二七日之初江王
頌曰二七亡人處祭河千郡萬墜涉
江彼引路牛頭負使棒催行馬頭腰
擎叉
摩訶止觀云心大怖畏食不甘甫眠不安
床如拂頭燃白駒赤鳥日夜奔競以

求ムベシ於要ヲ一豈復タ貪著セムヤ世財ニ一結構メ
諸有ヲ一作シ無益ノ事ヲ造生死業ヲ一耶文
地藏菩薩發心因緣十王種云
第二初江王宮
葬頭河曲於初江邊宮聽相連承前
大河卽是葬頭見渡亡人名祭河津―
渡有三一山水瀨ノ二江深淵ノ三有橋渡ノ―
官前有大樹一名衣領樹影住二鬼一名集
衣婆二名懸衣翁婆鬼驚盜業折
兩手指乃至 文
第三七日　釋迦如來
先惣功德者
次別功德者今此釋迦牟尼如來者一代之
敎主三界之慈父覆無緣之慈雲灑
平等之法雨說一乘三乘之法ヲ一化六道四生
之類是以法花經中破有法王出現世間隨
衆生欲種々說法文恩德廣大之敎主利
益平等之世尊也
次就眞言密敎奉讃嘆其功德者先理
趣釋經中說云時調伏難調釋迦牟尼如
來者於閻浮提五濁末法爲調伏九十五
種ノ異類外道ヲ一現八相成道皆得受コトヲ
化ヲ一到佛道ニ一現ニ生シテ二釋迦族中ニ一乃姓ハ釋
迦氏ナリ牟尼者寂靜義身口意寂靜
故稱スト二牟尼一文
又善無畏三藏釋云　疏第五
於東方初門中先量釋迦牟尼ヲ一身ハ
眞金色ニメ幷テ具セリ二光輝卅二相所被ノ
袈裟ハ作乾陀色ニ一座セシメテ白蓮花說
法ノ狀ニ一謂クテ以ニ左手ノヲ執ニ袈裟角ヲレリ一如今ノ之
阿育王像ノ一右手竪指ヲ一以テニ空水トノ輪ヲ一
相持セシメヨ其標識也白蓮花卽是レ
中ノ台淨法界藏ノ世尊爲令此敎ヲ
廣ク流布ノ一故以此生身標識ヲ一而演
說之ヲ一然本法身無二無別故云フニ住
彼而說法ト一文
但今像聊與此別也
種子字也此ノ字有不可得
字加遠離不可得涅槃點ヲ一有ハ是三
有義三界有漏之衆生也遠離是寂

靜義無住涅槃之義也於有不可隨
[梵字]字加寂靜不可得[梵字]字令有漏
衆生證無漏法性《ノ》寂靜涅槃《ヲ》是
以法花《ニハ》破有法王出現世間隨衆生
欲種々說法文 以此金言《ヲ》憶今種子《ヲ》
其義尤是甚深者歟破是涅槃等
默也有是[梵字]字之字相也合此二字《ヲ》
爲此尊種子[梵字]字《ト》是其義者歟
字　宋帝王
於此界告別離後當《テ》三七ケ日之光
陰《ニ》於《テ》宋帝王所《ニ》蒙《ル》其斷罪《ヲ》
卽被注《セ》姓名及在所等《ヲ》　聖慈寺
沙門慈巡作頌《ヲ》曰《ク》
亡人三七轉栖(カ)惶(カ)始覺冥途澮路長各々點
名知所在郡々駈送五官王正法念經云
閻羅人將去罪人過六十八百千由旬地海
州城在海外過行三十六億由旬漸々面
下十億由旬業風所吹如是將去非心思
量不可譬喩矣
十王經云
於二江《ノ》岸《ノ》上官廳之前《ニ》惡猫群集大、
蚫並出時來亡人割破彌房繫縛身體《ヲ》
時閻魔率歌《メ》亡人言我土非《ス》元慈逼
汝《ヲ》邪婬業此若猶輕《シ》後王逼何《イカン》
傳燈錄第一云　道原　釋迦牟尼佛賢劫佛師尊
姓殺利父淨飯天母大淸淨妙位登補處
生兜率天上名曰勝善天亦名護明本一度
諸天衆說補處行普耀經云佛初生刹利
王家放大光明照十方世界
普照經云菩薩於十二月八日明星出時
成佛年三十穆王三年癸未歲穆王五
十二年壬申二月十五日八滅
第四七日　藥師如來
先惣功德者口(カ)(カ)也
次別功德者今此藥師如來者東方淨瑠璃
世界教主衆病悉除之聖容也因位之昔
曰發《シ》十二之大願《ヲ》果滿之今明度無量衆生
者也而今於《ルニ》十二大願《ニ》各々其功德皆以《テ》雖
其深遠《ヲ》藥師名號《ニ》第七大願尤以甚妙也
其文云《ク》　第七大願々我來世得菩

提時若諸有情衆病逼切無救無歸元醫元藥無親無家貧窮多苦我此名號一經其衆病悉除身心安樂家屬資具悉皆豐足乃至證得無上菩提文竊以大願遙誓十二利益雖無淺深衆病悉除之功身心安樂之德今此第七之願尤以肝要者歟因茲一心稱名之輩良與法樂之誓無謬曲躬合掌之類衆病悉除之願不疑彼耆婆鶣鵲之西天東土施除病之藥只纔有灸針湯藥之疎治未有稱名除病延命之功德彼仙人羽客之紫廚赤城作長生之方獨致三眞九轉之緩術無致　衆病悉除之威勢唯藥師如來之大醫王　答第七悲願悲一切病患衆病悉除殊以嚴重悉皆豐足誠是速疾御女加之求長壽得長壽求豐饒得豐饒凡厥官位福祿榮耀愛敬何願不成何望不滿乎世間名利菩提證得歸此尊成其思者也　而又依秘密意奉讃嘆此尊像者可有字印形三秘密身功德也先字者其種子卽是[梵字]字者也此字是以有不可得[梵字]字爲其躰以求不可得[梵字]字自在不可得[梵字]字爲壓吒成其種子是以於一切所求速得自在義也是其種子功德也印者決定義此尊決定衆病悉除之誓願不空故左手持藥壺右手作施無畏之印契形者今形持妙藥發大願翔磨作業之身也蓋是衆病悉除之三昧作業也然則從現世之所求至後生之覺位成就之圓滿之不可始此尊功德者也

五官王

一生必有終一期誠不久告死之後沈悲之間當四七日之光陰蒙五官王之斷罪蓋是依十王經之説結一四旬之偈此斯聖慈寺沙門慈巡作也依經説貼篇詠其詞尤巧其文誠幼ツ、マヤカナル者歟件頌曰五官業秤向空懸左右童子業簿

全輕重豈由情所願但高自任昔

因縁　十王經云

第四五官王宮於三江內建立官廳大殿左右各有一舍左秤量舍左勘錄舍左有高台々上有秤量幢業近構巧懸七秤量身口七罪爲紏輕重意業所作不懸秤量次至鏡台當見鏡影於此秤量點目有三別二一者斤目斷爲重罪中重間輕爲二八獄罪二者兩目斷爲中罪爲餓鬼罪爲餓鬼罪三分目斷爲下罪爲畜生罪先破不妄語戒後余造惡乃至

第五七日　地藏菩薩

先惣功德者口之(カ)(カ)

次別功德者今此地藏菩薩者六道能化之聖者切利付屬之大士無佛世界之導師娑婆穢惡之化主也釋尊入滅之後慈尊下生之前二佛中間一切衆生日既入月未出譬　如暗夜無燈似巨海失船而今此菩薩者示沙門之相々宜三千威儀之法現比丘之形授二百五十之戒著忍辱精進之袈裟隨强剛欺誑之有情持大定大悲之錫杖救難化難度之衆生誠以每日晨朝入諸定扶銅燃猛火之苦極暗長夜悲衆生救　釼林鐵床之憂爲令衆生得禪定解脫之樂修環三途之獄爲令(カ)簾類證神通道品之智漂沈六道之衢八寒八勢之中現牛頭馬頭之形猶結緣三界三有之間示師子狐狼之身強施《シッス》　利益功德尤難測言說更回(カ)覃者歟

次依眞言秘密敎之意奉釋之者善無畏三藏釋曼荼羅之尊位云ク此靈尊　主《カサトリ》持《タモツ》寶王心地中性　起功德無邊寶藏其標示以一切珍奇雜寶莊嚴也文　右手持玉ヘルハ錫杖振六度之法靑導六道之衆生左手持給ヘリ寶珠施世間之財寶授出世之功德者也又同疏第三尺地藏眞言文云　訶々

々離《ル》二三因《ヲ》一謂《ク》聲聞縁覺菩薩之因
也凡此《ソノ》中《ノ》諸眞言《ハ》皆自説《トク》二　本尊德
行《ヲ》一此惣持地藏菩薩之德也蘇多奴《トハ》
妙身也由《ヨルカ》二　身極《メテ》淨《キニ》一故名《ク》二妙身《ト》一文
此眞言[illegible]奴ソハカ之咒也
六地藏者十王經偈云
預天賀地藏　左持如意珠　右手說法印利諸天人衆
放光王地藏　左執持錫杖　右手與願印兩人成五穀
金剛幢地藏　左持金剛幢　右手施無畏化修薩廱幡
金剛悲地藏　左手持錫杖　右手引接印利傍生諸衆
金剛寶地藏　左手持寶珠　右施甘露印施餓鬼飽滿
金剛願地藏　左手閻魔幢　右手成弁印入地獄教生

　閻羅王
於第五之七日者殊以可致迷途之訪《ヲ》一謂二其
斷罪《ヲ》一閻魔法王也於迷途二者其斷罪併
住《ス》二閻王之心二仍以五七日《ヲ》一殊展佛事刷法
莚者也　是以聖慈寺沙門慈巡以頌述彼
迷路之事《ヲ》二云《ク》
五七亡人息諍聲罪人上恨未甘情策(カ)
髮仰頭者業鏺始知先世事分明私云息
諍聲者至四七日懸業秤自不見先世事
猶與閻羅人有諍心向業鏡特者先世事
分明也無所諍也
長阿含經云五神在炎魔廳記善惡三神
副親記善惡也三覆八杖每月六度此五
神晝夜恒時不休息生經云佛告諸大
衆閻羅天子於未來當得作佛名曰普
賢王如來國土嚴淨百寶莊嚴國名
花嚴菩薩宛滿文　心地觀經云
閻魔使者相催遍妻子屋宅無相
從文　十王經云
閻魔王國自人間地去五百臾繕那　名無佛世界亦名
預珍國亦名閻魔羅國大城四面周墻四方開
鐵門左右有檀荼幢上安人頭形人頭能見
人間如見掌中菴羅菓右黑闇天女幢左大
山府君幢文
第六七日　　彌勒菩薩
先惣功德者
次別功德者今此尊有因果二名一《ニハ》彌
勒菩薩二《ニハ》慈氏尊佛也誠《ニ》以《レハ》得當

來導師之尊號渡現世迷妄之衆生ヲ餘聖未有如是德用諸尊未聞兼此ヲ之功能ヲ過《スギテ》五十六億七千萬歳ヲ下生シテ此閻浮ニ頂梵摩爲シ父ト梵摩越爲シテ母ト於龍花樹下ノ可成道シ御ス者也誠以佛日西隱レテ漸及ヒ二千餘年ニ法水東流已積ム若干歳霜ヲ菩薩大士之施化ヲ多以歸シ本ニ慈悲聖者之利生忽復止《トヽム》化ヲ普賢趣《ハツ》東ニ俳《ヤスラヒ》善德如來之風前ニ觀音還《ハテ》西ニ伴《モナフ》無量壽佛之月下爰彌勒慈尊鑒《ハカヽミテ》來世之機根ヲ昇都率天ニ爲シテ補處之菩薩ト住等覺之位ニ末世末法之我等尤以可奉歸此尊ニ者也是以心地觀經說云ク於末法中善男女一轉之食施衆僧以是善根見彌勒當得菩提究竟道常途讃揚蓋以如斯

次依秘密宗意奉釋之ヲ者無畏三藏釋疏第二云　慈氏菩薩者佛四無量心ナリ今以テ慈ヲ爲稱首ト此慈徒如來種姓中ニ生ス能令メ一切世間ヲ不斷佛家ヲ(カ)故四慈氏ト文

此尺意以慈ヲ爲稱首ト者此尊具ハ可稱慈悲喜捨氏ト歟又如來種姓者眞言問答ノ釋意指ス本初不生際ヲ一切世間者所化ノ衆生界不窮義也不斷佛家ヲ者依此尊化導ニ一切衆生常可成佛故也然則獨爲メ當來導師ト於龍華三舍之曉度シ御ス無量無邊之衆生ヲ卽是此尊功德者歟

變成王

於第六七日者自閻魔王ノ手被渡變成王ニ斷罪ヲ七々之光陰既近シテ冥々之景日早闌遂定其生處亦是爲何處ノトカ沙門慈巡頌曰

亡人六七滯冥途切悼座人執意愚日々只省功德力天堂地獄在須臾

十王經云

第六變成王廳依前□王秤鏡兩現若罪逼惡口□福勸善軟文

第七々日　阿彌陀如來

今此如來者披無量壽經說相ヲ云ク過去

無鞅數劫錠光佛出世度衆生ヲ二次光遠
如來次栴檀香佛如是五十餘世如來出世
利生其次世自在王如來出世之時其時國
王棄國捐王行作沙門號四法藏詣世自
在王如來之所發四十八之大願々々既成々佛
已來十劫也化五濁惡世之衆生ヲ來迎引
接ソテ令往生西方極樂ニ一給卽是今如
來因果二位之大都也

十二光佛種子　一　二　三
四　五　六　七
八　九　十　十一
十二

廿五菩薩種子三昧耶形並名號事

紫金臺　觀自在
寶童　大威德王
腰鼓　光明王々
笛　藥王々
篳篥　普賢々
琵琶　師子吼々
琴　虛空藏々

寶蓋　得大勢菩薩
寶幢　無邊身々
一鼓　山海惠々
笙　承上々
頌唄　法自在々
五絃　陀羅尼々
鐃銅　得藏々

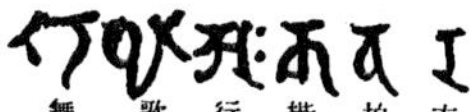

方磬　法藏々々
拍子　金剛藏々
揩鼓　珠寶王々
行事　日照光々
歌　定自在々
舞　白馬王并

鉛鼓　金藏々
箜篌　花嚴王菩薩
大鼓　月光王菩薩
拔鉢鈸　三昧王菩薩
舞　大自在々

太山王

於第七々日自變成王宗被渡太山王之
聽ニ一殊於此日斷罪之儀□以重於娑婆
若有相訪之親昵□免其苦報(カ)ヲ一依業之
輕重ニ一被送他之生處ニ一仍此時罪人ヲハ稱スニ
中陰之身ト一是以聖慈寺沙門慈巡頌曰
七々冥途中陰身專求父母會情親
福業此時仍未定更者男女造何因
地藏本願經云　是命終人受報文
倶舍云　倒心趣欲境文
十王經云
第七太山王聽依前三王家斷勘決兩舌
之罪善因惡緣求於生緣文

同經頌曰
待七々今日　不飮食逼寒　男女以遺財早
造善扶我　設親禁入獄　子靜居家哉
何況閻獄苦　頭燃猶非喩
百箇日　觀世音菩薩
先惣功德者
次別功德者今此菩薩者娑婆五濁之敎
主安養九品之補處也誓《ヒ御ス》　若有《ニ》罪若
故有《ヲモ》罪助《ケ》無罪救《ヒ御ス》　契《リ玉ヘハ》　常念恭
敬一時禮拜《ト》常念《スルヲモ》　哀《レ》暫《ク》　禮《スルヲモ》
濟《ヒ御ス》　是以入《クシ》羅刹國《ニ》之輩一人稱《セシニ》　名
號《ヲ》數々脫《シハシハ》値刀杖難之者行時致信仰《ヲ》
（カ）段々壞怖三毒《ヲ》念《セシ》　行者依威神之力《ニ》忽滅
無明煩惱之罪障《ヲ》無一子求《シ》女人《ハ》答禮拜之
功速生惠端正之男子《ヲ》凡厥十九說法
之秋風扇現世當生之蘢三十三身曉月浮機
咸相庭之水正法明如來之成道雖年舊《スリト》
娑婆施無畏之悲願猶日新《ノリ》　誠是大悲利
生之大士柳忽化度有情之尊像者乎
觀無量壽經第十一觀云佛告阿難若有

欲觀觀世音菩薩《ヲ》者當作是觀作此觀
者不遇諸過淨除業障（カ）除無救劫生死
之罪如此菩薩但聞其名護（カ）無量福何況
諦觀《ムヲヤ》　若有欲觀觀世音菩薩者先
觀頂上《ノ》肉髻《ヲ》次觀天冠其餘衆相
亦次第觀之亦令明了如觀掌中
作是觀者名爲正觀若他觀者名
爲邪觀文　又善導和尙午時往生
禮讚偈《ニ》云
觀音菩薩大慈悲已得菩提捨不證一切五
道內身中六時觀察三輪應々現身光紫
金色相好威儀轉無極恒舒百億光王手普
攝有緣歸本國常途讚嘆蓋以如此
次就密敎《ノ》意《ニ》奉讚嘆之者可有字印形
之三秘密身初《ニ》字《ト》者種子《ノ》字也今此尊《ノ》
種子是諦不可得𑖭字也諦者審實不
虛之義也今菩薩諦觀衆生自性淸淨之
心化度利生令其開情解脫者也可委尺
理趣釋經云觀自在菩薩手持蓮花觀一切
有情身中如來藏自性光明一切或染木能

染由觀自在菩薩加持得雖垢淸淨
等問聖者[illegible]具四字成一眞言[illegible]
門者一切法因不可得義[illegible]門者一切諸
法離塵義塵者所謂五塵亦名能取
二種執著[illegible]門者自在不可得二點
[illegible]義惡字名爲涅槃由覺悟諸法本
不生故二種執著皆遠離證得法界淸
淨統利字亦云慙義ト二若具慙媿不爲一切
不善卽具一切無漏善法是故蓮花部
亦名法部中(カ)此字加持於極樂世界水
鳥樹林皆演法音若人指此一字眞言能除
一切災過疾病命終之後當生安樂國土上
品上生文　此尊讃嘆略以如此

平等王

於一百箇日者自太山王手遇平等王此斷罪
之時特蒙鞭打之責尤以頻加之以枷械之
具致ス二手足之苦ヲ一往日手ニ作シ二惡事ヲ一足ニ歩ム二
業道之所相報也沙門慈巡頌曰
亡人百日更栖惶身遭枷械被鞭場男女
努力造功德從茲妙善見天堂

十王經云
第八平等王內含慈悲外現怒相且施
教化之且貪形罰之　文

一周忌　　大勢至菩薩

先惣功德者
次別功德者今此大勢至菩薩者無諍念王
第三之王子彌陀如來右方之大士也普照三界
衆生其威勢尤是以奉名大勢至ト一蓋是大悲
之威勢自在之義也以常途與深秘トノ二箇功
德ヲ二可奉讃嘆之ヲ一先常途尺者觀無量壽
經第十一觀云　次觀大勢至ヲ二此菩薩身
量大少亦如觀音ノ一　光面各百二十由旬
照二百五十由旬ヲ一擧身光明照十方國ヲ一
作紫金色有緣衆生皆悉得見但見レハ二此菩
薩一毛孔ノ光ヲ一卽見十方無量諸佛淨妙光明
是故號此菩薩名無邊光以智惠光普
照一切令離三塗得無上力是故號此菩薩
名大勢至文　善導和尚午時往生禮讃
偈曰勢至菩薩離思議威光普照無過
際有緣衆生蒙光觸增長智惠超三界

法界傾揺如轉蓬化佛雲集滿虛空普
勸有緣常憶念永絶胞胎證六通文常途
解釋蓋以如此　次依秘密釋奉讃嘆之
者善無畏三藏釋云　大日經疏第五
次近毗俱胝左邊畫得大勢尊如世國王大臣
威勢自在名爲大勢言イフコヽロハ　此聖者以テ三至得ルヲ二大悲
自在位ヲ一故以爲名未敷蓮者毗盧遮那實
智華台既成果ヲ一已テ後持如是種子ヲ一普散クノ二
一切衆生心水中ニ一受生未敷蓮華ヲ一此尊迹同シ二
此處ニ一亦能普護テ二一切衆生潛萠之善ヲ一使シム下
不敗傷セ一念々增長セ上卽是蓮花部持明王也此文
尊顯密二教讃嘆大略在斯

獄卒罪人責訶云

火燒非是燒　惡業乃是燒
火燒卽可滅　業燒不可滅
非異人作惡　異人受苦報
自業自得果　衆生皆如是云云

都市王

別娑婆後當一周忌自平等王手被渡都
市王六道輪廻之業果未定殊依娑婆造
佛寫經之功可定冥土難苦得樂之期沙門慈
巡唱頌曰　一年過此轉苦辛男女修福因
緣六道輪廻仍未定造造佛出迷津

十王經云

第九都市王聽哀亡人言於諸經中造法花
經龍女出海無垢成道於諸佛中造阿彌
陀佛光明遍照除熱寒苦緣人男女欲救亡人
今日追善受八齋戒福力殊勝男女勿瞋能救
亡苦文

同經云

一年遇此轉苦辛男女修齋福業因六道
輪廻仍未定造經造佛出迷律極惡極善不
來處微惡微善爲亡賓依佛經力定二報
以追福修登金人

第三年　阿彌陀如來
或說文殊師利菩薩

此二箇說且就文殊所以者何阿彌陀者如クニ今
相別說ルノ一者ハ七々日泰山王之本地阿彌陀如來　故ナルカ二
相替カヘテ　用ニ文殊ヲ一仍就テ二文殊ニ一致ス二其讃嘆ヲ一者也
先惣功德者

次別功德者今此大聖文殊師利菩薩者過去
龍種上智尊王佛也果滿之月下覺智之光
雖圓因分之風前淸涼之響尤颯然是以法
花六瑞之庭對彌勒而決疑淨名無言之砌
代佛化而示言何況三世諸佛尊重而
稱其母十方如來恭敬爲吾師生梵德
婆羅門之家示誕育之瑞於釋迦牟尼
佛之前結僧那之契誠是菩薩之中大菩
薩偈仰而猶可偈仰者乎大日經疏第一第
五同讃嘆文殊功德云先第一疏尺四行
菩薩文殊釋云妙吉祥菩薩者妙謂佛
無上慧　猶如醍醐純淨第一室利翔爲
吉祥即是具衆德義或云妙德亦云妙音
也言以大慈悲力故演妙法音令一切聞故次
彌勒明之文　又問疏第廿云次文殊師利
者大智惠也先發淨菩提心如普賢觀
經次第乃至毗盧遮那遍一切處常樂
我淨彼羅密等之所構成皆是淨菩提心
也次即說第一義空我心自空罪福無
主觀心無心法不住深等即妙惠也以此第
一義空之妙惠淨彼遍一切處淨菩提心平
等惠利刄斷無始無明根即入菩薩正位故雖（カ）
有菩提心而無惠行即不可成果故次明文殊也

五道轉輪王

別娑婆之後到冥土之人第三年之時從都市
王之手被渡五道轉輪王之所地藏菩薩發
心因緣十王經說五道轉輪王聽云邪見放逸過
過癡无智罪猶如車輪廻常在三途獄
爾時十王諸羅刹婆冥官司候從座而起合掌
向佛而白佛言我等諸王或權或實如實類
等受苦難忽何難苦歸無爲家爾時世尊告
諸王言汝先世見作惡苦說爲自樂勸化造惡
聞作善增聞有德死以爲歎樂貧心惜財嗔
恚共理如是等衆生得生閻魔國前分涅槃
中如廣說佛性常住凡有慮當具佛性悉皆當
得無上菩提汝等有心當知佛性必定先難三勢
大苦佛性偈曰　諸行無常　是生滅法　生滅々已
寂滅爲樂
我念過去無量劫中爾時我爲雪山童子始聞
此義永難生死得涅槃道爾時諸王聞佛偈語深生

歡壽味甘露膳卽離勢惱得不退轉爾時大衆聞佛所説皆大觀壽皆悉作禮卽生涅槃處還閻魔王國信受奉行佛說地藏菩薩發心因緣十王經

已上就此經勘文而段(カ)々私用之寫本云佛調三藏云此經梵文非多羅三昧之內眞佛現授梵文於照耀殿譯之時天聖十年十一月矣云云

佛生會

方今孟夏四月之天上旬八日之候當釋尊誕生之時節刷大衆觀壽之儀式仍聊讃往事之行相欲備今日之功德夫以菩薩在都率天滿足長壽四千歲以四月八日曉明星出時化乘白馬從摩耶右脇入住 母胎間說法利生更以無障晨朝爲色界諸天說法日中爲欲界諸天說法哺時 爲諸鬼神衆說法於夜三時說法利生忽復如是遂則以四月八日之天日初出時於藍毗尼薗無憂樹下卽從夫人右脇生 自擧右手於十方行七步大師子吼 唱言天上天下唯我濁(ママ)尊云々面貞怡悅梵音哀雅 寶花泉(カ)足四王接身帝釋執蓋梵王持拂龍吐水八部滿空伎樂列音當此時生死海中新立解脫之橋梁煩惱床上既雨般若之良藥然後太子在《マシマシテ》 王宮深厭欲樂專傾修道生年十九出家時至以二月八日夜半不重金輪寶位悉棄六方婇女命車匿騎犍陟至仙人苦行林中卽下馬撫背而語曰我出梵籠去羈鏁是汝之力也又語車匿云隨有勢之人是世間之常之習也我今出王宮汝一人隨我尤以爲難有汝可與犍陟俱還王宮車匿聞此語擧音悲哭犍陟屈膝舐太子御足流淚如雨車匿白太子言久長王宮深宮所相從如兩何單己《ヒトリ》可棲 山林乎太子答言《ノタマワク》 生死之習獨去獨死何必 有伴侶若我斷結使以衆生可 爲伴侶云云爰車匿抑 淚引馬而還捨三山邪

道ヲ守ル二一實ノ正法ヲ一生年満三十ニ以二月八日ノ
夜ノ曉ヲ一降ニ伏メ四魔ヲ一成ス正等覺ヲ一受ニ梵釋
之請ヲ一初テ轉法輪ヲ一世界ニ灑甘露ノ法雨ヲ一
衆生蒙潤益ヲ一自尓以來一代之間諸經之說
算數難計譬喩何ソ及バム今此佛生尊之
旨趣大概以如此乎

涅槃講 近來講式在之可用歟 此表白於正應寺勅之

愼敬白一代教主三身卽一非滅現滅最後入滅
釋迦牟尼無上大薄伽梵十方來集五百世
尊三世十方諸佛善逝大般涅槃遺教等
諸大乘經八萬十二權實正教迦葉德王師子
吼等諸大菩薩那律阿難等八十百千諸聲
聞衆大自在天尺桒大梵等色界四禪諸天
釋提桓因護世四王等欲界六天乃至娑羅
林中五十二類自在界他方一切衆舍惣　盡テハ(カ)
空法界一切三寶言方於テニ南膽部州大日
本國其所道場ニ一結同心諸德大衆等迎ヘテ
大聖尺尊唱エ御スニ　涅槃之今夜展諸德
大衆致シ御ス　戀慕之供養慣ナラテニ　雙
樹林之昔ノ尊儀ニ抽一結衆之今ノ誠心ヲ一

事アリ　其鄭重悲歎旨趣如何者夫
常在靈山之秋月雖耀一化八十年之嶺
娑羅雙樹之春花遂萎ニ二月十五夜之
梢《コスエ》ニ一毎《コト》ニ憶フ二如來涅槃之右席ヲ一更ニ傷ム
我等戀慕之新情緣謝卽滅之儀
決定必然者歟而ニ今一結諸德大衆等
排一箇之精舍安置釋迦牟尼佛之尊
容凝一心之懇篤ヲ一相棒諸德大衆會之
供養觀夫レハ本尊之聖容端身而後《ウシロ》
座シ給ヘリ　內證猶屑示給フカト　常住不滅ナル
事ヲ涅槃之妙相右脇而前懸リ御スニ　外用
聊依現シ御スニ　住之理臨テニ此會ニ一無ナクヒニ疑一非滅現
滅之道依ヨテニ今ノ儀ニ一被レタリ二悟《サトレリ》一　內證外
用相備之道場故兼スルニ　以テニ淺略深
秘兩箇之軌則ヲ一信仰誠以各潔(カ)ヲ　之集
會ナルカ故展ルニ心ニ稱テス揚讚嘆四座之講演ヲ一
倩《ツラ〳〵》以レハ　機緣相熟則促ツヽメテニ　周遍法界之身ヲ一
示シニ誕生於藍毗尼苑之孟夏風ニ一化導
既窮忽隱メニ常在靈山之姿ヲ一唱《トナエ》御スニ　寂滅
於娑羅雙樹之仲春月ノニ一方今訪ヘハニ不生尓シ

生《ヲ》之時《ヲ》一周《ノ》昭王二十四年甲寅四月八日《ナリ》
勘《レハ》二非滅現《ニ》レ滅《ヲ》之代《ヨヲ》一同《ヲ》穆王五十二年
壬申二月十五《ナルヲ》 乎而 今《ルニ》竊《ニ》算《カソフレハ》二 鶴
林之霞《ヲ》一則今年既迯二千貳百五十五年
之春《ヲ》一今年正安四年壬寅也遠《ク》
憶《ヘハ》鶏足之雲《ヲ》一亦星霜遙隔《ニツ》二五十六
億七千萬歲之曉《ニ》二佛中間之我等忝《ク》列《リ》二
法之弟子三覩菩提之妙果《キ》預
遺傳之利益《ヲ》一乎末世之恩德者我等尤
所仰此會者懇篤者世尊宜《ク》納受《シ給フ》一
是故想像涅槃之儀式《ヲ》一戀慕《メ》娑羅
林之古席《ムシロヲ》一 致《メ》二渴仰《ヲ》一劾阿難之舊
儀《ニ》一備《テ》一供具《ヲ》二而准純陀之誠心《ニ》一仰願《クハ》
此會法式 累《カサネテ》二星 霜《ヲ》一續《ツキ》 伽藍之供基於
未來際五黨佛業積《テ》二薰習《ヲ》一致梵席
之精勒於星宿劫《ニ》一懇舟之志尤雖《トモ》二切《ナリト》一
啓白之趣蓋如斯泥洹會場之世尊衆會
雙樹來至之菩薩聲聞不異昔軌《ノ》則
哀納今《ノ》惠齋《ヲ》一 敬白
訶梨帝
方今訶梨帝母尊像可在《マシマス》 惣別功德一

先惣功德者
次別功德者今此尊像異形相分《レタリ》 金色《シテ》 而
著天衣《ヲ》二之像在之歟《ニノ》而今形像者白衣天像
懷愛子是也初爲鬼類《ハ》一《ト》多噉《クス》二食諸人之小子《ヲ》一
其身生《ニ》五百人之子《ツヲ》一以諸人子《ヲ》一爲之《カ》一爲其《ノ》
食《ト》二而尺尊方便以一人子《ヲ》一隱《ニ》二 鉢下《シ御スノニ》一以神通《ヲ》一
雖求《ムト》一終以不得詣佛所《ニ》一申《ス》二此悲《ヲ》一佛言《ク》
汝子《カハ》五百人《ナリ》 其中《ニ》一人失之《ヲ》一其歎猶
如此何況衆生只一人若二《ハ》人若三人等所生《ノ》
兒汝以之爲食《ト》一若永不可有噉食之儀者爲
汝《ノ》二可與其子爰擔云自今以後爲諸小兒可成
其守護《ヲ》一但吾日來以小兒《ヲ》一爲食令休此事者
自身命難(カ)續願如來以方便《ヲ》一爲我與其食《ヲ》一
爰如來告《テ》曰告《ニ》二一切諸子《ノ》乳母《ニ》一以飲食《ノ》上分《ヲ》一
可宛汝食云云自尓以來以乳母生《サンハン》 飯《ヲ》一供之《ニ》一
其生字或殘字也云云根元如此
栴檀健達婆　十五鬼神
方今被面繪給栴檀健達婆王尊像
先惣功德者
次別功德者不動明王之化身一切童子之

守護也種子種子字三昧耶形苾築
尊形者甲曹左手押左膝右手指三戰
鉾十五鬼神爲其眷屬十五童子同相列
依鬼神障難有童子病惱之相今所圖相
是也三戰鉾貫十五鬼神之頭ヲ一是其降伏
之相也仍一切童子安穩壽福只是此尊作
業也回茲護持大施主是下等云云
毗沙門天王種子種子字三昧耶形寶棒
方今被供養讃嘆多門天王尊像一躰
先惣功德者
次別功德者今此大悲多門天王者遥等
本地則三身覺位之月雖圓親リ顧垂
跡亦四王北方之雲高聳三世唱正覺ヲ一
十方施妙財是以テ過去莊嚴劫稱如意
摩尼寶生如來現在賢劫名寶積如來未
來易宿劫號大器如來於一身具如是衆
德亘三世施無窮功用竊以一時敬禮之春
天衆生之榮花常馥十方福祐之秋月
有餘之利益無闕縱雖一旦猶夫爲足
況通永年誠宜促頭者乎凡ソ人ニ有

貴賤法有眞俗人法雖相分福德尤要
楅貴而兼將相之位猶以財寶致其客餙
賤而尼(カ)衣食之支一以福祐助被苦患況亦
佛法弘宣之庭付眞諦而致興隆君
父忠孝之家於俗素而全資具凡厥此等
一切功德只是爲此尊功德誰人不崇重何
背示恭敬乎常途讃嘆存略如此
次依自宗眞言教可奉讃嘆之者大
日經疏釋云　次於北方當置毗沙門天王
於其左右當置夜叉八大將ヲ二一寶賢二一滿賢
三半只迦四娑多祁ヲ里五醯摩縛多六毗迦遮
迦七阿吒(カ)囀迦八半遮羅フリ及訶哩帝母功德
天女ハ經文闕之阿闍梨言功德天隨毗沙門合
在北方若本位亦可置西方ニ一也凡此等諸
大天神皆是衆所知識世間衆生各々隨
性欲因緣宗奉供養毗盧遮那爲欲
普門構衆生故遍一切處亦同彼身即
以世間共識標識爲出世間秘密之標示猶
如帝釋之像妥住妙高山王如來因陀羅
三昧亦復不移此處開出淨菩提心妙高

山王自餘法門例皆如是不可祥説但
行者隨一人乘中功行成就自當開解
耳文　淺略常途義秘密其深之
尺蓋以如此

吉祥天女

此天女尊像者信仰之輩忽施萬事
大吉之功用恭敬之人必免一切不祥得一
切吉祥故以奉名吉祥女多聞天是惠
門吉祥天即定門定惠相庭理智
互助其種子字或字三
摩耶形如意寶珠能雨《クラス》一切珍奇
雜寶嚴身飮食等妙具凡隨衆生也
願樂與無盡之財寶現世當生世間出
世歸此尊像之人無不成就一切求願者乎

大黑天神

辨才天

惣德如常別功德者一切才藝尤巧無量
財寶亦妙以字爲種子字
諦不可得字也諦者審實不虛之義

仍一切藝能尤明尤鮮諸事作齊同滿
曰足或具八辟今是指琵琶此琵
琶者能調呂律之聲專掌《ツカサトル》　陰陽之
氣四絃一聲誠是表四海一天之安全
千調《タヒ》萬撫《タヒナツ》亦復爲千秋萬歳之福
貴者也凡厥功德得不可稱矣

四天王

惣德如常別功能者四方衞護之躰四
海鎭護之尊爲國之護爲家之護々持誠
勝守護亦妙者也一持國天宰東方種子
字三昧耶形刀尊像如今二增長天
宰南方種子三昧耶形同或大刀
尊像三廣目天宰西方種子三
昧耶形三鈷戟尊形之　四多聞天宰
北方種子三昧耶形寶棒也尊形
之皆是雖往古之如來暫以施利益之德
用尤可仰尤可崇者也

二王

夜叉神

諸祖影像

第一龍猛菩薩　　今此菩薩勘付法傳文云釋迦如來掩化之後八百年中有一大士梵名那伽閼頼樹那菩提薩埵唐言龍猛菩薩舊云龍樹迹誕南天化被五印等本則妙雲如來訪迹亦觀喜大士龍者發無緣大悲之雲普灑平等之法雨猛者振勇猛精進之威勢文無怯弱之義相者也造千部論藏爲衆生依怙提婆菩薩自執師子國來求論義龍樹盛滿鉢水命弟子四汝以是水示後提婆々々見水點以針投之弟子持鉢□疑返龍樹曰彼何辭乎對曰點而無所說但投針水而已　龍樹曰智矣若人也　無言妙辨斯之歟水隨器方圓逐物清濁彌漫無間證湛莫測滿而示之比我之學智周彼乃投針遂究　其極然後提婆遂以受業爲弟子此菩薩善達藥術數百年不衰而取滅度有兩說一因引正王之請自以第葉自伽其頸滅度一又蟬脫　而去　明知龍樹菩薩過去如來爲法同塵矣

第一龍智阿闍梨者龍猛付法之上足也位登聖地神力難思德被五元名薫十方上天入地無尋自在或住南天竺弘法利人或遊師子國勸誘有緣玄奘行狀云南天竺(カ)磔迦國奄羅□中有一長命婆羅門年七百餘歲觀其面貝可稱卅許明中百論等是龍猛菩薩弟子今猶見在南天竺傳授金剛頂瑜伽經及毗盧遮那惣持陀羅尼法門五部灌頂諸佛秘密之藏及諸大乘經論等矣

第二金剛智三藏者南印度摩賴耶國婆羅門種誕育靈奇幼有神異年甫十歲於那爛陀寺依寂靜智出家學聲明論十五學法稱論二十受具足戒六年營大小乘律又學般若燈論百論十二門論二十八於迦毗羅衞城就勝戒賢論師學瑜伽唯

識辨中邊論經三年往南天竺於テ龍樹菩薩弟子名クル二龍智ト一年七百歳今猶見在經七年承事供養シテ受學金剛頂瑜伽經及毗盧遮那惣持陀羅尼法門諸大乘經典幷ニ五明論□五部灌頂諸佛秘密之無不通達兼解シテ二九十四ノ書ヲ一尤工秘術妙閑粉繪每至飲食天廚自陳金剛薩埵常現於前遂辭師範龍智劫還中天等禮如來八相靈塔開元十九年譯金剛頂瑜伽修習毗盧遮那三摩地法等四卷ノヲ一隨駕西京ニ一廿九年七月廿六日天恩ヲモテ二放歸本國ニ一行至テ東都無福寺ニ一乃現メ二疾ヲ一坐而遷化弟子僧智藏等請留遺教ヲ一頂間復還付屬ルコト畢テク曰西國涅槃盡皆無坐法隨師返ニ二寂ニ一右脇而眠ル即師子終經所載也其年ノ八月十五日證果哀念傷於帝坐ヲ一悲惜メ咸於士心ヲ一矣

第四善無畏三藏者中天竺摩訶陀國王也捨寶位ニ一入ル二道林ニ一迦葉制髮觀音摩頂ヲ一神氣精靈道業恠簾精通禪惠ニ一妙達惣持ニ二三藏教文一心通達五天諸國其名普播師事《トメツカウ》ニ二龍智ニ一悉受ク秘奥ヲ結ニ二夏シテ靈山ニ一拜牟尼像ヲ一又海上ニシテ遙群賊賊從自懺謝乾陀羅國王敬受ク二大日經ヲ一求供養法ヲ一和尚金粟王塔邊乞聖加被ヲ一忽現空中ニ一金字炳然慈悲作念接誘無虧人咸問疑部折無滯開元廿一年十月七日右脇而終行年九十九天門震憚贈以鴻臚鄉

第五一行阿闍梨俗姓張名遂大僕承懍之子也母瀧西李氏懷孕之日額上有二三寸之白光及誕生移在兒額親族恠其異至年十歲聽惠過人學無暇日之誦萬文嵩嶽寂深習禪門法禪有南北二宗　第五祖師弘忍大師之門下也有二人弟子一ニハ是惠能即南宗也一是神秀即北宗也北宗弟子名曰普寂即一行禪師師範也就金剛智ニ二受ク二兩部教隨善無畏ニ一譯ス二大日經帝夢金人來

鎭國家開元十五年十月八日入寂年卅
八玄宗自制碑銘謚曰大惠禪師
第六不空三藏者南天竺國之人也法諱智
藏號大廣智不空金剛計當大唐神
龍元年己巳之歲而誕跡焉初母—
氏遇相者曰尒必當生菩提薩埵言
已便失數日之後果夢佛微笑眼光灌
頂既寤猶覺室明如晝回而孕焉天—
假聰明幼而慕道遠離父母落髮懷
衣至開元六年歲在代午甫而於闍婆國
見弘教三藏金剛智而師事之和初試教
悉曇章令誦之梵經梵言餘切一聞無
墜便許灌頂授菩提心戒年甫十五與
出家隨侍南溟乘船架險驚彼鼓
駭(カ)如影隨形開元八年方至東洛十二年
甲子年方弱冠於無福寺依一切有
部石戒檀所而受近圓律相洞閑知
而不住欲學聲聞論窮瑜伽宗以白
先師師未之許夜夢佛菩薩像
悉皆來行乃曰我之所夢法藏有

付矣遂授以三密談於五智妙達經論
言善唐梵隨師譯語稍得精通　隨
駕兩京應詔翻譯不離左右請益
榀衣函杖問端斯須不捨開元
廿九年秋先師入塔之後有詔爲請大本
金剛頂經及大本毗盧遮那經等最上乘
到師子國之王大臣虔敬食安置佛于(カ)寺
說肅宗代宗皆爲灌頂國師代宗初以
特進大臚褒表之及示不起又就臥內
加開府儀同三司肅國公賜法號曰大
廣智三藏大曆九年夏六月癸未滅
度京師大與善寺代宗爲之廢朝
スル事三日贈司空追謚大弁正廣智
三藏和尚茶毗之時詔遣中謁者齊祝
父祖矣
第七惠果和尚俗姓馬氏京兆照應人也故
大與善寺大廣智不空三藏之法化也地含
秀氣誕此莫靈天降奇才輔我王室
膺賢劫之一運開愚迷之群心大師
童稚事師幼而勤學晨寂

暮請不倦年來髻鬘持大佛頂ヲ一表メ二
其靈驗ヲ一種々神變凡所覩者咸皆說(カ)
然年及弱冠ニ具ス二彼羅提目叉ヲ一其護戒ハ也
鷲珠草繫其安禪ハ也鳥栖《スミツ》　樹生《ヒタリ》　初ニハ(カ)乘《ソク》二
四分律ヲ一後ニハ　三密灌頂登金剛頂ニ一超
須彌盧ニ一入テ二法界宮ニ一開大秘密得一
乘之妙旨ヲ一聲振ニ二五天ニ一溢テ二萬德於心海ニ一
行超十地ヲ一三藏聖教悉皆洞曉五部
秘法詣極決擇百千菩言日夕諷持
萬德密印四時終念陽欲冗日ニ一卽祈
時霖勞卽止薩嚕拏天衆呼肢從
風跋難陀龍王所求速應ス益伏愛息
得深悉地ヲ一意生法事無不瑜伽是故
三朝師尊四衆依學出入紫極奉對金
殿敷演秘法宣布妙理四十餘歲矣今有
日本沙門空海來求正教ヲ一以兩部秘奧
壇儀印契漢梵無差悉受於心猶如
瀉瓶日出月沒油盡燈明消幷不住
如來也滅吾亦庶幾入歸寂矣于時永
貞元年十二月十五日五更去世春秋六十

法度(カ)四十焉
第八弘法大師者讚州多度郡之人也蓋是
久成之如來大權之薩埵也遂則苟
域中之近智欣海外之遠獻因茲延
曆之末癸(カ)敎於亘唐大同之初傳法於吾
朝惠果和尙碑文云汝不知吾與汝宿契之
深多生之間相共誓願弘演密藏彼此代
爲師資非只一兩度是故勸汝遠涉授
吾深法受法已畢吾願足汝西土接我足
吾又東生入汝之室云云　就中四依大士三
國諸師其德稔(カ)恰雖無勝劣不改凡
身忽現佛身上古未聞末代豈有乎
而吾宗弘法大師諸宗論難之莚現
卽身遮那之相貌吾國濁惡之代留生
身入定之奇模自尒以降三密智水
遠流五相覺之月照只是吾高祖
大師難思之方便力也承和二年三月廿
一日於紀州高野山金剛峰寺入定于時
六十二矣
醍醐寺僧正聖寶者俗姓王氏白

壁天皇之苗裔也　初就南京元曉律師等習學法相三論等後隨東寺源仁僧都等被授兩部之職位寬平六年任權律師同年兼法勢同九年任少僧都昌泰元年補東寺長者延喜元年任僧都同二年任權僧正同六年轉正凡爲八宗長者智惠德行世皆謂權化人延喜九年七月六日入滅于時春秋七十八矣

上宮太子　又號聖德太子

今此上宮太子聖靈者用明天皇之王子推古天皇之儲君也託胎之初不厭垢穢而盛人間之生出胎之時照曜宮殿而放微妙之光胎而能言　幼而能識二歲三五之平且向東方而稱南無佛三歲幼雅之暮春棄桃花而賞松葉粧身發馨香心備神通詳語前生兼示　方來有八耳聰利之德有一人輔佐之寄披異域之典籍悟佛教之幽微以佛陀之教誡助王法之改三寶之境界厚加恭敬六箇之齋日遍禁殺生遂使慈父大王崩御之刻守屋大連違逆之時仰三寶之冥助賴四王之威力官軍一進　逆徒永亡自尒以降四天王寺爲其根本建立數箇之寺塔萬機朝務爲其執柄製作十七之憲法海內靜謐職而因茲加之依勅講經三尺之瑞花敷地入殿發通一卷之妙文在机綷之奇特以何比之凡照佛日於若木之鄉掩慈雲於扶桑之國千年一聖誠乎此言方今聊述讃嘆以展供養信心之切畢垂哀納矣

傳教大師

傳教大師深觀無常又慨　法澆遊心大乘遁身山林延曆廿三年入唐隨善無畏三藏第三代傳法弟子內供奉順曉阿闍梨稟承持念敎抄寫眞言同廿四年歸朝勅簡智德八人使授受訖受灌頂者八人賜公驗爲憑據弘仁十二年六月四日入寂春秋五十六也

慈覺大師

慈覺大師者傳文云慈覺大姉是北嶺天呂山之烈祖南京洛陽城之尊祖也深洞幽閑(カ)結草而爲庵静室寂寛斷穀而久坐

承和五年入唐遇一碩德名號全雅被授胎藏金剛諸尊教法

又從大與善寺元政阿闍梨青龍寺義眞阿闍梨玄法寺法全阿闍梨等受兩部大法等入灌頂道場同十四年歸朝撰金剛頂經蘇悉地經等疏弘于世貞觀六年正月十四日頭北右脇永以遷化春秋七十一矣

智證大師

比叡山延暦寺第五座主入唐傳法大阿闍梨耶智證大師者讃彼國那珂郡金倉郷人俗姓和氣氏景行天皇十五代苗胤也父和氣宅成母佐伯氏弘法大師之姪也母儀夢中乘船渡海之時朝日赫奕入口云云相語宅成賢子誕生之瑞相也云云 弘仁五年誕生目中重童瞳有之二歳之時於𦟌《アサ》中放金光天長四年入京天長十年十九出家

承和五年金色不動影現三井黄不動是也生身不動來授立印儀軌仁壽元年四月渡唐謁中天竺三藏般若多羅學悉曇章同五年値青龍寺法全阿闍梨學兩部大法在唐六箇年之間學顯密教禮處々遺跡天安二年歸朝自海中老翁相隨隨來是新羅大明神也與新羅明神住叡山々王院新羅明神告云於此處未來必可有其煩仍依勅移住三井寺天智天武持統三代天皇取此水爲育湯因茲初號御井寺後大師改號三井寺其餘德行等不遑羅縷矣

慈惠僧正　或號大師

大僧正諱良源俗姓木津氏近江國淺井郡人也其先物部氏憂無一子祈請三寶夢坐海中厭後不久有矣延喜

十二年秋九月三日丁未午時生父廬舍
生而神靈室多異相年始九歳遊居田
中于時有國老越州司馬貞行見此靈童
頂有天蓋形如蓮花老翁見而奇矣
生年十二而學台山便至寶幢院月燈
上人房以理仙大德爲其師住山之間深志
修學聞一知十延長六年歳十七而遂出
家同年四月隨尊意和尚登壇受戒
承平六年隨興福寺誰摩會于時勅
使左中弁藤原　在衡語曰講匠者台
山之耆德也所伴者又龍鳳之侶也請各
決雌雄于時與義昭相番義昭雖爲
當時之莫才天不可階矣花山院寛和三年二月
十六日勅云大僧正良源闍梨　垂跡於
浮生棲心於常樂智惠之水波澄邪
見之林煙斂久居台嶺之貫首深貯
法藏於唯心咒自　朕誕育之日厚其護
持其德可酬宜加謚曰慈惠云云　其餘德
行得而難稱矣其時　入滅矣
善導和尚法然上人　可勘入之

布袋和尚
今此布袋和尚者傳記區相分德行不
一准且勘一傳記云彌勒菩薩之化身也
其行儀心操世人無測之或時遊市邊
供養競而自然或時行道傍童子
集而遊戲一切供養物不嫌善惡持
一布袋混而入納其中雖入種々異物
移之時或皆悉作庶章牙(カ)之白米或
又成種々珍寶雜寶雜具無盡物
行儀非人之常儀之時或時震旦國
人々各厭却之住厭卽去去後
其國中飢渴仍時人驚而重雖召請
更不來國彌飢甚之間强重雖請猶不
來還示云若欲請我者只可安置我
形像影像與我功用均而更可無差異
因茲如其詞安置之安置之所飢渴
漸止而富貴自然時人稱彌勒菩薩
化身傳云死亡之時不留其身入所
持之袋中只留袋于時取此袋
安置之如佛尊矣　時人讃曰

彌勒眞彌勒　化身百千億　時々示時人
時人皆不識
又讃曰
昔在都吏多天宮　相助釋尊之化儀
今降震旦貧家庭　專愍蒼生之盡癡
又讃曰
善惡依心自性空迷情相融失神通是非混
合一箇袋道路優遊伴幼童紀談云其
號布袋者以其杖荷布囊而供身之具
盡貯於中自稱名契此示寂於五季之梁
貞明二年丙子歳也云云

達磨大師

夫達磨大師者南天竺國香至王之第三王
子也第廿七祖般若多羅尊者之行化焉
至南印度香至王施《メ》無價寶珠問三人王
子《ニ》云此珠圓明有能及之乎第一王子月
淨多羅第二王子功德多羅皆云此珠
即是七寶之中尊也圓明無踰之爰第
三王子菩提多羅云此是世寶未足爲
最上於諸寶中智光爲上此是世明
未足無上於諸明間智明爲上于時尊
者謂《テク》曰汝於諸法已得通量夫達
磨者通《スル》大之義也宜名達磨汝雖《トモ》得《ウト》
法《ヲ》未可遠遊且《ク》止《テ》南天待六十七載
當往震旦《ニ》設《テ》大法藥《ヲ》直《ニ》接《スベシ》上根《ヲ》
既而受般若多羅之懸記《ヲ》赴《ヲ御ス》　東夏
震旦之遐《(カ)》方矣　梁帝一遇而不知枯
木龍吟無人聽魏主三《タヒ》微《トモ》而不至髑
髏眼精爲誰開從彼西天一物不將《モ》來自《ラ》
到《テ》嵩山九年常冷《ニ》坐若非大師之指示
爭知自家之寶藥乎恩德之厚不可
得稱者歟蓋是達磨大師之德行也
凡依爲教外別傳之祖師須難舌端
稱揚之讃嘆《ヲ》只以梗概聊連恭敬者也

智者大師

夫大師聖靈者陳隋二代之國師法花一宗
之元祖也尋本其本高世擧《テ也》稱藥王之
應化《ナリ》訪迹彼跡芳自告示《シ給フ》　觀行之品
位《ナリトシテハ》詣靈山《ヲ》親《マノサタリ》聞佛説之法花《ヲ》
來《テ》震旦《ニ》亦更迷《ニタニヘ給フ》　自解佛乘《ノ》德

行秀《ヒテ》世《ニ》名望勝レ給ヘリ　倫《トモカラ》依之三論喜
祥《ハ》歸心造《リ》疏《ヲ》諸宗學徒傾《ケテ》頭《ヲ》請《ス》益
遂使以《テ》四教五時之濃淡《ヲ》廣收一代半滿之
所說《ヲ》張頓漸不定之教細普《ク》弁衆
機大小之共別《ヲ》
一心觀之法水汲玉泉之餘流《ツ》十乘十
（カ）
愧之教風扇《ク》花頂々末力《ヲ》因玆每《コトニ》迎《ル》
仲冬之作被柚一心之誠《ヲ》若尓大師聖
靈內證圓明之秋月耀《シ》光於中道山頂《ニ》
外用濟度之春水流《ヲ》名於下土鄉《ノ》間《ニ》

孔子

方今奉面繪孔子《ノ》眞影一補竊《ニ》以《レハ》
專《御ス》人之高行故《ニ》崇《御ス》道之尊師《ヲ》故《ニ》
面繪此《ノ》像《ヲ》恭敬《御ス》彼德《ヲ》其名號則連稱
仲尼《ト》其《ノ》父紇《シク》梁訖《リヤウコツ》有九女無《ヲ》人《ヒト》等繼《ツクニ》家
業《ヲ》之間責《セメテ》妻室施氏《カ》女《ムスメヲ》稱可生
子息《ヲ》雖《トモ》然不能《ルコト》生《テ》因《ニ》玆更嫁《カス》顏氏
女《ニ》請《コフ》生《コトヲ》子《ヲ》于時孔子老《テ》無嫁姻義
雖《トモ》然《ト》稱《ス》可生子《ヲ》而《ニ》顏氏《ノ》女詣《メ》尼《チ》
山之神《ニ》求《ム》有《ムコトヲ》身遂懷《ニ》孕《メ》生男子《ヲ》

彼山《ノ》頂汚《クホカナリ》也故似《テ》此《コレニ》所生《ノ》孔子其頂亦
汚《クホカニメ》似《レリ》彼《ノ》尼丘山《ニ》是以孔安國注《ニ》引家語
意《ヲ》云仲尼《ノ》首《ノ》上汚《クホクナル》事似《レリ》尼丘山
故名曰丘《ト》而字《ヲハアサナ》仲尼孔子《ハ》男子之
通稱文而今《ニ》仲《ト》者大國之法一男《ヲ》云
伯《ト》二男《ヲ》云仲《ト》三男《ヲ》云《イヒ》紇《ト》四男《ヲ》云
季《ト》五男以下《ヲハ》又付《ルコト》別名《ヲ》如思《ノ》殊《ニ》
至《ルマデ》等四男《ニ》如此賞《ル》之《ノ》其意如何者有
四方《ニ》有四國仍法《ノトテ》此《レニ》如《シ》是《ノ》意《ク》云於四
方《ニ》有東夷南蠻西戎北狄若赴《メ》軍《ヲ》
競來者以四子爲令防之《ヲ》也凡釋尊說《御ス》
我遺三聖《ト》所謂孔子老子顏回卽是儒
童迦葉光淨之三菩薩也如來出世等西
天《ニ》彼教可東漸之間爲《タメニ》《ノ》周世亂逆欲《ルカ》
治《セムトヲ》之先遣《ツカハス》三聖《ヲ》也周世亂逆《ニメ》更無《ニシ》紀《ノリ》
或其臣殺《ハ》君《シ》其子殺《ヲ》父《シスヲ》漸治此
惡行《ヲ》爲《ナリ》弘佛教《ヲ》是以經中《ノ》說《ニハトク》我遺
三聖《ト》擬釋尊十六弟子《ニ》孔子有十哲
所謂顏回敏子騫舟伯牛仲弓學
弔子貢子子遊子夏舟遊遊字或有

奇路是也

老子 依老子經序取意可鈔之

老子經序云老子者《ハ》蓋《シ》上世之眞人也其欲《シテハ》見《アラハシムト》 於世《ニ》則解《ヲ》形還《ヲ》神《テ》入《ノ》婦人胞中《ニ》而更生《ル》示《ストナリ》 有《コトヲ》 所始《ロル》當《テ》周之時《ニ》因《テ》母氏楚《ノ》苦縣《ノ》勵《レイノ》 鄕曲仁里季氏《ノ》女《ス》任之八十一歲《シテ》 應天大陽《ノ》曆數而生《ルル》時有《アリノシ》老徵人皆見其老不見其少《ヲ》欲《スレハ》謂之《ヲ》嬰兒《ト》年《トシ》 已八十矣欲《スレハ》 謂之《ヲ》老父《ト》又且新生《タリ》 故謂之《ヲ》老子《ト》名《ハ》重耳字《ハ》伯湯仕《ヘテ》 周《ニ》爲《タリ》守藏室之史孔子適周問禮於老子《ヲ》々々曰《ク》子之所《カ》言《イフ》 其人骨已《ニ》朽矣獨其言有耳且君子得《タ》其人則喜《ス》祥不得其人則蓬累而行吾聞之良賈深藏若虛《ムナシキカ》 君子盛《ニ》德容貌若不足去《サケヨ》 子之驕《ケウ》氣《ヲト》 與多欲態色與《トウ(カ)》諸志是皆無益於子之身也吾所以告《ル》子《ニ》若是而已《ノミナリ》 孔子去《テ》謂諸弟子曰《モク》鳥吾知《ヲハレル》其能飛《クコトヲ》 魚《ヲハ》 吾知《ル》其能游《ヲヨクコトヲ》 獸《ハ》吾知《ル》其能走《ルコトヲ》 走《ルヲハ》 者可爲《ナシツ》羅《アミヲ》 游者可爲《ツリヲ》《ヒンヲハ》飛者可爲矰《アミヲ》至《テハ》於龍《ニ》吾不《ス》能《ハ》知《ルコト》 乘風雲而上《ノホル》 吾今日見《ルニ》老子《ヲ》其猶龍耶老子修《シノ》道其學《ヲサムヲ》 以自隱《フコトヲ》 無名爲務《ヲ》居《ト》 周久《ルコトニシ》平生時見《テ》周衰《ノルヲ》乃遂去《テル》至開《ノ》々令尹善望《(カ)ミ》 見東方《ヲ》有來《ル》人變化無常乃至一蓋老子百六十餘歲或言《カク》二百餘歲以《テ》其修《オサムルコトヲ》 道而養《カ》壽故也老子之子名宗《ハ》々々爲魏將對段千《タリ(カ)》宗子瑤瑤子宮《エウカキウカコ》々子班《カフ》仕於漢孝《ノ》父帝《ニ》矣乃至

顏回

顏回亦稱《ス》顏淵《ノ》孔子門徒中上足之弟子也是以孔安國孝經《ノ》序云夫子敷《トヲ》先王之教《ヲ》於魯《ノ》之洙泗門徒三千人而達者七十有二貫首《ノ》弟子顏回閔子騫舟伯牛仲弓

白樂天

白居易字《アサナハ》 樂天其先《ハ》秦將武安君字姓《セイ》白起之後也其母梁氏女夢與一丈夫《ノ》對語《メ》 親昵《メ》 共翫《ニノ》筆墨《ヲ》又語《テ》曰《ク》我是天帝之孫也盛《メ》汝之神惠《ヲ》來作配疋《ヲ》梁

氏覺而恍忽如有所亡既而懷孕精居一家十一月之間披閲經書起居孔《ハナハタ》易

誕生之時忽聞鐘鼓之樂從天來鏗鏘之響徹於屋宇大暦年中歳次辛亥二月十七日生等新昌坊舍蓋是文曲星之精靈也奇異之瑞感世人聽悟之聲遍鄉黨二十七而擧《キヨス》進士暨等憲宗皇帝用呂天下士選入翰林自尒以降吏等杭州吏等蘇州出知百城歷校書郎歷尚書郎入趍重闕巧風月與巧《タクミ》花月與《タクミナリ》仕朝則君臣優異莅《ノソムテ》境忽黎庶歸附咒乎校靑闔號秩亜《チツツケリ》四皓曳紫綬號爵《シヤクル》至二品靡《ヒン》事而不咨無疑而不質身稱中隱之名君授上才之祿仍今恭敬之餘致禮贊設者也而已

人麿　自往古此讃流布世不知誰人作

人麿者世上之眞人天下之歌仙也以柿本爲姓以花前爲棲《スミカト》風情靡《ナヒカシ》草木露詞鮮遐迩或夢中現其形或眼前有其瑞崇重々類達三十一字之篇什禮贊之翟傳四百餘歳之曲折明石浦之秩景《ケイハ》秀逸而多在人之口實天遮霄之春之思獨歩而忽動《ウコカス》心花仍咸戴之餘作彼讃詞曰

和歌之仙　受性于天　其才卓尒
其鋒森然　三十一字　詞花露鮮《アサヤカニ》
四百餘歳　來葉風傳　斯道宗匠
我朝先賢　濕(マヽ)而無緇　鑽《キルニ》之彌《イヨイヨ》堅《カタシ》
風毛彙少《スクナシ》　麟角猶專　既謂獨歩
誰敢比《ナラヘム》(マヽ)扇　此序詞有子細也

亡親影像

方今奉面繪過去 慈父悲母 聖靈眞影於今日御作善之席相副佛經聊以奉讃嘆之誠是眞實之報恩抑亦最上之善根也如來定知見誠心之精微聖靈幾《モカ》納受給《フム》至孝之慇懃《ナルコトヲ》凡於孝養事者以孝經爲本彼經立廿二章第廿二章名喪親《サウシンノ》章蓋是父母終沒後所相變禮節教之也彼文云孝

子出喪《サウスル》親一也哭《コクスルコト》弗依二禮一亡容《ナシカタチヲツクコト》
言《コトス》弗二文《アヤナラ》一服《フクメウルハシヲ》二美一弗二安聞《ケトモ》一樂一弗二
樂《カラ》食一甘《ヘトモムマキ》弗二甘《カラ》一此哀戚之情也三日而
食教《ナキコトヲ》已亡以レ死傷《ヤフルコト》二生一也毀《カスレトモ》不滅《ホロホサ》
性一此《コレ》聖人出正也喪不過《スキ》三年一示二民
有二終一也文此文意凡人之致二己親孝養一
有二生涯之孝一有死後之孝一生涯之孝者身
備二禮義一立二身一立二德一死後之孝者
父母終沒後就二此一又有禮義一者也哭《コクスルコト》
不二依二禮一者忌二儀而悲也亡二容《ナシカタチツクコト》トテ不
餝二容儀一不著美服一之樂事不爲樂一
三日食《アテストテ》水漿不入口一相歎是周之
代喪親之禮也爰爲相扶此悲隣家
人來以二粥一先勸《ススム》之一也爰食之一又其
禮也助《ケテ》二其身一可致二墳墓造作之業
不過《スフ》二三年一者當時世間之人致三廻之追
善是自《ヲノツカラ》相當其儀者歟安國注曰
然三年之喪二十五月而畢又服節
雖二闕心弗二之忌若遂二其本性○是
無窮一也故以禮一取中一制而爲三年一

也文而今孝子大施主以二影像一致恭
敬一俗法如敬二丁蘭之木母一佛道
似二禮一丹花之形像一御懇志之至
其讃嘆難及者乎就中過去聖靈
者

慈父句

一生撫育之德五常禮義之節謝德志
切報恩誠深者歟

悲母句

十月懷胎之恩百斛乳海之德報而猶
無盡酬而又有餘者歟

八十二畢

這本者東大寺蓮乘院淸秀阿闍梨自是
某甲承

寛永十一甲戌季三月吉日實算（花押）

表紙題箋

普通唱導集下　末　（墨付五六丁）

篇目計算次第

八感應因緣勘三國往生傳幷載因緣引規事

九地景時卽勘句例句已上二句前後任意

十別廻向惣廻向　年王代記

當世　皇弟　系圖　女院

執柄家系圖　三家系圖

日野　勸修寺系圖　武家系圖

異朝　三皇　五帝　唐名十四代

南朝　北朝　日本國名

已上年王代諸家系圖等是

爲勘代之上古爲存人之先祖也

三國往生　次第不同　爲備因緣

天竺往生人　七箇條

東天竺貧人以莚疊施寺遂往生事

西天竺王子聽聞三時念佛遂往生事

西天竺后載彌陀觀生死遂往生事

西天竺貧女奉仕阿彌陀行者遂往生事

南天竺沙門勤印佛遂往生事

北天竺童子入廿五三昧帳往生事

中天竺大臣蓮池放魚遂往生事

震旦往生人　二十三箇條

惠遠法師事　曇鸞法師事

道珍禪師事　顗禪師事

僧道喩事　登法師事

洪法師事　道綽禪師事

善導禪師事　盛法師事

僧法智事　尼淨眞事

尼法勝事　尼大明事

沙彌二人事　童子事

烏場國王事　隋朝皇后事

韋之晋事　紛陽縣老人事

張鐘馗事　紛州人事

女弟子梁氏事

本朝往生人　三十七箇條

一條院御事　後三條院御事

左大臣源俊房事右大臣藤原朝臣良相事

大納言源朝臣雅俊事

權中納言源朝臣賴基事
左近中將源朝臣雅通事
左近小將藤原義孝事
小將源時叙事
前常陸守源經隆事
信濃守藤原永淸事
散位源傳事　慶保胤事
僧正遍照事　權少僧都源信事
權律師明實事　阿闍梨以圓事
沙門仁慶事　沙門廣淸事
智光賴光事　源空上人事
空阿上人事　貞慶已講事
高弁上人事　尼沙法事
參議兼經卿妻京事
權中納言基忠卿京事
漏山女人事　南京女人事
藤原資平卿女事
上路國小女事　源忠遠妻事
小野氏女弟子事賴俊女子事
安養尼事　永觀律師事

當麻寺於主奉令織曼荼羅事
大神基政聖衆來迎付名(カ)笛(カ)事
明王篇延喜聖主御事　忠臣篇中納延光卿事
孝父篇　孝母篇　賢夫篇　貞女篇
師範篇　弟子篇　朋友篇

因緣

明王篇　十二箇條

忠臣篇　十二箇條

孝父篇　十二箇條

重花稟位　董永賣身
形渠哺父　原谷孝祖　三州爲姓
曹娥赴水　顏烏名縣　申明順勅
高柴不唉　曾參忌飢
許牧負土　王褒廬墓

孝母篇　十二箇條

白瑜泣杖　郭巨得釜　丁蘭寫眞
揚威免虎　百年思寒　張牧藏扇
孟宗得笋　玉祥供魚　蔡順採乘

姜詩得泉
賢夫篇　十二箇條
貞女篇
師範篇
弟子篇
朋友篇　付兄弟
地景
洛陽　東山　西山　閑居　邊土
時節
春　正月　二月　三月
夏　四月　五月　六月
秋　七月　八月　九月
冬　十月　十一月　十二月
勘句　例句　別廻向
惣廻向　年王代記
當世　皇帝系圖
女院
執柄家系圖　三家系圖
日野系圖　　勸修寺系圖
武家系圖
異朝
三皇　五帝　唐名
十四代　南朝　北朝
已上季王代諸家系圖等是
爲勘代之上爲存人之先祖也
感應因縁發言詞躰
抑至感應因縁篇者三國往生傳三寶感應錄其證非一其記惟多就中於彌陀如來感應至當朝親既眼前雖然且爲生觀喜之心且爲致信仰之思謹勘往代之前蹤欲添當座之潤色於雲容麗人者難闚其數至天子膺運之間先欲引其證竊披日本往生傳第一云
清和天皇者　文德天皇之御子也御母大皇大后藤原明子忠仁公良房第三之女號染殿后御諱惟仁云々膺錄之後治世十九年其間天下泰平四海無事風儀至聖瑞嚴如神好讀書傳潜歸

釋敎鷹犬漁獵之遊更以無留叡情自
降誕之初《メ》一僧正眞雅殊以侍護聖
躰元慶元年遁世《ヲ》一爲大上法皇遷
御於水尾山寺歸貳本觀世卷云々依彌陀如來以定終焉
之地同四年七月廿二日自水尾遷御シ御シ
嵯峨栖霞觀十二月四日申二尅崩
圓覺寺于時春秋三十一向西方結跏—
趺坐　手結《ニテ》二定印《ヲ》一震儀不動御取持
念殊懸在御手更不頽臥儼然《トシテ》　如《ニ》二
在《イマスカ》一依遺命之詔不起山陵奉致火葬
葬《ヲ》修《シ》二無量菩提《ノ》善根《ヲ》一致有餘功德
同七月左右獄囚惣二百人赦免放出
賜以數十錢貨各與彼等《ニ》矣
　已上其躰如此已下同載之
凡餝《ル》二其詞《ヲ》一其躰可隨時歟
往生傳　述其旨趣可加詞
東天竺貧人以莚疊施寺遂往生事
東天竺有一貧人名曰提韋（カ）造莚疊施
入等寺院《ニ》一以此功德廻向等極樂或人夢提
韋（カ）乘七寶輿行西方《ニ》一被衣僧二十
餘人圍繞此輿云々其後生年六十五而
入滅天音樂聞于西方《ニ》一異香滿于（カ）室（カ）
衆人聞之又同知之《ヲ》一貴賤隨喜親疎
渇仰餘香相留數十日其匂不可比類
矣　抑此往生傳後奥書云以前往生
博驗記爲傳後代目錄如斯若有人
自窮（カ）行者若敎人合知此旨者五天竺
若干往生人之祈佛各皆可擁護加持抑
現身捨身往生爲躰念心彌靜永不憶
世事假相行儀多只奉憑來迎引構捨
親愛之友有厭離之思努力莫緩怠
矣　中天竺《ニハ》二偏念彌陀《ヲ》一往生西方男
女王代記目錄所載七千五百九人其餘
日々行一萬遍念佛往生者一千九百十
人其餘《ハ》行因不同也云云　或一生之間百萬
遍或一生之間持五戒十善又七千五十九
人其中乍現身往生人十三人皆是以小豆
爲算《カスト》　終念佛《ヲ》一云云
西天竺一向稱念阿彌陀《ノ》名號《ヲ》一入往生目
錄《ニ》二人三萬五千九百人此內毎月十五日知

見因果ヲ欣(カ)極樂往生人七百人每日酉時
住日想觀稱念彌陀如來往生人百五人
但惣三萬五千九百人其中現身往生人百
八十人云云又不勘得之往生人不知其數今
有其緣聊所見聞也又彼傳記等以後
亦不知其數歟西方之往生時機之相應男
女眞俗貴賤上下其數何計不遑羅縷
者也仍只大都記之而已凡雖愚癡無智
但信念佛往生人不知其數以知又如迅兩
彼國往生人有也云云縱雖濁世若有專信
念佛之人必以可往生云云

震旦往生人

惠遠法師者東晉朝人傳云法師者
厦(カ)門人也卜居出廬山而三十餘歲影不
出山跡不入俗送容以虎蹊爲界雖轉
群典偏歸西方品山下建淨土堂晨夕
禮儀有朝士謝靈運高人劉遺氏等
同修淨土業都有一百廿三人於無量壽
像前ニ立誓遺氏著文讃頌ス法師義
悲十二年八月六日聖衆遙迎ヲ右脇而化ス于
時行年八十三矣
齊朝曇鸞法師家近五臺學明
諸義因得此土仙經十卷訪陶隱居
學仙術後逢三藏菩薩問曰佛法之中
有長生不死之法勝此仙經否乎三藏ワ
唾ツハキニ　地ハイチ日縱得萬年之長壽命盡頂墮
火坑ニ卽以無量壽經ヲ授鸞ニ曰此是大仙法
速得解脫鸞卽爲誠其威驗以仙經與
無量壽經投火中仙經卽燒壽經文不燒
凡法師德不可勝計ス知命終期ヲ聚弟子
三百人ヲ自執テ香爐ヲ西面ニシテ念佛寺西去五里ヲ
有寺空中聞音樂ヲ初自西來是來迎也後ニハ又
西去是迎取テ引攝スル也云云　梁朝道珎
禪師於廬山ニ念佛因作水觀夢見水百
餘人輩乘船欲往西方而乃求附載雖
然更不聽之ヲ珎曰貧道一生修西方業
何故不聽乎船中人云師未行與(カ)能熟未誦
阿彌陀經幷未營浴室其後夢覺數日之
間讀阿彌陀經營浴室施人臨終之夜山頂
如列數千之燈火異香滿室已後見遂中收

得存生之記錄未終時不語於人記件事
如右　隋朝天台顗禪師潁川人陳氏誦
淨名經忽見三道寶階從空而下數十梵
僧執持香爐入堂遶顗而三匝スルヲ㆖顗告曰
吾從生以來坐向西方念阿彌陀佛摩訶
般若觀音勢至威神之力吾多請觀音
懺悔從臥病西方稱念彌以懇切吾應
隨去若送藥ヲ㆓之人ニハ答曰病不與身合年
不與心合藥豈喩之乎吾生勞毒器死
脫休歸觀音勢至今來迎我合唱法
花題讚曰　法門父母惠解由生微妙難
解等又唱無量壽經讚曰四十八願莊嚴
淨土花池寶閣易往無人行年六十開
皇十七年十一月廿四日遷化造寺四十五所
度僧四千人寫經十五藏造金銅栴檀像
十萬餘軀卽稱智者法空大師矣
隋朝道瑜法師於開覺寺念阿彌陀佛造
栴檀像長三寸後道兪忽死經七日却蘇
云初見一賢者往生至寶池邊遶花
三匝花便開敷遂入而坐道兪遶花三匝

花不開以手ヲ㆒撥花花隨萎落阿彌陀
佛告言汝且還彼國懺悔衆晃香
湯沐浴明星出時我往迎汝ヲ㆒々造我
像因何太タ小キ喩ク曰ク言心大ナレハ卽大ナリ
心小ナレハ卽小ナリト言訖像遍於虛空ニ㆒
卽依テ㆓香湯ニ㆒沐浴シ一心ニ懺悔向衆人ニ㆓云ク
爲喩カ㆒念佛セヨ明星出時化人來迎セムト應ニ
時光明出現ス其衆皆見之兪卽命終于時
開星八年矣　隋朝登法師於幷州
與國寺講涅槃經ヲ㆒道俗來聽聞ス若長
若幼口授阿彌陀佛名ニ異香滿室合掌
遂往生ヲ殯送之日香雲遍一切ノ聚㆒
落ニ㆓矣　隋朝洪法師幷州人也
一生難欲精進手不執錢貨寶財常
念西方期見阿彌陀佛臨終之時見都欒
天童男童女來迎法師曰我期西方不
望天上云云　從衆口ツカク云西方佛來迎スト言
說テ命終于時仁壽四年矣
唐朝道綽禪師幷州人也於玄忠寺ニ㆒
講觀經二百餘遍潯陽大縣紛水ノ三

縣七歲以上並解念佛語常念唉不曾
面背西語善導曰道綽恐不往生願
師入定得知否善導入定見佛百餘尺
問曰道綽現修念佛三昧不知捨此報身
得往生否又問何年月得生答曰代樹
頻下斧還家專運步相滯莫辭苦
又令綽懺悔云一ニハ安居經與像出淺處
自安居房中ニ二者功德使出家人三者因
建道場多損含生云云又問終時有何瑞
相令人見聞答曰我放登毫遠照東方
此光現時來生我國果至巳日三道白毫
照房中又見曇鸞法師七寶池中語
曰淨土已成餘報未盡紫雲鏡上三度
現矣　　唐朝善導禪師姓朱泗州
人也少出家時見西方相嘆曰何當詫質
於遂台樓神出淨土及受具戒出妙開律師共
看觀經悲喜災嘆乃日修餘行業迂僻難成
唯此觀門定超生死遂至道綽禪師所問
曰念佛實得往生否師曰各弁一蓮花行道
七日不萎者卽得往生果七日花鮮並知至

往生寫阿彌陀經十萬卷盡淨土變相二
百鋪所見塔廟無不修葺佛法東行專
是禪師盛也於時行年
感法師居長安千福寺博通經典不
信念佛問善導和尚云念佛事在何門
答曰若能念佛當自有證仍三七日入道
場遂得見佛金色身臨終佛來迎合掌
西面遂往生矣　　僧法智住在天台山
念佛爲業（カ）ト性多簾卒不拘律儀然而
經中聞一稱阿彌陀滅ニ八十位劫生死之重
罪ヲ於國淸寺都率臺晝夜念佛時人
不信雖然終焉金色光明照數百里野
雖鷲鳴江上船人ノ謂天曙コト矣
僧雄俊城都人無戒行非法又還俗大曆
年中入軍營被殺命卽入地獄爰高聲
曰雄俊若人地獄者三世諸佛卽妄語給シヘリ
炎王曰佛未曾妄語如何俊曰觀經中說
下品下生功德云雖造十惡五逆臨終十念
尙得往生後雖造罪不作五逆若論念佛
功ヲ不知其數言說往生西方矣

尼淨國住長安積善寺ニ納衣乞食一生
無嗔誦金剛經一萬八千遍專稱念佛顯慶
五年七月語弟子曰五月內十度見阿彌陀佛
遂結跏而終光照滿寺矣
尼法勝呈縣人念佛爲業ト又誘道俗觀往
生得病自知不可着夢中ニ僧來執花立
床座下ニ光來又照身端身直念終又
尼大明江州人遇道綽禪師講無量壽經數
遍信念佛業三四年間相續不斷臨終之時光
明(カ)來照奇異薫馥殊聞沈香西面往生矣
沙彌二人居幷州開化寺小沙彌折然同志
仍同行大沙彌先已到西方ニ見阿彌陀佛言
曰我ニ有小沙彌得生此土否佛言汝因他心發心
尙得生彼何疑暫還閻浮勤念我名號
三年之後俱來如(カ)還蘇息具說此事後年
二沙彌同見菩薩來迎隨題卽往生矣
童子宋朝時人年十八持菩薩戒事含禪
師歸淨土宗ニ常向師主懺悔深夜四更之
時自念佛師驚問答曰見佛身金色又見
幡花滿空自西而來言說卽卒異香滿
室矣
烏場國王萬機之暇命左右云朕爲國王不
免無常日夜六時命佛行道每日設百
僧供王與夫人親手行食卅餘年精勤無
替臨終西方聖衆來迎而奇瑞非一具難
記　　隋文帝皇后雖居宮室深厭
女身常修西方業ヲ臨終時異香滿室中
猶歟有多奇瑞不能具述矣
唐朝韋之晋立行慈深建西方道場
念阿彌陀佛懺悔願生西方行菩薩道
守護佛法傳正法輪度脫含識至六ヶ月
西面跏趺念阿彌陀佛六十聲忽尒化
世異香滿宅內外皆聞祥瑞不可稱記
說矣
洛陽縣老人貞觀五年儼然常唱稱
名念佛借一箇空房止宿臨終時大光
普照西面而終以登蓮台矣
張鏡緬同州人販鷄爲業永徵九年臨
終群鷄來啄兩眼面出在床至酉尅値念
佛僧念阿彌陀佛忽然異香滿室採雲遶

簷矣
洛州販訕殺牛爲宗臨重病見數頭牛《ヲ》㆒
其牛逼其身告妻女《ニ》㆓云請僧救我應詞
請僧師觀云觀經中說曰臨終十念尚得往生
文被意　佛豈妄語如教《ノ》㆓而念忽尓命終
異香滿室紫雲繞簷間《ニ》㆒矣女弟子梁氏
浩州人兩目具盲因一僧受念阿彌陀佛《ヲ》㆓一受《テ》
後三年持念阿彌陀佛《ヲ》㆓一受《テ》後三年持念《スル》
雙眼忽開《ケヌ》村人盡見之至命終時見佛
菩薩迎接誠以不可思議矣
本朝往生人
一條天皇者圓融院之御子也御母東三條
院七歲御卽位御宇廿五年其間叡哲欽
明詞華過於人絲竹絃歌音曲絕倫之御シキ御
年始十一於圓融院㆒自吹龍笛以備震
遊又佳句既多盡在人口時之得人於焉
尤盛親王後中書王上宰儀同三司公卿《ニハ》
齊信　公任　俊賢　行成　文士《ニハ》　匡衡以言
齊名　積善　和歌則　道信　實方
小式部　赤染衛門　有驗僧《ニハ》　觀修

勝算　眞言師《ニハ》　寬朝　慶圓　武士《ニハ》
滿仲　滿正　致頼　頼光　此外諸道之
輩此時　尤盛矣　寬治八年之夏依
御惱遁　位於一條院《ニ》㆒落御餝《ヲ》㆒入《御ス》㆓
道《ニ》㆒經《テ》㆓日《ヲ》㆒不豫御惱尤重慶圓座主暫
時退出程忽崩御　歸參之後入夜《ニ》㆒招
院源《ヲ》㆓曰　聖運有限非力之所及但有生
前御約儀必可唱　寂後十念此事既
依違此恨尤深也奉請靈山釋迦試可
假(カ)佛力云云爰院源誦不動國言咒《火界》　未及
百遍漸以蘇息左相府自直廬倒衣
裳忩被參慶圓依生前之御詔奉令唱
十念《ヲ》㆒念佛其後百反餘然後崩御《シ御ス》　依
十善之妙業盛萬乘之寶位往昔事五
百之佛所今生少霜露之罪根寂後念
佛如此豈不往生《シ御サ》㆒乎
後三條院者　後朱雀院第三之御
子也㆒御母陽明門院履九五之位鐘
一千之運《ニ》㆒聖化被世神才超時禪讓之
後遂以遁《シ御ス》《ヲ》㆓世㆒大漸尅專心不亂㆒

先唱念佛崩御　於時在備中專保
家朝臣《トイフモノ》　出家棲栖霞觀寺
延久五年五月七日曉夜夢採雲
西聳笙歌不絕夢中問之人皆曰此是
仙院御往生之相也云云　竊後人來吉云
天皇今朝既以晏駕云云　宇治大相
國歎云天皇崩逆之速偏是本朝不
幸之甚也云云
從一位行左大臣　源朝臣俊房備御門
右相府之嫡男也母法性寺入道大相國
之女也生於（カ）高貴之俗（カ）家居將相之位
才花文章當世拔萃其秀逸之句
多在人口及暮年堀河亭中建立一
堂奉安置彌陀來迎之像每至齋日常
修講莚保安九年之春辭職致仕同年
二月落餝入道法名號寂俊同十一月
聊病氣相侵五六月之間强無辛苦十二
月曉正念告終紫雲來聳綵光照
室葬禮之夜異香染衣或人夢稱
禪府之便與一信書狀云雖生極樂
未開覺悟殊命遺室令修善根者
早須轉上品矣
右大臣藤原良相者贈大政大臣從一位冬
嗣公之第五男也童幼而有遠職弱
冠而遊大學承和元年　仁明天皇
之時經左右大將任右大臣貞觀之年
授正二位大臣生年四十餘家室大江
氏依難產卒自葬江氏文無娶女之
儀其姓慈仁輕財重法專習正教熟
精眞言二一切罪業萬事停止建一箇院
號延命院割封戶入庄田令居住人稱丨
觀音名號貞觀之年十月初於直盧
得病同十日告諸子曰今日興福寺維摩
會吾閻浮業盡之夕也命侍兒扶起向西
方手結彌陀根本印奄然薨春秋五十
五矣　大納言源雅俊卿者六條右相府三
男堀河　天皇之外舅也　天皇登霞之
後更厭生死無常屢怖來世苦果建立
一宇堂舍安置九躰彌陀至無二之誠顯丈六之
像每朝入堂連日禮拜專唱名號殊致

精誠又造一基塔婆置六口僧侶令終
法花三昧凡自他之行年來不怠然
間其身有恙漸涉旬月閇眼之日以綵縷
着佛手身心不亂安然卽世其後歷數年大治
五年四月比阿波前司藤原部忠依重病旣
以絶入半日許得蘇息其間忽到炎魔王宮其
時有一人語故身之源ニ大納言雅俊卿往生人也邦忠
蘇生之後告此事々在衆口而人皆稱歎矣左近
中將源雅通朝臣者性素正直而難詞諛然
而被牽世事多作惡宗春林翫狩獵秋野
辟鷹鶴セムヲ一呪又治國之時奉公之間衆罪之科不
覺而自犯ス然而自少年受妙法蓮花經ヲ一其中
殊抽提婆品每日十女遍誦之ヲ一品中又淨心信
敬不生疑或者不墮地獄餓鬼畜生若在佛
前蓮花化生之文常以爲口實ト一終命之時唱此
文卒于時有上人俗啼曰彼聖ト一黃昏之後端
座等佛前忽然入夢之中五色雲聳源中將
寢殿光明赫奕異香薰馥作メ二妓樂ヲ一雨フランテレ花而
漸去聖人爲知實否ヲ一行向於中將之許ヲ窮之
今夜成尅入宗ラ云爰左京權大夫道雅不

信此事ヲ一云後中將一生殺生爲業ト一百盧諂
曲ナリ若尒欲往生則可好殺生云云　而左京大夫詣
六波羅密寺聽聞講演車前有兩三尼其中
一人尼流淚語云身貧年老以此事三寶ニ一而
昨夜夢ニ有一ノ高德僧告云汝文勿歎只以
直心念佛ヲ一者必須往生遊則左近中將雅通
朝臣只直心持法花故雖不作指善根ヲ一旣
得往生云云　左京大夫聞此事始信中將往生矣
權中納言賴基卿大納言後賢卿息也
當于　後一條院晏駕忽以出家賢臣
不仕二君之謂也于時受病臥床不遇醫師
正念往生終焉之儀異香滿室綵雲聳窓矣
右近衛少將藤原朝臣義孝者太政大臣贈
正一位謙德公之第四息也深歸佛法ニ一終斷ニ
葷腥ヲ一勤王之間誦法花經天延二年秋依疱
瘡而卒異香滿室同府亜相藤原高遠在
禁省同相伴夢中謁義孝少將宛如平生
詠云　　昔夢契蓬萊宮裏月今遊
極樂界間風以知後中將忌遂往生矣
少將源時叙者一條左大臣雅信五男也天元年

中十九年出家法名寂源住大原行四種三昧五十餘受病四月四日香湯沐浴着淨衣十念成就入滅矣　前常陸守源經隆者中納言道方卿息也自壯年至老曰好外書學內典出家之後不携世事每朝禮曰輪二月十五日夜半入滅臨終奇瑞勝難記已同釋尊圓寂之日時人稱奇異矣

信濃守藤原永清者　前甲斐守永觀子也身雖在俗心專歸佛永長之年度四月謂家人之死期既至出家在志招舍弟已講行賢遂其志同音念佛如眠而終奇瑞不可勝計矣

散位源傳者構律國渡邊郡住人也專好武勇不信佛法夙痾相侵旬日不癒三千日以前兼知命期取出一袈裟云壯年之昔不慮而傳得雖然數十年之間敢不見等人甚秘年尙先年夢中僧來一器溢水之滿盛不殘一滴而後語云汝依傳弘法大師御袈裟罪障悉滅譬如此水無滴談此身向西方念佛數十遍如眠取終焉矣

慶保胤者賀茂忠行弟二子也雖生累葉陰湯之家師事菅三品門弟之中已爲貫首天曆之末候內御書所詩句花言於在人口自少年慕極樂其心見於日本往生傳序文寬和二年遂以入道法名號寂心經歷諸國廣作佛事長德三年於東山如意寺或人夢爲利衆生在娑婆爰知證入本源矣

僧正遍照者承和之寵臣也俗名宗貞歷近衛將補藏人頭出果葉清花之家居前疑後乘之任及宮車晏駕不堪戀慕遂以入道難行苦行自多効驗公家授以僧正之尊號仕護法降天狗一生之德不能勝計及入滅空中聞妓樂室間薰異香矣

權少僧都源信者大和國葛上郡當麻鄉人也童兒之時登延曆寺師事慈惠僧正少年之時才智軼人問答決擇之庭莫不拔群常曰俱舍固明者於穢土施之唯識相宗期淨土宗義淵底期佛果所作往生要集三卷渡於宋朝彼國之人向其影像稱楞嚴院源信如來矣　才學慢心常動於思仍恐此身遁世

最後終焉向西息施夢中覺超僧都問
其生處以下品答之具在別傳矣
權律師明實者前長門守藤原共方之舍
弟也生年十五出家十七受戒自尒以來每日
圖繪文殊像九躰同修三時供養法又參詣
根本中堂二千八百箇手自備香花供養
藥師如來凡厥顯密之行非人所知間寬治
七年七月十三日巳尅對文殊像端座而入滅葬
禮之後出墓所數日有異香矣
阿闍梨以圓者文章博士江以言之子也首
楞嚴院住僧也學涉顯密行期往生先
年病中一七箇月讀誦法花經一部已及
多年然間天喜年中數月臥病興福寺
別當圓祿僧都雖爲代宗之人互稱才義
本自爲善友此時僧都住法城寺僧房夜夢
以圓阿闍梨布之衣上着袈裟負經袋
來僧都夢中問云月來有病痾之聞何爲
其來哉闍梨答曰只今往生極樂舊好難忘
故告來言訖　指西飛去其明朝僧都以
使相尋去夜曉文已以入(カ)業云云　見聞之人

莫不哀泣矣
沙門仁慶者越前國人也幼辭北陸久住西
塔讀誦法花受學眞言中年難山多
年住京必誦法花一部爲每日自行已及
知命散道心捨衣鉢資具圖繪西界萬
荼羅彫刻阿彌陀佛兼爲四恩法界書寫
一乘妙典其後雖纒病痾不怠念佛正念不亂
奄然而滅于時傍人夢奇雲乘布音樂聞天
夢中人曰是仁慶上人往生極樂之儀也此言
未說仁慶調威儀敬手香煙座紫雲
乘蓮臺指西去又
沙門廣清者比叡山千手院之住僧也常
悔前業專祈後世被引事緣雖廻世
路心有山林口誦法花夢中有八菩薩身色
皆黃金其一菩薩告沙門云一心不退
之妙行尤所感歎我與八菩薩當送極
樂言說覺後彌積行業死去之後墓所
有誦經之聲及五文必誦一部云云　弟子取其
髑髏置于清涼山於其山猶誦法花經矣
元興寺智光賴光從少年時同室修學

賴光及暮年與人不語似有所光智光恠
而問之都無所答數年之後賴光入滅智光
自歎曰賴光者是多年之親友也頂年無
言語無行法從以逝去受生之處善惡難知
三四月之間致心祈念智光夢到賴光所見
之似淨土問曰是何處乎答曰是極樂也以汝
懇志示之智光曰我願生淨土何還乎賴
光答曰汝無行業不可暫留問曰汝生前所
行無之何得生此乎答曰不知我往生因緣乎
我昔披見經往生極樂靖《ツハヒラカニ》 思之知不容易
是以捨人事絕言語四威儀中唯觀彌陀
相多年積功汝善根未是爲淨土業因智
光自聞其言悲泣不休重問曰何爲決定可
得往生賴光曰可問於佛共詣佛前智光頭
面禮拜白佛終言何善生此土佛告智光可觀
佛相智光言《サク》 此土莊教微妙心眼不及凡
夫短慮何得觀之佛卽擧右手而掌中現小
淨土智光夢覺忽命畫工令面夢所見
之相一生觀之終得往生矣
源空上人俗姓者漆間時國子美作國廳官

之息也同國久米南條稻岡庄者卽彼誕
生之地也長承二年癸丑始出胎之時幡二流自
天而降奇異之瑞相也見者合掌聽人驚耳
保延七年辛酉春比慈父爲夜討被殺害畢
上人生年九歲之時以小箭射玉敵以此疵知
其敵人件庄預所明右源內武士也依此難
卽逃隱了又以此次上人成同國菩提寺院主
觀覺得業之弟子畢天養三年乙丑初登
山之時觀覺狀云進上大聖文殊像一躰云云
比叡山之師匠見此狀奇異思之處上人十二歲
而來也同十七歲讀六十卷久安六年庚午十八歲
而遁世廣達諸宗法花修行之時善賢
現形花敎披覽之尅靑龍(カ)擁(カ)護或夜夢
云紫雲大聳霞一天光明普照光中百
寶之色鳥飛散于時善導半身金
色相語交　言抑自卅二齡入念佛門其
功雖不幾靈異非一元久元年正月四日三
尊現大身建曆二年正月二日不食相侵
廿五日巳尅三尊來迎如眠而命終矣
貞慶已講者法相宗之碩德笠置寺

遁世號解脱上人ヲ問答說法其得天骨於
伊賀國供養一堂智弁流水爰聽
衆發心出家者同時五十人云云　入滅之時
光明普照室中依本懷遂補陀落
往生ヲ矣　高尾寺明惠上人實
名號高弁ト自幼少之時道心堅固也
爲免交衆自切右耳仍隱遁之思尤
甚丈六之文殊棄師子影現問答悉
散諸疑一期精勤不遑羅縷座禪石上
寒霄終夜滿衣繩床樹下靑嵐通日
拂襟命終之時奇瑞甚多春秋六十一云八十一矣
尼妙法者大納言成章江長女道心尤深
遂以無怠命終之時掛五色糸於彌陀御手ニ高
聲念佛異香滿室綵雲遶簷ニ其餘奇瑞
具不能述矣
參議藤原兼經卿妻室者權中納言隆
家卿女柔和稟性一生未瞋怒ノ色アラ臨終之
時異香滿室綵雲遶簷ニ矣
權中納言藤原基忠卿室家比丘尼者
權中納言藤原能季卿長女也容顏尤

勝心操又和父母在生之時嫁於其基忠卿
々々薨去後獨守空床專修萬善殊歸
一乘長承二年夏六月宿霧相侵霞席乖
例同七月十五日或人夢碧漢遶晴紫雲近
聳問其瑞相已此人往生之相也同六日夕洗手嗽
口合掌低頭唱彌陀名號ヲ等時屋上雲聳
室中匂薰親踈嗟嘆隣里盛傷矣
江州志賀郡瀨山麓有一女人一生唱念佛其
心尤柔命終之時光來照頂保安元年十二
月廿七日行年五十三矣
南京有一女人心操柔和面貌端正也隨一良
人誕育數子及五句齡忽以散心書寫法
花一部習之晝夜恒時轉讀此經拋世事
二十餘年依少病語夫ニ云年來夫婦之契
尤深今日必可赴他界男女眷屬雖多一人
不可相從品多年持經法花經中六萬九千餘
字各放光如此語已安然而氣絕奇香滿
室頗如沈檀之匂矣
比丘尼　大納言藤原資平卿第二女也本
性貞潔一生寡婦也自丁狀之年有西方之

望考妣逝去之後早以爲尼彌住誠心專修
念佛又奉圖繪如立輪講持袖咒多年積
功一日不怠受病之後穫麟之尅向西合掌
異香頻散
上野國深澤ト云 有山里有男其名云藤原
藤大夫ト二有女子其年纔六歲也月來病惱
逝去之尅自云欲詣佛前父抱至佛前兩手
合掌念佛此時木像地藏菩薩忽搖動人々
皆稱希有珎事矣
源忠遠妻者武藏守源敎之之孫也
自少年慈善稟性曾不見喜怒之
相康和三年正月產生之後卅餘日宿
霧難霽遂以逝去安住正念詣佛前
禮佛自曰室有異香頗如梅花之匂葬儀
之後猶留室中其後彼女母夢中謁彼女
問在所答曰在誌佛菩薩中矣
女弟子小野氏者山城守喬木女也右大弁佐
世ノ妾也始自少年心在佛法ニ語是僧延教ニ
云每月十五日在至黃昏五躰投地向西禮拜
唱云南無西方日想安養淨土廿有五而
初生女子產生之後餘月有病惱卒音
樂聞空異香滿室中矣
前陸奧守源賴俊女子一生之間積念佛
功ヲ二曾不見喜怒之相ヲ二最後之尅向西合
掌異香滿室數日不散行年十有歲矣
比丘尼某都率僧都妹也自少年時
志求佛道ヲ雖受五瀧之身猶期三明之月世
稱安養尼公念佛日積運心年久臨終
異相不違羅縷矣　　前權律師永
觀者俗姓源氏少年住東大寺學三論宗
決擇勝人厭世隱居臨終之儀尤以奇妙矣
當麻寺者磨子親王聖德太子御入舍弟
御願役行者舊跡也而大炊天皇御宇
大納言伏(ママ)寢卿息女專營西方業久
終念佛行稱讚淨土經一千卷手自書
寫之誓願云我不拜阿彌陀如來者不可出
寺內一日長齋稱名不退也天平寶字七
年六月廿三日夜一人化女尼等忽來以蓮
花糸織顯極樂曼荼羅一補方一丈五尺左
右緣文無雖觀經ニ化女唱偈云

往昔迦葉説法所　法善垂跡作佛事
卿懇西方故我來　一入是場永離苦
又云此所是攝取不捨之砌決定往生之場也依
之依汝之心念而此來又此像者未來世一切造
惡凡夫決定往生之本尊也于時姫君流
涙問曰君是誰人乎穢惡女身角可生
極樂乎答曰我棲是西方也女是言畢
指西入雲其時本願隨喜之涙如雨而
降遂則寶龜六年三月十四日午尅
往生異香滿室委細略之具在彼
寺縁赴矣　基致《ハ》景基《カ》父景定《カ》子也

或人記云
大神基政《ハ》舞樂伶人之長也最後終焉《ニ》
赴居有聞天之樂《ヲ》一氣色病席之人恠《テ》
問之《ヲ》答曰聖衆《ノ》來迎給《シフ》只今也《ト》聖衆《ノ》
樂《カクハ》　得春《ノ》時《ヲ》一故《ニヤ》　柳花苑《ト》云樂《ヲ》被
遊ケルトテ錦《ノ》袋《ヨリアマ》　海人燒殘《ノタキサシ》ト云笛《ヲ》
トリ出シテ基政《ハ》春庭樂ヲ吹キタリケル
窓チカク聖衆來《アヘリ》　トテ閣《ヲ》ニ笛《ヲ》一合
掌シテ念佛スルコト十餘反《ノ》後容顏端正《ニ》シ
テ忽氣《イキ》絶《ニ》ケリ長《シヌル》ニ其道《ニ》一人《ノ》有樣還《テ》爲
往生之媒《ナカタチ》　者歟尤可《モヘク》一哀尤可崇《タトフ》　矣聖衆《ノ》
樂《ハ》柳花苑《トテアナキノ》　柳《ノソノ》　花苑ト書《カキ》タルニ基政
者春庭樂《トチノ》　春庭樂《ノトヲテ》云合聖衆《ノ》
音樂《ニ》付《テ》仕リケリ比《ハ》三月《ノ》比ナリケルニ聖
衆モ境《ワリニ》　隨《テ》此樂ヲ遊シタリケリ基政
モ其時ニ隨テ春庭樂ヲソ仕リタリケル
誠ニ不思議ナリケル事ナリ共是雙調ノ
樂也トソ

因縁　明王篇　十二箇條
吾朝《ニハ》　延喜聖主中后之聖皇也
延長八年九月廿九日崩シ御ス十一月十一
日《ニ》醍醐寺《ノ》北山《ノミササキニ》御陵奉斂御葬
斂之儀尤嚴重《ナリ》　キ內藏助良峯《ノ》
義方調《フ》ニ和琴《ヲ》一樂所別當丹治良《ノヨシ》
調《フ》レ琴《ヲ》皆平調《ニ》調之彼樂器皆被
斂御陵《ニ》一聖代之名物也御書三卷黑深
之筥一合也今《ハ》皆以空《ク》土トコソナリ候《ヌラメ》
四條院崩御《ノ》御事仁治三年正月

六日俄ナル御不豫アテト七日節會
無《ナシ》出　御　御葬斂《ナクシテ》　華夷相通
サシ間中《ナカ》十六日　御シカハ玉躰　替《ミナリ》ハテ、
顰シキ御姿アラヌ匂ニ變シ御シキ

忠臣篇　　十二箇條

大納言延光卿者　村上天皇號天曆御門　御
宇之人也殊依爲忠臣　天皇崩御之後
奉戀君之志深御生所不審奉思
鎭哀歎之心不休夢中御門來御
告《ツケテ》延光大納言詠一絕詩句給其御
詠云月輪日本注相隔相像淸涼昔志
誠都率宛高赴內院於彼是常語汝名
延光大納言夢覺後盛淚難禁夢之早
覺事歎之奉和君之御作詩云
再拜溫顏一寢程溫意顰處致志誠
夢中若識夢中事縱送多生早不醒
大納言妹御門女御也殊御糸惜深
臣也大納言又奉思君之志忠節不殘
崩御之後御周忌之後迄長眼不脫
御色小野宮殿　月卿雲客詩謌管
絃遊有《ケル》一條左大臣被申ケルハ先帝御
時思マシカハ何與アラント被申タリケレハ人々
皆閣樂器等一時計面々被泣涕君
爲臣御志深《カリ》ケルモ臣之爲君忠心ノ
深カリケル之故也

孝父篇　　十二箇條

論語第二里仁第四云父母之年ハ不可不知也
一則以喜一則以懼
孔安國曰見其壽老則喜見其衰老
則懼也

重花稟《ウク》位

舜帝重花至孝也瞽瞍《コソウ》頑愚不列賢
聖用後婦之意而欲殺舜便便上
屋於下燒之舜乃飛下供養如故
又使濤（カ）井殺舜之已密知帶《テメ》銀錢
五百文作傍穴父果以大石塡《ミツ》之舜
乃從東家井出因歿歷山以躬耕種
穀天下大旱民無收者唯舜種有大豐
其父塡井之後兩眼精盲至市就舜
余（カ）米舜乃以錢還米中如是兆一父疑

是重花レ借人者朽井ヲ二子無所見又余(カ)
米對在舜前論買ヲ一未畢父曰ク君是
何人見給鄙(カ)時非我子重花レ乎舜是也
卽來父前レ相抱テ號泣ス舜以衣拭兩眼
卽開テ明所謂爲ト孝子之至レ堯聞ヲ之二妻
以テ二二女ヲ一授ク二之天子位ヲ一
史記第一云虞舜名重花ト舜父瞽
瞍頑母嚚弟蒙(カ)發(カ)欲殺舜云順
適不央子道是弟孝道欲殺不可得
卽求常在測

薫永賣身

薫永ハ至孝楚人也少哭母獨與父居貧
窮困苦傭賃供養ス其父常以鹿車ヲ一戴
父ヲ一着涼樹下一鋤テハ一廻父顔ヲ一
父後壽終テ無錢於葬送乃詣ニ主人取ル二錢
十千ヲ一葬後還道ニ逢ノ一女人求ム爲永妻
問曰ク何所爲如答曰日織絹千疋ヲ一共到ニ
寶主ノ家十日便織得百疋用之晴(カ)之畢(カ)
其辭主人去女曰吾ハ是天神女ナリ　盛
汝至孝還ニ賈レ不得久爲妻便隱不

見孝經曰孝悌之志通於神明文　此謂也

形渠哺文

形渠者宜春人也　貧無母唯與父及妻
共ニ居ス傭賃養父之年老不能食レ
渠哺之見父年老レ夙夜憂懼如履薄
永精誠有盛レ天乃令其ノ父髮白文黑成
落齒更ニ生也

原谷孝祖

孝孫原谷ハ楚人也父不孝甚乃厭患
之使原作輦祖父送山中原又將輦還父
大怒テ曰ク何故ソ此凶物ソモテ　還谷曰父
後老復棄ステントキ　之ヲ一不能更ニ作之原父悔
誤ヲ一更ニ往於山中迎父ヲ一率ル還朝夕供
養シテ　更爲孝子レ此乃孝孫之禮世於
是閭門者孝養上下無怨也

三州爲姓

三州義士者各一州人也征行並失ニ鄉
土ヲ一會宿道ノ邊ノ樹下ニ一語言ク將不共
結斷金耶二ノ少者卽敬諸ス遂爲父子ト一
慈孝之心倍於親也父欲誠意ヲ一勅子出

河中立舍二子使晝夜薹土塡河《ニ》經涉三年彼濤飃蕩不得立精誠有盛天神乃化一書生持一丸《ヲ》投河中《ニ》明旦忽見河中土高數丈九屋數十間父子仍共居之子總生長位至二千石家口卅餘人三州之民是也彼以三州爲姓《ト》也

曹娥赴水

孝女曹娥會秋首上虞人也其父能絃謌至觀五月五日於江淅(カ)濤迎婆神溺水而死不得父尸骸娥時年十四乃巡日號泣《ヲ》失聲晝夜不絕遂江死抱父屍而於甸有七日遂解衣投水咒日若值父尸骸衣當沈卽衣沈娥赴水死而縣令聞之爲娥立碑題其孝名《ヲ》也

顏烏名縣

顏烏東陽人也父死葬送躬自負土成墳不均他力精靈有感天乃使烏鳥助衛公成墳烏口皆流血遂取縣名烏傷秦時立之王莽之簒住改爲烏孝縣

申明順勅

申明者楚丞相也至孝忠貞楚王兄子名白公造運無人能誠者王聞申明賢《ナリト》躬以爲相《ト》申明不肯就命明父曰我得汝爲國相《ト》終身之義也　從父言往趣登之爲相《ト》卽便領軍儀之白公聞申明來《ト》申知必啼仍密縛得申明父置一軍中便曰吾以汝父若來戰者我當殺汝父申明乃歎曰孝子不爲忠々々不爲孝子我今捨父《ヲ》事君《ニ》受君之祿《ヲ》而不盡節非臣之禮今日之事先是父命知《テ》後受言明領軍還楚王乃賜金千斤封邑萬戶《ヲ》明不受歸於家祭文三年禮畢自刺(カ)而死

孝經云事親以孝故忠可移君此之謂歟

高柴不咲

高柴魯人也父死泣涙流面三年未嘗見齒《ヲ》故禮曰居《ニ》父母之喪《ニ》言不及義咲不哂也矣

曾參忌飢

曾參魯人也父亡七日水漿不歷口孝切

於心遂忌飢湯也
　許牧負土
許牧吳寧人也父母沒負土宿墓下
仍州郡立名號孝順里矣
　王褒廬墓
漢書王褒字之傳父沒廬墓側
松柏爲之色慘
　孝母篇　十二條
　伯瑜泣杖
韓伯瑜者宋人也少失父與母共居《セリ》
孝敬蒸《(カ)》々若有少過母常杖之和
顏《ヲ》忍痛《ヲ》又得杖忽然悲泣《ス》母
恠問曰汝常得杖不啼今何啼乎瑜—
答曰狀手得杖時甚痛今日得杖不
痛以知我母力衰是老衰之至仍今哭
依餘年不幾而哭敢不痛杖矣
　郭巨得釜
郭巨者何時人也時半年荒夫妻晨夜
供養母其婦忽生一男便共議言今
養此兒則廢供事《ヲ》仍掘地將埋之
忽得金之釜々上題云黃金一釜—
天賜郭巨於是致富《ヲ》矣
　丁蘭寫眞
丁蘭者河內人也幼失母年至十五慕母
刻木爲母《ト》供養如在生蘭妻不孝以
火燒木母面卽夢木母語云汝婦燒吾
面蘭乃以婦《ヲ》逐之又有隣人借斧蘭卽
啓木母々々顏色不悅仍不借之隣人瞋
眼《テ》而去伺蘭不在時以刀斫木母一臂
流血《ヲ》滿地《ニ》蘭還見《ミ》之悲啼叫慟《イタム》卽往
斬隣人頭以祭母不問罪加祿位其
身矣
　楊威免虎
楊威會秋首人也少喪父共母入山採
薪忽爲虎所逼遂抱而啼虎卽
去孝之至也
　百年思寒
百年家貧母以冬日衣裳無絮
百年身忽無之同郡孔覬爲友天時
大寒回往覬家覬設酒醉留之宿

以臥息覆之眠覺除去謂覬曰因綿絮煖因憶母寒流涕悲悲慟也

張敷藏扇

張敷者年一歲而母已至十歲問覓母㆓家人云已死仍求覓母生時遺物ヲ㆒乃得一畫扇ヲ㆓乃藏之ヲ㆓納玉匣ニ㆒毎憶母德ヲ㆓開匣ヲ㆒者之ヲ㆓便流涙悲憶竟日不已終如是矣

孟宗得筍

孟宗字恭武江夏人也事母至孝也母好食筍ヲ㆓孟宗常勤採筍ヲ㆓供之冬月筍未抽孟執竹而泣精靈有―感筍忽生乃供母可謂孝德動神靈

王祥供魚ヲ㆒

王祥母好魚其恒供之忽遇氷結祥乃扣氷而泣魚便自出氷上故曰孝感天地通於神明

蔡順採桑

蔡順遭年荒順採桑堪赤黑二籃《アシカアリ》人問云何故分別《スル》桑椹二種ヲ㆓乎順答云黑者餞《ヤシナフ》母ニ㆒赤者自供人憐之與肉十斤ヲ㆒

姜詩得泉

姜詩母好飮江水々々去宅六十里使其妻常汲行負水供之母耆冥膾夫恒求覓給之精誠有感天乃舍忽生涌泉味如江水毎旦出雙鯉魚ヲ㆒供ニ其母ヲ㆒以爲膳ト㆒矣

張女傷神

顏氏云吳郡張逮才五妹三歲喪母ヲ㆒堂上屛風平生舊物雨降屋漏沾濕スハ時出テ曝暴之㆓女子一見流涕ス家人恠其不赴乃往抱持無席塗漬精神不能欲食以問醫診脈ヲ㆒女腸斷矣

余便吐血數日已中外憐之莫不悲

歎矣

王循悲社

王循字升治年七歲母社日亡毎至社日念母悲慟隣里爲之罷社々日者奉祭神之日也此日祭也(カ)日本貴船春秋祭之也

賢夫篇　　十二箇條

寛永十一年甲戌三月吉日東大寺乗(マヽ)院清秀

(カ)梨此本傳給者也

實算

第四篇　史料集2

応永年中舊記　叡福寺蔵

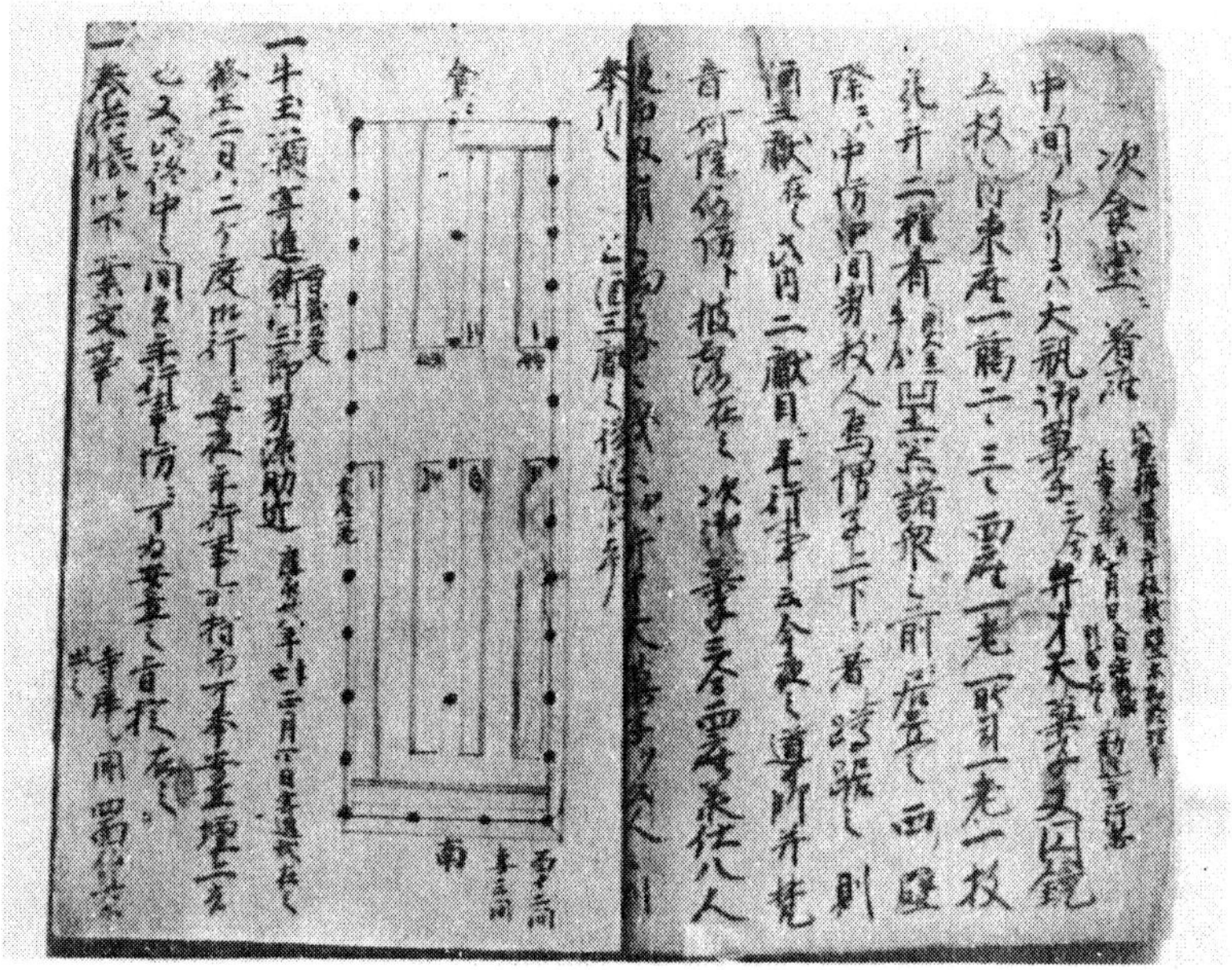

叡福寺月行事日記

ハ山守ニテ候正月ニ節ヲ賜ハリ一和尚ハ
公文ニ補シテ毎年御出候間加香谷山手ヲハ竹内嚴圓法印代同篇之由
無御出候ト申了
公人西信申上了　宜被任先例之旨儀定了

正月一日

御前拜殿御菓子ニ合三升飯五枚中坊ヨリ餅盛一合石藏ヨリ晦日夕ヨリ備進之
後夜之鐘定ニ西座（拜殿）出仕シテ懺法鎭守辨才天如例式
晨朝之鐘定ニ滿寺之學侶出仕在之重衣白五帖袈裟著之
供奉童子烏帽子裝束中間男小法師原等或持琵琶琴
或ハ捧行燈灯燈而諸院諸坊ヨリ思々色々出立之爲躰
寺門繁榮萬民嘉祝之儀式目出覺ヘケリ次西座
老僧八人北疊ニ著之
□參干時。（先調子次）一藺禮盤ノ下ニ立寄取香呂三禮次登禮盤著座
後塗香以下灑水幷供物供養印明等在之次金三打下
禮盤三禮著本座
次管絃者調子（平調）　五常樂序
伽陀　敬禮救世觀世音　傳燈東方粟散王
從於西方來誕生　開演妙法度衆生

樂同破
伽陀　我今所献諸供具　一々諸鹿背實相
實相周遍法界海　法界即是諸妙供
次廻向　願以此功徳等
樂同急三反　次退出
次鎮守拜殿參著
三座大頭人瓶子三清酒人別二升宛入テ机上ニ獻之二種肴ハ朔幣之時分ニ鉢ニ入テ出之
先調子　次郎君子三反
伽陀　和光同塵ノ結縁ノ初メ八相成道ハ以論其ノ終リヲ
樂太平樂急三反
伽陀　以我功徳力如來　加持力及以功徳力　普供養而住
廻向　願以此之徳等
樂慶徳三反
次辨才天
先調子小音取計　次林歌三反
伽陀　本地觀世音　常在補陀落
爲度衆生故　天現辨才天
次御影堂西座老僧八人下□ニ正面ヨリ北ニ著座南ニハ所司三人
但西座ハ障子際北ノ端ヨリ二行ニ出仕ス
先調子　次萬歳樂
伽陀

男勝急三反
伽陀　具一切功徳慈眼視衆生　福壽海無量　是故應頂禮
廻向　願以此功徳等
長慶子三反
次食堂ニ着座此堂拂葺幷板敷壁等加修理畢入目無懈恨　勸進方行忠永享八年丙辰十月　日別紙在之
中ノ間ノトヲリニハ大瓶御菓子三合　辨才天菓子又圓鏡
五枚之内東座一薦二々三々西座一老所司一老一枚
宛幷二種肴開大豆牛蒡凹土器諸衆之前ニ居置之西ノ壁
際ニハ中坑中間男數人烏帽子上下ヲ著シ蹲踞之則
酒三献在之　此内二献目ニ年行事云今夜之導師幷梵
音何院何仿ト披露在之　次御菓子三合西座承仕八人
役而取崩之兩々各々曳之　次辨才天菓子ヲ公人ニ別
奉引之　以上酒三献之後退出畢
一牛玉一顆寄進衞門三郎男源助近西口藏公文應永廿八年辛丑正月四日寄進狀在之
修正二月二ケ度御行ニ毎夜年行事所持而可奉安置壇上者
也又此修中之間者年行事坊ニ可爲安置之旨掟在之
一奉供帳以下案文事　寺庫開四面佛具等出之
敬白
奉供
造花二瓶

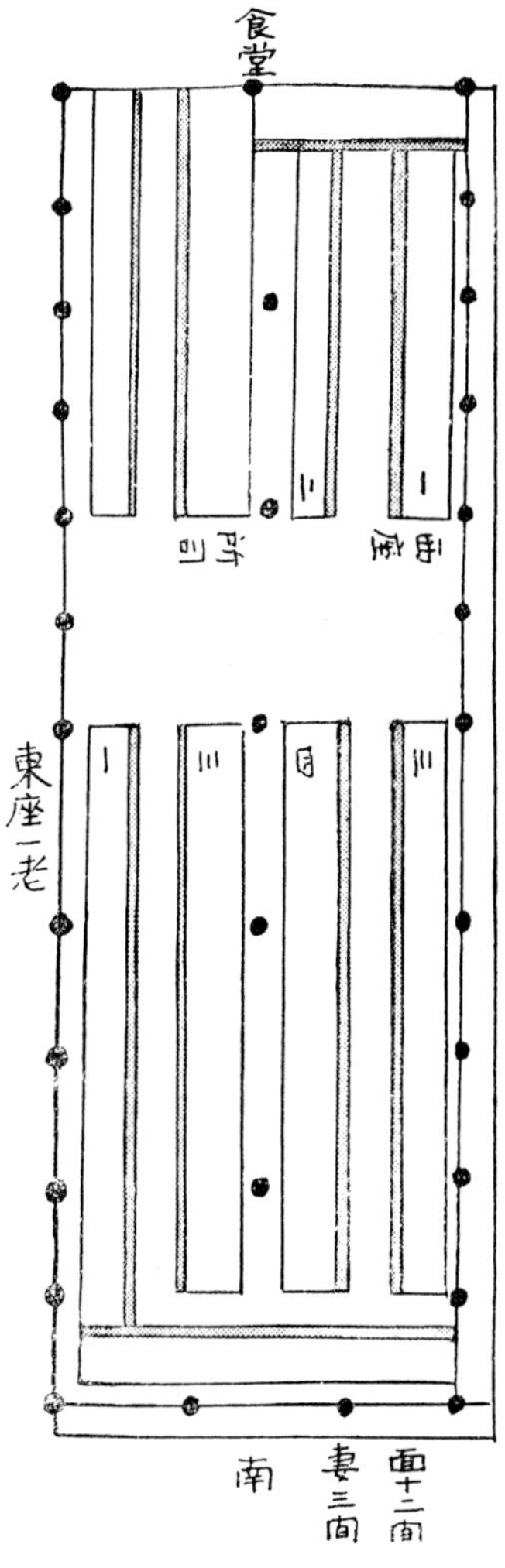

時花二瓶
御明　百六十八燈
大餅六十枚内 東座廿一枚 西座廿枚 所司十九枚
牛玉紙三百枚
右所奉供如件
應永廿七年庚子正月七日
東座頭人實名 〻〻大法師
西座 〻〻大法師
所司 〻〻大法師
敬白　請諷誦事
三寶衆僧御布施
右奉爲一天泰平四海靜謐國土安穩五穀成就萬民豐樂寺院繁昌興隆佛法仍諷誦所修如件　敬白
應永廿七年正月七日
〻〻大法師 敬白
〻〻大法師
〻〻大法師
差定
明年修正月夜荘嚴頭事
〻〻大法師
〻〻法　師
〻〻法　師
右依衆議所定如件
應永廿七年庚子正月七日

大行事
四天王
十八善神
以上三通ニ立紙ヲ一枚ツヽ差シテ一通ツヽニ巻テ
脇机ニ置之
普門寺
修正月所作次第
初日
導師　十二臈 阿闍梨〻〻　梵音　五和尚 阿〻〻〻〻
呪願法印大和尚位〻〻　御明文　廿臈 大法師〻〻
神明帳 私佛檀末中ノ角東向ニ立テ奉読之　錫杖
第二日
導師　十四 阿〻〻〻〻　梵音　六〻 阿〻〻〻〻
呪願　御明文　若衆一老 大法師〻〻
錫杖
第三日
導師　十五〻 阿〻〻〻〻　梵音　七〻 阿〻〻〻〻
呪願　御明文　廿二〻 大法師〻〻
錫杖
第四日
導師　十六〻 大法師〻〻　梵音　八〻 阿〻〻〻〻
呪願　御明文　廿三〻 大法師〻〻
錫杖
第五日
導師　十七〻 大法師〻〻　梵音　九〻 阿〻〻〻〻
呪願
錫杖
第六日
導師　十八 大法師〻〻　梵音　十〻 阿〻〻〻〻
呪願　御明文　十五ノ 大法師〻〻
錫杖
第七日
導師　十九ノ 大法師〻〻　梵音　十一ノ 阿〻〻〻〻
呪願
大導師権律師〻〻 三和尚　神明帳
三十二相　十二、阿サリ　御明文　廿六〻 大法師〻〻　私ノ微音ニ読之
呪願　散花梵音　四、阿〻〻〻〻
錫杖
牛玉導師権少僧都〻〻 二和尚　唄
散花　廿七ノ 大法師〻〻　私ノ散花師ハカリ立テ願我在道場以下中段ハ薬師

右所之次第如件　私ノ觸穢一廻除之
應永廿七年正月一日
普門寺
修正月御明奉供事
御明一燈大餅一枚　法印〻〻　御明一燈大餅一枚權少僧都
御明一燈大餅一枚　權律師〻〻　御明一燈大餅一枚權律師
大餅一枚　大法師〻〻散所　〻〻〻〻〻〻〻阿サリ〻〻
以下可准之　大頭以上幷坊主職之人ハ御明一燈大餅一枚
大頭以下ハ大餅一枚　散所同之
西座御明一燈大餅一枚〻〻　阿サリ　御〻〻〻〻〻〻〻　〻〻阿サリ
〻〻〻〻〻〻〻〻〻　阿サリ　御〻〻〻〻〻〻〻〻　〻〻大德
〻〻〻〻〻〻〻〻〻　〻法師　以下可准之
所司御明一燈大餅一枚〻〻上座　御〻〻〻〻〻〻〻〻〻　上座
〻〻〻〻〻〻〻〻〻〻法師　以下可准之
以上三座分兼日可盡之朔日未剋程ニ年頭公文所參堂シテ
乙甲人立餅ヲハ所司次ヨリ奥ヘ可盡之
一二日夜十人衆造花集會始　以下規式若衆方在之
一高安庄預所用意事　朔日御壇所立餅黑米二升ニ枚分
承仕方ヘ下行　預所ハ上十﨟マテナリ應永卅五年戊申正月ヨリ預所十﨟圓尒正長二年巳酉正月ヨリ預所中坊顯円干時二和尚所詮於預所者十﨟マテナリ爲後代記之一和尚ハ定預所ナリ代公文所ナリ

四日寺家之定使以吉書下之時當預所之役而圓鏡一兩
黑三升白三合飯汁ニ菜五饗之庄家之祝兩庄在之
其日□歸寺云々　四日念佛於御影堂之廊在之中坊ヨリ毎月備之
吉書案云
新春之慶賀千幸萬喜誠以一天泰平四海靜謐國土
安穩寺門繁榮紹隆佛法諸人吉祥殊庄內安全五穀
成就萬菓豐饒萬民快樂之吉書所衆儀候也恐々
謹言
正月四日　〻〻在判
高安本所兩庄沙汰人名主御中
近年之狀ニハ謹上ト云テ禮帋ヲ指シタリ此段不可然歟寺家領家ナリ
何ソ沙汰人名主許ヘ如此禮錢難得意次第也腰封ニシテ立文ノ
狀無子細歟
五日庄家ヨリ七草持參之此内半分一﨟坊ヘ遣之友近名役也此名ニ夫傳馬無之
白三合飯汁一菜五饗之
十一日坂本堂福生寺牛王職事持參白三合飯汁一菜五
圓鏡一面黑三升中紙一帖扇一本饗之
一五日辨才天講捧物束帋每月一束宛一切經沙汰人方ヨリ
出之當月ニハ會アリ頭人ニハ上三人管絃太子講衆巡﨟次ノ
役也御供二膳之內一膳ハ宮仕ニ賜之殘ノ一膳幷御瓶子菓

子等悉會所ニテ面々奉祝之者也
御菓子盛□物小餅栗柿柑子トコロヒ子リモノ等ナリ
七日湯引上御公人催促之
一六日聖方上五人一﨟ヨリ種子方末五人六人目ヨリ　藏開在之
當年行忠人沙汰人權子方之間經營之應永廿七庚子
初献餅味曾水《アツヘ》大豆大根引肴酒一献　次菓子次飯菜七汁ニ今ハ追膳アリ
食後菓子次雜羹引肴酒一献次腸美荇ヤキ酒ツキ目
一大頭人支度事
朔日初頭ヘ瓶子三東座西座所司　管絃之時分獻之二種肴ハ朔幣之時鉢ニ入テ出之
修正壇供餅廿三枚　白二斗五升近年之定也足ハ極月ニ可舂之
大寶ニハルヘシ綿ハ承仕方ヘ料足百〆年內ニ渡之修正二月ニト分也
此內一枚牛玉摺出之　一枚衆分役
朔日夕方造花廿一本　莖ノ梅ノ楮ハ西座大頭人之役也
佛布施束紙一束之內半分ハ西座頭人出之
御明八燈毎日七ケ燃出之
四日牛玉摺事　牛玉紙三帖墨一丁摺粉鉢一酒一升
瓶子入之餅一枚是ハ檀供餅廿三枚內也二種肴鉢ニ入之小器六
凹土器一頭人下部一人出之　承仕四人
前餅ハ人別寺十合升定白米二升三合宛近年之定也云々
年行事　公文所　學頭　公人二人　掃除二人　以上增分
七日大頭會事
大瓶酒ハ一斗二升內公人掃除等五合宛下行之

二種肴牛房長六寸云々開大豆今ハ七寸裏折敷凹土器箸臺
九居餅裏折敷原紙一枚敷之
配膳童子二人　酒藤次男　以上直垂著之
酒三献スキテ年行事召公人明年頭之前ニ蹲踞而明年
御頭ニテ候と高聲ニ申せト示之
酒本ハ九獻今ハ十二献在之
一七日夜結願之後年頭公文所居殘餅支配下行在之
百枚觀音　六十枚三座頭人　三座之寺僧立餅幷諸輩立餅
所作人分
唄咒願七ケ夜牛玉導師　次導師　同散花梵音
導師七ケ夜　梵音七ケ夜　御明文七ケ夜　三十二相
大皷七ケ夜　神明帳二ケ夜　牛王導師散花　管絃衆人數不定
錫杖一　沙汰人年預公文所　番匠大工　餅守十二枚
本新兩座　檀置餅六枚　公人　掃除
明年頭人差餅三枚三座分
猿樂餅百十枚寺庫ニ置之此內十枚ハ號鼠餅　年頭公文所之得分也
東座幷散所　西座　所司　所作分平分　都合シテ所支配
之也
一八日仁王會事□□坊別ニ出之　油八燈尾崎坊ヨリ出之
於本堂之內陣長机一脚宛末座マテ並立之人別ニ香花

土器ニ備置之滿座裏衣白五帖袈裟著之但西座
老僧四人此外ハ皆布袈裟也仁王經ヲハ人別二部宛讀誦之
講經導師ハ年預沙汰而可然仁ニ誂之其作法表白神
分祈願勸請經尺ナリ但經尺ヲハ三反講之
唄散花二ヶ法用ナリ但散花師ハ昨夜牛玉導師ノ散花ノ頭ナリ
中段藥師
釋頭會事仁王會以後也　大瓶酒一斗入之 二種肴(牛房長六寸 開大豆)
塗折敷ニ備之箸臺無之　燒牛房別ニ盛置之
酒ハ(本ハ七獻云々 今ハ九獻ナリ)配膳童子二人酒藤次直垂著之
三献スキテ年行事以公人明年頭差示等事大頭ニ同之
次ニ不斷經番帳讀進披露年預之沙汰也
會以後若衆居殘吉書之集會在之
釋頭之酒直人別一升宛(六合升定 黑米ナリ)但於不參之仁者半分(三合 出之)
折帋ニ寺僧交名ヲ書公人ヲシテ取集之(此内二升公人賜之)
一九日ヨリ不斷經精進湯三ヶ日在之九日十日十一日(溫室 三ヶ日)
十三日湯ハ十二日ノ米日湯ナリ兼日以公人可加下知也
同番帳并火鉢同夕方下堂承仕方ヘ遣之(火鉢ハ東座四西座三 所司ニ油者從一臈下行之)
同酉貝六ツ定ニ於本堂若衆之集會在之則得意弟子ノ皃
直垂ヲ著シテ同道アリ
猿樂餠廿枚出之東座上十五人并西座老僧六人折紙ニ交名ヲ
書之人別八合升白二升宛以公人取集之於春頭者每年
臈次云々
十日晨朝鐘定ニ不斷經發願導師裏白五帖袈裟著之
十三日晨朝鐘ヲ定結願在之導師發願ニ同之年行事
沙汰也
結願之時加様ニ帳ノ袖ニ書之

　自承德二年(戊刁)至應永廿七年(庚子)四百十三年
　經都合何千卷補闕百卅卷
　大金剛輪咒何千度

普門寺
三ヶ日夜不斷
觀世音經結番
一番〻〻〻〻〻〻(東座一臈〻〻〻〻)　十番(以上番頭上十人於番子者 東座并散所西座等番頭)
十一番〻〻(西座一老〻〻〻〻)　十二番(與力之仁ヲ番子ニ書之云々 同二老〻〻)
十三番〻〻(所司一老)
右奉爲
金輪聖皇天長地久玉躰安穩國土泰平五穀
豐饒寺院繁榮興隆佛法諸人快樂所奉讀誦
如件
　　應永廿七年　正月十日
十二日夕方番頭方ヘ折紙ニ轉讀卷數ヲ注而送之(年頭方ヘ 遣之了)

凡少童御經之卷數者自發願之者至當年之今優
敷名董之卷數多之然間他寺他山爲浮宕之僧侶徒負
贔鄭重之余數千卷轉讀之卷數以爲遣爲規摸
何况當寺住侶哉倩以兒童群集之方便衆徒傳持
□惠命□ 佛法傳持之惠命現當悉地之直路也然則
（編者註―コノ間上ニ貼紙シアリシ形迹アリ）
當山入寺之少童何不勵當道之明譽哉

一十一日猿樂饗膳事九月祭禮ニ同出之
東座一﨟二ゝ三ゝ西座一老所司一老汁一鍋ッ、出之
一﨟沙汰而猿樂方ヘ瓶子一炭一炭取油一手瓶炷少ゝ應永廿三年
西座一老瓶子一所司一老白酒三升猿樂方ヘ出之
幕幷篝ニ公人直垂寺庫ヨリ出之
鐘定ニ於本堂東面兒幷學侶之出仕在之西座老僧
北間座着ス爰ニ當堂南ヨリ二本目柱際ニ十人一﨟
北向ニ座シテ兒ノ交在之交兒ハ坊役ナリ干時年預歟
公文所歟召預ヲ猿樂ノ出仕加下知ヲ樂頭出仕在之者
幕ヲ預二人シテアクレハ則翁面等始之懸扇無之
預裝束事重衣布袴著之緣ノ南北ニ薄疊一帖ッ、
敷テ著之　下堂承仕二人役ナリ
兩沙汰人寺庫ニ入餠百枚ノ樂頭ニ下行
年預方ヨリ祿物一貫文下行

同方ヨリ一斗五升夙者ニ下行
同方ヨリ三升　掃除篝火燒之下行但降雨之時ハ無下行
一十四日夕方明旦御前ニ五部大乘經と催之上堂承仕役ナリ
十五日早朝ニ於御前五部大乘經轉讀在之
一十六日若衆方的張會事
外座ニハ少童水旱直垂大口著之頭人幷若衆點心
以下酒三献之後管絃先調子次千秋樂次朗詠次舞
二番配膳童子直垂惣シテ酒五獻嘉例也其外酒肴等難及筆
內座ニハ宿老方　頭人幷少人若衆少々引伴テ內座ハ
參入シ亂舞酒數献
會以後少人若衆道行之樂ヲ吹弓場ヘ列行瓶子一銚[illegible]等頭人ヨリ出之則若衆祝之
弓場之莊リハ西座上堂承仕以下役也米一斗六升杓一菓子一合肴一合
弓的矢ハ善光寺供僧一﨟之役ナリ射手同供僧之役三番酒直ニ出之
弓紘ハ夙者カクルナリ伊勢瓶子一膳一膳出之
皮的穢多張之　筆一管墨一丁針一摺粉鉢一
米粉少ゝ　米三升　木瓶子ニ前二膳下之

新春之弓始事凡如専在家俗衆弓箭之藝何號
出家僧徒的張之會哉爰知上宮太子逆臣降伏之
時者六目鳴箭被下赤擣者守屋失命今磯長寺

佛法傳治之日者七鬼制伏被示若衆者魔軍射
拂者哉然間斷四方之怨賊故拂七難於他方之
境祈四海之安全故却九横於未發之外者也
依而一天泰平四海靜謐寺門繁榮兒童遊戲魔界
降伏之表示也
一十七日論義太子講當年竹谷坊經國干時一和尙
論者講問重難重答依爲年首文義交合驚耳目畢
佛布施六十〆問講ニ卅文ツヽ
會ニハ先餅《アツキ》味曾水　引肴酒一献。（追筆）文安三年正月行忠顯 次飯菜七汁二　追膳アリ
次雜羹引肴酒一献次荇ヤキ酒一献曳肴ツキ目在之
次恭子
一十八日御影堂舍利講以後於一﨟坊集會始會在之
宿老十五人公文所吉書等儀式無之
會ニハカナカケニ二種肴芋慈佛下入盛之海折敷昆布酒一献
次餅《アツキ》味曾水曳肴種一献　次茶子
次飯菜七追膳　次食後菓子　次雜羹引肴酒一献
次鴈羹引肴酒一献次荇ヤキ酒一献ツヽ目在之　以上五献ツヽ目
正長二年己酉正月十八日集會始畧之一﨟松室春海法印ノ代ナリ
一十九日朔日講仁王經　論義講問之布施每月六十〆同講卅〆ツヽ引之
一切經沙汰人ヨリ出之

一廿一日於淨土堂御影供在之　當界行界祭文導師讃頭如例
一廿二日早朝於御前引聲當月ハ八名三昧
三番湯鐘定ニ於御影堂　太子講管絃御供一膳頭人備進
講以後頭人坊ニテ會在之　（追筆）文安三年正月畑坊　頭
アツキ餅味曾水大根開可又曳肴酒一献茶子《アヒノモノツキメ》　茶引之
飯菜七追膳雜羹酒五ト入ツヽメカン酒せりヤキホ酒
同夜於下堂持經者法花讀誦夕飯朝飯燈油之
沙汰人之經營ナリ　持經者幷承仕
一廿五日文殊講竹谷坊頭
講問如例布施雜紙一束探衆講問配分之
會ニハ飯白三敷菜三汁一清酒一盞
次月講ニハ梅水ナリ

一晦日講於御影堂在之上十三人勤行云々
修二月精進湯在之年預以公人下加下知ヲ

二　月

朔日講仁王經如例會之次ニ今夜之導師以下所作人之交名
年行事可有披露者也
頭人先兼可春檟供餅十五枚但此內一枚ハ牛玉摺テ出之
黑米三斗ハカリ歟　造蓮花十九本莖ノ楷ハ西座頭人之

役也　佛布施束紙一束 御明八燈 但半分ハ西座頭人出之毎夜頭人之沙汰
午貝ノ終リ程ニ年預公文所參堂シテ立餅等以
日記請取之
修正ニ御行導師袈沙青甲幷侖羊石亠玉一顆古帳在之
四面佛具等寺庫ヨリ可出之
二日牛玉摺紙二帖墨一丁摺粉鉢一頭餅一枚二種
肴　鉢入合　黑土器一小土器六酒一升 瓶子入頭入ノ下部一人
承仕四人沙汰ナリ
三日會事正月尺頭ニ同之大瓶酒一斗入之此內公人掃除以上四人 ミ別五合ツヽ下行
塗折敷二種肴牛房六寸 開大豆　酒本ハ七獻云々 今ハ九獻ナリ配膳童子二人
酒藤次一人直垂著ス　明年頭差事　年行事ノ沙汰大頭ニ同之
酒直判幣升ニテ一升ツヽ取之但不參仁者五合出之
敬白
奉供
造花二瓶
花《時》花二瓶
御明四十八燈　私ノ兩座分 所司頭闕如
花餅二十七枚東座十四枚 西ミ十三枚
牛玉紙三百枚
右所奉供如件
應永廿七年　二月一日　ミミ大法師
ミミ　法師
ミミ　法師

敬白
請諷誦事
三寶衆僧御布施
右奉爲一天泰平四海靜謐國土安穩五穀成就
萬民豐樂寺院繁昌興隆佛法仍諷誦所修如件
應永廿七年　二月一日　ミミ大法師敬白
ミミ　法師
ミミ　法師

差定
明年修二月夜荘嚴頭事
ミミ大法師
ミミ　法師
ミミ　法師
右依衆議所定如件
應永廿七年　二月一日
大行事
四大天王
十八善神

以上三通ニハ立紙ヲ差シテ一通別ニ卷之

普門寺　修二月所作次第

初　日

導師　十三臈阿闍梨ゝゝ

咒　願　法印大和尚位ゝゝ

梵　音　十六ゝ大法師

大導師　三ゝ權律師

神明帳

唄　咒願　法印大和尚位ゝゝ

散花梵音　七ゝ阿闍梨ゝゝ

三十二相　十ゝ阿闍梨ゝゝ

御明文　十九ゝ大法師ゝゝ

錫　杖

第二日

導　師　十四ゝ阿闍梨ゝゝ

咒　願

梵　音　十七ゝ大法師ゝゝ

大導師　四ゝ阿闍梨ゝゝ

神明帳

唄咒願

散花梵音　八ゝ阿闍梨ゝゝ

三十二相　十一ゝ阿闍梨ゝゝ

第三日

導　師　十五ゝ阿闍梨ゝゝ

咒　願

梵　音　十八ゝ大法師ゝゝ

大導師　五ゝ阿闍梨ゝゝ

神明帳

唄咒願

散花梵音　九ゝ阿闍梨ゝゝ

古　帳　六ゝ阿闍梨ゝゝ

三十二相　十二ゝ阿闍梨ゝゝ

牛玉導師　二ゝ權少僧都ゝゝ

唄　一ゝ法印大和尚位ゝゝ

散花藥師　廿一ゝ大法師

右所作之次第如件

應永廿七年　二月一日

私ノ於觸穢者一迴分修正二月共ニ所作除之但御明文ニハ不除之云々

普門寺

修二月燈明奉供事

御明一燈　法印〻〻　御明〻〻　權少僧都〻〻
〻〻〻〻　權律師〻〻　〻〻〻〻　阿闍梨〻〻
〻〻〻〻　大法師〻〻　○筆同之
御明〻〻　〻〻阿闍梨　御〻〻〻　〻〻阿闍梨
〻〻〻〻　〻〻阿闍梨　〻〻〻〻　〻〻大德
〻〻〻〻　〻〻法師　○筆同之
御〻〻〻　〻〻所司上座　〻〻〻〻　〻〻
〻〻〻〻　〻〻上座　〻〻〻〻　〻〻
○以下同之三座分
修二月壇供餅田坪付所當米事
合
一段大江川橋本東九斗　小東字箕塚二斗五升
一段科長田西溝六斗　一段葦池上字六介九斗五升
米殖田口ホケ川六斗　廿歩葦池上字六介五升　西座方田
百歩三松屋敷二斗五升
以上
於年損得者年行事公文所可爲內見者也百姓之沙汰而二月
一日餅備進之年預公文所請取之但餅數者可依年者也
同三日夜年預公文所御行終居殘餅支配之
初夜導師　梵音　唄咒願　大導師　散花梵音
牛玉導師　同散花　三十二相　古帳　御明文
管絃衆　明年頭三枚神明帳　錫杖　檀餅十二枚
餅守十二枚　本新兩座廿枚　曼荼羅堂十二枚　大鼓役　沙汰人十枚
公人　掃除
以上　所作分　東座　西座　所司　以上半分
一高安庄ヘ中十日ニ仕丁催促ノ爲ニ定使下向
一十五日涅槃講本尊大佛具四面花籠請定年預之役ナリ　御佛供木鉢ニ寺庫ヨリ出之
涅槃講所作帳　私ノ日中涅槃講夕部舍利講　遺跡講羅漢講　但シ四座ノ次第ハ昔語也涅槃羅漢遺跡舍利也
式部可依器量〻〻　唄　法印大和尚位〻〻
散花權少僧都〻〻　梵音　權律師〻〻
伽陀可依時大法師〻〻
右所作之次第如件
應永廿七年二月十五日
定　釋迦念佛　結番事
一番西座一老〻〻　十〻〻〻　〻〻
二番二〻〻〻　十一〻〻〻　〻〻
九番五〻〻〻　〻〻　〻〻
右結番之次第如件

應永廿七年二月十五日
御佛供餅ヲハ管絃太子講之沙汰人ヨリ備進之夜之
管絃以後餅ヲハ老少之雜人ニ一枚ツヽ賦之同沙汰人下部
一十七日大乘會之捧物料之取ニ泉福寺ヘ夫ヲ遣之狀案文
恒例來廿二日大乘會捧物料之此夫丸可示給候
二月十七日　太子年預〻〻
泉福寺知事御中　立封狀ナリ
兼日京都ヘ捧物扇誂之中紙等大概結解シテ用意之年預役ナリ
廿二日大乘會頭役次第
御供餅舂頭〻〻　御飯炊頭〻〻
暑汁　上三人　冷汁　次二人
御菜
蓮根　六〻七〻　牛房　八〻九〻
慈仙　十〻十一〻　蒟蒻　十二〻十三〻
青苔　十四〻十五〻　黑布　十六〻十七〻
以上東座分　西座所司如此調進之
請定　大乘會職衆事
法印大和尚位〻〻灑水唄　權少僧都〻〻
〻〻　〻〻
〻〻　〻〻
〻〻　〻〻
〻〻　〻〻
〻〻　〻〻
右來廿二日大乘會職衆可被參勤者也　仍請定如件

應永廿七年二月廿一日
大乘會管絃衆交名事
阿闍梨〻〻　大法師〻〻
○
右請定如件
應永廿七年二月廿一日
御供切符兼日十六七日間ニ年預所ヨリ以召人賦之
散花讃讀師ハ職衆之内宜仁可差定者也
於講師問者者十講衆順廻次之役也　當年ノ講師ハ
明年ノ問者當年ノ問者ハ明年ノ講師ナリ二年沙汰スルナリ
廿一日大師御影供之次ニ御前廿二日理趣三昧引上行之
其時色衆幷管絃衆請定ノ奉ヲ承仕取之
廿二日辰時程ニ年預公文所寺庫ニ入リ出之
法眼十二具納廣尾八帖青甲四帖表袴十二具
鈴杵四面之内前具等鐃鉢一具大佛具幡花鬘
布幔二帖御供所引之絹幔一帖中門引之花籠十一
御供器同立木　御菜花足六
高座幷前垂　香呂箱　居箱　花瓶等　僧坊ヘ以預ヲ
借用ス年預役　表ヲ書テ示承仕ニ差ス　年預役

廿二日　廿三日　二日八講已具定鐘ツク於御廟前僧坊ヨリ　勤仕
燈油方ヨリ佛供米一石五斗桶三丁ニ入之一桶ニ五升ツヽ入候
此内二斗五升承仕給其外ハ燈油方返了
此御八講ハ元久二和乙丑二月廿二日始行云々願主月輪禪定殿下

大乘會勤行等事
八十二代後鳥羽院　御廟前大乘會料田御寄附建久三年壬子七月廿八日尒者
元久二年ハ十四年以後ナリ僧坊ヨリ八講始行年ナリ　臨幸記見タリ
鏡定御供等備進之職衆十二口御前拜殿參著ス西ノ
疊北端ヲ爲上首一﨟座東疊北端爲二﨟座以下
如常　承仕裝束重衣布袴
莊嚴事幡花幔之懸前机ニ閼伽鈴杵等備之講讀之
高座立之禮盤二脚並置之
御壇所禪堂ニハ御簾之内ニ管絃者幷職衆不入之
衆徒重衣ニ白五帖袈裟ニテ參入
西透廊東端ニハ御供餅花瓶棒物等調置幔引之
次ヨリ疊敷西座老若出仕ス
東透廊西端御供所儀式同西次ヨリ所司老若出仕ス
職衆皆參先亂聲　次調子次十天樂ヲ奏スレハ職衆
東西左右二行ニ立烈スレハ承仕ハ前机之傍ニ立副轉供ヲ
備置之南ノ緣ニハ下堂之承仕二人着座之後左右ニ立而職衆之淺﨟
備轉供スゝゝ畢職衆著座ス次一﨟禮盤ノ下ニ立寄
三禮等如常次着座先塗香淨三葉以下灑水
供物印明等在之次金三丁次下禮盤三禮本座著ス
次□承仕鐃鉢持參シ讃頭前ニ置之讃頭幷諸衆
皆立テ四智讃鉢三段突
次登禮樂大皷二目後講讀立座ヲ高座之前机邊ニテ
檜扇ヲ懷中シ香呂ヲ取リ登禮盤三禮次香呂本所ニ
置テ登高座樂終レハ唄師金二丁唄ヲヒク承仕
花籠ヲ引　次散花師立テハ諸衆立散花對揚　所
願成辨觀自在花ノ句ノ終ニ金一丁次講師○表白神分
祈願勸請法花勝鬘維摩等三部ノ經尺次論義
重難重答精義次金三丁次下禮樂講讀著
座之後諸衆退出但末座ヨリ退出
雖爲唄師一﨟之沙汰於非機之仁者二三老マテ可致致其
沙汰者也唄師磬ヲ　打事應永廿八年辛丑二月廿二日ヨリ
依衆義ニ　定畢足顯法則云々　　於讀師者
依講師之﨟ニ可有其ノ役歟必シモ非超職ニ云々
次御影堂管絃講一座在之

伏以　聖德太子御在世四十一歲之春ハ百濟味摩之蒙勅
而櫻井村集少年而傳伎樂之舞ヲ上宮遷化之迎日
而磯長廟集僧徒而奏糸竹之歆講三部妙典者逃
圓融一實之妙理迴四生群類者耀崛內三尊之
威光者也
於下堂後戸御供三膳一膳內　東座分幷御供經營頭人
下部等配分之　朔日講一ヶ月籠頭

同夜千燈會　油納所塔本　松室兩所下部八人承仕ノ役トシテトホス
引聲理趣三昧供養法ヲハ若衆一﨟可然宿老中ヘ誂之
次如意輪大咒夏當座之上首出音數ヲトル祈道在之次錫杖九條
次管絃講一座在之式五段　式部下禮盤觀世音經同音次舍利禮七反觀音ウ號百反
○
(廿三日法服以下道具寺庫納之御供三膳備之)

三　月

朔日講如例
二日　千座行法之奉帳宿老若衆カキツケ於發結之
仁者宿老中可然方衞若衆一老被差申之者也付申
修中雜用等一向沙汰人在之
廿一日御影供當界行界祭文導師讃幷一和尙ヨリ

至中檀供僧者重衆白五帖著之余ハ單衣如常
御供等幷影供以後之會ハ一向竹內坊之沙汰也
會以後淨土堂ニ理趣三昧在之供養法宿老中ニ若衆一老
誂之　次尊勝タラニ百反　次九條錫杖在之
廿二日聖靈會　應永廿九年壬刀法會在之　記錄一卷始テ草之行忠寺庫入畢
千部經料所大坑庄領家職納所中尾之一向沙汰ナリ但
一和尙ヨリ經營日數內半分
應永廿八年辛丑二月十五日一﨟竹谷經圓法印歸□同三月廿二日ヨリ
千部經々營竹谷遺跡之沙汰也新儀非例云々　其故者年預
箱ニ引付在之爲後證注之
大佛具　香呂箱　居箱　如意等寺庫ヨリ出之

卯　月

朔日講大般若
八日九日於本堂法花十講在之　香呂箱　居箱　如意
花籠大佛具　法花經二部寺庫ヨリ出之
後鳥羽院　勅願而二日十座天台之法文論談決擇兩朝
十四日安居始行　各重五座碩學十口互爲問答盡宗旨之精微者也
普門寺安居供花結番
一番東座一﨟〻〻

○

大工三番ハ西座一老二〻三〻ヲ番頭ニ書ク之但五﨟迄日中導師勤之

右結番之次第如件

應永廿七年卯月十四日

大般若帙立一枚西座夜番帳老若五﨟ヨリ最末マテ五番ニ書之

以上本堂ニ十三日夕方押之

淨土堂　夏中理趣三昧結番

一番一﨟ヨリ七番七﨟マテ番頭以下悉ク書之

右結番之次第如件

年號　月　日　是ハ一切經衆之內淺﨟ヨリ上ヘ卅人論義衆ニカクナリ以上年預十三日夕方押之

廿六日ニハ廿七日番湯引上有之湯頭并宮仕淨土堂理趣三昧早朝と加下知年預方ヨリ

廿七日年行事一廻收納支配等結解在之西座一老二〻并燈油沙汰人東西公文所出仕在之但西座ヲハ結解之後呼出之

餛飩畑坊在之　冷麵　麩引肴　酒二獻　茶子等　結解

飯　菜七　汁ニ　食後菓子　雜羹等種々肴酒三獻在之

內座ニハ結解衆之外　若衆悉請用ス此旨之式ハ大慶

冷麵ニ飯以下羹肴等ナリ

廿八日燈油結解西座昨日同之會之躰昨日同之

爰應永廿四年丁酉結解中尾明鏺經營之寺家評定ニ不及內座略之未聞不知于今無之不便〻〻

一應永卅三年丙午六月日一切經結解帳

御廟前承仕二人呼出之切符賦之又結解衆催之一切經結解ハ上沙汰人經營之　日佛供結解經營末沙汰人ナリ

一高安結解衆事供僧十一人ト帳ノ挑在之御前承仕二人定使

一裝束一丁五六月之間可有之　聖方沙汰人

中食　飯三合菜三汁一人數ハ上五人年預　公文所

若衆　上堂承仕二人　下堂承仕二人　公人掃除等ナリ

上五人　不出之時シ膳ヲ送之

一廿七日會以後ヨリ新年行事　近來如此元ハ五月五日ノ會以後ヨリナリ

五　月

朔日講如例

五月五日頭人事　先宿老廿人粽一連宛出之但年行事公文所除之四日頭人坊ヘ公人持集又是ヲ□ツルナリ明日

五日管絃講之終ヲ定ト以公人催之

五日朝鎮守ヘ瓶子一二種肴鉢ニ入合小土器十ハカリクホ土器ニ出之

粽三連獻之又一連ハ公人食ニ取之云々二人分ナリ

酒元五獻云々今九□ナリ　配膳童子酒藤次スワウ袴ナリ

十五日朝御前五部大乘經承仕ヘ可催促之

朔日講六月七月如例　土用中仁裝束干聖方當沙汰人中食經營之　上五人并○若衆年預公文所上堂下堂承仕四人公人掃除等以上白三合菜三汁一

朔日講如例
十四日　本尊十王羅漢大佛具幕等出夏佛具并鎭守佛具寺庫ニ納之
下堂夏番帳夜番帳淨土堂理趣三昧番帳鎭守論義番帳
年預取置之
一十王講所作帳
式師　ミミ　唄　法印大和尚位ミミ
散花權少僧都ミミ　梵音　權律師　ミミ
伽陀　ミミ　錫杖
右所作之次第如件
年號　七月十四日（附箋）「次調子　次惣禮　次登禮〇式」
先亂聲　次日中懺法　次十王講　四ケ法用管絃
次阿彌陀經一卷　念佛百反　御供餅捧物塔本沙汰
一本堂例時之中間ニ鐘ヲ突三反　三昧ヲ行道シテ阿彌陀經
同讃　九條錫杖　尊勝タラニ三反　光明眞言　念佛
導師西座沙汰　十三重塔前ニテ經ヲ始之
一戌時六ツ定ニ於御影堂管絃號六座講　中食　茶湯
煎物等　太子講沙汰人之用意ナリ
十五日
羅漢講所作事（附箋）「午時九ツ定ニ出仕鐘ヲ突十五日羅漢講同之」

晨　朝
僧讃　大法師ミミ　頌文　大法師　ミミ
日　中（附箋）「先亂聲　次讃次調子次惣禮次登禮」
讃私ノ四智大法師ミミ　式師　ミミ
唄　法印大和尚位ミミ　散花　權少僧都ミミ
梵音　權律師ミミ　伽陀　大法師　ミミ
右所作之次第如件
年號　七月十五日　十王講阿羅漢講奉帳下堂承仕方ヘ遣之
十九日辨才天講論義三座初座講師表白神分祈願等
重難重答在之二座三座ニハ重難無之每年臈次ニ六人ツヽ
次理趣三昧一座　佛供米二升種子方ヨリ宮仕方ヘ下行ナリ
於供養法者上十人每年臈次ナリ經頭讃歌同上中臈以下臈次ナリ
勤行以後種子方沙汰人坊ニテ會在之菓子麵菜三盛合
白酒三献在之肴五色以下
一御壇所壁書
勅願
長日阿彌陀供養法并法花轉讀行儀事
一以己具定參會同時可被致顯密勤行事
一他行現病觸穢之外不可立代官若有其障之時者
以供僧之內可被誂替事

一於此道場者供僧並承仕之外容易不可出入
但一切經轉讀衆御經奉納奉出之時者當勤
行之時分可被出入至非衆客人之經迴者深以可
停止事
右任衆儀之旨所定置如斯各守此旨不可違犯若
有背置文之旨輩者可處罪科之狀如件
正應五年　十一月九日　　定之

七月晦日諸堂勤行結番帳書改之但人數闕如之時ナリ
本堂念佛番帳一紙供米廿五丁　常光院念佛番帳一紙供田長机在之
御影堂十日念佛　五日念佛　善光寺念佛末臈以上十八人之供僧也仍夜宿
實檢今ハ塗板　陀ラニ帳二枚　番在之
一切經帳二枚　五部大乘經帳二枚
以上年預方沙汰ナリ
本堂阿彌陀供養法番帳上六人供田カ□ラケ一町下地　同如意輪供養塔本私トシテ六人供僧ヲカク
淨土堂兩界　同中壇竹内納所心經法納所竹内不動供納所中尾
御壇所阿彌陀法幷法花讀誦料所高安庄
地藏法納所中坊上六人ナリ　卅五御影學頭幷供養法四和尙マテ納所中尾　供二人付之
法花法納所中坊　虚空藏法汀法本尊
御前如意輪供納所中尾

法花護摩重始行之　供僧上六人本護摩之供料付之　料田　寄進野遠屋本阿永享五年癸丑七月廿六日
應永廿八年辛丑正月廿六日庚刀虚宿金曜　發願松室坊主春海勤仕之
本尊マタラ新圖繪觀心寺蓮根院筆　開眼内出院主上乘院光實同廿九年壬刀八月廿一日中尾持佛堂ニテ
僅ニ八ケ年之間勤行也其故者正長元年戊申十一月六日依有御德政料田
田寶仁依之古摩退轉了　三ケ年退轉了
悉以本主返畢　永享三壬子年十二月十九日　重
始行願主野遠屋本阿　當郡内金峯山免田買得寄進之
淨土堂常燈料田山下次郎左衞門尉沙彌性元寄進了依御德政田地寶人ニ返了　同八月ヨリ

六　月
朔日講如例
十日ヨリ溫室　十七日マテ在之溫室ノ名言如何　溫室經一卷在之
本尊ハ常光院立像阿彌陀ヲ本堂之外陣ニ奉居等事
一向承仕沙汰也　莊嚴道具入タル箱一廻向机等寺庫ヨリ出之
油一升代二百〆定下用　大土器十四五　燈爐ニ承仕方へ出之
カナカケ　六束兼日用意之公人方へ
大念佛十一日晨朝鐘定發願三座出仕在之發願
導師重衣白五帖袈裟著之余人ハ不爾也導師表白但今頃ハ單衣ナリ
等談訖後調聲佛前立出始經三座之法侶等行導シテ
談經ス合殺廻向等ニテ著座次承仕硯筆ヲ持參ス
則年預料紙ヲ懷中シ先奉始上三臈ヲ次東西所司三座

現出仕分ヲ一番二番と紙一枚ツヽニ書分テ一分讀進之
後退出也　件番帳ヲ年預代　公文所代　所持シテ助番饗ヲ
支配スルナリ
一毎月廿二日夜本堂ニ　法花談誦持經者僧膳朝夕幷
布施末燈油方沙汰ナリ十月ヨリ米春三月マテ一﨟坊ヨリ
毎月炭出一炭取ツヽ云々

九　月

朔日講
五日已貝定ニ上堂承仕鐘ヲ突之於御廟前僧坊衆
八講勤仕之　大佛具寺庫ヨリ出之
六日同捧物中紙十二帖厚紙ヲ立紙ニテ承仕ニ渡之年預方ヨリ
一祭禮田樂疊十帖　幷御前疊二帖　差之古田疊ヲハ年預方私用之
下
（今ハ略之）
蓆ハ東座ニハ上二十人ハ六ツ　若衆ハ四ツ
　西座ニハ　上八人ハ六ツ　以下ハ四ツ
　所司　　上三人ヘ六ツ　以下ハ四ツ
以上人別一枚ツヽ八月中旬比ヨリ四六ツ以公人ヲ賦之
　但年預公文所末十人經聖下堂承仕等除之
田樂酒事九月八日夕部大瓶ニ白酒八升入之如例菊
花杓結付之公人一人頭人下部相副之食堂ヘ遣之

肴ハ宿老四人ノ役ナリ名ナハせカマヨリ一尺二寸（マヽ）ヲリ四ツ足ヲハ榑四枚一枚ニテ四寸四方ニツヽ
ヲリテ盛ナリ年預方ヨリ賦之　三﨟コンニヤク一ヽ　四﨟ハサカナサシモノ　ハス　二ヽ　カキ　慈仙イモ高サ四寸ハカリ　コンニヤク
田樂前餅　東座上九人　西座上四人永享ニ分ハ六　所司二人　今ハ依無出社年預方ヨリ出之
（附箋）
「所司二人米不出　餅ノ粉ヲハ取合スト西信公人カ祝ナリ
嘉吉元ニト一目　年預阿加井」
餅春頭ハ巡﨟次　年行事升白二升二合宛ハ以公人取集之
同餅料カナカケ三十枚餅ノ數ヲハ取合スト云厚紙三十枚出之　僧坊八講
捧物上紙一帖内ナリ
　應永卅三年丙午九月八日ヨリ田樂ノ方ヨリ猿樂美濃權守買得之云々
八日篝ニ幕　公人　白直垂ニ具田樂フェ吹笠足駄等
寺庫ヨリ出之　田樂饗膳事　年預公文所若衆末十人經算堂承仕等除之
三升篝燒掃除ニ下行但降雨之時者無下行　一斗五升　夙者
祿物燈油方
九日頭事但八日朝在之　會所本堂後戸東爲上首田
樂疊公人之役ニテ敷之　濁酒一斗二升溫而大瓶ニ
入之菊花杓如例　肴四種慈仙サヤ大豆　蒟蒻茄子　小土器ニ
盛之朔日講同之　盞ハ木椀ナリ酒ハ三献　配膳者スワウ袴
出仕事御前之タラニ以後鎮守拜殿ニテ　仁王經一部轉讀之

後進向　若年行事　公文所并上五人出仕無之者以公人請用之
其余者隨意ナリ　明年頭差事大頭同之
十五日早朝御廟前五部大乘經承仕ニ催促之
十九日如法經堂莊嚴已貝定ニ　上十人之坊ヘ經聖催之
己貝鳴末沙汰人坊ニテ會在之堂莊嚴　之貝ヲ吹ク僧衆上十人并代官經衆
芋毛立慈仙ニ反肴三モリ合　田樂慈仙蒟蒻　白酒三献小椀二反大椀一反
廿日六ツヲ酉貝定ニ如法經始行式目彼ノ方ニ在之

十　月

朔日講仁王經
如法經立筆等爲聽聞法花堂大床ニ出仕在之作法事終而
鎭守拜殿參著シ論義等如例
十日十種供養以後同上沙汰人之坊ニテ會アリ　今ハ皆參（マヽ）上十人并代官經衆上堂下堂ノ承仕聖
飯饗利引入出之　菜六汁ニ大汁芋ニ十小汁　慈精田樂餅　白酒三献一是ハ百姓舂テ出ナリ
上十人ハ童子配膳ニ出之　同下部出之　於不參之仁者不行之

十一月

朔日講仁王經
十八日ヨリ本堂畫讃廿三日マテ在之　本尊天台大師寺庫ヨリ出之
堂莊嚴等事東座二人予ハ承仕サタナリ

巳貝定ニ貝ヲ吹炭火ヲ用意ス　論義法則等如例
廿四日大師講供具備進等事　先大般若机三脚ヲ
佛前並置テ其上御飯　御汁　御著　楊枝
御菜八種竹串長一尺二寸　慈仙河骨　蒟蒻青苔　蓮根荒布　牛房大根　肴ニ合　菓子ニ合
柚盛物二坏燒栗二坏　次第ニ備之
前机花立閼伽器脇机ニハ如意　如常香呂　又小佛供二坏備之
散花カナカケ二枚ニ置之唄出音之時分童子二人引之
御佛供米出分事兼日以公人取之但末三人除之人別八合升
一升ツヽ此内二升公人下行
御佛供器三　花足八　小金銚子一　如意等　寺庫ヨリ兼日ニ出之　鐃鉢廿四日可出之

十二月

朔日講仁王經
今夜ヨリ下堂宿直夜廻結番帳書改之　東座西座所司一﨟ヨリ
花薗住人悉ク結番ス　廿九番之内廿六廿七廿八西座番頭ニカクヘシ　廿九番ハ所司一﨟番頭ナリ
一都鄙諸方歳末卷數支配撰吉日兼日可有用意
注文別紙在之
一十（コヽ）日佛名精進湯在之　佛名經寺庫ヨリ出之
普門寺　佛名三ケ夜所作帳
初　夜

導師　〻〻　貝私ノ一和尚
散花　二〻〻〻　梵音　五〻〻〻
三十二相　八〻〻〻　錫杖
第二夜
導師　〻〻　唄
散花　三〻〻〻　梵音　六〻〻〻
三十二相　九〻〻〻　錫杖
第三夜
導師　〻〻　唄　〻〻
散花　四〻〻〻　梵音　五〻〻〻
三十二相　十〻〻〻　錫杖
右所作之次第如件
年號　十二月十日　役人之方ヘ當承仕備之　十一月十二月三ヶ夜ナリ
導師重衣白五帖アサ　臈次之役ナリ　於法用者定役ナリ　次三人八九十三十二相
坊(マヽ)別燈明一燈　白米少分　毎夜備進之
一臈坊ヨリ　炭三荷行荷出之　正月不斷經マテ
兩度分
火鉢數事　東座內陣三　管絃座一　西座三　所司
十五日早朝御前五部大乘經承仕方ヘ催促之
諸堂障子張改之

本堂香未(マヽ)坊別一升ッヽ承仕取之年行事ノ升定云々
明年正月十一日猿樂篝木用意アルヘシ
廿五日大頭酒試定日ナリ雖然頭人吉日ヲ撰テ沙汰スル人モアリ
二種肴牛房六寸開大豆ツホトキ箸臺裏折敷ニ備之酒人別五合ッヽ
人數事上九人年行事　公文所　公人二人ナリ但年預行(マヽ)
事　公文所　上九人之ナラハ　二膳ツヽ下行若又右九人之外
者一膳宛也
一御影堂十六歳御衣新調事
應永廿八年辛丑三月六日當國十七ヶ所給主山下七郎左衞門尉
沙彌性元干時富貴豐饒財寶宛滿公家武家無隱
潤屋之仁也然間內者森左京亮入道知阿勸進之間
京都織殿大內坊右馬允經支干時御服調進之仁云々　十七ヶ所ヘ
下著則當寺衞來臨而云御衆注文等付法隆寺ヨリ尤出之彼寺領播州鵤庄大寺十六歳之御衣注文云々
雖無子細御長寸尺等悉可奉拜見之由於寺家披露之間宿
老上五人參堂而御影於奉懷出如所望悉注之法隆寺注文と全同之
一和尚法印祐成奉懷　三〻權律師嚴圓竹內　四〻阿闍梨賴忍□中五〻〻〻〻顯圓　中坊
八〻阿闍梨年預快圓西坊九〻〻〻〻行忠塔本十二〻〻〻〻賴祝多門院大法師　公文所祐惠
預　覺乘法師　堯眞法師
委細注文織殿ニ渡畢　同卯月十九日新調御狀衣束等到來
同廿日盧坊水曜　王子於塔本坊而西方院時衆人數十二人

奉裁縫之者也　天上御装束者一日中之沙汰云々　今得其心

同廿一日嚩多羅僧納横尾奉裁縫之　同戊尅於同坊而

壇所於料理志　水壇お荘厳志天　新衣加持之作法　阿闍梨坊□

勤仕也同廿二日室宿金曜　甲刀　寅一點奉献御服等石帶御香呂不替之

法印祐成奉懐出　權少僧都祐舜　權律師發圓　以下奉行衆阿闍梨頼忍

〻〻〻春海　〻〻〻顯圓　〻〻〻快圓年預　〻〻〻行忠

〻〻〻明鑁　〻〻〻頼祝　〻〻〻忠賢　大法師　祐恵公文所

同午尅ニハ御供養引聲理趣三昧供養法春海表白等　調聲明鑁

讃頭慶鑁四智心略東方

次蘇合一具式師發圓　伽陀慶鑁兩勾異説　臨時客

以上委細記錄一卷御影堂ニ納之行忠草之

第四篇　史料集3

後常瑜伽院御室日記　仁和寺蔵

後常瑜伽院御室御日記内要覽少〻抄出了、自
應永四年至永享九年正月、但其內多以缺了
無念〻

應永四年　　正月小　後常瑜伽院殿卌七
一日朝間雨降、晝後天晴、新春之吉兆彰萬邦
實以幸甚、、、辰斜參神殿、朝拜予付衣乘
與共輩尊光金壽等云々。又拜後幣ヲ立樣
持事直ヲ立樣ニ可持之歟、所司行儀如此、追猶
能〻可究沙汰之也
神殿朝拜事、故宮記云貞治七年正月朔日神
殿朝拜、予始而勤之、役人僧綱法印守融房官
寺主賴源予着付衣參社頭、守融從後拜殿
西第二間敷半帖一枚予着之、次大童子庸滿丸
執幣授房官、爰予立半帖上懐念珠扇置座傍次房
官授弊（マヽ）於僧綱、〻〻立板敷上取之房官立庭
上授之次僧綱授弊於予〻執之兩段再拜、其作
法先弊（マヽ）於橫サマニ持シテ三度振廻、次拜一度弊ヲ
橫テ持テ頂ヲ地ニ付テ拜ス、此間心經一卷ヲ
誦ス、次又如元三度振廻シテ又拜、ス作法如元（先）、今
度不誦心經、次乍立返賜弊於僧綱、爰所司
專圓進寄砌下執弊於證誠殿御前石階下申僧綱乍立以右手授之專爾執契
祝此役度一所役也、而當時度一未定間所司懃之
可然之輩補度一參懃、祝役之時、不傳僧綱、直授
之由成助僧正申之、祝弃弃弊退出座、予卽
立座退歸房官並大竜子等蹲居樓門邊、僧綱
從後經堂上扈從、抑烈大童子懃手長之時房
官直不取之、寄融門隱屛退之時房官進而取
之云々而御室仰不然只直取之由先〻被御覽
及又思食其儀云々此事聊不審、追可決之
拜樣不審之處、今披此御記敎蒙了、自今以
後可專此次第者也

應永八年
凡人灌頂之時僧正烈色衆之時、同品僧正爲
色衆之外、懃敎授役之例、定助僧正八壇守

譽僧正烈色衆道勝前大僧正爲色衆外懃教授
奉行事、仰宗乘法橋去月加別當了執事
別當之外致奉行例載左
後中御室御灌頂弘長三年十二月十三日
奉行上座行任弘長三年十二月廿三日補執事
守助法印灌頂
奉行法橋賴舜不經執事
實寶僧都灌頂
奉行同前
靜海上人、、
奉行同前
道基法印、、
奉行宣快法眼非執事
禪助僧正、、
奉行同前
道俊法印、、
奉行上座顯尋非執事
此外同輩多奉行之、不遑記六
十一日辛丑　天晴灌頂奉行事、守融僧正以御
教書仰定乘　案文載左
來月四日於菩提院可有傳法灌頂事、可
令申沙汰給者、依　御室御氣色之狀如件
後正月十一日　　前大僧正守融
大藏卿法橋御房
追仰
日次幷御點色衆等如此者、可被相觸
之由同ゆ也
請文案
來月四日於菩提院可有傳法灌頂事、
可申沙汰之由謹承了、以此旨可令申
入給仍執達如件
後正月十一日　　法橋定乘請文
追言上
日頃並御點色衆等謹賜了、者可申沙
汰仕ゆ由可得御意ゆ
成助僧正御授與奉行之時、召仰干奉行之由
記之、別不及御教書等之儀歟
十四日菩提院僧正申云、今度御授與御祈事、可

有沙汰歟云々予返答云、初度幷代々宮々
御入壇之時之外、後々授與强無其沙汰歟、但猶
引勘先例追可定
十五日授與祈事、勘見之處一隆憲入壇御記云、
九月五日乙酉自今日以行勝上人始行不動
古廳、又以顯實律師修同供、是皆隆憲入
壇祈也
又以狀尋遣眞光院僧正云、代々御授與御祈事
初度並宮々御入壇之外、後々御授與猶御祈事
有沙汰哉否不審、有先規者可注進之、
僧正返狀云、代々御授與之時、初度並宮御入壇
之外、後々御授與之時、御祈沙汰御不審事、畏承
候畢、此事更無所見云々
十八日守融僧正來、教授爲色衆外之時、進退
不審申之間、代々御授與之例注遣畢、所詮不
遣爲色衆之內時進退者也
廿四日以狀仰遣眞光院僧正云、
　灌頂之時道場疊爲奉行得分事、相應院
入壇之時公寛法印申候き、落居之分不覺悟、何
様候けるやらん、可承存、凡も先規何様候乎、次初
夜時了、不撤受去法具至後、夜置書歟、云代
々御授與云庶人之例所見候者、可注給候、謹言
　後正月廿四日　　判
返狀云
灌頂之時道場疊《カ》爲奉行得分歟事、相應院
御入壇之時、公寛法印雖申入所存候、先規不分明
候旨無御免候歟之由存候次初夜時了、不撤
受去之法具至後夜時置哉否事、先規少々注
遣仕候、私極之儀、自初夜至後夜置事、一向畧
儀候哉、所詮每度可撤之條本儀候哉之由存候、可
令披露給
　後正月廿四日
不審者至後夜不撤歟事也、每度置之事、
自元本儀非不審限候、仍雖令注進置之儀不載也
廿六日今日賜支度於受者、教授僧正於彼
坊賜之、依令同宿旁有便者也、又廻請色衆
十弟子等僧綱御教書凡僧廻文案文皆載左
來月四日於菩提院可被行傳法灌頂

可令參色衆給者、依　御室御消息執
啓如件
　後正月廿六日　　法橋定乘奉
謹々上　寶持院法印御坊
追啓
　可令勲唄並誦經導師給之由所ゆ也
來月四日於菩提院可被行傳法灌
頂、可令參色衆給者、依　御室
御消息執達如件
／後正月廿六、　　法橋定乘奉
謹上　宮內卿僧都御房
　大法師守盛　宗融
右來月四日於菩提院可被行傳法灌
頂色衆請定如件
　應永八年潤正月　日
大河闍梨沙門、、
　大法師　定禪　快盛
　　幸融　良融
右來月四日於菩提院可被行傳法

灌頂可參勤十弟子役之狀如件
　應永八年潤正月　日
凡僧之廻文或付所作或不付先規兩樣也、先立
以內〻御教書已相觸所作之間不付之、又凡僧
不用廻文、被成御教書事古今連綿也、畧
儀特更御教書許也、然而又爲廻文例多之、且
道基法印入壇堂上儀色衆八口也、其內凡
僧只一人猶被用廻文案文載左
　大法師良玄奉
右來月五日於祕密莊嚴院可被行傳法
灌頂讃衆請定如件
　文永元年九月十八日
大阿闍梨沙門法
又凡僧爲一人者、用御教書之趣宣忠灌頂之時
奉行顯尋上座記云、凡僧用廻文申御暑先
例也、然而於所作者以御教書先例、被相觸之
不付廻文之故也、仍今度凡僧爲一人之間以御
教書通用了云〻、又右文永之廻文讃衆
請定云〻分納衆讃衆之時、如此無其儀者、

只可爲色衆請定歟、不審々々

廿九日灌頂條々篇目注付折帋給定乘了、

一八祖影上不可懸花鬘代事

　自余畧之

今日古广支度隆覺法印付定乘法橋、神供支度行融律師同付遣之、共以遣受者許、卽皆送遣代物於奉行許、自奉行許遣兩師許云々

抑神供支度事先例不同也、仍道尊僧正入壇記任尊云

　不可載古广支度、又不可召支度於神供師只可送遣用途之由被仰下云々先例或付古广或送別云々

四日癸亥昴金天晴、今日於菩提院樣傳法灌頂職位於權少僧都坊教藏女藏二条左大臣實冬息

　此御授與事此一卷ニ委被注載　依萬端畧之

　　應永九年

三月教祐法印傳法灌頂師範御免事申之今年滿六十故成聖僧正此年御免云々法流相承進書傳承支證等可相尋之由傳守融僧正了

廿四日守融僧正參、教祐法流相承事、從成聖僧正傳法院一流大事傳受血脈並屬南方教賢僧正三寶院花藏院等流傳受證狀等進覽之、無子細上者、師範御免之教書可書成之由仰含了

　　四月

廿一日蓮花王院寶藏御物被渡此寶藏之時、如何樣靈寶在之哉、其時目錄可召進樣、有御不審之由、北山殿仰之趣唐橋中納言奉書到來、卽申御佛事了、蓮花王院寶藏御具足被渡此經藏之時、目錄事承了、先年之比依不審雖撰見ゟ不求出ゟき、其後者不及撰見ゟ　急進撰見可申入ゟ、故尊朝法親王之如此目安授一合置大聖院坊ゟき、仍多以燒失ゟき、若其隨一ゟ歟、驚存ゟ、昔如靈寶多以於彼寶藏紛失之由承及ゟ、仍御指物いたく不被渡ゟ歟、次第又被召返之旨承及ゟき、當時現在相殘御具足非指物ゟ歟、銘分大畧内外經書猶々急撰見ゟ、可注遣ゟ

今音法師召加恪勤可存知之由、可下知、最尊旨仰守融僧正早、近比如此不及下知、仍令再興

六月十一日般若寺御忌日
傳聞所司執筆令相論今日終不書云々就上臈
宣慶可書之由衆儀之處大畧近年勤之、必
非可爲下臈之役之由、宣慶舞退之間、無書者云々
十二日夕立、昨日相論執筆今日令和談昨日分祐紹
書之、今日分慶紹件遍照寺分宣慶可書云々

七月朔日、天晴、內々遣愚狀於新中納言許之、愚身
不被入御祈、尤悅思給、彼時宜如何、一位返事云、
初者竹苑三人之由、被仰出、而當門跡者如此祈
雨止雨等細々御祈人數先々不被加之、取テハサミ
タル時事ゆ歟之由存云々、けにもと有御領解、目出
之由返答之神妙々々、又小野輩同七人被仰云々、
二日、隆覺法印爲私所用、向廣橋亭以歸寺之次、
一位示云、雨御祈事當門跡懃仕連綿之由青
蓮院宮被申然者猶名天供可存知之由承之間、
近日申定落居之處、又事變更不得其意之間、
以兼宣卿先申入云、惣而雨御祈不懃仕事者定不
可有之歟、只烈如此人數懃仕事、無其例、只此水
天供之外如別護广可有沙汰之由、可被仰歟之由、計
申ゆ了、且又可爲何樣哉云々、以愚狀仰返事云、雨
御祈事承了、加如此人數水天供等勤仕事、當門
跡無其例、若爲有不審者、可進所見、別又可存
知者不可有子細、承日次雖何法可計勤修此之趣
可披露返事云、雨御祈事御沙汰之次第隆覺法印
委令披露歟、兼宣可與此使同時退出、所詮如計
申入水天供者如元可爲七人、予者可行請雨經古广
之由承之事、儀可如此、爲後代神妙、但請雨經古
摩就在所難事行者雖爲孔雀經古广宜在計
日次、可爲明後日重明日又可申入云々、猶可勤修者可爲
孔雀經古广之由、從是依仰遣如此示之、凡事
更不得其意、惣而雨之祈修法古广等勤仕、當門
者未禪呪如此水天供乎、且故宮被尋申常瑜
伽院御室御狀載左、青蓮院宮意見不足、去比
具之
四日、自今日雨祈孔雀經古广始行
十二月三日、忍頂寺檢校成鎭法印闕、轉隆覺法印云別當也
以別當補宣守律師元權別當也以權別當可補行
融律師之由、下知公寬法印、任符案依不審召之、

古案進之、載左
　權少僧都成運
被入道無品親王教命偁、件
人宜爲忍頂寺權別當者
　延文五年九月十日　別當法印相源奉

應永十三年

正月二日、天霽風靜、今夕參本寺、着座修正共
輩壽王。路次松明英僧祐算兩人也、祐算
雖申子細不可然之由下知之、祐算故祐紹威儀師
子也、去年十一月出家歳十八召雖望申小別當不可
然云間、舊冬廿日余比免許了、綱所子孫動如乎
所司無下侍示所役令難澁尤寄恠也、先規連綿
不能左右、仍責伏之令勤仕之者也、向後可爲此儀
五日參神殿、予並共輩皆付衆中、童子愛若丸
今日始召具之、與前先行大童子在輿後如此藝儀
中童子參與之、先後事無分明所見、然而任故御室
仰如此召具了、猶可撰見先規也、
廿八日、自今夕相應院宮於本坊爲北山殿廻御祈始行、
法流徒弟書三摩耶形事承安二年北路御室孔雀
不動法伴僧六口心口院。爐三昧耶形行融書之雖
經御修法爐三摩耶形俊澄書之俊澄幸亳法印付法幸亳ハ成就院付法也此外連綿也
不當仁依無器用令書之、云本尊云道具　悉以
又正應年中高雄御室金輪古广御勤仕時俊澄法印書三摩耶形
自是借渡之、雖不可然就闕如如此
廿九日、終日風雪粉々、爲後光嚴院卅三廻聖忌、於此
私云
常瑜伽院堂執行萬タラ供。此卷萬タラ供在之、
綱所以下侍共陪膳中童子役之事、並節供等之
時、禪侶房官等祗候之、御中居綱所雜居事、猶無
窮事等雖歎申、不可然之間、中童子陪膳之所見於
不出來者不可叶可存知又禪侶房官着座之中相掎
事不可然、堅固朝夕不取敢小一獻、風情時者非沙汰
限、若供其外自然一會等之時者、雜居一所不可然、
中居次間土室風情不指合者、於彼等在所取散事、
僧不可及副禁、是等在所無骨時者、於御厨子所可賞
翫之由、以行融僧都下知、維乗以下綱所之處、此分向後
各可存知之由申之、
六日、祐算都維那事、隆紹執申之間、父祐紹威補任
年齡可注進之由下知之處、祐紹十七歲永和元年四月
十六日任都維那、祐算當年十九歲沈淪不便之由申之、
去年霜月令出家、舊冬雖爲早速補小別當職、是

等之間不經幾之處沈淪之由令申之條不可說々々、其上父祐紹昇進者、自出家年經兩三年歟之間、自出家年經何十年任所司哉之由重相尋之處、祐紹出家應（十九歳）安六年四月六日也、都維那補任者經中一ヶ年之由令申之間、爲如案申狀之趣不叶理、又似掠申、旁以不可然、仍以父補任之年齢今祐算沈淪不便之由申之歟、以外僻案也、宜依出家之年齢相替官途之遲速者也、如申狀者稱追父例常祐筭童形十七歳之時可補任所司哀、父已出家之後三ヶ年之時被免許了、須追彼法只今補任不思得之由返答了、如此事或別儀或依忠賞早速成其官直補其職等事者臨時之儀也、任道理可依父祖之例者尤然之尋究可有沙汰事也、

譜代輩猶存非儀構奸曲事、如此不便々々

八日、興福寺輩綱所事、望申之趣隆紹執申之、所謂賢乘申威儀師淳乘申從威儀師、譜代輩之由申之上者、不可有子細之由仰了、凡南都輩綱所補任事、自何比在之乎、又補來綱所家何人許在之乎、以便宜可召進系圖之由仰隆紹了

十日、來十五日於此常瑜伽院堂可行涅槃講之間、僧衆並捧物事、今日沙汰之僧名載左、

（寳光院）（カ）（カ）慶深僧都　宣守僧都（唄）
（皆明寺）行融僧都　守盛律師（伽陀）
定祐律師　（大法師）有濟（皆明寺）
禪融（梵音）　承融（錫杖）

仰行融令書出廻文捧物事、以行融僧維兼（于時長爐所司）觸廻之、如此細々事長爐所司致沙汰之趣、見記六、仍所令下知也、人數（在左）

（禪侶）房教法印　宣守僧都
行融僧都　覺果僧都
禪性
（房官）公寛法印　實賢法橋
定乘法橋　寛乘
（綱所）維兼　實緣
維順　隆紹（橋本）
最深（土橋）　慶紹
快緣（四条）

禪侶　房官　侍事　各別折紙於僧綱者、院號房號官途等載之、如神殿蓮花會捧物廻文可書之由

令下知捧物、各一種之由載右狀
　　四月
十四日今夜重喜（廣橋故一品息仲助事也）久遂出家暇事、內々申北山殿之處、出
世身云存之條有其謂、不可有子細之由承之、
抑什物取次侍仰含最深慶紹兩威儀師之處、申子細
之間、雖爲奇恠依沙汰限、然者不可隨所役之由下知之處、
又可存知之由領納了、先例綱所並所司相置役之任雅
定難澁尤不可然之間、進可加嚴密之問答之由、思案之、
而領狀爲神妙又出家者、俗服者戒師取之條勿論也、而
至大口近來此邊私坊出家之儀奉行者取之云々、仍
永寺出家之時教紹威儀師取之、此段更不叶道理、
太雖不可然今度同大口許賜維兼了、不可爲例堅
固密々最略儀旨、不尋先例、不任定理、只就先度
永寺之時儀又准此邊私例賜之
　　此卷出家記委細在之
九月一日、止雨御祈、仰本寺可被沙汰之由、爲日野
大納言奉行承之、者仰滿寺可被懇祈之間申
返書了、卽以行融僧都奉書諸院家仰遣之、
所謂相應院菩提院眞光院勝寶院威德寺
眞乘院惠令院善勝院皆明寺分別可存知之由
仰合行融了、不指其法只止雨御祈自今夕可始
行由相觸之
二日、陰晴不定、自今日於此常瑜伽院堂、爲止雨御祈
始不動一落（カ）叉僧衆院家外寺僧輩十余人也、
自夕屬晴可然々々
（九月）三日、今日不動咒滿一落（結）叉結願了、天晴風冷雨氣
退散、珍重々々、抑止雨作法有種々說、然而文治元年爲止
雨御祈被修不動法之旨見于北院御室御記、仍所始此
念誦也、宜守可修行事哉之由不審之間、可爲不動
法歟之旨、所答也、行融同此法勤修云々、自余輩所
爲不聞及之
（十月）十九日、明日受戒、自今日件助下向南都、定乘法橋
寬乘等追隨折節無出世輩遺恨々々、
廿一日入夜仲助歸寺、昨日受戒子刻許云々、惣而
每年如此云々、自昨日下向尤無益々々、

登壇時著絹付衆云々抑仲助袙綾歟、平絹歟、不審申之間、雖無慥所見、如此輩出家初著織物指貫例多存之、然者袙綾有何事哉之由雖思定、如此事准俗例又隨其出家門計事爲吉例間、相尋舍兄中納言兼宣卿之處、僧中法無案內於俗中例者、丞相子息並孫自出仕初蒙禁色宣旨著用之、仍兼宣職事已前被下禁色宣旨著織物指貫指貫准是等者仲助綾袙著用不可有子細歟之由申之、仍其分仰含了、仲助祖父兼綱公初敍一品後被下准大臣宣旨依之、後兼宣著禁色尤可然々々

應永十四年

正月

一日自朝至晝雨降。及夜陰參本寺、修正共輩兒房官侍等也、參會宣守僧都也、路次松明英增祐筭兩都維那懃之

八日、公寬法印遺跡御忍事、今日相計之、西大野保並賀嶋庄給分兩所者、宛行子息尊千代丸、其外圓定寺執行職但不知行吉富保西縣法淨院山名庄給分錢原村聽用等宛賜寬乘了、於河和田庄給者、可成他事之由下知了、抑圓定寺執務事付廳務之由有其說、必不然之由日來心得了、然而先規等令尋之處禪守僧正注進云、圓定寺執務事定賢法橋與公寬上座相論云々、子細之趣於定賢者廳務兼帶之所職爲上首旁可被恩補之由申之、至公寬上座者相深法印存日讓與法印被下御教書了、兼約上者無子細旨申之、而爲公方古今強非兼帶所職之由被仰出之、定賢法橋失面目歟、予勘例載左矣

應安六年壬十月廿八日　　前大僧正成助

圓定寺執務他人補任例事

壽永年中長尊法橋補任

任定賢法印　所職之時子息行寬法服望申之

古今各別分明之由被仰下之

九日、廳事自先日雖仰定乘法橋、更不領狀

申其身文盲無才學之上、不持一紙文書、云彼
云是曾以不可事行之由數反(カ)因舞之所申實
雖有其謂、於于今其躰所詮猶不可叶者、
進退可存定之由問答之間、終領狀了、仍今日
守融僧正遣御教書了、聽事任先例可申沙
汰之由也、先例文言強不可然歟、只聽事、可申沙汰
之由計歟、且先々此分也
十日、宣乘法橋法眼事、兎之雖不望申、既居
所職之上、近來隨分依召仕、又父祖之例未勘之者也
故實賢法眼者、至永和二年法橋也、其年四十二也
然者過文例早遣也、如此官途依時又可隨奉之
之淺深事也、強不可守株歟、猶先祖例近可勘
知之、又轉敍事強不可依所職、凡僧之時居職
只別而依召仕不及尋父祖之例、兎許之近勘任定
已前皆以早遣也、其例載別紙只過例早遣
計也、

應永十九年

十七日、成就院御忌日今日行之、自當年顯密作法
興行之、仍二日三時也、土原庄役布役如形有其
沙汰、鷲頭庄年貢少分可被沙汰之由、大內舊冬
申之、若今被沙汰者相應之人可興行者也
惣導師許鈍色用ケサ也、本尊並法華經古經也、
尊勝タラニ十五卷令摺寫供養、此御忌日顯作
法至延文比有之、其以後斷絕之由、執行最尊注
進之、今雖如形興行之、自愛々々、定洲祖師冥
慮歟、凡愚身興行佛事等多以在之程別帋涯
分興隆佛法所在雖在之、依門跡牢籠不叶遺恨々々
廿四日、愚身一品事、舊冬申入禁裏之處、尤聽(カ)
可有御沙汰事也、于今御無沙汰、御遺恨明春早々可
及御沙汰之由蒙仰之間、今日尋申入之處、自明後日(廿六日)
被始除目、其已前無日次來廿九日吉曜之由注進之、
仍件日可有宣下之由既祗候(被仰)、頭辨淸長朝臣之
旨承之、
廿五日、菅三位長遠示遣隆覺僧正許云門跡御敍品
事可被宣下之由承之、位記料紙代每度目出
所有其沙汰可申沙汰、文位記持參事公私依在
其煩近年內々被召之、祿物事同可得其意之由云々

返答云位記料紙代事、更無其例、件子細
先立事奮了、於祿物者可有御用意御位記内々
可被召之、
廿七日位、記料紙代事、本儀自公方被下知之處、近
年無其儀之間、爲本所有沙汰之條、爲近例今明
無下行者料紙無左右不可出來之由長遠又申之、
廿七日位記料紙事、自長遠許以狀仰遣頭辨、
清長朝臣其趣大都如直申、自公方二百疋被下
行、而近年無其儀之間、自本坊有沙汰之處、無
其例由承之、不心得云々、清長狀之趣爲最少事、被
下行之條可爲無爲之基歟云々、此事猶雖不可然、從
公方依無下行位記若及遲々者、可爲違亂之間、今度
以別儀内々可賜之、更不可爲後例之由可仰遣清
長旨仰遣隆覺僧正了、故御室一品御位記時料
紙代事、言長申之間無例之由、再往被仰畢、
但治定分無所見、若被遣之歟、又終無其沙汰歟、
重可尋究、彼御敍品者大覺寺寬尊親王屬武
家出非分之望之間、依彼執奏被宣下之、仍故御
室依爲上首座而及御沙汰、然而當寺外被成他
人之條無御面目之間更無庶幾之儀、依如此儀
强雖申之若不賜料紙代歟、不審今度事及再
往者爲事歟、且如此事當時殊更公私無沙汰
少書事可似難澁歟、只以別儀先可下行之由
仰了、
廿八日、位記料紙代百疋自隆覺僧正許内々以私
狀躰遣菅三位、今度爲別儀不可爲後例之由仰
遣之了
二月三日位記今日内々召寄之、祿物代二百疋遣之、
隆覺僧正奉公也
十七日、早旦外記爲禁裏御使參上之由申之、以
行融僧都尋聞之處、准后宣下去夜被行之
間、宣旨持參由令申即行融持參之、楚忽々
儀存外事也、此事去夜宣下之有無自
禁裏未被仰下、若被　宣下者於　宣旨者如近
代敍品位記等内々遣祿物代可召寄支度也、是
則權少坊中有限、在所等無之、其外云現祿物云申

次役人等依有其煩近代度〻用此儀了、法式之
所推致本所之用意以吉日召之、若又彼等何日
可持參哉之由所尋申也、而　宣下之有無猶以
不知上者諸事不及用意之處、不觸案內禁
楚忽令參條不知案內之所致也、結句持參之由
先不申之、即以申次出世令進旁以未練行融僧都
又依無才學持參、不可然、以坊官可召寄者也、
如此每事物忩之間、稱祿物代只練貫一色賜之、
坊官行乘上座臨期之間著付衣取之、於中門廊西面緣授之、
祝著之由令申退出、有其興之件　勅本書黃
紙一枚無懸紙立紙納葛蓋案文載左、
　勅由德號授爵者王道之垣獻也、以人號施
化者聖朝之令典也、阿闍梨法尊屬良因
於竹苑寄親好於柳營誠是釋門之棟
梁密室之瑚璉也、依之宜准三宮之烈僧
授千戶之封、又任人賜爵ヲ、若稽舊規布
告遐邇ニ俾知朕意、主者施行
　　應永十九年四月十六日十六之兩字被染勅筆事也此勅筆二字ヲ御畫ト云ナリ假名就等追尋注之
尋問外記名字之處正外記康富追可尋之正外記康富之云〻年少之間爲

扶知父隼人正秀澄直垂也相副參上云々、追尋康富へ六位少外記也中原也
其後又大外記師胤朝臣束帯持參年官年爵
宣旨乍楚忽如已前給祿物代早、師胤云、此宣旨
等奉載阿闍梨號之條如何、未無一身阿闍梨之宣下
尤可爲大法師然而勅書已被載之間雖不存得同
奉輩書載之、若可爲大法師之旨被仰下者可進之由
依存書改用意之宜隨御定云々、仰云、誠一身阿闍
梨宣下以前阿闍梨稱號不叶理尤可爲大法師、
但　勅書被載之遣彼之條不可然、稱有其謂退出
　宣旨案書一枚有禮紙無立紙同納葛蓋
從二位行權中納言藤原朝臣資家宣―奉―
勅以阿闍梨法尊准三宮宜賜年官年爵
者
應永十九年四月十六日大外記兼肥後守中原朝臣師胤奉
項之官長者左大史彥枝束帯持參封戶宣旨
案文云
右少辨藤原朝臣時房傳宣
權中納言藤原朝臣資家宣奉　勅
阿闍梨法尊封宜宛給壹仟戶者

應永十九年四月十六日造興福寺以下左大史小槻宿禰彥枝奉
如前賜祿物代一重了、三人如斯持參之儀、先規不
審開田准后　宣下之時儀無所見、追又可尋究、如
彼等申者各々持參爲定事云々、抑又僧申准后
宣下者開田准后爲初例、其已後山門寺門輩六七
人雖任之兩人同時相並例未有之、此間聖護院
尊意准后一人也、仍示遣一位大納言之時二人相並
例不審之由申間、自然不相置計歟、准后員數
不定之上者、聖護院之外及御沙汰之條、有何事
哉、其上准后者此門跡濫觴也、縱雖被定一人之
員以別段之儀、御計不可有色難、況乎俗中女
中多相並　所謂昭子內親王後福光園院　崇
賢門院院号已前聖護院良瑜鹿薗院是等同時
相並之由、外記等申之、旁不可相異儀歟、得
此意可申之由度々依問答無相違令落居了、
神妙々々、又靑蓮院僧正雖爲准后之舍兄、不及其
沙汰是則此門跡依異他也、
五月四日、准后自今夕始護广初行佛供四坏灯油、
四坏也可爲三坏歟皆是畧儀也

廿一日、去月遍照寺御忌日所引執筆役威儀師祐筭
爲都維那、相當其役之處、爲綱所之間未輩可
勤仕之由令申之、終不存知此事、去々年宣慶與
任緣相論時被經御沙汰落居之處、當年又如此
令申之條、可然嚴密可被仰定之由英增申之間
此間並往問答畢、今日終見參書遣了、其案並
祐筭請文案載左
此狀返遣覺果法印也
遍照寺御忌日、所司執筆事、被仰下之趣長
承了、先度如申人當座末一兩輩之間可
被沙汰之歟之由相存之間不存知候ッ、所詮如
此被仰下之上者、所見到來之間、可隨仰候、以
此趣可然之樣、可期御披露候、祐筭謹言
七月廿日　祐筭上
折紙
遍照寺御忌日所司見參
實緣　祐筭
英筭承慶代　英增英全代
應永廿年癸巳
正月廿六日、今日聞都賀尾義仁親王光嚴院御子去廿四日圓寂云々
仙洞箏御師範也、定御悲歎歟、可惜々々、出都賀尾

於京洛事切云々、入夜惣在广隆紹參上、禁裏
御祈沙汰事、勘解由少路大納言之言付等申之、其次證云
後圓融院並今仙洞御代三種（氏始）御讀經（本尊五大力尺迦 仁王經大般若經 延命云々 壽命經等也）終
不行之云々
廿九日、入夜仙院御祈炎广天供始行之、以北向東二間爲
道場、像面向南（懸十一尊万タラ）蠟燭供十一坏白佛供四坏
（計小豆ニ交茶備之不可只可然爲茶汁之由下知之間刻茶柴入之）汁二坏菓子四坏也、初夜一時修之承仕長舜自余九人
河闍梨同自初夜（今夜）一時修之、承仕定始行歟、此御祈
不及供料沙汰不便々々、抑先年被行之、被渡御衣
今度無其儀、凡者於物供者不被渡御衣之條
本儀也

五月十九日、御經藏奉行事、可存知之由仰仲助
僧都定乘法眼奉公也、案文載左
大聖院奉行事、可令存知給之由所ゆ也、
仍執達如件
五月十九日　法眼定乘
謹上一位僧都御房
是行融法印闕也、御影供相觸之時案文等事

相尋隆覺僧正之處、注進之
八祖御影供折紙云
某院法印供養法（參會巳一院）
、、僧都
辨律師導師
大藏卿、、
、、（凡僧實名二字）讃
、、（同）祭文
來十五日可被行
不定御影供各
可令參勤矣
毎月御影供折紙云
御影供
供養法
某院法印
導師
大納言僧都
讃
、、（凡僧實名二字）

祭文内
、、
已上二通皆折紙也、毎月御影供不書時刻云々
七月十九日、今日辰刻小川禪尼号洪恩院葬于
等持寺大樹並大納言被出云々、准后兼可被逢之由雖
有沙汰、公（カ）然門跡禪僧等中混合、被思得不可被出逢事
訖燒香等、有沙汰之條有何事哉之由大樹被計也
青蓮院准后同以此分被止云々誠爲神妙、仍不及被出
夕方被出仲助僧都參車後行乘快縁內々參會
皆爲鈍色但快縁等身衣戌刻拾骨云々
十二月廿二日、守融僧正一長者並任官符等今日
稱到來以覺果法印進之、隆源僧正舞退之
間依未拜堂致所望、仍勅許無相違神妙々々
官符等案載左
太政官牒東寺
　前大僧正法印大和尚位守融
右正二位行權大納言藤原朝臣忠定
宣奉　勅件人宜爲彼寺長者
寺宜承知依宣行之、牒到准狀、故牒
應永廿年十二月十七日正五位上行主殿頭左大史小槻宿禰判牒
正五位上行左少辨藤原朝臣
上卿 花山院大納言
應永廿年十二月十七日　宣旨
　前大僧正守融
　　如舊宜爲東寺長者
後七日法可令勤修給者、依
天氣上啓如件
　十二月十七日　左少辨時房
謹上　東寺長者僧正御房
被綸言偁、可候二間夜居之由
宜遣仰者
綸言如此、悉之謹狀
　十二月廿二日　左少辨時房
謹上　東寺長者僧正御房
太政官符治部省
　應令前大僧正法印大和尚位守融知行
　法務事
右正二位行權大納言藤原朝臣忠定
宣奉　勅宜以件人令知行法務者

省宜承知依宣行之、符到奉行
正五位上行左少辨藤原朝臣判　正五位上行主殿頭兼左大史小槻宿禰判
應永廿年十二月十七日

應永廿一年

正月廿日、天霽、今日守融僧正於菩提院坊行法
務吉書等、先綱所參賀中門廊敷紫端二帖
爲惣在廳隆紹公文從儀師相運座參賀時威儀師座多用高麗
端歟而先々門跡例此忘端云々申次威儀師最深事了賜祿、惣在
廳隆紹綾被物二重相運同被物一重阿闍梨定禪
快威兩人役之次、行吉書、先印辛櫃迎之所守
二人舁鎰取二人持楉在左右、入門時警蹕一度、
惣在廳公文綱掌二人次第追隨云々、舁辛櫃役人
侍慶增良慶於寢殿南面有此儀、惣在廳庄高
麗端帖役之中門座如先事了賜祿、惣在廳綾被
物二重公文一重也、於吉書座賜之、役人目前次
惣判祿物在廳綾被物一重公文平絹被物一重云々
吉書案
綱所

擬補言上大和國講師職事
傳燈大法師位有賀
右件國講師擬補言上如件
應永廿一年三月廿日　從儀師傳燈法師位相運
威儀師傳燈大法師位隆紹
法務前大僧正法印大和尚位守融
惣判案
僧綱
傳燈大法師位春賀年﨟天台宗　専寺
右依　宣旨請定當年延暦寺
六月會講師如件
應永廿一年三月廿日　從儀師相運
威儀師隆紹
前大僧正守融
僧正
僧正
僧正
僧正
僧正

僧正
僧正
僧正
僧正
權僧正
權僧正
權僧正
權僧正
權僧正
權僧正
權僧正
權僧正
權僧正
權僧正
權僧正
權僧正
法印權大僧都
法印權大僧都
五月

上卿花山院大納言
應永廿一年五月二日　宣旨
前大僧正禪守
宜爲東寺々務
藏人頭右大辨藤原宣輔奉
此外官符在之
上卿花山院大納言
應永廿一年五月二日　宣旨
前大僧正禪守
宜知行法務事
藏人頭右大辨藤原宣輔奉
被　綸言偁、可候二間夜居之由
宜仰遣者
綸旨如此、悉之謹狀
五月十日　　右大辨宣輔奉
謹々上　東寺長者僧正御房
十三日、今日爲洪恩院禪尼一廻爲准后沙汰於此堂
執行、庭儀曼陀羅供大阿闍梨權僧正隆覺奉行
定乘法眼庭儀萬タラ供御記在此卷
十月
十九日、天晴、今日一長者法務前大僧正禪守於大教院

坊眞光院坊中門等依無之金借用此所之云々有綱所參賀吉書惣判等
事、大都任先師兩代禪助成助例行之云々、申次威儀師
最深參賀、祿惣在廳綾被物二重公文同被
惣一重有職二人役之手鎰取二人上臈白布二段下臈同布一段
內々賜之、吉書惣在廳綾被物三重公文同
被物二重、惣判惣在廳綾被物一重公文平絹被
物一重
十二月廿三日、明年後七日法長者禪守僧正依老嘔
至極難參勤、被仰付末長者之樣、內々可經 院奏
之由申之間、今日申入仙洞之處、此分不可有子細、可
被仰付、他人於當職者至明春可被閣之旨有御
返事、又予牛車宣下事、此間者依大禮沙汰
不及申驚今日申入了、者可有御下知、日次進可被仰云々
又定乘法眼法印事、其身雖不望申、年齡非早
遣之間予□而擧申入之卽可被仰付云々定乘
當年四十九歲也、覺定法印四十二歲任之
廿八日、定乘法印口宣案自仙洞賜之、昨日宣下也、
上卿久我大納言、職事藏人頭右衞門督清房
廿九日、昨日到來之宣下、今日以予直狀下賜、定乘
迷惑祝著之由召參申之、始而就此事遣狀者也

應永廿五年

正月廿五日天晴今日於甘露王院禪守僧正授
灌頂於禪信僧都、歲十九色衆十口、教授石山座主良守
法印色衆外供養法手替同勤之云々
廿六日、今日又禪守僧正授與事有之、威德寺
坊人 受之、無色衆顯守律師勤教授、雖爲
淺臈顯譽僧正自廿歲懃之、彼者入壇之其
年也、是者去年遂灌頂年齡又廿二也、旁不
早速歟
二月十五日、自寅斜准后違例、令增氣辰終入滅歲廿二
戌時盜出干法金剛院、其儀如常出行舁入張
輿出常居所、著病輩兩三人舁抱上者入與
內、則與舁出之、力者九人請取之、舁之出自南
門、英算、英賢自門前取松明先行、大童子四人
取後松明共輩尊喜久尊豐桂壽慶松カ
委細者記在此卷

三月十五日、五月炎講今日行之、如先々教恵召加
御經藏衆、仲助僧都成令旨了
廿六日、仁王講初見也、於此堂行之寺役者御經藏
衆其外寺僧都合十五人令結番、每日五人參勤、
今日慶深法印（講師元來惣導師也）。以下依繁略之此卷ニ
委細御記在之

五月一日、自今日興行此堂朝夕勤此六（七）八ヶ
年之間依無人數退轉了、今又如形再興也、
其衆權律師重守隆經顯守大法師禪榮
仲盛禪珍等六人也

（九月）十九日、故御室御忌日以各三昧如例行之、僧衆
（寶光院）慶深法印（供養法）定祐僧都　定禪律師（調聲）
顯守、、　禪榮（讃）禪珍（堂達）自今年以禪若
寺田年貢內三百三十疋定布施了
廿九日、常瑜伽院御室御忌日、自故御室御代有無
依年不定也、布施料所又不定置、近年大略不
行依歎覺自當年令興行始行之、僧衆六口
法印權大僧都永盛（供養法）權大僧都守盛　權律師
重守　顯守（調声）大法師仲盛（讃）教恵（堂達）
理趣三昧也、布施以三ヶ北庄每年三百疋可下行
之由仰定之了、兩度御忌日限未來際不可有
失墜者也

十二月廿五日、寛乗法橋事望申之間、令免許
仍宣下今日到來內々遣之了、當年四十二歲也
公寛法印三十六歲之時令免云々
十二日、最尊大威儀師法橋　宣下到來

（上卿 權中納言）
應永廿五年十二月二日　宣旨
大威儀師最尊
宣任法橋
藏人頭左近衛權中將藤原公保（奉）

文明十三年夏中虫拂之次拔書之、
門跡之重寶不可過之、努々不可有
他出他見之義、深可祕箱底

守鍐

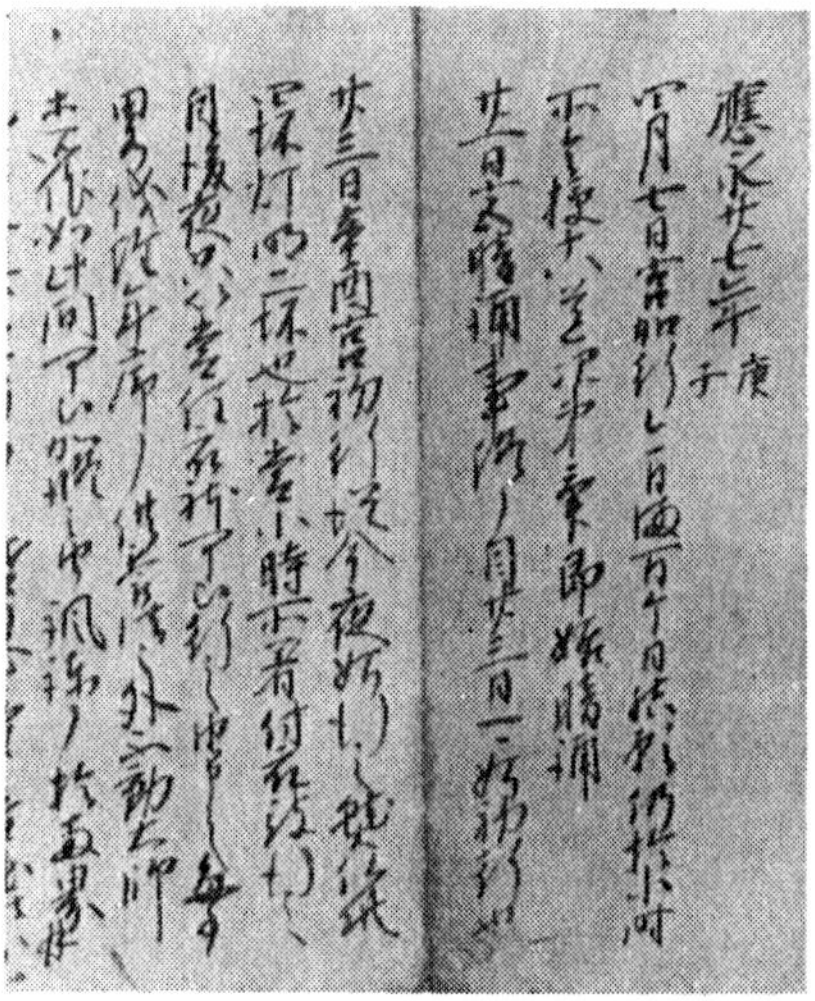

應永廿六年

六月廿六日、寛乘法橋居號御免𬻿事申之間、公寛法印例可注進之由仰之處、永和四年四十歟、四十一歟之歳御免之由申之、仍可免許之由、仰充杲法印了、寛乘當年四十二世、寛增上座職事望申之間同免之、任補廳務可成遣之、而未補之間、先成遣官途奉行房教僧正御教書了、佛母院上座也、任(マヽ)補未到之間且可存知之趣也

七月

四日行乘當年三十六也昇進法橋事　免許之文廳事可申沙汰之由兩條以覺杲法印召仰之、廳事種々難澁申之、然而竪問答之間、經納申畢、

十月二日若宮立親王事、既爲仙院御猶子之上者、任門跡代々例入室已前可申沙汰之由、仰遣廣橋大納言之許了、者(カ)可伺申御名字事先々儒家撰進之歟、仍先可仰談菅宰相由申之

十五日、若宮可所持扇可爲何扇乎、又可履物可爲何履物哉之由、先日相尋廣橋之處、扇者椙目扇、履物者可爲御沓云々、半尻肘今少兩物不相應歟之由、愚意分示遣之處、扇者可有何苦哉、沓誠雖不相應束帯之、雲客可勤沓役如重取無、又不可似合然者沓不可有色難歟、已兩物申付出來之由今日示送之、

廿五日、若宮入室以後可興行二間所番、仍今日仰仲助僧都相催之廻文古案佑無之、大都相計

催之於番帳者故隆覺僧正申沙汰案文隆經
律師撰進之間、任此分可有之由下知云々、番帳案
文載左

二間所

一番子午　阿亭々　尊秀
二番丑未　尊竹　成珍
三番寅申　尊賀　成壽
四番卯酉　虎夜叉　成意
五番辰戌　春福　隆覺
六番巳亥　任賢　實堅

右守詰番次第無懈怠可令勤仕之狀如件

康曆二年二月　日

廿六日、丁酉天霽風暖似春景、今日若宮後二條院
第五世孫上皇御猶子歲十二入室也、先自木寺被參、仙洞廣橋
大納言參迎卽乘其車、但於木牛之伺已下者從
是儀遣之、於院御所有一一獻云々戌一點入來宮事
尻大口著韤持榻目扇代々至予直衣也、半尻署
儀尤遺恨、就而仙洞幷柳營時宜此儀可然之趣
。予陪膳仲助大僧都、宮陪膳禪信僧都有拜長手綱也、役送長
所輩也守禪弥兩闍梨之上、皆銀(カ)色裝束也、亞相倍膳(マヽ)
坊印手長所司寬增良意兩上座也、銀色(カ)指失可爲三獻之由大納言云
申之間余獻令署了

廿七日、若宮花髮今日納本寺御影堂御帳內、以
禪珍爲使、令中間承仕長命持之圓臺無諸形、其外無可然
所、仍如此所相計也

十二月廿三日、親王宣旨自廣橋大納言之許內々召
進之祿物事公人未申之云々多相伴
親王參　內裏、去比依內神事干今不參
仙洞之物忌間不及參上
廿五日、天晴雪時々降、今日大覺寺門主大僧都之
受灌頂於俊尊僧正色衆十四口內僧正四人云々、
蓋玉幡机上依借用遣之

應永廿七年庚子

四月七日、吉日加行、今日滿百ヶ日結願、仍於小時
所令授十八道次第事卽始暗誦
廿一日、宮暗誦事終了、自廿三日可始初行也

廿三日、辛酉、宮初行從今夜始行之、懸(カ)佛供
四坏灯明二坏也、於堂小時所着付衣被引之、
自後夜只以堂住衣躰可被行之由申之、每事
畧儀經年序了、供養法之外、不動大師
等所作如此間可被加修之由諷諫(カ)了、於兩界並
孔雀惠果等者畧之、啓白出聲音曲法則
等無違失、神妙〻〻
廿七日、宮初行來月朔日、雖常七ヶ日之次、依
不宜自今運時、明後日晦日可結願也

五月廿七日、廣橋大納言奉院宣云、於仙洞妙法院
宮此間令修七佛藥師法御坐御勸賞事、可被
宣下一品之由被思召ゆ、不可有色難(カ)ゆ歟之由
可參申入之由仙洞仰ゆ、以參仕之躰可令披露
給云々此事存外次第也、召申御返事云、妙法院
宮七佛藥師法勸賞一品事可被宣下、不可有色
難歟之由仙洞仰旨承了、此極位事、凡當
門跡之外不可及御沙汰事、其子細愚身敍品
之時爲得御意粗申置ゆき、無幾程及此御沙汰
ゆ參入ゆ、且永和年中勅裁歴然ゆ、案文
寫進上ゆ、此上者爭可及御沙汰ゆ哉、彼是定
被思召忘ゆ歟、此等之樣能々得其意可令披露
給ゆ也、謹言
　　五月廿七日　　　　　　　判
永和勅裁者大覺寺寬尊親王其比被入武家
猥望申一品、仍依乃武家執奏無力被　宣
下畢、隨而向後他寺他門輩極位事、無左右
不可及御沙汰由爲賴房朝臣奉行被成勅裁了、
廿九日、彼一品事進送御教書云、從御勸賞間事
康曆公驗等經　奏聞ゆ之處、(マヽ)且自元不能左右事ゆ、
但近代傍例出來ゆ之上、今度儀以別段之朝契
可有御沙汰ゆ之由、進可申入旨被仰下ゆ、尤〻致可
參申入ゆ、自明後日兩御祈事、俄申沙汰不得寸
暇ゆ之間、先內々如此申入ゆ、可令得其意給、恐々謹言
　　五月廿九日
返事云、彼勸賞一品事、近代傍例出來上
者猶可有御沙汰之由承了、近比例者武家御

執奏等事候哉　今者聖斷候可事實候哉、所詮
已依門跡之不肖被破先聖之勅詔候之上者、事
不及申是非候也云々
卅日、極位事、昨日之趣往　奏聞之處如此被
仰下之旨候、自廣橋申送之
きよく位の御さた古儀之つき候てすいふん
御所そんをうけられ候つると存じ候、それもつき候て
御所そんをのこされ候ハヽ、まつさしせかれ候とも
ちかきはうれいのうへ御他人の事ならす候、又
へつしたる御くわんのしやうよく候へハ、なと
申され候ハん、いかに右よくなましと思ひ
まいられ候てこそ候へ、いつかたよりの儀よく候も
きやうこうこの御さた候ハヽ、遣候ハん外の事も
あるましきよも候ハす候かとおほしめし候、
こゝをふさき申され候ても、をんハたてんやと
おほしめし候、文につくしかたく候と申され候
あなかしく
たつう返りまいらせ候
しやうれん院の故宮一品の時御所存を申
され候ハさりけるゆへに、永和のせいたんもや
ふれ候けるせん正たいなく候
遣大納言返事云
一通加一見返進之、兩座所存只理之所推
一端申入候了、且乍帶門跡之龜鏡優親類
一旦令自專不申所存者、相似有私候、又祖
師素意も難紛候旨、就從是愁申計候ッ、
たとへハ期未來之勅約も聖斷又被破此先
符候も朝儀候之上者、僧非可執心一途候歟、比
興候、謹言
五月卅日
故青蓮院宮極位事　自武家御執奏
候しと覺候如何
六月一日、自今日雨御祈、水天供予勤之東寺
七人山七人寺七人被仰之、致不存得行之
二日、妙法院宮一品事、叡慮之趣就及委細
勅言所存旨又無子細歟、仍及御沙汰之由承
終以如此、當世之式勿論也、被破先に愍懃
之聖旨被加非分之朝契之上者、不及是非也

沙汰莫言〻
三日自仙洞有御文
此間閣翰墨之様候、暑氣無術窮屈候之
上、此間修法中無何計會之様候、　旁懈怠
候、昨日無爲結願候之間自愛無極候、彼勸賞
極位事、請時宜其沙汰了、此事眞實
此外ハ當時無人候上、成隆も於于今者御
門室之外不可有其沙汰之由思給、今度
儀只以別段之儀申請候了、其後以外積鬱
近程あわれ思食立候へと念(カ)存御事
猶(カ)期面謁候也、謹言
　　六月三日　　　　　　御判

御修法無爲結願尤珍重彼賞間之事
委細蒙仰候畏入候、何様可參言上候由申
御返事了、成隆當門跡外不可有御沙汰
之由雖承之、如當時御沙汰者、又更無其憑、
是等子細等一端雖可申入中〱萬事閙
口省畧了、比興〻

神泉苑御讀經事此卷在之、依警固有之
但宣下案等載之
禪信僧都加任並極官事、廣橋大納言遣奉
行職事狀云
權大僧都禪信宜任權僧正可令　宣下
給之由被仰下候也、謹言
　　七月一日　　　　　　兼宣
　藏人右少辨殿
追申
　東寺加任長者事、同可令宣下
給由被仰下候、隆寛僧正解退闕(マヽ)候也
口宣案云
上卿三條大納言
應永廿七年七月一日　宣旨
　權大僧都禪信
　　宜任權僧正
　　　藏人右少辨藤原房長奉
上卿三條大納言
應永廿七年七月一日　宣旨
　權僧正禪信
　　宜爲東寺長者

藏人右少辨、藤原房長奉
口宣案遣禪信畢殊畏申之、誠有其謂
此春任權大僧都了當年廿一歳也、云加任云極官以外早速雖不
可然既及法會之闕如、仍所有　勅許也、且
又非無其例
同大僧都任權僧正例
權僧正觀賢延長三年三月廿三日任元大僧都
同權大僧都　任僧正例
僧正益ノ信昌泰三年三月二日任元權大僧都
以下依繁畧之
今日綱所相催云々、僧綱之牒凡僧連請案文
載左
遣長者僧綱
權僧正
右依　宣旨本請自明日二日被始行神
泉苑御讀經如件
應永廿七年七月一日
從儀師祐淳
威儀師隆紹
自余請僧僧綱

光祐權大僧都
右依　宣旨奉請自明日二日被始行神
請僧両字今度加之倩廻案只可為加長者綱牒歟其故者長者即為請僧之内故也泉苑御讀經請僧如件
凡僧
賢信大法師
俊增大法師
守賀大法師
慶紹大法師
右依　宣旨請定ゝゝゝ　請僧如件
右案云僧綱
房圓法印權大僧都
右依　宣旨奉請自明日廿二日被始行
神泉苑御讀經如件
建長五年五月廿一日
從儀師寛賢
威儀師濟紹
十月廿日、自今日親王始金剛界加行不動法
孔雀大師等所作也

十二月廿三日、寺役奉行覺杲僧正極官以後解申已後未仰他人、仍甯済大僧都可存出之由下知之未練不覺之由雖申之、便宜事　覺杲僧正可加扶持由仰含之旨領狀申了

應永廿九年

朔日神殿朝拜、又用手替仲助法印參勤之重服間也、然而服者五旬以後社參無憚、仍有用之先規未勘見過猶可勘之

四月

三日、廣隆寺目代職事、實賢法眼去年止奉公退出寺中之後彼舍弟、頼全候上乘院坊可補彼之由上乘院宮連々心示之、然而快緣相當理運之間進可談合之由度々令返答了、今日又以狀催促之、仍委細仰遣了、狀案文載左

　彼目代職事連〻可申談之由乍思給候
　何と哉らん解怠候つ、所詮此事可申談候
之由申候つるハ、快緣恩補事候、重實以來于今相續不能左右候、快緣幸奉公身候、旁理運候歟、頼全事實堅舍弟又御坊人之上、去年之分一往雖無相違候、相分兩人之淺深候者云相續次第云代々召仕候功身快緣者猶理運至極候歟之由存候、被恩補候者尤可然候、更自然人數等あまた御需之時者、定別而可致粉骨之上尚々御許容候者可喜入候、謹言

　　四月三日　　　判

袖書云、實堅進退件輩、本意之間頼全兼帶奉公もいかゝ存候ハん、是も片腹痛之樣候、比興候

五日目代職事、可補快緣之由上乘院被示送之

　彼目代職事、所存之通連々雖申入候、
別而如此被仰下候上者、快緣恩補事可存知仕候、自然時者又可申入候歟、此間口熱以外候之間不能一二候由可令洩披露給

四月五日　　　　道朝（カ）
人々御中
快縁恩補無相違之條殊爲本意之由所〻（カ）
令返答了
七日爲、禁裏御不豫御祈、自今日五壇之
護广可始行之由自大樹承之、仍各於任仰
始行之、御衣六位持參之
中壇　予
降三世　上乘院宮
軍荼利　相應院宮
大威德　成就院僧正
金剛夜叉　菩提院僧正
末兩人﨟次參差、然而俄及闕如之上者只
可存知之由、仰覺杲僧正了
廣隆寺目代職事、今日別當上乘院宮令
旨拜領之由、快縁悅申、去八日日付云々
廣隆寺目代職事、可令存知給之由、上乘
院宮御氣色所ゆ也、仍執達如件
應永廿九年四月八日　　　　法印僔賀奉
一條威儀師御房
七月十二日、觀音院執行職事、雖爲早速可讓
與子息最紹威儀師之由最深申請之、最深廿
二歲時、最僔依讓附被補任、今最紹當年廿
歲也、早速雖不可然、可任申請之由下知畢、仍
任補事、仰行乘法眼今日成遣云々、案文載左
本一枚以一枚立文上下押折
威儀師最紹
被長吏入道一品親王教命偁、件人補
任觀音院上座職、官符未到之間、宜
令執行寺務者
應永廿九年七月十二日別當法眼行乘奉
任補遣之時腰差青鳧百疋致沙汰云々
是先例歟、最深任補案
威儀師最深
被　長吏入道無品親王ゝゝゝ以下同前

ゝゝゝ

嘉慶二年八月十三日　　別當法眼公寛奉

七月廿六日、宮胎藏加行滿百ヶ日了、仍今日授胎藏𑖀字次第卽令暗誦行次第在別

八月廿七日、來月十六日八幡石清水御幸料力者六人可召進之由廣橋大納言奉　院宣內〻示給之、近日計會無極無術次第也、然而可召進之由申御幸奉行宣光朝臣云々、傳奏執授日野大納言有光卿也、此御幸禁裏御惱御祈御願云々

九月

十六日、力者六人衣袴大帷練大口等令新調可賜之、仍寛乘行乘兩法眼各三具可調進之由仰付之、於要脚者可下行之由下知了

三日丁巳三吉宮從今夕始胎藏初行佛供四坏大小灯明二坏如先々

十日、宮初行結願事

十二月

五日、御湯御馬一疋栗毛付廣橋進內裏了、秉燭返事到來云、今度僧中勤御祈禱可被行勸賞之處、還自僧中牽進御馬之條不可叶理之由秉宣獻意見之間、尤可然之由公武及御沙汰、御馬返進之由申之、無念々々

廿一日、甲戌廳事、仰付寛乘法眼故公寛法印如實子令契約沙汰進了、仍彼遺跡文書等悉相續之、此職又非可惜、廳用方等事奉行之上者旁依無豫儀恩補之、令旨案載左

廳事可令申沙汰給去依　御室御氣

色執達如件

十二月廿一日　　僧正覺杲奉

西方院法眼御房

古案

被仰相深法印令旨案

廳事可令申沙汰給者　依御室御氣

色執達如件

延文二

二月八日　　前大僧正成助

西方院法印御房

被仰公寛法印案

聽事相雙定賢法橋可被申沙汰給者、依

御室御氣色執達如件

應安八
月　日　　　權僧正禪守

大藏卿上座御房

已上古案寛乘法眼持參之間書留之了

應永卅年癸卯

正月廿八日、菩提院僧正覺杲進狀云、東寺御
願供執事差文到來之間計會無極云々

彼狀之

當年東寺灌頂院御願供執事

御巡役之由執行嚴眞律師注進如此、可
令存知給候哉、恐々謹言

正月廿六日　　　法務實順

謹上　菩提院僧正御房

當年東寺灌頂院御願供執事、菩提院
僧正相當其巡候、任例賜御差文可相觸
之由可令申沙汰給候哉、恐々謹言

正月十八日　　　權律師嚴眞

謹上　別當大僧都御房

二月

五日丁巳、三吉於此常瑜伽院堂行修二
月、是大聖院領和州彌富庄自去年當
國寺領共興行之間、爲其内土貢最少分當
年到來、以上分壇供事、仰付奉行者、寛乘法眼
如形一座所興行也以下依繁略之

八月廿二日夜、守遍初參懸浮線綾袈裟
几人着用先規雖不祥家門並師僧正頻
依有申旨有何事哉之由予所相計也、薄
物織袈裟者公達息等出家之時先祖懸之
准之思之、隨分花族浮線綾著用強非色
難歟之由依推量所相計也、猶可勤先規等

九月十六日天晴、早旦行向菩提院坊、執行
結縁灌頂奉行行乘法眼。

大阿闍梨

僧正覺呆

色衆

慶深爲重服然而觀音院灌頂　法印權大僧都慶深唄　守乘

色衆内度々重服者令出仕先例在之　權大僧都　禪融　尊深

權少僧都　重守散花　快盛

散花上首乞戒下﨟勤之事觀音院灌頂例在之　隆經小阿闍梨　顯守

權律師　禪珎　教惠

已上衲衆

初夜時次、理趣經十七卷法華經十一卷内一卷自女院賜之後被物一重被副之一卷上乘院宮進之開趣了

結緣灌頂之時、經供養雖不打、任永和年中伏

見結緣灌頂之時、大阿闍梨許開題之、今度者

依經多色衆前立經机揚題名了、又諷誦

予外上乘院相應院宮諷誦進之、仍先行

予分諷誦其後兩(カ)宮諷誦行重一度行之、

是又大阿闍梨夜時兼行之事、雖不打任儀

近年私結緣灌頂行之時度ゝ大阿闍梨行之

由依聞(カ)及先隨此儀了、追猶可引勘先規

者也、初夜作法次第如恒、所作人交名載左依繁略之

今度乞戒顯守僧都初而勤仕之、早速雖不可然色

衆之内慶深外無其仁、仍就爲予聞(カ)内弟子一

今令免之了、無夫勤仕神妙〳〵

應永卅一年甲辰

正月十日、方々參賀如例年、主上依御歡樂

氣無出御、緇素空退出於　仙洞預佳盃七

獻已後退出、窮屈無極、抑今日予始而著

平絹袈袋此躰至極老躰以後所爲也、宿

德之儀雖爲早速、旁依有所思也、

廿五日、心經會行之、行乘法眼奉行之、導師定

禪僧都題名僧快盛僧都禪珎律師仲盛

守深　祐盛等也、慶深法印依進服不召之、

禪融大僧都雖請之、顯作法惣而不出案内之由

二月九日、守遍直敍法眼事就頭辨宣光朝臣令申中之

申入畢、十二日守遍法眼口宣今日到來、明日十日

宣下也、奉行召宣光朝臣也、早速神妙守遍

當年十三歳也眞光院禪助僧正十三歳敍法眼、

今日守遍久越嫡家嚴息尤可賞、仍出家翌

年早ゝ令免許了、

今日相應院新宮聖淳十八道加行及八十ケ日
仍爲傳受來臨、大師御作十八道次第令校之了、
以此次第別可被行之由申師宮了、
八月十五日、宮灌頂來十月欲遂其節爲
彼要脚寺領段錢事、以廣橋一位伺申
室町殿之處、依無相違召事送御教書
十六日、段錢事、可致奉行之由召仰行乘
諸國散在當知行庄々大略催之少々
廿四日、最源大威儀師事望申旨房教
僧正申之間免許了、今日宣旨到來、去十四日
宣下也、上卿久我大納言辨右少辨俊國也
長者僧正今度拜堂事爲奉行殊更執
申入之間其家云年﨟非可惜之間免之了
當年六十歳云々最辨三十七歳轉大云々

九月四日、天晴、今日一長者法務大僧正房教於
眞乘院坊有綱所、參賀幷吉書惣判等事、
予密々行向窺見其儀、宮令同車共輩五
六人也、先綱所有參賀、惣在廳隆紹從儀威師
慶暹著中門座威儀師高麗從儀師此者賜祿退出、法務
不出座、次行吉書、先法務著座、次威從忝
著次役人持參、予廣橋、次持參硯覽筥置
公文座前、次慶暹取紙書吉書端少分書之其後自元所
參法務前、次法務加署返賜之慶暹染半持隆印ミミ進法務
書儲吉書自懷中取出之次覽惣在廳自紙中押折之入覽筥隆紹持
次威從加署、次請印慶暹進寄開印櫃取出
敷物直敷板敷上、其上開置吉書取出鐵尺二
鎭置様也置奧端、次浸印於丹器押吉書三所也次
慶暹卷吉書令懷中、次撤印櫃幷硯覽筥、
次賜祿惣在廳綾被物二重公文一重其後退
出、法務歸入、次惣判事在之、威從著中門座
召賜祿物在廳綾一重公文平絹一重法
務文書ニ加署返賜了、三ケ條申次大威儀
師最深也、强不可然事歟
十日、宮自今後始行灌頂加行不動古广三時
孔雀大師所作同之
十月廿八日天晴、宮灌頂也、委在別

應永卅四年

正月八日、天晴風靜、後七日法胎藏僧正禪信一長者寺務
參勤之、道具少〻申請之、其外次車幷與
力者等依申請所遣也、夜兵士連〻又召遣之、
御衆件藏人六位懷藤任例有獻盃云〻此時節被渡延令
御本尊云〻
廿四日、眞乗院房敎僧正五壇法アサリ參勤事
在之、依無指事、不及注載
三月廿一日、此堂御影供宮始而令逢給長絹衆
隆經顯守敎惠等僧都候御共
十四日、御修法後夜日中以寺務僧正爲手替予窮屈故也、依
手替畧後加持、是先例也
今夜修法初夜時、宮始而爲手替被行之
聲明法界等無違失、尤以神妙〻〻
廿七日、新宮敍品事申入仙洞之處、來月被尋
日次、可有御沙汰於于今者可然之由有御返事

四月六日、宮敍品位記料紙事、爲清大内記朝臣注進狀
園頭中將基世朝臣以狀申次之、爲清注進云
親王御敍品位記料紙事
白紙鳥子裘羅絹面白
表紙紫面綾
紐綺帶
赤木軸
件料紙事、本儀爲公方被付田脚貳百疋自
藏人方雖調送内記局、近代爲本所百疋分
内々被下行内記局、仍調之書進了、位記次
祿物事同内々被召了、位記之時以代物被下
行三百疋
此條應永元年兩度同二年同十九年仁和寺宮内敍品
其後妙法院宮御敍品共以此分候、仍所見
分注進之候
七日、位記料紙事、以行乗法眼狀御遣基世起臣
新宮御敍品御位記料紙代事、爲本所御沙
汰無先規之由先〻事舊了、然而又以別儀
被付其足(カ)百疋ゆ之由可被計仰之旨所ゆ也

恐惶謹言
　四月七日　　　　　　　　行乘
八日、宮敍品、去夜御沙汰珎事之處、自仙洞
有御書、爲請昨日此子細申之間、位記内〻
以行乘奉書遣取之了
御位記内〻被遣取候、可納進此御文箱之
祿物卦代貳百疋被召遣之、近例毎度此
分候、先日三百疋之由注進候歟、無其儀
候之由可被仰之旨所候也、恐惶謹言
　四月八日　　　　　　　　行乘
頭中將殿
五月廿五日、女院御茶毘御收骨等事有之
六月秡依重服略之、最於彼御所有沙汰
寅助法印役之云〻
　七月
　相應院宮授與可爲今月廿八日、自今日大阿闍梨
始行別行云〻、色衆交名從是注遣之八口也、
弟子宮一身阿闍梨事、依申武家被執奏
仍欵狀就裏松中納言進之、彼草并清書自是
整遣之了
十二日、爲禮參室町殿有對面、其後參仙洞、依
御餘醉不及御對面、今日着吉服畢
廿八日、甲寅張、水、相應院無品親王弘助、歳五十於彼院
初授傳法灌頂、職位於弟子宮聖淳年卅、蘊五師範
存日授與之儀打任、雖不可然粗又有先例、不
可有子細之旨予相計之仍所執行也、一事
以上可見沙汰由被示之間、自今朝移住彼坊
自今曉甚雨及晡時屬晴、以東向堂構面
面儀申刻三广耶戒始行也、衆入口法印權大僧都
慶深呪願唄權大僧都尊深　祐譽　隆經
顯守讃堂達教授僧正禪信爲色衆外勤之
予於堂廊聽聞之
戌剋初夜時始行
廿九日、天晴卯剋、後夜時及巳初綷（カ）訖、毎事無
殊事神妙〻〻、其後予歸了、送行引物最
依違例不及同道、而同送引物存外次第也

本寺傳法堂宜令執行給者、依
御室御氣色執啓如件
　應永廿四年八月十五日　　法眼行乘奉
謹上　觀音院僧正御房
　　追申
　一方奉行日來充壽僧都
　可令存知給ﾍ也
抑修學者極官之時、坊官僧綱書禮不審之間被
相尋所見不撰出、仍相尋禪信僧正之處注進云
　對修學者僧正坊官書札禮事
書札禮
仁和寺式文和二年云
　公達幷修學者僧正
遣三綱綱凡共恐々謹言
遣僧正
三綱僧綱恐惶謹言凡僧某謹言
　如此ﾍ然者可爲思給ﾍ哉
此式作者不分明歟　雖不之信用大概用來樣無相違候歟　此書札式余分追禪信僧正書進之一見之處　任定法印所爲歟之由推量之其故也　最辨大威儀師有芳契之由載之任定法印與最辨(カ)(カ)知多外舅之由元來聞來可芳契者此事歟　然者任定作勿論也　依貴命
十六日今宮祭禮神輿御路先々者此坊前北
注之云々此貴命難事哉不審ミミ
行奉成、而依予重服止此儀、大聖院跡北大
路東行往池尻還幸了、師子不召覽、皆是
先例也、行向廳(カ)庭許也
追記伏見院一旦中文保二年六月十六日、今宮祭師子參賜祿之由見常瑜伽院御記
廿八日、福王寺祭也、神輿等不往此坊前、經本寺
四足幷八足前南行、自路經心蓮院橋還
幸、師子幷一物等不及召覽
　九月
九日、依服又畧節供了、宮方有之
　十月
五日、石山寺等座主職、院宣今日日野中納言
　書成之
十五日、一昨日石山拜堂無爲之由快縁參申、禪信
僧正請文持參之程ニ畏申者也、拜堂之儀
大都不違先規歟。
先々座主寺務已後經兩三年迯拜堂而
今度早速尤可然事歟
十二月廿一日、禪信僧正爲謝第三條坊門中納言之舍弟
今日入室則參上十二歲云々
　應永卅五年
正月大　八日、天陰、宮被會北院四十九灯今年

初度也、僧綱隆經僧都參會共輩兒有識坊
官侍等也

三月

去比石山寺僧動致自由進退之間、院宣事
申入仙洞之處、今日召賜之後、寺管領彌治定了

石山寺僧等動任雅意有自由之進退云々
事實者太不然、可堅被加炳誡、可被全御
管領之由
院御氣色所候也、以此旨可令申入仁和寺
宮給、仍執達如件

三月卅日　　柳原按察使資家奉

大納言法印御房

閏三月

三日今夜禪信僧正付弟小童十三歲兩冬入室三條坊門殿通守大納言息於彼坊邊出家、先令參申暇出家、已後間入
歸參法名通經

五月十九日、天晴、明日依相當故女院周忌今日於
此室執行萬荼羅供奉行。此卷ニ萬タラ供事在之
廿一日、今日予除服內々仰神殿所司祐順
有其沙汰事了、去年着用色衣服等悉賜祐順、先規賜
陰陽師事、粗依有所見也、寬乘散米等物
用意進之、則彼奉行也

七月

朔日、守遍僧都申之、自三寶院聽始之儀、不審
申之、可爲何樣哉云々、彼去比任准三后、仍於彼
坊可行聽始云々、代々此門跡儀與彼可事奏
歟、雖不思得大概仰之、以狀如此可返答之由仰之
聽始事被申候之趣披露之處、別無煩敷
儀御門跡之儀者只出世之間別當印院司
公文等令參會被行吉書候、其儀如常候、
此外無殊事可然御記只今不被御覽出候、
出來候者何樣可被入見參之由可申旨候
〻〻〻
三日自三寶院、又以賢長僧正狀尋遣菩提院云
聽始事、不預之旨得其意了、其御所さま

執事と申ル仁躰山法印僧都之間ル哉、極
官以後儀何様ル哉、委細可示預ル、
聽務仁事房官ル哉、侍ル哉、不審ル、
聽初之時吉書以前出世之僧綱哉、可著公卿
座ル條勿論ル歟、於（坊官許）世間之僧綱者可參
州何所ル哉、次著座人數事多少ハ可依
時ル哉、不審ル
永　宣旨律師法務等令申寄給御宣
旨案一見大切〻寫給ル者、可悅入ル由內々
仰事ル也、恐々謹言
七月三日
常樂院殿
條〻不審篇目注一紙遣之載左
聽如（號）條〻事
一　執事稱名事
聽務號執事卽坊官也　官途者自
法橋至法印任之
一　聽始吉書已前世出書世僧綱等著座所事
無定在所出世僧綱者如先々座有仰事哉
於坊官者綱凡共可別所綱凡可著一所歟
一　著座人數事
世間出世無定員多少可隨時也
永宣旨案撰見可遣之由仰了、准后聽始事
誠可然事歟、開田准后宣下日卽有聽始ル由
見于光台院御記、然而不及委細
四日永宣旨院宣案二通遣三寶院
仁和寺傳法令學衆一撰其器永代早可
被任少僧都之由
院宣所候也、以此旨可令申入置給、仍執
達如件
正應元年五月十八日　參議判
大藏卿法印御房
當寺清瀧宮祈雨御讀經勸賞事、早任
申請顯密學道之中以凢僧之一﨟永代爲
權律師每有其闕、可補次﨟者、依
新院御氣色上啓如件
永仁六年　八月廿九日　治部少輔光定奉
謹上　醍醐庄主前大僧正御房

廿六日、以書狀次素服人數事
廿五日、相應院宮示送云、自中御門中納言（俊輔）許
送御教書云、素服御人數御坐ゆ以來仕躰可披
露云々何樣事哉、不出案內云々、返答云、此
事不思寄儀歟、先規院內御子式又服近躰
等有此事、今儀不得其意、然而爲素服人數
之由可存知之旨被出請文之外不可有異儀歟、
廿六日、以書狀次素服人數事、相尋四辻宰相中
將返書云、御門跡者上乘院相應院計也、兩御
門跡者餘爲御冥加如何之由被仰奉行云々、上乘
院猶被入素服人數不甘心、況相應院乎、兩御門
跡者愚身并妙法院事也、是又不能左右非可
入彼人數事、所詮上下不知案內、不被辨先規故歟
莫言〻〻
廿八日、此卷年中、新帝踐祚御次第等被載之
十一月廿六日、守鏤參傳受十八道次第

十二月

八日新物在廳、覺親令參上（法服赤紫御衣）於對屋中
任數仁二通書伝水原一櫳以一櫳立入之上下押折之
二間所賜任符、〻〻寬乘法眼書進之、充信闍
梨着鈍色裝束先出逢申次之其後覺親
著對屋座（紫端二帖南北行東西對敷之）光信持任符二通於
帖上先賜在廳任符、次賜物在廳任符共
端許覺親見之云々、其後間退出
廿一日、覺親物在廳墨染御免事申之間、令
免許了、所職已後不依手齒之老父則先〻
依有免也
廿三日、今夜節分常灯鬼豆所役就無下
下知英俊（英賢子）之處、件年少東西不覺者、不
堪勤仕可如何仕哉之由申之間、先々無下輩
差合之時仰所司末令勤仕事連綿也、仍下
知英親都維那（英俊子）之處難勤仕、何今度雖
承ゆ不可叶之由出請文、此上者宜在上裁之旨
乘慶申間寬乘法眼披露之間申狀之趣尤奇
恠尾籠也、任先規奉行相觸之處任雅意故障
不可然、仍被停止所司并出仕之由以寬乘奉書
下知了、其身事不及左右、父英增無正躰
者也、於今夜所役者英俊雖爲年少加扶持
可令隨所役之由下知父英賢了

正長二年己酉

四月十四日、法勝寺執行職事、守嚴僧都被刑戮已後彌依無其躰、于今不補任、其間事相伺武家之時、宜處爲此門跡可相計之由被命之尤理之所推也、依可然器用到來之間、先以快緣補其職畢、綱所輩未無其例、追可有其沙汰者也、任補寛乘法眼成遣也

威儀師快緣

被入道一品親王敎命偁

件人宜爲法勝寺上座職令

寺務執行者

正長二年四月十四日　法眼寛乘奉

今日卽故守嚴住坊請取了、文書預主圓滿院門跡同日侍所渡遣快緣了、

寛乘法眼轉敍事望申之間、相尋公寛例之處、五十歳任法印由注進之、仍免許了、寛乘當年五十四歳也、凡者猶子極官事雖可有斟酌公寛最初實子之由申入之了、隨而其後相續一家文書已下悉讓與之間、不異實子、仍聽務事先年仰付了、然者法印之極位依非可惜免之了

廿四日、寛乘轉敍　口宣案只今自萬里少路進之

上卿大納言

正長二年四月廿二日　宣旨

法眼寛乘

宜敍法印

藏人頭右大辨兼長門權守藤原忠長奉

六月二日、寺務事可申付宮日次今月上中旬之間吉日可注進之由可仰付有盛卿之旨可下知寛乘法印由仰禪信僧正了、晩以有盛注進召進之

寺務御與奪日

今月三日戊寅

六日辛巳

十九日甲午

六月二日　從三位有盛

明日者爲物忌來六日爲使參宮御方可申之由、仰禪信僧正了

六日、天晴、寺務事、禪信僧正爲使申宮之、自
日來可申之由、雖令存念、旁猶豫事有之、
于今懈怠早可有御存知、凡者愚身令隱居
雖如形分寺領可宛資緣事也、雖然就善
惡無別在所寺領又有各無實、更只今無可相
分有其沙汰之由申了、返答雖有種々難澁、如然
者又似背予命時宜難測、先隨相計可存知
之由、被命之尤有其謂者也
十六日、今宮祭禮也、當年可結構之由、去比令
下知之間、保々寄合田樂本座沙汰之、非無其
興、六七番施藝馬一疋賜之、其外自身
寺宮同賜之、彼宮入來相應院師弟同道
見物御前簾中、禪信僧正兒兩三人寅助法印
守鏤語 坊官中異儀、不可然之由回答之間、良意乘俊兩人役之花族凡僧之時
守鏤等祗候、其外禪侶坊官已下於東庇簾中
先々皆沙汰來者也
見物之、依內々儀不及著大床者也
卅日、守鏤直敍法眼印符到來先日廿四日歟自是
萬里亜相申入了、即勅許被宣下神妙之

八月

十六日、去春比於此對屋、近習輩沙汰博奕《エキ》
由此間聞及之、以外次第也、嚴密可尋明之由
可下知快緣之旨仰禪信僧正了、今月申此事
朝夕番衆內快緣祐親最紹維盛慶雄英鎭
堯慶英信是等不爭申承伏已前事者乎、
可蒙御免向後事可捧告文云々、先代未聞
事歟、不可說ゝゝゝ此外維光英算英賢非其
人數云々
十八日博奕人數八人止出仕了、此內任緣最紹以
砂致沙汰其科輕歟、可預御免之由雖申之、
當座依無料足以砂當料足上者
輩召寄現錢致沙汰可爲同篇之由仰
惣人數已前罪科無處于遁申、於自今
以後事者可捧告文旨、種々雖歎申不許
容之

十月

二日、守遍僧都就禪信僧正申云、明春入壇(カ)
事者、可申入就其且可存知條々注折紙

進上之可被計仰
一　加行日次事
一　同本尊事
一　入壇時節事
一　道場事
一　千日護摩事
答云加行事云、撰日次可仰之次本尊事
菩提院主連々可修愛染王護广歟、近者守融
覺杲兩僧正重受之時、爲其分可進師跡歟、入
壇時節事急存之上者、正月中可然歟、日次
重可治定道場事此新堂其已前難經
營歟、然者可爲菩提院歟、次千日古广事、重
上下有其沙汰、其內遂入壇、然而必先例
上然可爲常日數歟、
廿日癸巳（三吉）（星宿 水曜）自今夜守遍僧都始行灌頂、
加行愛染王古广大師所作各三時神供事
尋申之間、一旬一度之由仰了

永享四年

二月十日、傳法堂學頭寶淸法印申極印
事、如此輩極印事打任不可然、仍不可叶之由
可被下知之旨申宮了、旁過分不可然者也、
十三日、入夜石山相續洞院息小僧（實名 守尊）初參（歳十五云々 長絹衣）去十日於石山座主坊出家云々

四月五日、祐親威儀師息幸童丸今夜於
菩提院遂出家（歳十五）守遍法印別爲戒
師、今夜卽（參）初夜、又長爐衆兎之父祐親
幷慶雄慶還出初夜（亥）御兎兩條之由依申之

五月十日綱務事隆紹依有申旨令還補之
山上六月會近々前奏等（兼）可沙汰、題目在之
由急申之間、且以眞光院僧正奉書綱務事
令還補任補未到之間、且可申沙汰公事
旨仰之了
廿日、眞言院造立奉行僧（長福寺 住持云々）屬快緣
申云、眞（胄）光院四方築地可被築之、就其門在
所不慮之間尋申室町殿之處、可相尋此門跡

之由被仰出、委可奉存云々、仍撰見指圖之處、
紛失相尋眞光院僧正之處、古本差圖進之、南
面四足一宇東面小門一宇其外西北兩方
築地許也、仍此分注遣了
廿一日、長福寺僧又申云、先日使者惡申之歟、可
築神泉苑築地、仍門有無尋申畢云々、依之
撰見差圖之處、四方築地東西棟門北面土門
残二方無門、此分注遣了、眞〈言〉來院築地並
門事可有其沙汰之條勿論云々、云眞言院
之神泉苑如此被興行爲天下尤可然、珍重〱
七月廿二日前惣在廳隆紹今日賜還補之、
任符良憲奉也、如先々於對屋中二間所
房信律師著能色裝束授任符依先
規無還補之文言

　　在廳威儀師隆紹
被　二品親王御俤件人
宜爲惣在廳職使執行
綱所者
　　　　永享四年七月廿二日　　　別當法橋良宗奉

　九月
廿日、和州中山居住重實法印、當寺門徒所望
之志有之旨去比屬守遍法印申間、不可有
子細之由仰之、隨而有極印望師匠者號光
賢僧正大覺寺兼帶今者無之、重實俗妃者
西園寺一族橋本親類召進系圖、旁依不員
外申入院之處、卽有勅許、今日口宣到
來、仍遣守遍法印許了、條文載左
　上卿三條大納言
　永享四年九月十八日　　　宣旨
　法印重實
　　宜任權僧正
　　　藏人頭右大辨兼長門權守藤原忠良〈長〉奉

　十一月
四日、威德寺御覺〈十八歲〉法服轉任事、去比依申之
就忠長朝臣申院了、今日宣下到來
上卿洞院中納言　辨忠長墨染內々申之、

六日、御覺僧都墨染免許了
十日、天霽今日眞言院新造立柱上棟也、仍馬
一疋引遣、奉行僧長福寺許了、宮同前此
事武家一向令執沙汰、尤以珍重々々、東寺門
下輩多引馬、且是三寶院准后指南
故也、大綱此准后上奉行躰也
十二月十四日、祐親威儀師墨染御免事、隆紹
執申之間、父祖例可注進之由下知之處、父祐
紹者四十五歳可御免申之旨令存之處、於物
詣之路次、沒河失不慮命了、祖父例不撰進
隆紹先祖俊暹四十二歳御免以此例御免可畏
存之由申之、猶雖不思得免許了、當年四十
五歳云々上首仕緣歳四十六定有所墨染望之志
歟之旨聽(カ)而免之以外畏存之趣也、尤有其
謂、是等皆自宮免許也
卅日、年預院司此日來維兼也、於于今者可
辭退申之由申之

永享五年

正月

一日、宮自當年被著墨染廿六歳也

二月

廿七日、自舊冬寺中西方在地人疫癘流
布死亡者連々不休之由聞及、且不便且怖
畏之間爲消除、彼難自今日限三ヶ日於
此堂始行、心經御讀經僧衆十人
法印權大僧都定禪導師顯守唄壹仁果　權大僧都仲盛散花毘盧舍那
權律師守深　祐盛　御盛　房信　大法師信乘
深融

三月

廿四日、光臺院五十首和歌正文廿二卷並彼
京極攝政百首和歌顯昭陳狀正文進大樹
先日就物語申床敷之由依手之也、定可
返給歟

四月

廿八日、自今日阿彌陀古广三時始之、至來月廿日故女院御忌可修入神供九ヶ度可有之、今夜ミミ今夜卽修之

五月

廿日、今日奉爲崇賢門院行萬タラ供大アサリ禪信。堂莊嚴如常、但佛布施絹二裏右置脇机是供兩界儀也、先例萬タラ供時常此定入近年絶久又不聞、及今爲令知人令再興者也二裏一度取之供了

六月

六日維覺墨染御免事申之、維兼四十歲御免云々維覺當年四十五云々維兼者如使依勤仕之早速免云々四十五猶雖早遣以別儀御免之由御下知之旨仰隆經法印

閏七月

九月自高野光臺院進僧申云、去月七日當山下僧等令蜂起與衆徒方合戰、諸坊並堂舍佛閣大略燒拂、壇上塔婆二基御影堂鎭守等僅殘、金堂同免餘烟、但重可寄來、爲其以金堂並大塔構城槨云々然者衆徒當若不得勝利者、所殘可燒拂歟、法滅之期至來不能左右ミミ、依之光臺院本尊並代々御骨等奉移和州、僧徒同借住彼所勤行不退轉云々

九月

廿一日、慧星御祈五大虛空藏御修法今曉結願了、慧星大略消沒之由有其沙汰

廿六日、相應院宮於院御所自今日被行如法佛眼法、依御不豫自武家所被申行也、可爲准大法之由依被仰予計申之、予先度禁裏御惱之時於住坊修之了、。每事從是加扶持了、伴僧外護广師弟子宮也、進退作法等申付新宮二品親王畢、脂燭雲客衣冠五人後聞每夜初夜之時紙燭役參勤云々

十月

朔日、仙洞御修法今朝結願、相應院師弟早朝來臨
無爲之由語之、神妙之運時六ヶ日結願雖不
打任事、可隨時歟
卅日、萬里小路大納言送狀云、舊院素服御人數今日
伺定新宮御方令入、御人數給可有御存知奉
行院司不得寸隙、參仕言上可遲ゝ歟之間、內々
申入云々、可存知之由返答廿七日狀也、今日到來
如何

十一月

三日自舊院廳送宮素服生白絹長三四尺許歟袖一ハタハリ帶生白絹細クケタリ
納小折櫃广印爲御使彼下申持此折櫃乘俊上座付衣出合申次之
侍堯慶持參之、宮方南庭上敷帖一枚宮立
先規有職傳僧綱然而依無其仁侍直傳僧綱入
其上僧綱寅助法印取素服手長堯慶奉著之、
卽脫如元納折櫃如初返給广印了、先ゝ折
櫃居土灯臺今無其儀、來六日可被著色衣
袈裟也

四日、奉爲舊院、自內裏被送御誦經物其躰
長七八寸橫五六寸小折櫃內納雜紙十帖以紙先規麻布也雜紙左道ゝゝ、
續飯付ニス其上以紙捻十文字結之名香一裹
以宿紙一枚香少分ニ切褁之置折敷下男一人持之、七ヶ寺折
紙進之、案文載左

御誦經

常住寺
仁和寺
東　寺
西　寺
淨金剛寺
泉涌寺
天龍寺

可給請取之由使者申之、請取古案進之

請取申　御誦經御布施事

合

右所請取之狀如件

應安七年三月十九日　　　賢順判

此七ヶ寺御誦經事、先規粗雖見于舊記、正被

行之儀式無所見、隨而請取等事、又不分明
又寺々事依時不同也、御誦經使殿上四位式五
位是又例入式時广印也
六日、自室町殿、日野中納言爲使此間相續事等
在之、雖自由(カ)恐入自明日於住坊修法一壇令
懃修者、可爲本望之由、年々返答云、自明日
御祈如此委細承之條尤爲恐悅、早可存知之、卽
尊法延命不動注進之、頃之中納言以書狀尊法
可相計云々、仍不動可然存攘災延壽之德過
余尊得其意可申之由仰遣之、供料三千疋召
下行、以上座乘俊爲行事初座也
廿三日、明日御法事料幔事、萬里申之、法金剛院
布幔三帖程等遣了、自宮明日料摺寫法花經細長櫃退仕仕丁舁之
一部、相副綾被物一進、被付萬里被進舊院經入經箱蓋被物納□□□
宮爲燒香被參泉涌寺宮、衣袈裟袙而薄墨裏白被
著之念珠桐於扇標染之

十二月
廿九日、禪信僧正一長者法務已下還補　宣下

今日到來神妙之

永享八年

三月
廿一日、天晴、今日於新堂初而執行、御影供
僧衆八口、凡僧只一人參合殺、依無人僧綱
皆行道、仍顯守法印於合殺行道花筥役
英俊所司宮依著座也、鐃鈸同役之

五月
十日、自今星合御祈始之、其內金輪供
予並宮各一壇行之
廿七日、理性院定觀僧正付狀於眞光院僧正云、
炎旱累日、自今日祈雨御祈、別而可有
御祈念之由爲、室町殿被仰出ゆ、此趣可令申
入給之由可申旨ゆ也、恐々謹言
五月廿七日　定觀
卽相觸寺僧等可致懇念之由、可進請文

之旨仰了、仍水天供十壇仰付諸院家
相應院　眞光院
勝寶院　菩提院
寶光院　尺迦院
摩尼珠院　大教院
寶持院　皆明寺
此外法金剛院法光明院妙光寺等大般若經
轉讀事仰付了

閏五月

三日、雨、連々降、然而猶不足歟、匆論々自今日五壇護广始行、中壇予、降三世宮、軍荼利隆經法印、大威德遍海僧都、金剛夜叉仁果法印、末兩人雖非薦次之所推大威德有便之由所望間如此相計了

十三日、禪信僧正參申云、自三寶院僧正許以使者申云、炎旱既爲天下之愁祈雨事、猶々可疑懇念之由、可相觸門下輩之旨、從室町殿可申旨被仰出云々、以次私尋申先々間御門跡被奉納御舍利於神泉苑事有之者今時分尤可然歟云々、禪信先私令返答云、爲御門跡御舍利被奉納神泉事、先規不承及、雖然爲御意見者定不可有子細歟、亦是等趣可披露　御舍利事、彼池邊筏等不用意者不可叶、如然事先爲見廻今夕（衍カ）今夕可參彼在所、以其次今夕相具門弟可奉法施云々、尤神妙之由返答了

十七日、天陰雨、時分下今日以禪信僧正奉納御舍利二粒於神泉未初令參向渡中嶋、悛奉入龍穴、其以後卽雨如渡、嚴重之至隨喜無極、入夜不休、天下普潤民間大悅

永享九年

正月一日、朝間雪下神殿朝拜宮不被出、以寅助法印爲手替自今日於新堂始朝夕勤但正月中許也、眞光院已下院家門弟各一人召之、今日禪融法印參勲禮時之時、御節供參會輩隆經　顯守　仁果等法印、房信僧

都聞、俊律師等遇勤
十三日、宮母儀歳五十六自去年九月比相身下
腹雖加持之療治無其驗、今日終以圓寂
荼毘以下中陰事、仰付法金剛院今夜即
葬禮宮籠居千惠命院坊分遣世間出世出世仁杲法印坊信都　近習輩維覺維盛堯緣等威儀慶滿等也
輩、抑宮無著服之儀、其故《後》爲故小松院御猶
子其時已著服了、依爲父母同事、今無此
儀、且故御室御母儀堀川殿逝去不及御著
服廣義門院御猶子故也、是等子細粗令許
定依意見也

文明十三年夏中虫拂之次拔書之
門跡之手寶不可過之、怒々不可令
他出他見之義、深可祕箱底
去貞治六年十二月如此愛染王御修法《守鏤》中入寺之時
故眞光院前大僧正如此、禮節事等相尋候之時、凡
近來房官動機過分之所存候いかに候とも不可過
上位雲客候之上者、僧正之輩可爲謹言之條被子細
再三被含了、今日愚意存其旨候、隨而去々年
以來留彼庄役夫工米事ニ後《(カ)》々ニ連々書遣
候了、定賢法眼曾不申子細候、今更何とて如此令
諍論候乎、又先師益《守》ー僧正之時書遣行寛法眼
書狀、案文雖進覽之仕候、任宗法印者又別而
急度人々專《(カ)》了《(カ)》間不送直狀候上者、不能左右候
所詮愚存之分全不改古賢之所爲候也、以此趣
可令洩披露給候恐々謹言
十月十九日　　ーー書
本以杲《守》ー僧正自筆寫之
永正十六三

成稿年表

六斎念仏歌詞について「史窓」五・六号	昭和二九年
慈恵大師の信仰について「比叡山、その歴史と文化」	昭和二九年
河内国磯長寺の古記録古文書について「史窓」一一号	昭和三二年
公刊「応永年中旧記」（大阪女子大）「女子大文学」一〇号	昭和三四年
公刊「普通唱導集」「女子大文学」一一・一二号	昭和三五・三六年
守覚法親王の仁和寺北院御室日記について「日本歴史」一五六号	昭和三六年
公刊「常瑜伽院御室日記」「女子大文学」一七号	昭和四〇年
源氏物語と陰陽道・宿曜道「源氏物語講座」第五巻	昭和四六年
台密と陰陽道「古代文化」二四巻八号	昭和四七年
妙法院の古文書古記録について「赤松教授退官記念国史論集」	昭和四七年
妙法院門跡堯恕法親王とその時代「史林」五六号四号	昭和四八年
法華経と神仏習合思想「大法輪」四二巻五号	昭和五〇年

村山　修一（むらやま　しゅういち）

1914年　大阪市生まれ
1937年　京都大学文学部史学科卒業
京都女子大学教授、大阪女子大学教授、愛知学院大学教授をへて大阪女子大学名誉教授、文学博士。
2010年4月逝去。95歳。
著　書　『日本陰陽道史総説』『修験の世界』『本地垂迹』『比叡山史』『修験・陰陽道と社寺史料』『京都大仏御殿盛衰記』ほか多数

古代仏教の中世的展開

一九七六年　四月二〇日　初　版 第一刷発行
二〇一一年　三月二五日　新装版 第一刷発行

著　者　村山　修一
発行者　西村　明高
発行所　株式会社　法藏館
京都市下京区正面通烏丸東入
郵便番号　六〇〇-八一五三
電話　〇七五-三四三-〇〇三〇（編集）
〇七五-三四三-五六五六（営業）

装幀者　佐藤　篤司
印刷・製本　富士リプロ株式会社

ISBN 978-4-8318-6514-4 C3015